Hands-On
Unsupervised
Learning
Using Python

핸즈온 비지도 학습

| 표지 설명 |

표지 동물은 애기웜뱃(학명: *Vombatus ursinus*)으로, 굵은머리웜뱃 또는 맨코웜뱃이라고도 합니다. 학명에는 곰을 뜻하는 라틴어인 우르시누스가 들어가지만 코알라나 캥거루와 같은 유대류입니다. 야생 웜뱃은 호주와 태즈메이니아섬에서만 발견됩니다. 웜뱃은 발톱으로 굴을 파서 해안 숲, 삼림, 초원에 집을 짓습니다.

웜뱃은 짧고 두꺼운 털, 짧고 굵은 다리, 털이 없는 주둥이, 작은 귀를 가지고 있습니다. 웜뱃은 계속 자라는 앞니를 사용해 밤새 다양한 풀과 뿌리를 뜯습니다. 야행성이지만 한파가 몰아칠 때는 해를 쬐러 낮에도 나옵니다.

모든 유대류 동물이 그렇듯 새끼를 위한 주머니가 있지만 웜뱃의 주머니는 뒤로 향해 있습니다. 그래서 새끼의 얼굴을 어미의 뒷다리 사이에서 엿볼 수 있습니다. 이와 같은 주머니 형태는 지저분한 굴을 팔 때 새끼가 흙투성이가 되는 것을 막습니다.

성인 웜뱃은 평균 몸무게는 20kg, 평균 몸길이는 91cm입니다. 야생에서 15년 정도 살고 2년에 한 번 새끼를 낳습니다. 암컷 웜뱃은 짝짓기 준비가 되면 수컷 웜뱃의 뒷부분을 물어뜯습니다. 뒷부분 피부가 거칠기 때문에 웜뱃을 다치게 하지는 않습니다. 임신 기간은 한 달이지만 태어난 뒤 1년 이상 새끼는 어미와 함께합니다. 막 태어난 웜뱃은 털이 없으며 젤리빈 정도 크기입니다.

웜뱃은 포식자에게 쫓길 때 도망가거나 굴속으로 뛰어들거나 가장 두꺼운 부분인 뒷부분을 노출시키기도 합니다. 평소에는 뒤뚱거리며 걷지만 위협받을 때는 시속 40km까지 달릴 수 있습니다.

오라일리 책 표지에는 멸종 위기에 처한 동물을 담습니다. 그들 모두는 소중한 존재입니다. 이들을 도울 방법을 자세히 알고 싶다면 animals.oreilly.com을 참조하십시오. 표지 삽화는 리데커의 『The Royal Natural History』에 나온 흑백 판화를 바탕으로 카렌 몽고메리가 그렸습니다.

핸즈온 비지도 학습

텐서플로, 케라스, 사이킷런을 활용한 알고리즘과 방법론, AI 활용 사례

초판 1쇄 발행 2020년 07월 20일

지은이 안쿠르 A. 파텔 / **옮긴이** 강재원, 권재철 / **펴낸이** 김태헌
베타리더 권지혁, 엄현욱, 이지은, 조정민, 정사범, 최윤지, 최희슬
펴낸곳 한빛미디어(주) / **주소** 서울시 서대문구 연희로2길 62 한빛미디어(주) IT출판부
전화 02-325-5544 / **팩스** 02-336-7124
등록 1999년 6월 24일 제25100-2017-000058호 / **ISBN** 979-11-6224-319-0 93000

총괄 전정아 / **책임편집** 박지영 / **기획** 박지영 / **편집** 이미연
디자인 표지 · 내지 김연정
영업 김형진, 김진불, 조유미 / **마케팅** 박상용, 송경석, 조수현, 이행은 / **제작** 박성우, 김정우

이 책에 대한 의견이나 오탈자 및 잘못된 내용에 대한 수정 정보는 한빛미디어(주)의 홈페이지나 아래 이메일로 알려주십시오. 잘못된 책은 구입하신 서점에서 교환해드립니다. 책값은 뒤표지에 표시돼 있습니다.

한빛미디어 홈페이지 www.hanbit.co.kr / 이메일 ask@hanbit.co.kr

지금 하지 않으면 할 수 없는 일이 있습니다.
책으로 펴내고 싶은 아이디어나 원고를 메일(writer@hanbit.co.kr)로 보내주세요.
한빛미디어(주)는 여러분의 소중한 경험과 지식을 기다리고 있습니다.

Hands-On Unsupervised Learning Using Python

핸즈온 비지도 학습

O'REILLY® ⱧⱫ 한빛미디어
Hanbit Media, Inc.

지은이 · 옮긴이 소개

지은이 **안쿠르 A. 파텔** Ankur A. Patel

프린스턴 대학교의 우드로 윌슨 스쿨을 졸업했고, 존 A. 라킨John A. Larkin 기념상을 수상했습니다. JP 모건JP Morgan에서 애널리스트로 경력을 시작한 후 세계 최대 글로벌 매크로 헤지펀드 회사인 브리지워터 어소시에이츠Bridgewater Associates에서 최고 신흥시장국가신용거래자가 됐으며, 이후 머신러닝 기반 헤지펀드 회사인 R-스퀘어드 매크로R-Squared Macro를 설립했습니다. 비지도 학습 기법을 응용한 기술 분야에서 세계적으로 알려진 이스라엘 인공지능 회사 세디레이ThetaRay의 뉴욕 시사에서 데이터 사이언스팀을 이끌기도 했습니다.

현재는 세븐 파크 데이터7 Park Data의 데이터 사이언스팀 팀장입니다. 대안 데이터alternative data를 사용해 헤지펀드나 법인회사를 위한 데이터 상품과 기업 고객을 대상으로 자연어 처리(NLP), 이상 징후 탐지, 클러스터링, 시계열 예측 등을 제공하는 머신러닝 서비스(MLaaS)를 개발합니다.

옮긴이 **강재원** jwon.kang3703@gmail.com

롯데면세점 빅데이터팀 팀장입니다. kt NexR의 데이터 사이언스팀 팀장과 SK C&C 데이터 사이언스 유닛 리더를 거치며 다양한 도메인에서 데이터 분석 업무를 수행했습니다. 최근에는 이커머스 산업에서 다양한 데이터를 결합하고 분석하여 초개인화hyper-personalization를 구현하기 위해 준지도 학습semi-supervised learning과 같은 응용 머신러닝 방법론을 연구하고 있습니다.

옮긴이 **권재철** kwon.jaechul@gmail.com

대학에서 통계학을 전공했으며 현재는 SK C&C의 데이터 사이언티스트입니다. FDS 시스템, 추천 시스템, 수요 예측, 고객 세분화, 마케팅 모델 등 다양한 산업의 분석 주제 영역에서 분석 작업을 수행했습니다. 최근에는 실시간 데이터 분석, 딥러닝, 비지도 학습 방법론, 머신러닝 해석력 확보를 위한 방법론에 관심이 있으며 관련 내용을 실무에 활용하고자 연구하고 있습니다.

『스파크 완벽 가이드』를 번역한 후 약 1년 6개월이란 시간이 흘렀습니다. 그 짧은 기간에도 데이터 분석 기술은 변화가 참 많았습니다. 국내 분석 시장은 Analytical CRM으로 성장하기 시작해 빅데이터라는 패러다임을 거쳐, 최근에는 AI 구현을 위한 머신러닝/딥러닝 중심의 고도화된 분석 알고리즘과 다양한 분석 환경으로 중무장하기 시작했습니다.

하지만 여전히 데이터에는 관심이 부족한 것 같습니다. Garbage In, Garbage Out(GIGO)이라는 말이 무색할 만큼 데이터 분석을 할 때 당장 필요한 결과를 도출하기 위해 어떤 분석 기법을 적용해야 할지, 그 결과를 현장에 적용하고자 할 때 어떻게 하면 효과성을 높일 수 있을지만 고민합니다. 분석 결과가 왜 그렇게 도출되었는지, 우리가 수집한 원본 데이터의 특징이나 문제점은 무엇인지, 더 좋은 결과를 도출하기 위해 앞으로 원본 데이터를 어떻게 보완해야 하는지 등과 같은 근본적인 고민은 부차적으로 생각하곤 합니다.

그 이유는 분명합니다. 대부분 지도 학습 기반의 예측 문제를 다루고 여전히 많은 곳에서 배치 기반으로 모델이 운영되기 때문입니다. 모델 훈련 과정에서 데이터 품질이 좋지 않거나 레이블 데이터가 부족하더라도 고도화된 전처리, 샘플링 기법이나 하이퍼파라미터 튜닝 등으로 어느 정도 해결되기 때문에 주어진 데이터 조건 안에서 처리할 수 있었습니다. 즉, 지금까지는 어떻게 해서든 적재된 데이터의 품질 안에서 데이터 분석이 가능했습니다. 그렇기에 원본 데이터에 내재된 속성을 고민하거나 레이블 데이터의 부족으로 인한 이슈를 다른 관점에서 접근해본 적이 별로 없었습니다.

하지만 세상은 빠르게 변합니다. 대부분의 산업에서 분석 결과의 실시간 처리와 적용이 기본이 되고 있으며, 데이터 수집 속도 또한 빨라졌습니다. 그에 따라 데이터 품질을 높이기 위해 발빠르게 대응하는 한편 데이터에 내재된 패턴을 잘 파악해 깊이 있는 비즈니스 통찰력을 얻는 일은 더욱 중요해졌습니다. 또한, 최근 많은 기업이 데이터 분석을 통해 경쟁 우위를 확보하고자 하는 만큼 예측 문제도 차츰 그 대상의 범위를 좁혀가고 있습니다. 레이블 데이터의 불균형은 심화되고, 동시에 이종 데이터 간 결합의 필요성은 더욱 증가했습니다.

비지도 학습은 데이터 분석가 입장에서 이러한 문제에 대응할 수 있는 매우 유용한 기법입니다. 제가 처음 이 책을 접했을 때는 사기 거래 탐지 과제를 수행하기 위해 사전 설계 작업을 준비하던 시점이었습니다. 사기 레이블이 매우 희귀한 상황에서 지도 학습 기법으로 해결하기 어렵다고 판단해 다른 방법론을 고민하던 와중에 이 책에서 힌트를 많이 얻었습니다.

이 책은 사기 탐지 영역에서뿐 아니라 이커머스와 같이 고객을 다차원으로 이해하고 분석한 결과를 실시간으로 빠르게 적용해야 하는 도메인에서도 매우 유용하게 활용할 수 있는 주제를 다룹니다. 그중에서도 컴퓨팅 리소스 제약이나 성능 한계를 극복하기 위한 차원 축소 기법과 지도 및 비지도 학습을 혼합해 소량의 레이블 데이터만으로도 예측에 적용할 수 있는 준지도 학습, 원본 데이터의 확률 분포를 학습해 새로운 데이터에 대한 추론에 활용할 수 있는 생성적 비지도 학습 등은 앞서 언급한 이종 데이터 간의 결합 요구나 레이블 데이터의 불균형과 같은 현실 세계에서의 한계점을 극복하는 데 매우 유용한 방법입니다.

이 책은 이러한 방법들의 이론을 설명할 뿐만 아니라, 현실 세계에 있을 법한 이야기를 활용해 실전 머신러닝 기법을 적용해볼 수 있게 안내합니다. 독자들은 소설책을 읽듯이 편하게 직접 예제를 따라 해보며 공부할 수 있습니다. 특히, 비지도 학습은 국내는 물론이고 해외에서도 드물게 다루는 희소한 주제입니다. 앞서 언급한 현실 세계의 데이터 문제로 인해 조만간 비지도 학습 및 이를 활용한 응용 머신러닝 서적에 대한 수요가 더 커질 겁니다. 이 책이 앞으로 나올 다양한 비지도 학습 관련 서적들의 좋은 길잡이가 되었으면 좋겠습니다.

마지막으로 긴 시간 일과 번역을 병행하느라 정신없는 저를 이해해준 사랑하는 가족에게 감사의 말을 전합니다. 또한, 바쁜 와중에도 서로를 격려하며 함께 고생한 권재철 수석에게도 감사의 말을 전합니다. 다사다난한 와중에 번역 일정이 지연되는 중에도 배려해주시고 믿어주신 한빛미디어 박지영 팀장님과 업무로 바쁜 와중에도 베타 리딩과 추천사를 작성해주신 모든 분께 깊은 감사를 드립니다.

강재원

첫 회사 때부터 지금까지 제 주요 담당 업무는 분석 프로젝트 수행이었습니다. 특히 과거 분석 프로젝트에서 자주 등장한 키워드는 통계 분석, 데이터 마이닝, 머신러닝, 빅데이터 등이었습니다. 최근에 가장 화두가 되는 키워드로 AI를 꼽을 수 있습니다. 알파고가 세상에 널리 알려지면서 AI가 급부상했고 현재까지도 많은 관심과 주목을 받고 있습니다. 텐서플로, 케라스 등과 같은 다양한 머신러닝/딥러닝 프레임워크가 출시됐고 동시에 파이썬은 가장 관심 있는 분석 도구로 떠올랐습니다. 서점에 가 보면 과거와 대조되게 파이썬 분석 관련 서적이 과반수를 차지합니다. 실제로 최근 분석 도구로 파이썬을 활용하려는 기업도 많아졌습니다. 현재는 파이썬 수요가 가장 많다고 할 수 있습니다. 이 책에서도 파이썬과 텐서플로, 케라스를 활용해 실습합니다.

지금까지 국내에 출간된 도서 중 비지도 학습 방법론만 다루는 전문서는 드뭅니다. 이 책은 비지도 학습 방법론과 관련해 전통적인 방법론에서부터 신경망 계열 방법론까지 다룰 뿐만 아니라 GAN과 같은 새롭게 주목받는 방법론까지 함께 설명합니다. 비지도 학습 방법론의 이론적 개념도 다루지만 그보다는 어떤 문제를 해결하기 위해 비지도 학습을 어떻게 활용해야 하는지에 초점을 맞춰 설명합니다.

13년간 다양한 도메인에서 분석 프로젝트를 맡았지만 비지도 학습을 활용하는 경우가 지도 학습보다는 적었습니다. 비지도 학습을 활용하더라도 분석가나 도메인별 프로젝트 경험에 따라 실제 활용법은 상당히 다를 수 있습니다. 제가 지금까지 프로젝트에서 활용한 비지도 학습은 초기 데이터 희소성을 보완, 지표 개발, 고객 세분화, 이상치 탐지, 추천 모델, 탐색적 데이터 분석 등에 적용했습니다. 이 책 역시 데이터 불균형의 문제, 연산량 한계 및 성능 향상을 위한 차원 축소, 새로운 패턴 탐지 및 빠른 대응, 성능 향상을 위한 준지도 학습, 신경망 계열의 비지도 학습을 활용한 추천 모델, 학습 데이터 생성을 통한 성능 향상 등 비지도 학습 모델을 다양한 관점에서 어떻게 활용해야 하는지를 잘 설명합니다.

데이터 불균형의 문제만 생각해보더라도 실무에서 이탈 방지 모델, 사기 탐지 모델, 불량/고장 예측 모델 등 대부분 예측하려는 대상이 희귀하거나 드물게 발생하기 때문에 실제로 어려움을 많이 겪는 문제입니다. 이러한 문제를 기존 해결 방법론과는 다르면서도 더 진보된 측면에서 비지도 학습을 활용해 해결하는 방법을 제시합니다. 이미 알고 있는 내용도 있었지만 번역하면서 새롭게 접한 활용법이 있을 때는 저자의 실무 분석 내공을 새삼 느낄 수 있었고 배움에는 끝이 없다는 생각도 들었습니다. 특히 이상 탐지 모델에서 새로운 패턴에 대한 모델 평가가 어려운 이유를 설명할 때는 저 역시 실무에서 고민한 부분이었던 만큼 저자가 실무에 가까운 세부 내용까지 구체적으로 언급한다는 인상을 받았습니다.

이 책은 비지도 학습을 어떻게 활용하는지에 초점을 둔 만큼 주니어 분석가뿐만 아니라 오랫동안 분석 업무를 한 시니어 분석가에 이르기까지 모두에게 도움이 될 겁니다. 나아가 AI의 과거와 현재 그리고 나아가려는 방향 등 AI의 거시적 관점에서 큰 흐름을 이해할 수 있는 내용도 포함하므로 AI 관련 업무 담당자나 AI에 관심이 많은 관계자, 분석 관련 지식을 공부하는 학생에게도 도움이 될 겁니다.

이 책의 공역을 제안하고 힘들 때마다 긍정적 사고로 잘 이끌어주신 강재원 팀장님께 감사의 말씀을 드립니다. 이 책을 번역하는 동안 개인적으로 일이 많았는데 배려해주신 한빛미디어 박지영 팀장님께도 감사드립니다. 그리고 둘째가 태어난 지 얼마 되지 않아 손이 많이 가는 시기에 혼자서 두 남자아이를 키우느라 많이 고생한 아내 규리에게 정말 고맙습니다. 사랑하는 우리 로하, 로이에게도 번역하는 동안 아빠가 함께하지 못해 정말 미안하고 사랑합니다. 항상 저를 아끼고 이해해주는 가족에게 감사드립니다. 그리고 최근 몸이 아픈 친척분이 계시는데 꼭 회복하기를 기도하고 기원합니다.

권재철

현업에서 데이터 분석에 머신러닝을 적용할 때 라벨링의 유무나 비대칭성, 또는 정확도가 문제가 되는 경우가 종종 발생합니다. 이 경우 비지도 학습 방법론이 유용하게 쓰입니다. 그런데도 비지도 학습 방법론을 자세하게 다룬 서적이 없었습니다. 아마도 이 책이 최초인 것 같습니다.

이 책은 차원 축소처럼 간단한 방법론부터 RBM, DBN, GAN과 같은 딥러닝 기반 복잡한 모델까지 비지도 학습에 필요한 방법론 대부분을 아주 상세하게 설명합니다. 특히 지은이가 금융 분야에서 일한 경험 덕분인지 다른 책에서는 보기 어려운 시계열 클러스터링까지 설명한 것도 반가운 일입니다.

이 책의 또 다른 장점은 마치 소설을 읽어가듯 순서대로 코드를 작성하며 따라가기만 해도 각 방법론의 사용 방법과 장단점을 알 수 있다는 점입니다. 대부분 머신러닝 책에서 마치 백과사전식으로 여러 방법론을 나열하는 데 그치는 것에 비해 이 책에서는 비지도 방법론의 세계를 탐험하듯 스토리라인을 따라 여러 모델을 자연스럽게 소개합니다.

어떤 머신러닝 방법론을 머리로 아는 것과 그 쓰임새를 몸소 체험해 아는 것은 별개입니다. 이 책은 수식에 매몰되지 않고 다양한 실습 코드를 사용해 각 방법론을 사용하는 법과 특성을 소개합니다.

정리하자면, 이 책은 실무에서 머신러닝을 적용하고자 하는 분은 반드시 읽어야 하는 필독서입니다. 이 책을 번역하고 출간해주신 분들께 감사드립니다. 앞으로도 다양한 분야에 이와 같은 좋은 책이 많이 나오기를 믿어 의심치 않습니다.

_김도형, 『데이터 사이언스 스쿨』 저자

제 기억에, 여러 산업군의 기업과 관공서의 데이터 분석을 수행하면서 비지도 학습을 이용해 문제를 해결하는 경우가 더 많았습니다. 모든 영역으로 일반화하기는 어렵지만 비지도 학습은 약방의 감초처럼 지도 학습을 보조적으로 지원하기도 했고 독립적으로 문제를 해결하기도 했습니다.

이 책은 비지도 학습을 위한 책이지만 2장에서는 지도 학습을 세세하게 다루어 지도 학습에 대한 이해가 없는 독자를 배려했습니다. 특히 지도 학습과 비지도 학습 알고리즘을 결합한 솔루션 제시가 인상적입니다.

주옥같은 서적의 국내 출간을 축하하며, 다양한 사례의 핸즈온으로 많은 독자가 데이터 분석가로 거듭나기를 기원합니다.

_유충현, 데이터 사이언티스트, 한화생명

근래 많은 기업이 빅데이터, AI 등을 활용한 비즈 트랜스포메이션 압력에 시달리고 있습니다. 그러나 제대로 된 인력은 턱없이 부족하고, 현장과 괴리된 분석들이 난무하고 있습니다.

특히 고객 데이터를 다루는 도메인은 여전히 데이터 품질 문제, 레이블 데이터 부족 등으로 원하는 분석을 수행하기에 어려움이 많습니다. 그런 가운데 이 책은 이러한 문제들을 해결하는 데 도움이 되는 다양한 분석 기법을 예제와 함께 쉽게 풀어냈습니다.

이 책이 비지도 학습에 대한 제대로 된 접근을 배우고 싶은 학생, 직장인, 전문가를 위한 유용한 길잡이가 되기를 기대합니다.

_이상진, 마케팅부문장, 롯데면세점

디지털 경제로 빠르게 전환하는 과정에서 AI를 활용한 온라인 서비스가 점차 확대될 것입니다. 다루어야 할 데이터가 폭증함에 따라 비지도 학습을 통한 방법론에 대한 수요도 빠르게 늘어나고 있습니다. 즉, 과거 데이터 기반의 단순 지표 활용에서 벗어나 지속해서 변화하는 데이터로부터 새로운 의미와 가치를 포착해 신규 비즈니스 기회 창출, 데이터 기반의 가치 창출을 위한 활동들이 필연적으로 부상하게 됐습니다.

레이블이 없는 데이터 학습에 관한 관심은 빠르게 증가하고 있습니다. AI에 대한 근본적인 접근 방향 수립과 이를 위한 전략 수립이 필요한 상황입니다. 해당 영역에 대한 분석 역량이 현재 데이터 분석가로 종속된 상황에서 이 책은 다양한 산업 직군에서 데이터를 활용하도록 돕는 좋은 지침서입니다. AI 속성을 이론이나 원리부터 파악하고 다양한 접근 방식으로 이해하려는 독자에게 필독서로 추천하고 싶습니다.

디지털 혁신 시대에 과거 데이터를 바라보는 선입견을 깨고 데이터 본질에 따라 다양한 방법론을 제안하고 이를 고민하는, 새로운 전환점을 제공하리라 생각합니다. 이 책에서 제공하는 가이드를 통해 더욱더 새로운 시도를 해내길 기대합니다.

_채병근, 클라우드 솔루션 사업부, 한국 오라클

구글 딥마인드가 개발한 알파고와 이세돌의 대국 이후 국내외에 AI 열풍이 불었던 게 엊그제 같은데 벌써 4년이 흘렀습니다. 이후 딥러닝, 머신러닝 관련 책이 꾸준히 출간되고, 구글 텐서플로는 오픈소스 진영에서 엄청난 인기를 구가하고 있습니다. 또한, 2020년 데이터 3법 개정과 코로나 19 발병으로 비대면 비즈니스가 빠르게 확산하며 AI를 향한 시선이 관심에서 실제 활용으로 탄력을 받고 있습니다.

이 시섬에 이 책의 추천사를 부탁받고 이틀 동안 열심히 원고를 읽어봤습니다. 머신러닝 전반을 다루면서도 특히 비지도 학습의 이해를 돕기 위한 유용한 예제, 핫하게 이용되는 텐서플로, 케라스 등과 같은 툴킷을 활용한 알고리즘을 쉽게 전달하는 내용을 보며 국내에서 데이터를 다루는 이들에게 큰 도움이 되리라 생각했습니다. 옮긴이의 전문성과 경험이 없었다면 이처럼 어려운 내용을 쉽게 풀어가는 책이 나올 수 있었을까 생각이 듭니다. 더욱이 RBM, GAN과 같이 기존 서적에서 잘 언급하지 않은 방법론을 다루므로 국내 기업들의 AI 교육과정 교재로 활용해도 좋을 만한 지침서라 여겨집니다.

더 많은 분이 이 책을 읽어본다면 AI 기술에 대한 역량 제고에 파란을 일으키지 않을까요? 이 책이 예비 AI 전문인력에게 지침서가 되어 2탄, 3탄 시리즈로 이어지면 좋겠습니다.

_최성호, Industry&Technology Research Center, KDB BANK

핸즈온 시리즈의 경우 평소 업무 및 학습에 늘 도움을 받아왔던 터라 이번 책 역시 살펴보기 전부터 기대감이 컸습니다. 세부 내용을 직접 살펴보니 그 기대를 저버리지 않을 만큼 내용 구성과 활용도가 매우 만족스러웠습니다.

지도 학습과 비지도 학습의 기본 개념과 비교 포인트를 짚어주는 것을 필두로 실제 분석 필드에서 이제는 익숙하게 사용하는 차원 축소, 이상치 탐지, 클러스터링, 세분화Segmentation 방법론 및 적용에 대한 다양한 내용을 실사례를 중심으로 이해하기 쉽게 구성한 것이 특히 인상적이었습니다.

또한 RBM, DBN, GAN 등과 같은 머신러닝 방법론의 경우도 독자가 직접 따라 해보며 학습하기 쉽게 구성했기에 곁에 두고 틈틈이 활용하기에 딱 적합하다는 생각이 절로 들었습니다.

기존 핸즈온 시리즈와 더불어 이 책도 빅데이터를 다루는 모든 분께 큰 도움이 되는, 또 하나의 지침서가 되길 소망합니다.

_권지혁, 빅데이터팀 데이터 사이언티스트, 롯데면세점

대학교 때 통계학 수업을 들으며 비지도 학습을 간략하게 배운 경험이 있습니다. 당시에는 이 책처럼 개념 및 실제 실행 코드들이 깔끔하게 정리된 번역본이 없어 궁금한 것이 생길 때마다 도서관에 가서 두꺼운 원서를 뒤적거리고 구글에 검색하곤 했습니다. 그래서 이 책을 보자마자, '그때 이 책이 있었으면 얼마나 공부하기 편했을까?' 생각했습니다.

그만큼 이 책은 비지도 학습을 처음 공부하는 사람에게는 원어의 맥락을 흐리지 않은 채 명확하게 개념을 전달해서 좋고, 저처럼 현업에서 데이터 분석 업무를 수행하는 사람에게는 두고두고 개념 및 실행 코드를 되새김질할 수 있어서 좋은 책입니다. 머지않은 미래에 이 책이 비지도 학습 분야 바이블이 되리라 믿어 의심치 않습니다. 독자분들께 강력하게 추천합니다.

_엄현욱, 빅데이터팀 데이터 사이언티스트, 롯데면세점

비지도 학습 이론과 상세 실습 코드를 포함해 비지도 학습 전반을 익힐 때 큰 도움이 됐습니다. 파이썬 기본이나 비지도 학습을 벗어난 내용은 설명하지 않아 조금 어려울 수는 있지만 비지도 학습을 제대로 배우고자 하는 분께는 매우 좋은 책이 될 것입니다.

_이지은, 빅데이터팀 데이터 사이언티스트, 롯데면세점

이 책은 제목에서 명시하듯 '직접 해보며(hands-on)' 공부하거나 실무에 적용할 수 있는 다양한 방법론을 간결한 코드와 쉬운 문장으로 설명합니다. 또한 각 방법론을 수록한 이유와 각각의 장단점을 비교 서술해 실전에 맞는 방법론을 빨리 찾고, 필요할 경우 원하는 부분만 선택해 깊게 학습할 수 있도록 도와줍니다. 마지막으로 번역 투의 문장을 최소화하고 원서의 의미를 깔끔하게 전달하기 위해 옮긴이들이 고민한 흔적이 묻어났습니다.

_조정민, 빅데이터팀 데이터 사이언티스트, 롯데면세점

제조 분야 데이터 분석에서 비지도 학습은 상당히 중요한 영역을 차지합니다. 이러한 측면에서 이 책은 제조 분야 데이터 분석가라면 반드시 참고해야 하는 여러 비지도 학습 방법에 대한 다양한 레시피에 해당하는 알고리즘과 예제를 설명하고 있습니다.

특히 스마트 팩토리를 구현하는 데 매우 중요한 설비의 이상 진단prognostics and health management(PHM)과 같은 기능을 구현하기 위해서는 시계열 데이터를 분석해 이상한 패턴을 감지해내는 기능을 개발해야 합니다. 이러한 측면에서 이 책에서 언급된 주옥같은 다양한 기법들을 참고한다면 상당히 좋은 인사이트를 얻어낼 수 있을 겁니다.

_정사범, 플랫폼 1그룹 데이터 사이언티스트, SK C&C

누구나 한 번쯤은 인공지능이 어떻게 발전했는지 궁금했을 것입니다. 이 책은 인공지능의 기본이 되는 머신러닝의 개념부터 인공지능의 미래를 책임질 비지도 학습까지 상세하게 설명합니다. 자세한 설명과 예제 코드 덕분에 이 책을 읽는 모두가 비지도 학습을 쉽게 이해할 수 있을 것입니다.

_최윤지, 빅데이터팀 데이터 사이언티스트, 롯데면세점

이 책은 인공지능과 머신러닝에 관심이 있는 사람이라면 누구나 흥미 있을 책입니다. 비지도 학습은 레이블이 지정되지 않은 현실 데이터 대부분에 가장 적합하고 필수적인 방법론입니다. 이 책에 수록된 예제 코드를 직접 수행해보면 이를 익히는 데 도움이 될 것입니다.

_최희슬, 빅데이터팀 데이터 사이언티스트, 롯데면세점

CONTENTS

CHAPTER 0 서문

PART 1 비지도 학습 개요

CHAPTER 1 머신러닝 생태계와 비지도 학습

CHAPTER **2 머신러닝 프로젝트 A to Z**

CONTENTS

CONTENTS

CONTENTS

CHAPTER **8** **핸즈온 오토인코더**

CONTENTS

CHAPTER 11 DBN을 사용한 피처 추출

CONTENTS

CHAPTER 14 결론

0.1 머신러닝의 역사

머신러닝은 인공지능(AI)의 한 분야로, 일반적으로 좁게 정의된 과제에서 성능을 향상시키기 위해 컴퓨터가 명시적 프로그래밍[1]을 작성하지 않고 데이터로부터 학습하도록 합니다. **머신러닝**machine learning이라는 용어는 1959년 인공지능 분야의 전설 아서 사무엘이 만들었습니다. 하지만 지금까지 머신러닝에서 상업적 성공은 거의 없었습니다. 그 대신 대학 학문을 위한 틈새 연구 분야로 남아 있었습니다.

초기(1960년대) 인공지능 커뮤니티에서는 머신러닝의 미래를 너무 낙관적으로 보는 사람이 많았습니다. 허버트 사이먼과 마빈 민스키와 같은 당시 연구자는 인공지능이 수십 년 안에 인간 수준의 지능에 도달할 것이라고 주장했습니다[2].

> 20년 안에 머신은 사람이 할 수 있는 모든 일을 할 수 있을 것이다. — 허버트 사이먼, 1965

> 3년에서 8년 사이에 보통 인간의 일반적인 지능을 가진 머신을 갖게 될 것이다. — 마빈 민스키, 1970

그들의 낙관론에 눈이 먼 연구자들은 소위 **강한 인공지능**strong AI 또는 **범용 인공지능**general artificial intelligence(AGI) 프로젝트에 초점을 맞추어 문제 해결, 지식 표현, 학습 및 계획, 자연어 처리,

---

1 옮긴이_ 명시적 프로그램은 규칙 기반 프로그램(rule based program)과 같이 입력조건과 상태조건에 따라 동작하는 것을 모두 구현하는 프로그래밍 방식입니다.

2 이러한 견해는 1968년 스탠리 큐브릭에게 영감을 주어 2001년도 배경에 AI 에이전트 HAL 9000이 등장하는 〈스페이스 오디세이〉 영화를 만들게 했습니다.

인식 및 모터 제어를 할 수 있는 AI 에이전트를 구축하려고 했습니다. 이러한 낙관론은 초창기에 국방부와 같은 주요 업체로부터 자금을 많이 끌어들이는 데 도움이 됐습니다. 하지만 연구자들이 직면한 문제는 너무 원대했고 결국 실패할 운명이었습니다.

인공지능 연구는 학계로부터 산업으로까지 도약하는 일은 거의 없었으며 이른바 인공지능 빙하기가 이어졌습니다. 이러한 인공지능 빙하기에는 인공지능에 대한 관심과 자금 지원이 줄어들었습니다. 종종 인공지능을 둘러싼 하이프 사이클(과대광고주기)[3]이 발생했지만 유지되는 경우는 거의 없었습니다. 1990년대 초반까지 인공지능에 대한 관심과 자금 지원은 난관에 부딪혔습니다.

0.2 인공지능의 귀환, 왜 지금인가?

인공지능은 지난 20년간 어려움을 극복하고 다시 재조명받았습니다. 처음에는 순수하게 학문적인 관심 분야였지만, 지금은 대학과 기업 모두에서 가장 명석한 지성인을 끌어들이는 본격적인 분야로 자리 잡았습니다.

이러한 부활의 배경에는 중요한 세 가지 발전이 있습니다. 머신러닝 알고리즘의 획기적인 발전, 데이터의 가용성, 초고속 컴퓨터입니다.

첫째, 원대하고 강한 인공지능 프로젝트에 초점을 맞추는 대신, 연구자들은 강한 AI에서 좁게 정의된 일부 문제로 관심을 돌렸습니다. 이것은 **약한 인공지능**week AI 또는 **좁은 인공지능**narrow AI[4]으로 알려져 있습니다. 이렇게 좁게 정의된 과제를 위한 솔루션을 개선하는 데 초점을 두는 것이 알고리즘을 획기적으로 발전시켜 성공적인 상업 응용 프로그램을 위한 길을 마련했습니다. 대학교나 사설 연구소에서 처음 개발한 알고리즘 대부분은 오픈 소스를 통해 빠르게 제공돼 산업별로 이러한 기술 분야 채택을 가속했습니다.

둘째, 대부분 조직에서는 데이터 수집에 중점을 두고 있으며 디지털 데이터 스토리지가 발전해

---

3 옮긴이_ 하이프 사이클(hype cycle)은 기술의 성숙도를 표현하기 위한 시각적 도구입니다. 과대광고주기라고도 합니다. 미국의 정보 기술 연구 및 자문 회사인 가트너에서 개발했습니다.

4 옮긴이_ 보통 인공지능은 약한(좁은) 인공지능, 강한(범용) 인공지능, 초 인공지능으로 구분합니다. 약한 인공지능은 추천 시스템, 번역 시스템 등과 같이 특정 과제에 특화된 인공지능을, 강한 인공지능은 아직 초기 단계이지만 IBM의 왓슨과 같이 다양한 영역의 과제를 통합적으로 수행하는 인공지능을, 초 인공지능은 강한 인공지능의 진화된 형태로 인간보다 훨씬 뛰어난 지능을 가진 인공지능을 말합니다. 쉬운 예로, SF 영화에 등장하는 Skynet(터미네이터), Ultron(어벤져스) 등이 초 인공지능에 속합니다.

데이터 저장 비용이 크게 감소했습니다. 인터넷 덕분에 이전에는 볼 수 없던 규모의 많은 데이터를 널리, 공개적으로 이용할 수 있게 됐습니다.

셋째, 클라우드를 통해 컴퓨터의 성능과 가용성이 증가함에 따라 인공지능 연구원이 사전에 하드웨어에 크게 투자하지 않고도 IT 인프라를 쉽고 저렴하게 확장할 수 있게 됐습니다.

0.3 응용 인공지능의 출현

이 세 가지 발전은 인공지능을 학문 분야에서 산업 분야로 넘어갈 수 있게 해, 매년 관심과 자금을 더 많이 끌어들이는 데 도움을 주었습니다. 인공지능은 더 이상 흥미로운 이론 영역이 아니라 본격적인 응용 분야입니다. [그림 0-1]은 구글 트렌드 차트로, 지난 5년간 머신러닝에 대한 관심이 증가했음을 보여줍니다.

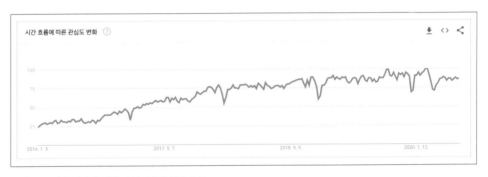

그림 0-1 시간 경과에 따른 머신러닝 관심도 추이

인공지능은 이제 컴퓨터 및 스마트폰의 출현과 같이 향후 10년간 모든 산업에 상당한 영향을 줄 획기적인 수평적 기술로 간주됩니다[5].

머신러닝과 관련한 성공적인 상업 응용 프로그램에는 광학 문자 인식, 이메일 스팸 필터링, 이미지 분류, 컴퓨터 비전, 음성 인식, 기계 번역, 그룹 세분화 및 클러스터링, 합성 데이터 생성, 이상 탐지, 사이버 범죄 예방, 신용카드 사기 탐지, 인터넷 사기 탐지, 시계열 예측, 자연어 처

---

5 맥킨지 글로벌 기관(McKinsey Global Institute)에 따르면 사람들이 돈을 지불하는 모든 전문 활동의 절반 이상이 2055년까지 자동화될 수 있다고 합니다.

리, 보드 게임 및 비디오 게임, 문서 분류, 추천 시스템, 검색, 로봇 공학, 온라인 광고, 감성 분석, DNA 염기서열화, 재무 시장 분석, 정보 검색, 질의응답, 의료 의사 결정 등이 있습니다.

0.4 지난 20년간 응용 인공지능 주요 성과

여기에 제시한 주요 성과는 인공지능을 학문적인 주제에서 오늘날 기술의 주류로 끌어올린 일들입니다.

- 1997년: 1980년대 중반부터 개발해온 인공지능 봇인 딥 블루는 유명 체스 대회에서 체스 세계 챔피언 가리 카스파로프를 상대로 승리했습니다.
- 2004년: 미국방위고등계획국(DARPA)은 자율주행 챌린지인 DARPA Grand Challenge를 매년 사막에서 개최했습니다. 2005년 스탠퍼드 대학교가 이 대회에서 최고상을 받았습니다. 2007년 카네기멜런 대학교는 도시 환경에서 자율주행을 시도했습니다. 2009년 구글은 자율주행 자동차를 직접 개발했습니다. 이후 2015년까지 테슬라, 알파벳의 우이모, 우버 등 주요 기술을 가진 대기업이 핵심 자율주행 기술을 개발하기 위해 자금 지원 프로그램을 런칭했습니다.
- 2006년: 토론토 대학의 제프리 힌튼(Geoffrey Hinton)이 많은 계층으로 신경망을 훈련하는 빠른 학습 알고리즘을 소개하면서 심층 학습 혁명이 시작됐습니다.
- 2006년: 넷플릭스는 머신러닝을 통해 추천 시스템의 정확도를 10% 이상 개선하기 위해 백만 달러를 상금으로 걸고 알고리즘 경진 대회(Netflix Prize)를 개최했습니다. 2009년 한 팀이 이를 달성해 우승했습니다.
- 2007년: 앨버타 대학팀에서 개발한 인공지능은 체커 게임에서 초인적인 성능을 달성했습니다.
- 2010년: 이미지넷은 ImageNet Large Scale Visual Recognition Challenge(ILSVRC)라는 연간 대회를 개최했습니다. 이 대회에서 각 팀은 머신러닝 알고리즘을 사용해 잘 정리된 대규모 이미지 데이터셋에서 개체를 정확하게 탐지하고 분류했으며 이는 학계와 기술분야 모두에서 상당히 주목받았습니다. 딥 컨볼루션 신경망의 발전 덕분에 2011년에 25%였던 분류 오차율은 2015년에는 아주 적은 수준까지 떨어졌으며, 이는 컴퓨터 비전 및 객체 인식의 상업 응용으로 이어졌습니다.
- 2010년: 마이크로소프트는 엑스박스용 360 키넥트를 출시했습니다. 키넥트는 마이크로소프트 연구소의 컴퓨터비전팀이 개발했으며, 인체 움직임을 추적하고 이를 게임 플레이로 변환할 수 있습니다.
- 2010년: 시리는 최초 주요 디지털 음성 보조 비서로, 애플이 인수해 2011년 10월 아이폰 4S의 기능으로 출시했으며, 이후 모든 애플 제품에 포함됐습니다. 시리는 컨볼루션 신경망과 장단기 기억 순환 신경망에 의해 구동되고 음성 인식과 자연어 처리를 모두 수행했습니다. 뒤이어 아마존, 마이크로소프트, 구글이 각각 알렉사(2014), 코타나(2014), 구글 어시스턴트(2016)를 출시하며 경쟁에 뛰어들었습니다.

- 2011년: 데이비드 페루시가 이끄는 팀이 개발한 질의응답 AI 에이전트 IBM 왓슨은 제퍼디 퀴즈쇼에서 전 챔피언 브래드 러터와 켄 제닝스를 상대로 승리했습니다. IBM 왓슨은 현재 헬스케어 및 리테일 등 여러 산업에서 사용했습니다.
- 2012년: 앤드류 응과 제프 딘이 이끄는 구글 브레인팀은 유튜브 동영상에서 찍은, 레이블이 없는 이미지를 보면서 고양이를 인식하는 신경망을 훈련했습니다.
- 2013년: 구글은 미국방위고등계획국(DARPA)의 Robotics Challenge에서 우승했습니다. 여기에는 반자율 봇이 차량 운전하기, 잔해 걷기, 막힌 입구에서 이물질 제거하기, 문 열기, 사다리 오르기와 같은 위험한 환경에서 복잡한 작업을 수행하는 테스트를 포함했습니다.
- 2014년: 페이스북은 97%의 정확도로 얼굴을 식별할 수 있는 신경망 기반 시스템 딥 페이스를 발표했습니다. 이는 인간 수준의 성능과 거의 비슷하며 이전 시스템에 비해 27% 이상 성능이 향상된 것이었습니다.
- 2015년: 인공지능은 대세로 나아가며 전 세계의 언론에 등장하기 시작했습니다.
- 2015년: 구글 딥마인드 알파고는 바둑 게임에서 세계 최고 수준의 프로 판후이를 상대로 승리했습니다. 뒤이어 알파고는 2016년에는 이세돌을, 2017년에는 커제를 상대로 승리했습니다. 2017년에는 새 버전 알파고 제로가 이전 버전 알파고를 100 대 0으로 승리했습니다. 알파고 제로는 스스로 바둑 경기를 익히는 것과 비지도 학습 기술이 통합된 버전입니다.
- 2016년: 구글은 언어 번역을 크게 개편했습니다. 구글 번역은 기존의 구문 기반 번역 시스템을 딥러닝 기반 신경망 기계 번역 시스템으로 대체해 번역 오류를 최대 87%까지 줄이고 인간 수준의 정확도에 가까워졌습니다.
- 2017년: 카네기 멜론 대학에서 개발한 리브라투스는 포커의 한 종류인 〈텍사스 홀덤〉에서 승리했습니다.
- 2017년: OpenAI 훈련을 받은 봇은 Dota 2 토너먼트에서 프로게이머를 능가했습니다.

0.5 좁은 인공지능부터 범용 인공지능까지

물론 좁게 정의된 과제에 인공지능을 적용하는 데 성공한 것은 시작에 불과합니다. 인공지능 커뮤니티에는 여러 약한 인공지능 시스템을 결합해 강한 인공지능을 개발할 수 있다는 믿음이 커지고 있습니다. 이 강한 인공지능 또는 범용 인공지능 에이전트는 광범위하게 정의된, 많은 과제에서 인간과 같은 성능을 발휘할 수 있습니다.

인공지능이 인간 수준의 지능을 달성한 직후, 일부 연구자들은 이러한 강한 인공지능이 인간의 지능을 넘어서고 소위 **초지능**superintelligence에 도달할 것으로 예상합니다. 이러한 초지능을 달성하기 위한 추정시간은 지금부터 15년에서 100년까지 의견이 분분합니다. 그러나 연구자 대부분은 인공지능이 몇 세대 안에 이를 달성할 만큼 충분히 발전할 것이라고 생각합니다. 이것은 다시 한번(이전에 봤던 것과 같이) 하이프 사이클로 포장된 걸까요? 아니면 이번에는 다른 걸까요?

답은 시간만이 알 겁니다.

0.6 목표와 접근방식

현재까지 컴퓨터 비전, 음성 인식, 기계 번역, 자연어 처리와 같은 분야에서 성공한 상업 응용 프로그램 대부분은 레이블이 있는 데이터셋의 장점을 활용한 지도 학습을 포함합니다. 하지만 현실 세계 데이터에는 대부분 레이블이 없습니다.

우리는 이 책에서 **비지도 학습**unsupervised learning 분야(숨겨진 패턴을 찾기 위해 사용되는 머신러닝의 한 부문)를 다루고 레이블이 없는 데이터의 내재된 구조를 학습할 겁니다. 페이스북의 인공지능 연구 책임자이자 뉴욕 대학교 교수인 얀 르쿤Yann Lecun과 같은 업계 전문가들에 따르면, 비지도 학습은 인공지능의 다음 개척 과제이며 범용 인공지능(AGI) 구현을 위한 열쇠를 쥐고 있는 기술입니다. 이 점을 비롯한 여러 다른 이유로, 비지도 학습은 오늘날 인공지능 분야에서 유망한 주제 중 하나입니다.

이 책의 목표는 일상 문제에 비지도 학습을 적용하는 데 필요한 직관을 개발하도록 개념과 도구를 익히는 겁니다. 다시 말해, 이 책은 현실 세계의 시스템을 구축하는 데 필요한 응용 서적입니다. 또한 비지도 학습 문제를 준지도 학습 문제로 전환하기 위해 레이블이 없는 데이터셋에 효율적으로 레이블을 붙이는 방법을 살펴볼 겁니다.

이 책은 이론적 배경을 포함합니다. 하지만 대부분은 현실 세계의 문제를 해결하기 위해 비지도 학습 기술을 적용하는 데 초점을 맞춘, 실습 위주로 구성했습니다. 실습에 사용하는 데이터셋과 코드는 깃허브GitHub의 주피터 노트북Jupyter notebook으로 온라인에서 사용할 수 있습니다.

이 책으로 비지도 학습 개념을 이해하고 실습한 경험을 바탕으로, 레이블이 없는 대량의 데이터셋에 비지도 학습을 적용해 숨겨진 패턴을 발견하고 더 깊은 비즈니스 통찰력을 얻을 수 있을 겁니다. 또한 이상 징후를 감지하고 유사성을 기반으로 그룹을 클러스터링할 수 있습니다. 자동 피처 엔지니어링 및 피처 선택, 합성 데이터셋 생성 등도 할 수 있습니다.

0.7 이 책의 구성

이 책은 네 부로 구성되며 다음 주제를 다룹니다.

PART 1 비지도 학습 개요

지도 학습과 비지도 학습의 차이점, 일반적인 지도 학습과 비지도 학습 알고리즘 개요, 머신러닝 프로젝트 A to Z

PART 2 사이킷런을 사용한 비지도 학습 모델

차원 축소, 이상 탐지, 클러스터링, 그룹 세분화

> **TIP_** PART 1, 2에서 설명하는 개념에 대한 자세한 내용은 사이킷런 설명서를 참조하십시오.

PART 3 텐서플로와 케라스를 사용한 비지도 학습 모델

표현 학습, 자동 피처 추출, 오토인코더, 준지도 학습

PART 4 텐서플로와 케라스를 사용한 심층 비지도 학습

제한된 볼츠만 머신(RBM), 심층 신뢰 신경망(DBN), 생성적 적대 신경망(GAN)

0.8 예제 다운로드 안내

이 책에서 사용하는 데이터와 예제 코드는 옮긴이의 깃허브 저장소에서 내려받을 수 있습니다. 본문에 포함된 지은이 및 옮긴이 주석과 참고 URL 목록도 함께 확인할 수 있습니다. 그 밖의 환경 설정 및 설치 가이드는 2장 '머신러닝 프로젝트 A to Z'에서 자세히 다루겠습니다.

https://github.com/francis-kang/handson-unsupervised-learning

비지도 학습 개요

1부에서는 최신 머신러닝 생태계를 알아보고, 그중에서도 비지도 학습이 필요한 분야를 살펴봅니다. 또한 프로그래밍 환경 설정, 데이터 수집 및 준비, 데이터 탐색, 머신러닝 알고리즘 및 비용 함수 선택, 결과 평가와 같은 기본 사항을 배우기 위해 머신러닝 프로젝트를 맨 처음부터 구축해봅니다.

Part I

비지도 학습 개요

1장 규칙 기반 시스템과 머신러닝, 지도 학습과 비지도 학습 간 차이와 각각의 상대적인 강점과 약점이 무엇인지 살펴봅니다.

2장 데이터 획득에서 모델 구축, 모델 평가, 솔루션 구현에 이르기까지 모든 과정을 포함하는 머신러닝 프로젝트를 설정하고 관리하는 방법을 알아봅니다.

머신러닝 생태계와 비지도 학습

인간과 동물의 학습 과정은 대부분 비지도 학습 방식이다. 만약 지능이 케이크라면 비지도 학습은 케이크의 본체다. 지도 학습은 케이크 본체 위에 바른 크림이며, 강화 학습은 케이크 위에 얹은 체리다. 우리는 크림과 체리를 만드는 방법은 알고 있지만, 케이크를 만드는 법은 모른다. 진정한 AI를 구현하기 위해서는 비지도 학습 문제를 먼저 해결해야 한다. — 얀 레쿤

이 장에서 우리는 규칙 기반 시스템과 머신러닝, 지도 학습과 비지도 학습 간 차이와 각각의 상대적인 강점과 약점이 무엇인지 살펴볼 겁니다. 또한 다양한 지도 학습, 비지도 학습 알고리즘을 소개합니다. 마지막으로 이러한 알고리즘들을 준지도 학습과 강화 학습에서 어떻게 혼합해 적용할 수 있는지 간략히 살펴보겠습니다.

1.1 머신러닝 기본 용어 이해하기

다양한 유형의 머신러닝을 본격적으로 살펴보기 전에 간단하면서 일반적으로 사용하는 머신러닝 예제를 통해 쉽게 접근해보겠습니다. 살펴볼 예제는 바로 이메일 스팸 필터 만들기로, 간단한 분류 문제입니다. 이제부터 전송된 이메일을 '스팸' 또는 '스팸 아님'으로 올바르게 분류하는 간단한 프로그램을 만들어야 합니다.

이를 머신러닝 용어 관점에서 정리하면 다음과 같습니다. 이 문제에서 **입력 변수**input variable는

이메일의 텍스트입니다. 이러한 입력 변수를 **피처**feature[1] 또는 **예측 변수**predictor 또는 **독립 변수**independent variable라고 합니다. 우리가 예측하려는 **출력 변수**output variable는 '스팸' 또는 '스팸 아님'이라는 **레이블**label입니다. 이러한 출력 변수를 **목표 변수**target variable, **종속 변수**dependent variable 또는 **응답 변수**response variable (또는 분류 문제이므로 **클래스**class)라고 부릅니다.

AI가 학습하는 예제 데이터셋을 **훈련셋**training set이라고 하며, 각 개별 예제를 훈련 **인스턴스**instance 또는 **샘플**sample이라고 합니다[2]. AI는 학습 과정에서 모형의 **가치 함수**value function (이 경우에는 정확하게 분류된 이메일의 비율)를 극대화하기 위해 **비용 함수**cost function 또는 **오차율**error rate을 최소화하거나 모형의 구조를 최적화합니다. 즉, AI는 훈련 과정에서 오차율을 최소화하기 위해 적극적으로 모형을 최적화하며, 이러한 오차율은 AI의 예측 레이블과 실제 레이블을 비교해 계산합니다.

그러나 우리가 가장 관심있는 것은 AI가 학습한 것을 (이전에 본 적 없던 이메일에) 얼마나 잘 일반화해 적용하는지입니다. 이것은 훈련을 통해 만들어진 AI가 현실에 적용 가능한지를 판단하기 위한 테스트가 될 겁니다. 훈련셋으로 학습한 모델을 사용해 이전에 본 적 없는 새로운 이메일을 올바르게 분류할 수 있을까요? 이 **일반화 오차**generalization error[3] 또는 **표본 외 오차**out-of-sample error는 머신러닝 솔루션을 평가하는 데 사용하는 주요 요소입니다.

여기서 말하는 이전에 본 적 없는 데이터를 **테스트셋**test set 또는 (모델 훈련 과정에서 제외된 데이터셋이기 때문에) **홀드아웃셋**holdout set[4]이라고 합니다. 만약 모델 훈련 과정에서 일반화 오차를 측정하기 위해 여러 개의 홀드아웃셋을 만드는 경우라면, 최종 테스트셋을 적용하기 전에 진행 상황을 평가하는 데 사용하는 중간 홀드아웃셋이 있을 수 있는데 이것을 **검증셋**validation set 이라고 합니다.

---

1 옮긴이_ 보통 데이터 분석 관련 기술서적에서 feature를 '특징' 또는 '특성'이라고 번역합니다. 하지만 피처라고 음차 표기하는 것이 내용을 이해하는 데 더 자연스럽다고 판단해, 여기에서는 '피처'로 표현했습니다.

2 옮긴이_ 원서에서는 데이터셋의 개별적인 예제 데이터 또는 레코드를 다양하게 표현하고 있습니다. 여기에서는 이러한 개별 데이터를 나타내는 'example, sample'을 '샘플' 또는 '샘플 데이터'로, 여러 개의 속성을 갖는 개별 데이터를 의미하는 'instance'의 경우 '인스턴스'로, data point 또는 point는 다차원 공간에서 위치를 나타낼 수 있다는 의미를 반영하는 차원에서 '데이터 포인트'라고 번역했습니다.

3 옮긴이_ 더 쉽게 설명하면 다음과 같습니다. 본문에서 예제로 언급한 이메일 스팸 분류 모델을 개발하기 위해서는 원본 데이터셋을 크게 두 개로 나눕니다. 데이터셋 하나는 모델 훈련용(training set)으로 사용하고, 나머지 데이터셋은 훈련된 모델이 일반화되는지를 검증하는 데 사용합니다. 즉 기존 모델을 훈련에 사용하지 않은 새로운 테스트 데이터셋(test set)에 적용했을 때 얼마나 효과가 있는지 측정하는 척도입니다.

4 옮긴이_ 예측 모델을 학습시키는 과정에서 의도적으로 사용하지 않은(holdout) 데이터셋입니다. 보통 검증 데이터셋(validation data set)과 테스트 데이터셋(test data set)이 홀드아웃 데이터셋에 속합니다. 홀드아웃 데이터는 학습에 사용하지 않은 데이터에 대한 모델의 일반화 능력을 평가하는 데 사용합니다.

이 모든 것을 종합하면, AI는 스팸 여부를 예측(**과제**task)하는 오차율(**성능**performance)을 개선하기 위해 훈련 데이터(**경험**experience)를 사용해 모델을 훈련시킵니다. 이에 대한 궁극적인 성공 기준은 모델의 훈련 경험이 이전에 볼 수 없던 새로운 데이터(**일반화 오차**generalization error)에 얼마나 잘 일반화되는지입니다.

1.2 규칙 기반과 머신러닝 비교하기

규칙 기반 접근 방식을 사용하면 명시적인 규칙으로 스팸 필터를 설계해 'you' 대신 'u'가 포함되거나 'for' 대신 '4' 등이 포함된 스팸을 포착할 수 있습니다. 그러나 시간이 지남에 따라 범죄자가 이러한 필터링 규칙을 피하기 위해 스팸 메일 전송 방식을 변경한다면 이 시스템을 유지하기가 어려울 겁니다. 이렇듯 규칙 기반 시스템을 사용하는 경우, 최신 상태를 유지하기 위해 규칙을 수동으로 자주 조정해야 합니다. 이 시스템을 잘 작동하기 위해 필요한 규칙은 매우 많기 때문에 비용도 많이 들어갑니다.

규칙 기반 접근 방식 대신 머신러닝을 사용해 이메일 데이터를 학습하고 규칙을 자동으로 수정해 악성 이메일을 스팸으로 올바르게 식별할 수 있습니다. 이러한 머신러닝 기반 시스템은 시간이 지남에 따라 자동으로 조정되며, 규칙 기반 시스템에 비해 모델을 학습시키고 유지하는 비용이 훨씬 더 저렴할 겁니다.

앞서 예로 든 스팸 필터와 같이 간단한 문제에서는 규칙을 수작업으로 작성할 수 있지만 대부분 문제에서는 수작업으로 처리할 수 없습니다. 한 예로, 자율 주행 자동차를 설계한다고 가정해봅시다. 자동차가 주행 중 마주치는 수많은 상황에서 어떻게 작동해야 하는지, 이를 규칙으로 작성한다고 상상해봅시다. 자동차가 경험을 바탕으로 스스로 배우고 적응할 수 없다면 해결하기 어려운 문제입니다.

또한 머신러닝 시스템을 데이터 탐색 또는 검색 도구로 사용해 우리가 해결하려는 문제에 대한 깊은 통찰력을 얻을 수도 있습니다. 예를 들어, 이메일 스팸 필터에서 우리는 어떤 단어 또는 문구가 스팸을 가장 잘 예측하는지 학습하고 새로 등장하는 악성 스팸 패턴을 인식할 수 있습니다.

1.3 지도 학습과 비지도 학습 비교하기

머신러닝에는 두 개의 주요 분야(**지도 학습**supervised learning과 **비지도 학습**unsupervised learning)와 이 두 분야를 연결하는 다양한 하위 분야가 있습니다.

지도 학습에서는 AI 에이전트가 레이블에 액세스[5]할 수 있으며, 이를 사용해 일부 작업에서 성능을 향상[6]시킬 수 있습니다. 예를 들어 이메일 스팸 필터 문제에서, 우리는 각각의 모든 이메일에 대해 전체 텍스트를 포함하는 데이터셋을 보유하고 있고, 이러한 이메일 중 어떤 것이 스팸 메일인지 여부(소위 **레이블**이라고 함)를 알고 있습니다. 이러한 레이블은 지도 학습 AI가 스팸 이메일을 나머지 이메일과 구분하는 데 매우 유용합니다.

반대로 비지도 학습에서는 레이블을 사용할 수 없습니다. 따라서 AI 에이전트의 작업이 명확히 정의되지 않으므로 모델의 성능을 명확히 측정할 수 없습니다. 이번에는 레이블이 없는 이메일 스팸 필터 문제를 살펴봅시다. 레이블이 없으므로 AI 에이전트는 이메일 데이터베이스를 서로 다른 그룹으로 구분하면서 이메일에 내재된 구조를 이해하려고 시도합니다. 이렇게 하면 같은 그룹 내 이메일은 서로 비슷하지만 다른 그룹의 이메일과는 다른 속성을 가질 겁니다[7].

이러한 비지도 학습 문제는 지도 학습 문제보다 명확하지 않게 정의되며 AI 에이전트가 해결하기가 더 어렵습니다. 하지만 제대로 활용한다면 매우 강력한 솔루션이 될 수 있습니다.

비지도 학습 AI는 원래 목적인 '스팸' 그룹을 찾을 수도 있지만 그 외 '중요' 또는 '가족', '전문가', '뉴스', '쇼핑' 등으로 분류되는 그룹을 찾을 수도 있기 때문입니다. 즉, 비지도 학습 문제에는 엄격하게 정의된 작업이 없으므로 AI 에이전트는 처음에 찾으려고 한 것보다 더 흥미로운 패턴을 발견할 수 있습니다.

더욱이 데이터에서 새로운 패턴을 찾는다는 관점에서 이러한 비지도 학습 기반 시스템은 지도 학습 기반 시스템보다 더 우수하기 때문에 장기적으로 볼 때 비지도 학습 기반 솔루션이 더 적합합니다. 이런 점이 비지도 학습의 강점입니다.

----

5   옮긴이_ AI 에이전트가 레이블에 액세스할 수 있다는 말은 지도 학습 특성상 학습 데이터 내 예측 대상이 되는 종속변수가 존재한다는 것을 의미합니다.
6   옮긴이_ 모델 학습 과정에서 AI 에이전트가 학습 데이터 내 존재하는 종속변수와 독립변수 간 패턴을 최대한 잘 도출하기 위해 파라미터 튜닝 등 다양한 활동을 통해 모델의 예측 성능을 향상시킬 수 있다는 것을 의미합니다.
7   옮긴이_ 비지도 학습에는 다양한 기법들이 존재하나, 본문에서는 일반적으로 사용하는 군집 분석(clustering analysis)을 예로 들어 설명했습니다.

1.3.1 지도 학습의 강점과 약점

지도 학습은 레이블이 충분히 확보되고 명확하게 **정의된 작업**에서 성능을 최적화하는 데 탁월합니다. 예를 들어, 방대한 객체 이미지 데이터셋이 있다고 가정해봅시다. 이 데이터셋의 각 이미지는 모두 레이블이 지정돼[8] 있습니다. 데이터셋이 충분히 크고 적절한 머신러닝 알고리즘(예를 들어, 합성곱 신경망)과 강력한 컴퓨팅 파워를 사용해 학습시키면 매우 우수한 지도 학습 기반 이미지 분류 시스템을 구축할 수 있습니다.

지도 학습 AI는 데이터를 학습함에 따라 예측된 이미지 레이블과 실제 이미지 레이블을 비교해 비용 함수cost function[9]로 성능을 측정할 수 있습니다. AI는 이전에 본 적 없는 새로운 이미지(홀드아웃 데이터셋으로부터)를 예측하는 데에 오차가 가능한 작게 발생하도록 비용 함수를 최소화하기 위해 훈련 과정에서 다양한 실험을 시도합니다.

이 시도는 AI 에이전트에 오차 측정 결과를 제공하며 AI는 오차 측정 결과를 반영해 시간이 지남에 따라 모델의 성능을 향상시킵니다. 만약 레이블이 없다면 AI는 이미지를 얼마나 올바르게 분류했는지(또는 아닌지) 알지 못할 겁니다. 이것이 바로 레이블이 강력한 이유입니다.

하지만 이미지 데이터셋에 수작업으로 레이블을 지정하는 데는 비용이 많이 듭니다. 심지어 양질의 이미지 데이터셋을 선별하더라도 그 안에 오직 수천 개 레이블만 존재하는 경우도 있습니다. 지도 학습 시스템은 레이블이 존재하는 이미지 객체를 분류하는 데는 매우 적합하지만 레이블이 존재하지 않는 이미지 객체를 분류하는 데는 부적합합니다. 이것이 바로 지도 학습 기반 시스템의 가장 큰 문제점입니다.

또한 지도 학습 기반 시스템은 강력하지만 사전에 학습한 레이블이 지정된 항목 이상의 지식을 밝혀내거나 일반화하기에는 한계가 있습니다. 현실 세계 데이터는 대부분 레이블이 없기 때문에 지도 학습을 통해 새로운 데이터를 대상으로 AI의 성능을 확장하기가 매우 어렵습니다.

즉, 지도 학습은 좁은 인공지능 문제를 해결하는 데는 적합하지만 좀 더 도전적이고 덜 명확하게 정의된 강한 인공지능 문제를 해결하는 데는 그리 좋지 않습니다.

---

8 옮긴이_ '레이블이 지정된 데이터(셋)'이라는 표현은 '스팸 메일 여부'처럼 과거 데이터상 특정 결괏값(target value or label)이 이미 작성돼 식별 가능한 상태의 데이터를 의미합니다. 이 책에서는 '레이블이 지정된 데이터(셋)' 또는 '레이블 데이터(셋)'로 표현했습니다.

9 옮긴이_ 비용 함수는 모델에 의해서 예측된 값과 측정된 값(실젯값)과의 차이를 계산하는 함수로, 개별 차이값의 평균값이 작을수록 예측 모델이 적절하다고 평가할 수 있습니다.

1.3.2 비지도 학습의 강점과 약점

지도 학습은 시간의 경과에 따라 크게 변하지 않는 명확한 패턴과 레이블이 있는 대량의 데이터셋이 확보된 상세 작업 영역에서 비지도 학습보다 우월한 성능을 보여줍니다. 그러나 패턴을 알 수 없거나 끊임없이 변화하거나 레이블 데이터가 충분히 확보되지 않은 문제 영역에서는 비지도 학습이 훨씬 더 우월합니다.

비지도 학습은 데이터의 레이블이 아닌 데이터 자체의 내재된 구조를 학습해 작동합니다. 이 작업은 데이터셋이 보유한 데이터 레코드 수보다 훨씬 작은 수의 매개변수 집합으로 훈련해 데이터를 표현하려는(유용한 피처로 매핑하려는) 시도를 합니다. 비지도 학습은 이러한 표현 학습[10]을 수행함으로써 데이터셋의 고유 패턴을 식별할 수 있습니다.

이미지 데이터셋 예제(이번에는 레이블이 없음)에서 비지도 학습 AI는 이미지가 서로 얼마나 유사한지, 나머지 이미지와 얼마나 다른지에 따라 이미지를 식별하고 그룹화할 수 있습니다. 예를 들어, 의자처럼 보이는 이미지들은 함께 그룹화하며 개처럼 보이는 이미지들 역시 함께 그룹화합니다.

물론 비지도 학습 AI 자체가 이 그룹을 스스로 '의자' 또는 '개'로 표시할 수는 없습니다. 하지만 비슷한 이미지가 함께 그룹화됐기 때문에 이후 우리는 훨씬 더 간단히 레이블을 지정할 수 있습니다. 우리는 수백만 개 이미지를 하나하나 레이블링하는 대신 모든 고유 그룹별로 레이블을 지정할 수 있고 지정한 레이블은 각 그룹 내 모든 구성원에게 일괄 적용됩니다.

초기 모델 훈련 후에 비지도 학습 AI가 레이블이 지정된 어떤 그룹에도 속하지 않는 이미지를 찾은 경우, AI는 분류되지 않은 이미지를 레이블이 지정되지 않은 별도의 새 이미지 그룹으로 만들어 사람이 레이블을 직접 지정하도록 유도합니다.

비지도 학습은 이전에는 다루기 어려웠던 문제를 해결하는 데 도움이 되고 모델 훈련에 사용되는 과거 데이터와 미래에 발생할 데이터 모두에서 숨겨진 패턴을 찾는 데 훨씬 더 민첩합니다. 더욱이 이제 우리는 현실 세계에 존재하는 거대한 '레이블이 없는 데이터'에 대한 AI 접근법을 가지고 있습니다.

비지도 학습은 명확하고 좁게 정의된 문제를 해결하는 데는 지도 학습보다 덜 능숙하지만 강력

---

10 옮긴이_ 표현 학습(representation learning)은 피처 학습(feature representation learning)이라고도 하며 원본 데이터의 형상을 학습해 분석 목적에 적합한 유용한 정보를 추출하거나 파생하는 머신러닝 기법입니다.
https://en.wikipedia.org/wiki/Feature_learning

한 AI 유형의 더 개방적인 문제를 해결하거나 이러한 지식을 일반화하는 데는 더 적합합니다. 따라서 비지도 학습은 머신러닝 솔루션을 구축할 때 데이터 과학자들이 직면하는 많은 일반적인 문제를 해결해줄 수 있습니다.

1.4 비지도 학습을 사용해 머신러닝 솔루션 개선하기

최근 머신러닝 분야의 성공은 대용량 데이터의 가용성, 컴퓨터 하드웨어 및 클라우드 기반 자원의 발전, 머신러닝 알고리즘의 획기적인 발전에 의해 이루어졌습니다. 그러나 이는 이미지 분류, 컴퓨터 비전, 음성 인식, 자연어 처리, 기계 번역과 같이 대부분 약한 인공지능 문제 분야에 한정됐습니다.

더 넓은 범위의 인공지능 문제를 해결하려면 비지도 학습의 가치를 제대로 파악해야 합니다. 이제부터 솔루션을 구축할 때 데이터 과학자들이 직면하는 가장 일반적인 도전 과제가 무엇인지, 비지도 학습이 어떻게 도움이 되는지 알아보겠습니다

레이블 데이터는 언제나 부족하다

> 인공지능은 로켓 우주선을 만드는 것 같이 거대한 엔진과 많은 연료가 필요하다. 큰 엔진과 적은 연료가 있다면 궤도에 올리지 못할 것이다. 작은 엔진과 많은 연료가 있다면 로켓을 들어 올릴 수 없다. 로켓을 구축하려면 거대한 엔진과 많은 연료가 필요하다. — 앤드류 응

머신러닝이 로켓 우주선이라면 데이터는 연료일 겁니다. 많은 양의 데이터가 없으면 로켓은 날아갈 수 없습니다. 그러나 모든 데이터가 평등하게 생성되는 것은 아닙니다. 지도 학습 알고리즘을 사용하려면 많은 양의 레이블 데이터가 필요하지만 이 데이터는 생성하기가 어렵고 비용이 많이 듭니다[11].

비지도 학습을 통해 레이블이 지정되지 않은 데이터에 자동으로 레이블을 지정할 수 있습니다. 예를 들어, 모든 데이터를 클러스터링한 다음 레이블이 지정된 데이터의 레이블을 동일한 클러스터 내 레이블이 지정되지 않은 데이터에 적용합니다. 즉, 레이블이 지정되지 않은 데이터는

---

11 Figure Eight(https://www.figure-eight.com/)처럼, 데이터에 레이블을 지정하는 수작업을 머신러닝 기법으로 기계가 대신 해주는 서비스를 제공하는 스타트업도 있습니다.

사신과 가상 유사한 속성의 데이터에 지정된 레이블을 부여받게 됩니다. 이와 관련해 5장 클러스터링에서 더 자세히 살펴볼 예정입니다.

과대 적합

머신러닝 알고리즘이 훈련 데이터에서 지나치게 복잡한 함수를 학습하면 검증셋 또는 테스트셋과 같은 홀드아웃 데이터셋에 존재하는 새로운 인스턴스에서 제대로 수행되지 않을 수 있습니다. 이 경우 알고리즘이 훈련 데이터에 과도하게 적합(예를 들어, 새로운 데이터셋에서 알고리즘이 잘못된 예측값을 생성)해 일반화 오차가 발생할 가능성이 매우 높습니다. 즉, 알고리즘이 지식을 기반으로 일반화하는 방법을 배우기보다는 훈련 데이터를 암기하고 있다는 겁니다[12].

비지도 학습을 **정규화기**regularizer로 사용하면 이러한 문제를 해결할 수 있습니다. **정규화**regularization는 머신러닝 알고리즘의 복잡성을 줄이는 데 사용하는 프로세스로, 노이즈를 너무 많이 조정하지 않고도 데이터 신호를 포착할 수 있습니다. 비지도 기반 사전 학습은 이러한 정규화 형태 중 하나입니다. 원본 입력 데이터를 지도 학습 알고리즘에 직접 공급하는 대신 비지도 사전 훈련을 통해 생성된 원본 입력 데이터의 새로운 표현을 제공할 수 있습니다.

이 새로운 표현은 원본 데이터의 본질인 내재된 구조를 포착하는 한편, 내재된 구조 외 부가적인 노이즈 데이터는 제거합니다. 이 새로운 표현을 지도 학습 알고리즘에 공급하면 노이즈가 줄어들고 신호를 더 많이 포착해 일반화 오차가 개선됩니다. 이와 관련해 7장 피처 추출에서 좀 더 살펴보겠습니다.

차원의 저주

컴퓨팅 파워의 발전에도 빅데이터는 머신러닝 알고리즘이 관리하기가 어렵습니다. 일반적으로 더 많은 인스턴스를 추가하는 것은 스파크spark와 같은 최신 맵-리듀스 솔루션을 사용해 작업을 병렬화할 수 있기 때문에 문제되지 않습니다. 그러나 피처가 많을수록 훈련은 더 어려워집니다.

---

12 과소 적합은 머신러닝 응용 프로그램을 구축할 때 발생할 수 있는 또 다른 문제이지만 해결하기는 더 쉽습니다. 과소 적합은 모델이 너무 단순하기 때문에 발생하는 현상으로, 알고리즘이 당면한 작업에 대해 충분한 결정을 내릴 수 있을 만큼 복잡한 함수 근사치를 만들 수 없기 때문에 발생합니다. 이를 해결하기 위해서는 알고리즘의 크기를 늘리거나(더 많은 매개변수를 가지거나 더 많은 반복 학습을 수행하는 등) 더 복잡한 머신러닝 알고리즘을 적용하면 됩니다.

지도 학습 알고리즘은 수많은 피처로 구성된 고차원 공간에서 데이터 포인트를 분리하는 방법을 학습하고 최적해를 구하는 함수 근사를 생성해야 합니다. 피처가 매우 많을 때 이 과정은 시간도 많이 소요되고 계산도 복잡합니다. 어떤 경우에는 최적해를 빨리 찾는 것이 불가능할 수 있습니다.

이 문제는 **차원의 저주**curse of dimensionality로 알려져 있으며, 비지도 학습은 이를 해결하는 데 매우 적합한 방법입니다. 차원 감소를 통해 원래의 피처 집합에서 가장 핵심적인 피처를 찾고, 중요한 정보를 보존하면서 차원 수를 적용 가능한 개수로 줄인 후 지도 학습 알고리즘을 적용해 효율적으로 최적의 함수 근사를 찾아낼 수 있습니다. 차원 감소는 3장에서 살펴보겠습니다.

피처 엔지니어링

피처 엔지니어링은 데이터 과학자가 수행하는 중요한 작업 중 하나입니다. 적절한 피처가 없으면 머신러닝 알고리즘은 새로운 데이터에서 좋은 결정을 내릴 수 있을 만큼 공간에서 포인트를 분리할 수 없습니다. 그러나 피처 엔지니어링은 일반적으로 노동 집약적입니다. 따라서 인간이 올바른 유형의 피처를 창의적으로 설계해야 합니다. 대신 비지도 학습 알고리즘의 표현 학습을 사용해 적절한 유형의 피처 표현을 자동 학습하는 것으로 문제를 해결할 수 있습니다. 7장에서 자동 피처 추출을 살펴보겠습니다.

이상치

데이터 품질 또한 매우 중요합니다. 머신러닝 알고리즘이 희귀하고 왜곡된 이상치를 학습하는 경우 이상치를 별개로 두거나 무시하는 경우보다 일반화 오차가 더 작습니다. 비지도 학습을 통해 차원 감소를 사용해 이상치 탐지를 수행하고, 이상치를 위한 솔루션 및 정상 데이터를 위한 솔루션을 별도로 생성할 수 있습니다. 4장에서 이상 탐지 시스템을 구축하겠습니다.

데이터 드리프트

머신러닝 모델은 **데이터 드리프트**data drift를 고려해야 합니다[13]. 모델이 예측하는 데이터가 모델이 학습한 데이터와 통계적으로 다른 경우, 해당 모델은 현재 데이터를 더 잘 나타내는 데이터

---

13 옮긴이_ 데이터 드리프트란 시간이 지남에 따라 모델의 성능 저하를 발생시키는 입력 데이터의 변경 내용을 말합니다. 예를 들어, 디바이스의 결함으로 입력 데이터가 널 값으로 적재되는 현상 등이 이에 해당합니다.

로 새학습해야 될 수 있습니다. 모델이 재학습되지 않거나 데이터 내 패턴이 시간에 따라 변화하는 것(데이터 드리프트)을 인식하지 못하면 현재 데이터에 대한 모델의 예측 품질이 저하됩니다.

비지도 학습을 사용해 확률 분포를 구축함으로써 현재 데이터가 훈련셋과 얼마나 다른지 평가할 수 있습니다. 두 데이터가 충분히 다르면 자동으로 재훈련을 실행할 수 있습니다. 12장에서 이러한 유형의 데이터 감별자를 구축하는 방법을 살펴볼 겁니다.

1.5 지도 학습 알고리즘 자세히 살펴보기

비지도 학습 시스템을 살펴보기 전에 지도 학습 알고리즘과 그 작동 방식을 먼저 살펴보겠습니다. 이는 비지도 학습이 머신러닝 생태계 내 어느 위치에 적합한지 파악하는 데 도움이 될 겁니다.

지도 학습에는 **분류**classification와 **회귀**regression라는 두 가지 유형의 문제가 있습니다. 분류에서 AI는 항목을 둘 이상의 클래스 중 하나로 올바르게 분류해야 합니다. 클래스가 2개 있는 경우에는 **이진 분류**binary classification 문제라고 하며 클래스가 3개 이상 있는 경우에는 **다중 클래스 분류** multiclass classification 문제라고 합니다.

분류 문제는 각 클래스가 이산 그룹이기 때문에 **이산**discrete 예측 문제라고 합니다. 또한, 분류 문제는 **질적**qualitative 또는 **범주적**categorical 문제라고도 합니다.

회귀 문제에서 AI는 이산형 변수가 아닌 **연속형**continuous 변수를 예측해야 합니다. 이러한 회귀 문제는 **양적**quantitative 문제로 불립니다.

지도 학습 알고리즘은 매우 단순한 것에서 매우 복잡한 것까지 다양한 범위에 걸쳐 있지만 데이터셋의 레이블과 관련된 비용 함수나 오차율을 최소화(또는 가치 함수[14] 최대화)하는 데 목적이 있습니다.

앞서 언급했듯이 우리가 가장 관심있는 것은 머신러닝 솔루션이 새로운 데이터에 얼마나 잘 일

----

14 옮긴이_ 가치 함수(value function)는 일반적으로 강화 학습에서 많이 사용되는 용어이며, 어떤 상태에 따라 앞으로 얼마의 보상을 받을 수 있을지에 대한 기댓값으로 정의될 수 있습니다. 여기에서 가치 함수는 앞에서 언급한 것처럼 스팸 메일 필터 문제에서 정확하게 분류된 이메일의 비율을 예로 들 수 있습니다.

반화되는지입니다. 지도 학습 알고리즘의 선택은 이 일반화 오차를 최소화하는 데 매우 중요합니다.

가능한 가장 낮은 일반화 오차를 얻으려면 알고리즘 모델의 복잡도가 데이터에 내재된 실제 함수의 복잡성과 일치해야 합니다. 우리는 이 실제 함수가 무엇인지 모릅니다. 만약 실제 함수를 알고 있다면 모델을 만들기 위해 머신러닝을 사용할 필요가 없습니다. 올바른 답을 찾기 위해 함수를 풀기만 하면 됩니다. 그러나 이 함수가 무엇인지 모르기 때문에 가설을 테스트하고 이 실제 함수에 가장 근접한 모델(즉, 일반화 오차가 가능한 가장 낮은 모델)을 찾는 머신러닝 알고리즘을 선택하는 겁니다.

알고리즘 모델이 실제 함수보다 덜 복잡하다면 데이터에 **과소 적합**underfit한 겁니다. 이 경우에는 더 복잡한 함수를 모델링할 수 있는 알고리즘을 선택해 일반화 오차를 개선할 수 있습니다. 그러나 알고리즘이 지나치게 복잡한 모델을 설계하는 경우, 훈련 데이터에 **과대 적합**overfit하고 일반화 오차를 증가시켜 새로운 데이터에 적용했을 때 성능이 저하됩니다.

즉, 단순한 알고리즘보다 복잡한 알고리즘을 선택하는 것이 항상 올바른 선택은 아닙니다(때로는 단순한 것이 더 좋습니다). 각 알고리즘에는 강점, 약점, 적용이 있으며, 데이터와 해결하려는 문제가 주어졌을 때 무엇을 사용해야 하는지 아는 것은 머신러닝을 마스터하는 데 매우 중요합니다.

이 장의 나머지 부분에서는 가장 일반적인 지도 학습 알고리즘(일부 실제 응용 프로그램을 포함)을 설명하겠습니다[15]. 추후 비지도 학습 알고리즘을 살펴볼 때도 이와 유사한 흐름으로 진행할 겁니다.

---

15 이 목록이 결코 완전한 것은 아니지만 가장 일반적으로 사용하는 머신러닝 알고리즘을 포함합니다.

1.5.1 선형 방법

가장 기본적인 지도 학습 알고리즘은 우리가 예측하고자 하는 입력 피처와 출력 변수 사이의 간단한 선형 관계를 모델링합니다.

선형 회귀 분석

선형 회귀linear regression는 입력 변수(x)와 단일 출력 변수(y) 사이의 선형 관계를 가정하는 모델을 사용하는 가장 간단한 알고리즘입니다. 입력과 출력 사이의 실제 관계가 선형이고 입력 변수 간 높은 상관관계가 없으면(**공선성**collinearity이라고 함) 선형 회귀 분석이 적절한 선택일 수 있습니다. 실제 관계가 더 복잡하거나 비선형인 경우 선형 회귀 분석은 데이터를 과소 적합합니다[16].

회귀 분석은 매우 간단하기 때문에 알고리즘으로 모델링한 결과를 해석하는 것도 매우 간단합니다. **모델 설명력**interpretability은 응용 머신러닝에서 매우 중요한 고려 사항입니다. 솔루션은 업계의 기술 및 비기술 인력이 모두 이해하고 사용해야 되기 때문에 해석이 불가능하면 솔루션은 이해할 수 없는 블랙 박스가 됩니다.

- **강점** : 선형 회귀 분석은 지나치게 복잡한 관계를 모형화할 수 없기 때문에 간단하고 이해하기 쉽고 과대 적합되기가 어렵습니다. 입력 변수와 출력 변수 간 관계가 선형일 때 탁월한 선택입니다.
- **약점** : 선형 회귀 분석은 입력 변수와 출력 변수 간 관계가 비선형일 때 데이터에 과소 적합합니다.
- **적용** : 사람의 체중과 키 사이 내재된 실제 관계는 선형이기 때문에 선형 회귀 분석은 입력 변수로 키를 사용해 체중을 예측하거나 그 반대의 경우 입력 변수로 체중을 사용해 키를 예측하는 데 적합합니다.

로지스틱 회귀 분석

로지스틱 회귀 분석logistic regression은 가장 간단한 분류 알고리즘으로 선형 방법이지만, 종속 변수는 로지스틱 함수에 의해 변환됩니다. 이 변환을 통해 **클래스 확률**class probability을 출력합니다. 즉, 인스턴스가 다양한 클래스에 속할 확률을 의미하며, 각 인스턴스에 대한 확률의 합은 1이 됩니다. 그런 다음 각 인스턴스가 속할 확률이 가장 높은 클래스에 할당됩니다.

---

16 이외에도 선형 회귀 분석에 위배되는 다른 잠재적 문제가 있을 수 있습니다. 예를 들어, 이상치, 오차항의 상관관계, 일정하지 않은 오차항의 분산 등입니다.

- **강점** : 선형 회귀 분석과 마찬가지로 로지스틱 회귀 분석은 간단하고 해석이 용이합니다. 예측 대상이 되는 클래스가 겹치지 않고 선형으로 분리 가능한 경우 로지스틱 회귀 분석이 탁월한 선택입니다.
- **약점** : 클래스가 선형으로 분리되지 않으면 로지스틱 회귀 분석은 실패합니다.
- **적용** : 어린아이의 키와 성인의 키처럼 클래스가 대부분 겹치지 않는 경우 로지스틱 회귀 분석을 적용할 수 있습니다.

1.5.2 이웃 기반 방법

이웃 기반 방법 역시 매우 간단한 지도 학습 알고리즘입니다. 이 방법은 기존 레이블이 지정된 데이터 포인트에 대한 새로운 데이터 포인트의 근접성에 따라 새 포인트에 레이블을 지정하는 방법을 학습하기 때문에 **게으른 학습자**lazy learner입니다. 선형 회귀 분석이나 로지스틱 회귀분석과 달리, 이웃 기반 모델은 새로운 데이터 포인트에 대한 레이블을 예측하는 모델을 학습하지 않습니다. 대신 이러한 모델은 기존의 레이블 데이터 포인트와 새로운 데이터 포인트 간의 거리를 기준으로 새 포인트의 레이블을 예측합니다. 게으른 학습은 **사례 기반 학습**instance-based learning 또는 **비모수적 방법**nonparametric method이라고도 합니다.

KNN

가장 일반적인 이웃 기반 방법은 **k-최근접 이웃**k-nearest neighbor(KNN)입니다. KNN은 각각의 새로운 데이터 포인트에 레이블을 지정하기 위해 k개(여기서 k는 정숫값)의 가장 가까운 레이블이 지정된 데이터 포인트를 보고 이미 레이블이 지정된 이웃들에게 새로운 데이터 포인트에 레이블을 지정하는 방법을 투표하게 합니다. 기본적으로 KNN은 **유클리드 거리**Euclidean distance를 사용해 가장 가까운 거리를 측정합니다.

여기서 k의 선택은 매우 중요합니다. k가 매우 낮은 값으로 설정되면 KNN은 매우 유연해져 매우 미묘한 경계를 그리며 잠재적으로 데이터에 과도 적합됩니다. k가 매우 높은 값으로 설정되면 KNN은 유연성이 떨어지고 지나치게 엄격한 경계를 그리며 데이터에 과소 적합하게 만듭니다.

- **강점** : 선형 방법과 달리 KNN은 매우 유연하고 더 복잡한 비선형 관계를 학습하는 데 능숙합니다. 그럼에 도 모델은 간단하고 해석이 용이합니다.
- **약점** : 관측 수 및 피처 수가 증가할수록 성능이 떨어집니다. KNN은 레이블을 예측하기 위해 새로운 데이 터 포인트에 가까이 있는 수많은 레이블이 지정된 포인트까지의 거리를 계산해야 하기 때문에 밀도가 높은 고차원 공간에서는 계산상 비효율적입니다. 필요한 예측을 위해 매개변수 수가 줄어든 효율적인 모델을 생 성할 수 없습니다. 또한 KNN은 k의 선택에 매우 민감합니다. k가 너무 낮게 설정되면 데이터에 과대 적합 될 수 있으며, k가 너무 높게 설정되면 반대로 과소 적합될 수 있습니다.
- **적용** : KNN은 영화(넷플릭스), 음악(스포티파이), 친구(페이스북), 사진(인스타그램), 검색(구글), 쇼 핑(아마존) 등 추천 시스템에서 정기적으로 사용됩니다. 예를 들어 KNN은 유사한 사용자(협업 필터링, collaborative filtering이라고도 함)가 좋아하는 항목이나 해당 사용자가 과거에 좋아한 항목(콘텐츠 기 반 필터링, content-based filtering이라고도 함)을 기반으로 사용자가 무엇을 좋아할지를 예측하는 데 도움이 됩니다.

1.5.3 트리 기반 방법

선형 방법을 사용하는 대신 AI가 모든 인스턴스를 우리가 가진 레이블에 따라 여러 영역으로 **분할**segmented하거나 **계층화**stratified하는 **의사 결정 트리**decision tree를 만들도록 할 수 있습니다. 이러한 분할 과정이 완료되면 각 영역은 특정 레이블 클래스(분류 문제의 경우) 또는 예측값 범위(회 귀 문제)에 속합니다. 이 프로세스는 더 나은 의사 결정이나 예측을 한다는 명시적인 목표와 함께 AI가 규칙을 자동으로 생성하는 것과 유사합니다.

단일 의사 결정 트리

가장 간단한 트리 기반 방법은 AI가 훈련 데이터를 한 번 통과한 후 레이블에 의해 데이터를 분 할하는 규칙을 만들고 이 트리를 사용해 새로운 검증 또는 테스트 데이터셋을 예측하는 **단일 의 사 결정 트리**single decision tree입니다. 그러나 일반적으로 단일 의사 결정 트리는 보통 단 한 번의 훈 련 과정에서 훈련 데이터에 과도하게 맞춰지기 때문에 새로운 데이터로 훈련 과정에서 배운 것 을 일반화하는 데 열악합니다.

배깅

단일 의사 결정 트리를 개선하기 위해 **부트스트랩 집계**bootstrap aggregation (일반적으로 **배깅**bagging[17]이라고 줄여 말함)를 도입할 수 있습니다. 이는 훈련 데이터로부터 **여러 무작위 인스턴스 샘플**multiple random samples of instances을 생성하고 각 샘플에 의사 결정 트리 모델을 만든 다음 각 결정 트리의 예측 결과를 평균화해 각 인스턴스의 출력을 예측합니다. 샘플의 **무작위화**randomization와 여러 트리의 결과를 평균화하는 배깅(**앙상블 방법**ensemble method이라고도 함)을 통해 단일 의사 결정 트리에서 발생하는 과대 적합을 해결할 수 있습니다.

랜덤 포레스트

인스턴스뿐 아니라 예측 변수도 샘플링해 과대 적합을 개선할 수 있습니다. **랜덤 포레스트**random forest를 사용하면 배깅과 같이 훈련 데이터에서 여러 개의 무작위 인스턴스 샘플을 취하지만 각 의사 결정 트리의 개별 분할에 대해 모든 예측 변수가 아니라 **예측 변수의 무작위 표본**random sample of the predictors을 기반으로 분할합니다. 각 분할별 할당되는 예측 변수의 수는 일반적으로 전체 예측 변수 수의 제곱근입니다. 랜덤 포레스트 알고리즘은 이러한 방식으로 예측 변수를 샘플링함으로써 배깅을 통해 생성한 트리에 비해 상관관계가 더 적은 트리를 만들어 과대 적합을 줄이고 일반화 오차를 개선합니다.

부스팅

부스팅boosting은 배깅처럼 여러 트리를 만드는 방식입니다. 배깅과 다르게 트리를 **순차적으로 생성**build the trees sequentially해 AI가 이전 트리에서 배운 것을 사용해 후속 트리의 결과를 개선하는 데 사용합니다. 각 트리는 몇 가지 의사 결정으로만 나누어져 꽤 얕게 유지되며, 학습은 트리별로 천천히 수행됩니다. 모든 트리 기반 방법 중에서 **그레이디언트 부스팅 머신**gradient boosting machine은 최고 성능을 내는 알고리즘으로, 주로 머신러닝 경진 대회에서 우수한 성능을 내기 위해 사용합니다[18].

---

17 옮긴이_ 배깅은 원자료(raw data)로부터 여러 샘플 데이터(bootstrap sample)를 생성, 각 샘플 데이터를 모델링(modeling)한 후 결과를 집계(aggregating)해 최종 예측 모델을 산출하는 방법입니다. 원자료로부터 여러 번 복원 샘플링(random sampling)해 생성한, 크기가 동일한 여러 샘플을 사용해 모델링함으로써 과대 적합을 피하고 예측 모델의 분산을 줄여 예측력을 향상시키는 일종의 앙상블 학습법의 메타 알고리즘이라고 할 수 있습니다.

18 머신러닝 경진 대회에 그레이디언트 부스팅 머신을 사용하는 것을 더 알고 싶다면 Ben Gorman의 블로그 게시물을 참조하십시오. https://medium.com/kaggle-blog

- **강점** : 트리 기반 방법은 예측 문제에 대한 최고 성능의 지도 학습 알고리즘입니다. 이 방법은 수많은 간단한 규칙을 한 번에 하나씩 학습해 데이터의 복잡한 관계를 파악할 수 있습니다. 또한 누락된 데이터 및 범주형 피처를 처리할 수 있습니다.
- **약점** : 트리 기반 방법은 해석하기가 어렵습니다. 특히 정확한 예측을 위해 규칙이 많이 필요한 경우 더욱 그렇습니다. 또한, 피처 수가 증가함에 따라 성능이 문제가 됩니다.
- **적용** : 그레이디언트 부스팅 및 랜덤 포레스트는 예측 문제에서 탁월한 성능을 보여줍니다.

1.5.4 SVM

데이터를 분리하기 위해 트리를 만드는 대신 알고리즘을 사용해 데이터를 분리하는 공간에 **초평면**hyperplane을 만들어 레이블에 의해 데이터를 분리합니다. 이러한 방법을 **서포트 벡터 머신**support vector machine(SVM)이라고 합니다. SVM은 데이터 분리 시 약간의 예외 상황을 허용합니다. 예를 들어, **초공간**hyperspace의 한 영역 내 모든 데이터 포인트가 동일한 레이블을 가질 필요는 없지만 특정 레이블의 경계점과 다른 레이블의 경계점 사이의 거리는 가능한 한 최대화해야 합니다. 또한 경계가 선형일 필요는 없습니다. 비선형 커널을 사용하면 데이터를 더 유연하게 분리할 수 있습니다.

1.5.5 신경망

입력층, 여러 은닉층 및 출력층으로 구성된 신경망을 사용해 데이터 표현을 학습할 수 있습니다[19]. 입력층은 피처를 사용하며 출력층은 출력 변수와 일치시킵니다. 은닉층은 중첩된 개념 계층입니다. 각 층(또는 개념)은 이전 층이 출력층과 어떻게 관련되는지 이해하려고 합니다.

신경망은 이 개념적 계층 구조를 사용해 간단한 개념으로 그들을 구축해 복잡한 개념을 학습할 수 있습니다. 신경망은 함수 근사에 대한 가장 강력한 접근 방법이지만 과대 적합하기 쉽고 해석하기 어렵습니다. 신경망의 단점은 이 책의 뒷부분에서 자세히 살펴보겠습니다.

---

19 신경망을 더 알고 싶으면 『Deep Learning』(MIT Press, 2016)을 확인하십시오. http://www.deeplearningbook.org

1.6 비지도 학습 알고리즘 자세히 살펴보기

이제 레이블이 없는 문제에 관심을 돌려봅시다. 비지도 학습 알고리즘은 예측하는 대신 데이터의 내재된 구조를 학습합니다.

1.6.1 차원 축소

차원 축소 알고리즘dimensionality reduction algorithm으로 알려진 알고리즘 계열은 원래의 고차원 입력 데이터를 저차원 공간에 투영해 관련성이 없는 피처를 필터링하고, 관심 있는 피처를 가능한 많이 유지합니다. 차원 축소를 통해 비지도 학습 AI가 패턴을 효과적으로 식별하고, 컴퓨팅 비용이 많이 드는 대용량 문제(종종 이미지, 비디오, 음성, 텍스트를 포함)를 효율적으로 해결할 수 있습니다.

선형 투영

차원을 다루는 방법에는 **선형 투영**linear projection과 비선형 차원 축소가 있습니다. 먼저 선형 투영부터 살펴보겠습니다.

주성분 분석(PCA)_ 데이터의 내재된 구조를 학습하는 한 가지 방법은 데이터의 인스턴스 간 변동성을 설명할 때 전체 피처 중 어떤 피처가 가장 중요한지 식별하는 겁니다. 모든 피처가 동일하지는 않습니다. 일부 피처의 경우 데이터셋의 값이 크게 달라지지 않으며 이러한 피처는 데이터셋을 설명하는 데 덜 유용합니다. 반면, 다른 피처는 값이 상당히 다를 수 있습니다. 이러한 피처는 모델을 설계할 때 데이터를 분리하는 데 도움이 되므로 더 자세히 살펴볼 가치가 있습니다.

PCAprincipal component analysis 알고리즘은 최대한 다양성을 유지하면서 데이터의 저차원 표현을 찾습니다. PCA 수행 후 남은 차원의 수는 전체 데이터셋의 차원 수(즉, 전체 피처 개수)보다 상당히 작습니다. 이 저차원 공간으로 이동함으로써 분산 중 일부는 손실되지만 데이터의 내재된 구조를 식별하기가 더 쉽기 때문에 클러스터링 같은 작업을 효율적으로 수행할 수 있습니다.

PCA에는 여러 가지 변형된 방법이 있습니다. 여기에는 **점진적 PCA**incremental PCA와 같은 미니 배치 변형, **커널 PCA**kernel PCA와 같은 비선형 변형, **희소 PCA**sparse PCA와 같은 희소 변형 등이 포함됩니다. 이는 이 책의 뒷부분에서 다룰 겁니다.

특잇값 분해(SVD)_ 데이터의 내재된 구조를 학습하는 또 다른 방법은 원래 행렬의 차원을 작은 차원으로 줄여 더 작은 차원의 행렬에서 일부 벡터의 선형 결합을 사용해 원래 행렬을 다시 만들 수 있도록 하는 겁니다[20]. 이것을 SVD^singular value decomposition라고 하며, 더 작은 차원의 행렬을 생성하기 위해 가장 많은 정보를 가진 원본 행렬의 벡터(즉, 가장 높은 특잇값)를 유지합니다. 더 작은 차원의 행렬은 원래 피처 공간의 가장 중요한 요소를 포착합니다.

랜덤 투영_ 유사한 차원 감소 알고리즘은 점 사이 거리의 배율이 유지되도록 고차원 공간에서 훨씬 낮은 차원의 공간으로 점을 투영하는 것을 포함합니다. 이를 위해 **랜덤 가우시안 행렬**^random Gaussian matrix 또는 **랜덤 희소 행렬**^random sparse matrix 중 하나를 사용할 수 있습니다.

매니폴드 학습

PCA와 무작위 투영은 모두 데이터를 고차원 공간에서 저차원 공간으로 선형으로 투영하는 방법을 사용합니다. 하지만 선형 투영보다는 **매니폴드 학습**^manifold learning 또는 **비선형 차원 축소**^nonlinear dimensionality reduction와 같이 데이터의 비선형 변환을 수행하는 것이 더 좋습니다.

isomap_ isomap은 매니폴드 학습 방법의 한 유형입니다. 이 알고리즘은 유클리드 거리가 아니라 각 점과 인접한 점 사이의 **지오데식**^geodesic 또는 **곡선 거리**^curved distance를 추정해 데이터 매니폴드의 본질적인 지오메트리를 학습합니다. Isomap은 이를 사용해 원래의 고차원 공간을 저차원 공간에 투영합니다.

t-분포 확률적 임베딩(t-SNE)_ 또 다른 비선형 차원 축소 방법인 t-SNE^t-distributed stochastic neighbor embedding는 고차원 데이터를 2~3차원 공간에 투영해 변환된 데이터를 시각화할 수 있도록 합니다. 이 2차원 또는 3차원 공간에서는 비슷한 인스턴스들은 더 가까이, 비슷하지 않은 인스턴스들은 멀리 떨어지도록 모델링합니다.

사전 학습_ 사전 학습^dictionary learning은 데이터에 내재된 희소 표현을 학습하는 방법입니다. 이러한 표현 요소는 단순 이진 벡터(0과 1)이며, 데이터셋의 각 인스턴스는 표현 요소의 가

---

20 옮긴이_ 선형대수에서 행렬의 차원을 Rank로 표현하며, 행렬의 열들로 생성될 수 있는 벡터 공간의 차원을 의미합니다.

중 합계로 재구성될 수 있습니다. 이 비지도 학습이 생성하는 행렬(**사전**dictionary이라고 함)은 대부분 0이 아닌 몇 개의 가중치를 가진 0으로 채웁니다.

이러한 사전을 생성함으로써 이 알고리즘은 원래 피처 공간의 가장 핵심적인 표현 요소를 효율적으로 식별할 수 있습니다(이들은 대부분 0이 아닌 가중치를 가진 요소입니다). 덜 중요한 표현 요소는 가중치가 대부분 0입니다. PCA와 마찬가지로 사전 학습은 데이터의 내재된 구조를 학습하는 데 탁월하므로 데이터를 분리하고 흥미로운 패턴을 파악하는 데 도움이 됩니다.

ICA

레이블이 없는 데이터의 공통 문제 중 하나는 우리가 제공한 피처에 함께 포함된 수많은 독립적인 신호가 있다는 겁니다. **독립 성분 분석**independent component analysis(ICA)을 사용해 이러한 혼합 신호를 개별 성분으로 분리할 수 있습니다. 분리가 완료되면 생성된 개별 성분의 일부 조합을 추가해 원래 피처를 재구성할 수 있습니다. ICA는 일반적으로 신호 처리 작업(예: 사람이 북적이는 커피 하우스의 오디오 클립에서 개별 음성을 식별하기 위해)에 사용됩니다.

LDA

비지도 학습은 데이터셋의 일부가 서로 유사한 이유를 학습해 데이터셋을 설명할 수 있습니다. 이를 위해서는 데이터셋에서 관찰되지 않은 요소를 학습해야 합니다. 이러한 방식을 **잠재 디리클레 할당**latent Dirichlet allocation(LDA)이라고 합니다. 수많은 단어로 구성된 문서를 예로 들어보겠습니다. 문서 내 단어들은 무작위로 나열된 게 아니라 어떤 구조를 나타냅니다.

이러한 구조는 주제라는 관찰되지 않은 요소로 모형화될 수 있습니다. 모델 훈련을 마친 후 LDA는 주어진 문서를 이러한 작은 주제들로 설명할 수 있으며, 주제마다 자주 사용한 작은 단어 집합이 있습니다. 이것이 바로 LDA를 통해 파악할 수 있는 숨겨진 구조이며, 기존의 구조화되지 않았던 텍스트 코퍼스(말뭉치)를 더 잘 설명할 수 있도록 도와줍니다.

1.6.2 클러스터링

원래의 피처 집합을 더 작고 관리하기 쉬운 집합으로 줄인 후 유사한 데이터 인스턴스를 그룹화해 흥미로운 패턴을 찾을 수 있습니다. 이것을 **클러스터링**이라고 하며 다양한 비지도 학습 알고리즘을 사용해 수행할 수 있고 시장 세분화와 같은 실제 응용 분야에 사용할 수 있습니다.

k-평균

클러스터링을 잘하기 위해서는 그룹 내 인스턴스는 서로 유사하지만 다른 그룹의 인스턴스와는 차이가 나도록 별개의 그룹을 식별해야 합니다. 이러한 알고리즘 중 하나가 바로 **k-평균 군집**k-means clustering입니다. 이 알고리즘은 우리가 원하는 클러스터 k의 수를 지정하면 각 인스턴스를 k개의 클러스터 중 정확히 하나에 할당합니다. 또한, **군집 내 분산**within-cluster variation (**관성** inertia[21]이라고도 함)을 최소화 즉, 모든 k개 군집의 군집 내 분산의 합이 가능한 한 작게 그룹화를 최적화합니다.

k-평균은 이러한 클러스터링 수행 속도를 높이기 위해 각 관측치를 k개의 군집 중 하나에 무작위로 할당한 다음 각 관측치와 해당 군집의 **중심점** 또는 **중심**centroid 사이의 유클리드 거리를 최소화하기 위해 이러한 관측치를 재지정하기 시작합니다. 따라서 k-평균을 실행(각각 무작위로 시작함)할 때마다 관측치의 군집 지정 사항이 약간 다릅니다. 우리는 여러 번에 걸친 실행 결과 중에서 모든 k개의 군집에 걸쳐 군집 내 분산의 총합이 가장 낮은 최적의 군집 결과를 선택할 수 있습니다[22].

---

21 옮긴이_ 관성은 군집 내 분산이라고도 하며, 그룹의 중심점과 그룹의 각 개체와의 거리의 평균을 말합니다. 이 값이 작을수록 군집을 중심으로 개체들이 잘 응집됐다고 볼 수 있습니다. k-평균 알고리즘은 군집 내 분산을 최소화하기 위해서 학습합니다.
22 미니 배치 k-평균(mini-batch k-means)과 같은 더 빠른 k-평균 클러스터링 기법이 있는데, 이것은 이 책의 뒷부분에서 다룹니다.

계층적 클러스터링

군집 수를 사전에 지정하지 않고 클러스터링하는 방식을 **계층적 클러스터링**hierarchical clustering이라고 합니다. 계층적 클러스터링의 한 버전인 **병합 클러스터링**agglomerative clustering은 트리 기반 클러스터링 방법을 사용해 **덴드로그램**dendrogram을 생성합니다. 덴드로그램은 거꾸로 된 트리 형태의 그래픽으로 표현됩니다. 여기서 잎은 아래쪽에 있고 나무줄기는 맨 위에 있습니다.

맨 아래에 있는 잎은 데이터셋의 개별 인스턴스를 의미합니다. 그런 다음 계층적 클러스터링은 거꾸로 된 트리를 수직으로 위로 이동시키면서 서로 얼마나 유사한지에 따라 잎을 함께 결합시킵니다. 서로 유사한 인스턴스(또는 인스턴스 그룹)일수록 더 빨리 결합되고 유사하지 않은 인스턴스일수록 나중에 결합됩니다. 이러한 과정을 반복해 모든 인스턴스는 결국 트리의 단일 줄기를 형성하며 서로 연결됩니다.

이러한 수직적 표현은 매우 유용합니다. 계층적 군집 알고리즘이 실행을 마치면 덴드로그램을 보고 트리를 잘라낼 위치를 결정할 수 있습니다. 트리를 덜 잘라낼수록 개별 분기가 더 많이 남습니다(즉, 더 많은 군집이 남습니다). 더 적은 수의 군집을 원하면 덴드로그램상에서 더 높은 지점을 자르면 됩니다. 그러면 이 거꾸로 된 트리의 맨 위에 있는 단일 줄기에 더 가깝게 됩니다. 이 수직 절단 과정은 k-평균 군집 알고리즘에서 k개의 군집 수를 선택하는 것과 유사합니다[23].

DBSCAN

노이즈 응용 밀도 기반 공간 클러스터링density-based spatial clustering of applications with noise (DBSCAN)은 데이터 포인트의 밀도를 기반으로 하는 더욱 강력한 클러스터링 알고리즘입니다. 모든 인스턴스가 주어지면 DBSCAN은 밀접하게 묶인 인스턴스를 그룹화합니다. 여기서 밀접한 관계는 특정 거리 내에 존재해야 하는 최소 인스턴스 수로 정의됩니다. 필요한 최소 인스턴스 수와 거리를 모두 지정합니다.

인스턴스가 여러 군집과 지정된 거리 내에 있으면 해당 인스턴스와 가장 밀집된 위치에 있는 군집과 그룹화됩니다. 어떤 군집과도 지정된 거리 외에 있는 인스턴스는 이상치로 레이블링됩니다.

---

23 계층적 클러스터링은 기본적으로 유클리드 거리를 사용하지만 상관성 기반 거리(correlation-based distance)와 같은 다른 유사도 거리를 사용할 수도 있습니다. 자세한 내용은 이 책의 뒷부분에서 살펴보겠습니다.

k-평균과는 달리, DBSCAN은 군집의 개수를 미리 지정할 필요가 없습니다. 또한 임의로 형성된 군집을 만들 수 있으며, 일반적으로 데이터의 이상치 때문에 발생하는 왜곡이 훨씬 적습니다.

1.6.3 피처 추출

비지도 학습을 사용해 데이터의 원본 피처에 대한 새로운 표현을 배울 수 있습니다(**피처 추출** feature extraction이라고 알려진 분야입니다). 피처 추출을 사용하면 원본 피처 수를 더 작은 하위 집합으로 줄여 차원 감소를 효과적으로 수행할 수 있습니다. 또한, 피처 추출은 새로운 피처를 생성해 지도 학습 문제의 성능을 향상시키는 데도 도움을 줄 수 있습니다.

오토인코더

새로운 피처를 생성하기 위해 피드 포워드 신경망, 비순환 신경망을 사용해 표현 학습을 수행할 수 있습니다. 여기서 출력층의 노드 수는 입력층의 노드 수와 일치합니다. 이 신경망은 **오토인코더**autoencoder로 알려져 있으며 원본 피처를 효과적으로 재구성하고 은닉층을 사용해 새로운 표현을 학습합니다[24].

오토인코더의 각 은닉층은 원본 피처의 표현을 학습하고 후속 층은 이전 층에서 학습한 표현을 기반으로 구축됩니다. 오토인코더는 각 층별 단계적으로 단순한 표현에서 점점 더 복잡한 표현을 학습합니다.

출력층은 원본 피처를 새로 학습한 최종 결과입니다. 이 학습된 표현은 일반화 오차를 개선하기 위해 지도 학습 모델의 입력값으로 사용될 수 있습니다.

피드 포워드 신경망의 지도 훈련을 사용한 피처 추출

레이블이 있는 경우 대체할 수 있는 피처 추출 방법은 출력층이 올바른 레이블을 예측하도록 시도하는 피드 포워드 신경망이나 비순환 신경망을 사용하는 겁니다. 오토인코더와 마찬가지

---

24 옮긴이_ 여러 유형의 오토인코더가 있으며 각각 다양한 형태의 표현을 학습합니다. 여기에는 노이즈 제거 오토인코더(denoising autoencoders), 희소 오토인코더(sparse autoencoders), 변분 오토인코더(variational autoencoders)가 포함되며, 이들에 대한 상세 내용은 뒷부분에서 살펴보겠습니다.

로 각 은닉층은 원본 피처의 표현을 학습합니다.

그러나 새로운 피처를 생성할 때 이 네트워크는 레이블에 의해 명시적으로 안내됩니다. 이 네트워크에서 새로 학습한 원본 피처의 최종 표현을 추출하기 위해 끝에서 두 번째 층(출력층 바로 앞의 은닉층)을 추출합니다. 이 끝에서 두 번째 층을 지도 학습 모델의 입력으로 사용할 수 있습니다.

1.6.4 비지도 딥러닝

비지도 학습이 딥러닝 분야에서 수행하는 중요한 기능이 많습니다. 그중 일부는 이 책에서 살펴볼 겁니다. 이 분야는 **비지도 딥러닝**unsupervised deep learning으로 알려져 있습니다.

아주 최근까지 심층 신경망의 훈련은 계산적으로 다루기 어려웠습니다. 이러한 신경망에서 은닉층은 당면한 문제를 해결하는 데 도움이 되는 내부 표현을 학습합니다. 그리고 이 표현은 신경망이 각 반복 훈련 과정에서 **비용 함수의 그레이디언트**gradient of the error function를 사용해 다양한 노드의 가중치를 업데이트하는 방법에 따라 시간이 흐를수록 향상됩니다.

이러한 업데이트는 계산 비용이 많이 들며 프로세스에서 두 가지 주요 유형의 문제가 발생할 수 있습니다. 첫째, 오차 함수의 그레이디언트가 매우 작아질 수 있으며 **역전파**backpropagation는 이러한 작은 가중치를 곱하는 데 의존하기 때문에 네트워크의 가중치가 매우 느리게 업데이트되거나 전혀 업데이트되지 않아 네트워크의 적절한 훈련을 방해할 수 있습니다[25]. 이것을 **그레이디언트 소실 문제**vanishing gradient problem라고 합니다.

둘째, 첫 번째 문제와는 반대로 비용 함수의 그레이디언트가 매우 커질 수 있다는 겁니다. 역전파를 사용하면 네트워크 전체의 가중치가 크게 증가해 네트워크의 훈련이 매우 불안정해질 수 있습니다. 이를 **그레이디언트 폭주 문제**exploding gradient problem라고 합니다.

비지도 사전 훈련

매우 깊고 층이 여러 개인 신경망을 훈련시키는 데 발생하는 이러한 어려움을 해결하기 위해

---

25 역전파(오류의 역전파라고도 함)는 신경망에서 가중치를 업데이트하기 위해 사용하는 경사 하강 기반 알고리즘입니다. 역전파에서 최종 층의 가중치는 우선적으로 계산되고, 그 후 선행 층의 가중치를 업데이트하는 데 사용됩니다. 이 과정은 첫 번째 층의 가중치가 업데이트될 때까지 계속됩니다.

머신러닝 연구자는 각 단계가 얕은 신경망을 포함하는 여러 개의 연속적인 단계로 신경망을 학습시킵니다. 하나의 얕은 네트워크의 출력은 다음 신경망의 입력으로 사용됩니다. 일반적으로 이 파이프라인의 첫 번째 얕은 신경망은 비지도 신경망을 포함하지만 이후 신경망은 지도 학습을 수행합니다.

이 비지도 부분은 **탐욕적 계층별 비지도 사전 훈련**greedy layer-wise unsupervised pretraining으로 알려져 있습니다. 2006년 제프리 힌튼은 심층 신경망 파이프라인의 훈련을 초기화하기 위해 비지도 사전 훈련을 적용하는 데 성공해 현재의 딥러닝 혁명을 일으켰습니다. 비지도 사전 훈련을 사용하면 AI가 원본 입력 데이터의 향상된 표현을 포착할 수 있습니다. 지도 학습 부분은 당면한 특정 과제를 해결하는 데 이를 활용합니다.

이러한 접근법은 신경망의 각 부분이 공동으로 훈련되지 않고 독립적으로 훈련되기 때문에 '탐욕'이라고 합니다. '계층별'은 네트워크의 계층을 나타냅니다. 대부분 현대 신경망에서 사전 훈련은 일반적으로 필요하지 않습니다. 대신, 모든 계층은 역전파를 사용해 공동 훈련됩니다. 주요 컴퓨팅 기술의 발전으로 그레이디언트 소실 문제와 그레이디언트 증가 문제를 훨씬 더 쉽게 관리할 수 있습니다.

비지도 사전 훈련은 지도 학습 문제를 더 쉽게 해결할 수 있을 뿐만 아니라 **전이 학습**transfer learning을 용이하게 합니다. 전이 학습은 머신러닝 알고리즘을 사용해 한 작업을 해결해 얻은 지식을 저장해 다른 관련 작업을 매우 적은 데이터로 훨씬 더 빠르게 해결합니다.

RBM

비지도 사전 훈련의 한 예로 얕은 2개의 층으로 구성된 신경망인 **제한된 볼츠만 머신**restricted Boltzmann machine(RBM)이 있습니다. 첫 번째 층은 입력층이고 두 번째 층은 은닉층입니다. 각 노드는 다른 층의 모든 노드에 연결되지만 동일한 층의 노드들은 서로 연결되지 않습니다. 여기서 제한이 발생합니다.

RBM은 차원 감소 및 피처 추출과 같은 비지도 작업을 수행할 수 있으며 지도 학습 솔루션의 일부로 유용한 비지도 사전 훈련을 제공합니다. RBM은 오토인코더와 유사하지만 몇 가지 중요한 점에서 다릅니다. 예를 들어, 오토인코더에는 출력층이 있지만 RBM은 그렇지 않습니다. 이 책의 뒷부분에서 둘 사이 차이점을 더 자세히 살펴보겠습니다.

DBN

RBM은 **심층 신뢰 신경망**deep belief network(DBN)으로 알려진 다단계 신경망 파이프 라인을 형성하기 위해 함께 연결할 수 있습니다. 각 RBM의 은닉층은 다음 RBM의 입력으로 사용됩니다. 즉, 각 RBM은 다음 RBM이 사용하는 데이터 표현을 생성합니다. 이러한 유형의 표현 학습을 연속적으로 연결함으로써 DBN은 종종 **피처 추출기**feature detector로 사용되는 더 복잡한 표현을 배울 수 있습니다[26].

GAN

비지도 딥러닝은 2014년 몬트리올 대학에서 이안 굿펠로와 그의 동료 연구원들이 소개한 **생성적 적대 신경망**generative adversarial network(GAN)의 출현으로 한 단계 더 진화했습니다. GAN에는 다양한 애플리케이션이 있습니다. 예를 들어 GAN을 사용해 이미지 및 음성 등 실제에 가까운 합성 데이터를 생성하거나 이상치 탐지를 수행할 수 있습니다.

GAN에는 두 개의 신경망이 있습니다. 그중 하나인 생성자로 알려진 신경망은 실제 데이터의 샘플을 사용해 생성한 모델의 데이터 분포를 기반으로 데이터를 생성합니다. 감별자로 알려진 또 다른 신경망은 생성자가 생성한 데이터와 실제 데이터를 구별합니다.

간단한 비유로, 생성자는 위조범이며 감별자는 위조 여부를 확인하는 경찰입니다. 두 신경망은 제로섬 게임 틀 안에 있습니다. 생성자는 감별자를 속이고 인위적으로 생성한 데이터가 실제 데이터 분포에서 비롯된 것으로 착각하도록 시도하고 있으며, 감별자는 합성 데이터를 식별하려고 합니다.

GAN은 비지도 학습 알고리즘입니다. 레이블이 없는 경우에도 생성자가 실제 데이터 분포의 내재된 구조를 학습할 수 있기 때문입니다. GAN은 훈련 과정을 통해 데이터의 내재된 구조를 학습하고 관리 가능한 작은 수의 매개변수를 사용해 구조를 효율적으로 포착합니다.

이 과정은 딥러닝에서 발생하는 표현 학습과 유사합니다. 생성자의 신경망에 있는 각 은닉층은 기본 데이터의 표현을 포착합니다(매우 간단하게 시작). 그리고 후속 층은 더 단순한 이전 층을 기반으로 더 복잡한 표현을 선택합니다.

---

26 옮긴이_ 피처 추출기는 원본 데이터의 좋은 표현을 잘 학습해 개별 요소를 분리하는 데 도움이 됩니다(예를 들어 이미지에서 코, 눈, 입 등과 같은 요소를 분리).

생성자는 이러한 모든 층을 함께 사용해 데이터의 내제된 구조를 학습하고, 학습한 것을 사용해 실제 데이터 분포와 거의 동일한, 인위적인 데이터를 생성하려고 시도합니다. 생성자가 실제 데이터 분포의 본질을 포착한 경우 비로소 합성 데이터가 생성됩니다.

1.6.5 비지도 학습을 사용해 순차 데이터 문제 해결

비지도 학습은 시계열 데이터와 같은 순차 데이터를 처리할 수도 있습니다. 그러한 접근법 중 하나는 **마르코프 모델**Markov model의 은닉 상태를 학습하는 겁니다. **단순 마르코프 모델**simple Markov model에서 상태는 완전히 관찰되고 확률적으로(즉, 무작위로) 변경됩니다. 미래 상태는 현재 상태에만 의존하며 이전 상태에 종속되지 않습니다.

은닉 마르코프 모델hidden Markov model에서 상태는 부분적으로만 관찰 가능하지만 단순 마르코프 모델과 마찬가지로 부분적으로 관찰 가능한 상태의 출력은 완전히 관찰 가능합니다. 하지만 이러한 부분적인 관찰 결과들만으로는 상태를 완전히 결정하기에 충분하지 않기 때문에, 이러한 숨겨진 상태를 더 완벽하게 파악할 수 있도록 비지도 학습이 필요합니다.

은닉 마르코프 모델 알고리즘은 이전에 발생한 부분적으로 관찰 가능한 상태와 완전히 관찰 가능한 출력의 순서를 알고 있으며 이를 기반으로 유력한 다음 상태를 학습합니다. 이 알고리즘은 음성, 텍스트, 시계열을 포함하는 순차 데이터 문제 영역에서 주요 상용 애플리케이션으로 사용되고 있습니다.

1.7 비지도 학습을 활용한 강화 학습

강화 학습은 머신러닝의 세 번째 주요 영역입니다. 강화 학습에서 **에이전트**agent는 **환경**environment이 제공하는 피드백(**보상**reward)을 기반으로 최적의 행동(**동작**action)을 결정합니다. 이 피드백은 **강화 신호**reinforcement signal로 알려져 있으며, 에이전트의 목표는 시간이 지남에 따라 누적 보상을 극대화하는 겁니다.

1950년대부터 연구된 강화 학습은 최근 몇 년 사이 주류 헤드라인 뉴스를 장식할 만큼 많은 관심을 받고 있습니다.

2013년 딥마인드DeepMind(현재는 구글 알파벳의 자회사)는 다양한 아타리 게임[27]을 대상으로 초인간적 수준의 성과를 달성하는 것을 목표로 강화 학습을 적용했습니다. 딥마인드 시스템은 게임 규칙에 대한 사전 지식 없이 단지 원시 감각 데이터만을 입력으로 사용해 이를 달성했습니다.

2016년에 강화 학습 기반의 AI 에이전트인 알파고가 세계 최고 바둑 기사 이세돌과의 바둑 대결에서 승리함으로써 딥마인드는 다시 머신러닝 커뮤니티의 마음을 사로잡았습니다. 이 사건을 통해 강화 학습은 AI의 핵심 주제로 확실하게 자리매김했습니다.

오늘날 머신러닝 연구자는 다음과 같이 다양한 유형의 문제를 해결하기 위해 강화 학습을 적용하고 있습니다.

- 주식 시장 거래에서 에이전트는 주식을 매수 및 매도(동작)하고 그에 따른 수익이나 손실을 대가(보상)로 받는다.
- 비디오 게임 및 보드 게임에서 에이전트는 게임을 결정(동작)하고 승리 또는 패배(보상)한다.
- 자율 주행 자동차에서 에이전트는 차량에게 지시(동작)하고 경로에 따라 정상 주행하거나 충돌(보상)한다.
- 기계 제어에서 에이전트는 제어 환경을 움직이고(동작) 코스를 완료하거나 실패(보상)한다.

가장 단순한 강화 학습 문제에서 우리는 한정된 수의 환경 상태, 주어진 환경에서 가능한 한정된 수의 행동, 한정된 수의 보상이라는 한정적인 문제에 직면합니다. 환경의 현재 상태에 따라 에이전트가 취한 조치는 다음 상태를 결정하며, 에이전트의 목표는 장기적인 보상을 극대화하는 겁니다. 이러한 종류의 문제를 **유한 마르코프 의사 결정 프로세스**Markov decision process라고 합니다.

그러나 현실 세계에서는 상황이 그렇게 간단하지 않습니다. 우선, 보상은 알려지지 않고 가변적입니다. 비지도 학습은 이렇게 알려지지 않은 보상 함수를 밝혀내어 가능한 한 최상으로 근사하는 데 적용할 수 있습니다. 이 근사 보상 함수를 사용해 시간이 지남에 따라 누적 보상을 높이기 위해 강화 학습 솔루션을 적용할 수 있습니다.

---

27 옮긴이_ 아타리(atari)는 1972년에 설립한 비디오 게임 회사 이름이자 이 회사에서 개발한 비디오 게임(스페이스 인베이더, 팩맨 등)을 말합니다. 딥마인드가 심층 강화 학습을 처음 적용한 아타리 게임은 '스페이스 인베이더'입니다.

1.8 준지도 학습

지도 학습과 비지도 학습은 각각 별개의 머신러닝 핵심 분야이지만 각 분야의 알고리즘은 머신러닝 파이프 라인의 일부로 서로 혼합될 수 있습니다[28]. 일반적으로 이러한 지도 학습과 비지도 학습의 혼합은 우리가 소량의 레이블이 지정된 데이터로부터 무언가 얻고자 하거나 레이블이 지정된 데이터의 알려진 패턴 외에 레이블이 없는 데이터에서 아직 알려지지 않은 새로운 패턴을 찾으려는 경우에 사용합니다. 이러한 유형의 문제는 준지도 학습(지도 학습과 비지도 학습의 혼합)을 사용해 해결합니다. 이 책의 뒷부분에서 이와 관련한 내용을 자세히 살펴볼 겁니다.

1.9 비지도 학습의 성공적인 응용 사례

지난 10년간 머신러닝 분야에서 가장 성공한 상업 응용 프로그램은 대부분 지도 학습을 사용했으나 최근에는 많은 변화가 일어나고 있습니다. 이제는 비지도 학습을 적용한 사례가 더욱 일반화됐습니다. 때로는 비지도 학습이 지도 학습 기반의 응용 프로그램을 더 잘 만드는 수단으로 사용되지만 어떤 경우에는 비지도 학습 자체가 상업 응용 프로그램이 되기도 합니다. 다음은 현재까지 비지도 학습의 대표적인 응용 프로그램인 이상치 탐지와 그룹 세분화를 자세히 살펴보겠습니다.

1.9.1 이상치 탐지

차원 감소를 하면 원래의 고차원 피처 공간을 변형된 저차원 공간으로 줄일 수 있습니다. 이 낮은 차원 공간에서 우리는 대부분 점들이 빽빽하게 놓인 곳을 찾습니다. 이 부분은 **일반 공간** normal space입니다. 훨씬 더 멀리 있는 점은 **특이치**outlier (이상치)라고 부르며 더 자세히 조사할 가치가 있습니다.

이상 탐지 시스템은 일반적으로 신용카드 사기, 통신 금융 사기, 사이버 사기, 보험 사기와 같은 사기 탐지에 사용합니다. 또한 이상치 탐지는 인터넷에 연결된 장치의 해킹, 비행기 및 기차

---

28 파이프라인(pipeline)은 더 큰 목표를 달성하기 위해 연속적으로 적용되는 머신러닝 솔루션 시스템을 말합니다.

와 같은 안전과 직결된 중요 장비의 유지 보수 실패, 악성 소프트웨어 및 기타 악성 에이전트로 인한 사이버 보안 침해 등 악의적이고 드문 이벤트를 식별하는 데도 사용합니다.

이 장의 앞부분에서 언급한 이메일 스팸 필터 예제처럼 스팸 탐지를 위해 이러한 시스템을 사용할 수 있습니다. 다른 응용 분야로는 테러 자금 조달, 자금 세탁, 사람 및 마약 밀매, 무기 거래 등 범인 색출, 금융 거래에서 사기 거래 식별, 암과 같은 질병 발견 등이 있습니다.

우리는 더 손쉽게 이상치 탐지를 하기 위해 클러스터링 알고리즘을 사용해 유사한 이상치를 그룹화한 다음 해당 클러스터가 나타내는 동작 유형에 따라 이러한 클러스터에 직접 레이블을 지정할 수 있습니다. 이러한 시스템을 통해 이상치를 식별하거나 적절한 그룹으로 클러스터링하고 사람이 지정한 클러스터 레이블을 사용해 비즈니스 분석가에게 적절한 조치 과정을 추천해주는 비지도 학습 AI를 가질 수 있습니다.

이상 탐지 시스템을 사용하면 비지도 문제를 해결하고 결국 이러한 클러스터-레이블 접근 방식으로 준지도 문제를 만들 수 있습니다. 시간이 지남에 따라 비지도 학습 알고리즘과 함께 이렇게 레이블이 지정된 데이터에 대해 지도 학습 알고리즘을 실행할 수도 있습니다. 성공적인 머신러닝 애플리케이션을 위해서는 비지도 시스템과 지도 시스템을 함께 사용해 서로 보완해야 합니다.

지도 시스템은 이미 알려진 패턴을 높은 수준의 정확도로 찾는 반면 비지도 시스템은 흥미로운 새로운 패턴을 발견합니다. 비지도 AI가 이러한 패턴을 발견하면 사람이 레이블을 지정하며, 이러한 과정을 통해 레이블이 지정되지 않은 데이터를 레이블이 지정된 데이터로 더 많이 전환합니다.

1.9.2 그룹 세분화

클러스터링을 통해 마케팅, 고객 유지, 질병 진단, 온라인 쇼핑, 음악 감상, 비디오 시청, 온라인 데이트, 소셜 미디어 활동 및 문서 분류와 같은 분야에서 사용자의 행동 유사성에 따라 그룹을 구분할 수 있습니다. 이러한 각 영역에서 생성되는 데이터의 양은 엄청나게 많으며 데이터는 부분적으로만 레이블이 지정됩니다.

우리가 이미 알고 강화하고자 하는 패턴의 경우, 지도 학습 알고리즘을 사용할 수 있습니다. 그러나 우리는 종종 새로운 패턴이나 흥미로운 그룹을 발견하기를 원합니다. 이것을 발견하는 과정에서 자연스럽게 비지도 학습을 사용합니다. 다시 말하지만, 핵심은 시너지입니다. 더 강력한 머신러닝 솔루션을 구축하기 위해서는 지도 학습과 비지도 학습 시스템을 함께 사용해야 합니다.

1.10 마치며

이 장에서 학습한 내용은 다음과 같습니다.

- 규칙 기반 시스템과 머신러닝의 차이점
- 지도 학습과 비지도 학습의 차이점
- 비지도 학습이 머신러닝 모델 훈련 과정에서 일반적인 문제를 해결하는 데 도움이 되는 방법
- 지도, 비지도, 강화, 준지도 학습을 위한 공통 알고리즘
- 비지도 학습의 두 가지 주요 응용 분야 — 이상치 탐지와 그룹 세분화

2장에서는 머신러닝 애플리케이션을 구축하는 방법에 대해 알아볼 겁니다. 그런 다음 차원 감소와 클러스터링을 자세히 다루고, 그 과정에서 이상 탐지 시스템과 그룹 세분화 시스템을 구축할 겁니다.

## CHAPTER 2

머신러닝 프로젝트 A to Z

비지도 학습 알고리즘을 자세히 살펴보기 전에 데이터 획득에서 모델 구축, 모델 평가, 솔루션 구현에 이르기까지 모든 과정을 포함하는 머신러닝 프로젝트를 설정하고 관리하는 방법을 알아보겠습니다. 본격적인 비지도 학습 모델은 다음 장부터 살펴보고, 이번 장에서는 이 분야 독자라면 대부분 어느 정도 경험해야 할 지도 학습 모델을 설명하겠습니다.

2.1 환경 설정

시작하기 전에 데이터 과학을 위한 실행 환경을 설정하겠습니다. 이 환경은 지도 학습과 비지도 학습 모두 동일합니다.

> **NOTE_** 환경 설정은 윈도우 운영 체제에 최적화했지만 맥과 리눅스에서도 설치 패키지를 사용할 수 있습니다.

2.1.1 버전 관리: 깃

아직 깃(https://git-scm.com)을 설치하지 않았다면 깃 설치부터 진행합니다. 깃은 코드를 위한 버전 관리 시스템이며, 이 책의 모든 코딩 예제는 깃허브 리포지터리(https://github.

com/francis-kang/handson-unsupervised-learning)에서 가져와 주피터 노트북으로 이용할 수 있습니다. 로저 더들러의 가이드(http://rogerdudler.github.io/git-guide)를 살펴보고 리포지터리를 복제하고 변경 사항을 추가, 커밋 및 푸시하고 브랜치를 사용해 버전 관리를 유지하는 방법을 알아보십시오.

2.1.2 핸즈온 비지도 학습의 깃 리포지터리 복제

명령어 인터페이스(예: 윈도우의 경우 명령 프롬프트, 맥의 경우 터미널 등)를 실행합니다. 비지도 학습 프로젝트를 저장할 디렉터리로 이동합니다. 다음 프롬프트를 사용해 깃허브에서 이 책과 관련된 리포지터리를 복제하십시오[1].

```
$ git clone https://github.com/francis-kang/handson-unsupervised-learning.git
$ git lfs pull
```

또는 깃허브의 리포지터리(https://github.com/francis-kang/handson-unsupervised-learning)를 방문해 리포지터리를 수동 다운로드해 사용할 수 있습니다. 변경 사항에 대한 업데이트 상태를 유지하기 위해 리포지터리에 **워치**watch 또는 **스타**star 기능을 사용할 수 있습니다[2].

리포지터리를 가져오거나 수동 다운로드한 후에는 명령어 인터페이스를 사용해 handson-unsupervied-learning 리포지터리로 이동합니다.

```
$ cd handson-unsupervised-learning
```

나머지 설치에서도 명령어 인터페이스를 계속 사용합니다.

---

1 옮긴이_ LFS란 Large File Storage를 뜻하고 대용량 파일을 관리하는 깃 저장소입니다. 대용량 파일을 복제하기 위해서는 LFS를 로컬 컴퓨터에 설치한 후 리포지터리를 복제해야 파일이 잘 복제됩니다. LFS를 설치하지 않고 리포지터리를 복제할 경우 일부 파일이 복제되지 않습니다. git LFS 설치 파일 다운로드 경로는 다음과 같습니다.
https://git-lfs.github.com
2 옮긴이_ 깃허브 웹 사이트에서 워치는 변경 이력 알람 기능이며 스타는 즐겨찾기 기능입니다.

2.1.3 데이터 과학 라이브러리: 파이썬 아나콘다 배포판

파이썬과 머신러닝에 필요한 데이터 과학 라이브러리를 설치하려면 파이썬의 아나콘다 배포
판(https://www.anaconda.com/distribution)을 내려받습니다(3.7 버전은 이 책을 작성
할 시점에서 신규 버전이라 우리가 사용할 모든 머신러닝 라이브러리를 지원하지 않기 때문에
3.6 버전을 권장합니다).

각 프로젝트마다 다른 라이브러리를 별도로 가져올 수 있도록 독립적인 파이썬 환경을 만듭니
다[3].

```
$ conda create -n unsupervisedLearning python=3.6 anaconda
```

아나콘다 배포판에서 제공되는 모든 데이터 과학 라이브러리와 함께 unsupervisedLearning
라는 이름으로 독립적인 파이썬 3.6 환경을 만듭니다.

이제 이것을 사용하기 위해 활성화합니다.

```
$ activate unsupervisedLearning
```

2.1.4 신경망: 텐서플로와 케라스

비지도 학습 프로젝트가 활성화되면 신경망을 구축하기 위해 텐서플로 및 케라스를 설치해
야 합니다[4]. 텐서플로는 구글의 오픈 소스 프로젝트이며 아나콘다 배포판에는 포함되지 않습
니다.

```
$ pip install tensorflow
```

---

3   옮긴이_ 파이썬은 다양한 라이브러리를 지원하므로 의존성 문제가 발생할 수 있기 때문입니다. 예를 들어 기존 프로젝트는 Tensorflow
    1.1 기반으로 개발이 진행됐고, 또 다른 프로젝트는 Tensorflow 1.4 기반으로 개발이 진행됐다고 합시다. 두 프로젝트는 상호 호환되지
    않기 때문에 라이브러리 버전 충돌 문제가 발생할 수 있습니다. 이런 경우 가상 환경을 사용해 파이썬 설치를 분리합니다.

4   옮긴이_ pip를 사용해 패키지 버전 정보의 설정 없이 설치하면 최신 버전 패키지를 설치합니다. 저자가 실습 코드를 수행한 환경의 패키
    지 버전과 사용자 환경에서 최신 버전으로 설치된 패키지의 버전 차이로 실습 코드가 원활하게 수행되지 않을 수 있습니다. 저자가 수행
    한 당시 버전은 정확히 알 수 없지만, 우리말로 옮기며 오류없이 수행한 환경을 기준으로 패키지 버전을 안내합니다.
    tensorflow:1.14.0,keras:2.2.5,xgboost:0.81,lightgbm:2.2.3,fastcluster:1.1.25,hdbscan:0.8.22,tslearn:0.2.2.
    특정 버전 설치 명령문의 예제는 다음과 같습니다.
    pip install tensorflow==1.14.0

케라스는 텐서플로의 하위 수준 함수를 사용하기 위해 더 높은 수준의 API를 제공하는 오픈 소스 신경망 라이브러리입니다. 즉, 텐서플로(백엔드) 위에 케라스를 사용해 더 직관적인 API를 호출해 딥러닝 모델을 개발할 겁니다.

```
$ pip install keras
```

2.1.5 그레이디언트 부스팅, 버전 1: XGBoost

다음으로, 엑스지부스트^{Extreme Gradient Boosting}(XGBoost)로 알려진 그레이디언트 부스팅 버전 1을 설치합니다. 이 작업을 간단하게 하기 위해(적어도 윈도우 사용자의 경우) handson-unsupervised-learning 리포지터리의 xgboost 폴더로 이동해 패기지를 찾을 수 있습니다. 패키지를 설치하기 위해 pip install을 사용합니다.

```
cd xgboost
pip install xgboost-0.6+20171121-cp36-cp36m-win_amd64.whl
```

그리고 시스템의 32비트 또는 64비트 버전에 따라 자신의 시스템에 맞는 버전의 XGBoost (https://www.lfd.uci.edu/~gohlke/pythonlibs/#xgboost)를 다운로드해야 합니다.

명령어 인터페이스에서 새롭게 다운로드한 파일이 있는 폴더로 이동합니다. pip install을 사용합니다.

```
$ pip install xgboost-0.6+20171121-cp36-cp36m-win_amd64.whl
```

NOTE_ XGBoost WHL 파일 이름은 최신 버전의 소프트웨어가 공개적으로 릴리스되기 때문에 약간 다를 수 있습니다.

XGBoost가 성공적으로 설치됐으면 handson-unsupervised-learning 폴더로 돌아갑니다.

2.1.6 그레이디언트 부스팅, 버전 2: LightGBM

그레이디언트 부스팅의 다른 버전인 마이크로소프트의 라이트 그레이디언트 부스팅 머신^{Light} Gradient Boosting Machine (LightGBM)을 설치하겠습니다.

```
$ pip install lightgbm
```

2.1.7 클러스터링 알고리즘

이 책의 뒷부분에서 사용할 몇 가지 클러스터링 알고리즘을 설치하겠습니다. 첫 번째 클러스터링 패키지는 Python/SciPy 인터페이스로 구성된 C++ 라이브러리인 fastcluster입니다[5].

fastcluster 패키지는 다음 명령문을 사용해 설치할 수 있습니다[6].

```
$ pip install fastcluster
```

또 다른 클러스터링 알고리즘으로는 hdbscan이 있으며, pip 명령문으로 이를 설치할 수도 있습니다.

```
$ pip install hdbscan
```

그리고 시계열 클러스터링을 수행하기 위해 tslearn을 설치하겠습니다

```
$ pip install tslearn
```

---

5 fastcluster에 대한 자세한 정보는 https://pypi.org/project/fastcluster/ 를 참조하십시오.
6 옮긴이_ fastcluster 설치 중 다음과 같은 에러 메시지가 나타날 경우 Visual C++ 빌드 도구를 설치해야 합니다.
   error: Microsoft Visual C++ 14.0 is required. Get it with "Microsoft Visual C++ Build Tools": https://visualstudio.microsoft.com/downloads/
   Visual C++ 빌드 도구 설치를 위해서 에러 메시지에 있는 사이트에 접속 후 Visual Studio Community 버전을 다운로드 후 실행해 Visual C++ 빌드 도구만 설치합니다.

2.1.8 대화형 컴퓨팅 환경: 주피터 노트북

주피터 노트북은 아나콘다 배포판의 일부이며 방금 설정한 환경을 시작하기 위해 주피터 노트북을 활성화할 겁니다. 사용 편의성을 위해 다음 명령을 입력하기 전에 handson-unsupervised-learning 리포지터리에 있는지 확인하십시오.

```
$ jupyter notebook
```

브라우저가 열리고 http://localhost:8888/ 페이지가 나타나는 것을 볼 수 있습니다. 원활한 접근을 위해서는 쿠키를 활성화해야 합니다.

이제 첫 번째 머신러닝 프로젝트를 구축할 준비가 됐습니다.

2.2 데이터 개요

이 장에서는 2013년 9월부터 유럽인이 사용한 신용카드 거래 데이터셋(익명화된 데이터)을 사용할 예정입니다[7].

이러한 거래 데이터는 사기 또는 정상으로 레이블됐으며, 새로운 거래 데이터에 맞는 레이블을 정확하게 예측하기 위해 머신러닝을 활용한 사기 탐지 솔루션을 구축할 겁니다.

이 데이터셋은 매우 불균형합니다. 284,807건 거래 중 492건만 사기(0.172%)입니다. 사기 비율이 낮은 것은 신용카드 거래에서 매우 일반적입니다.

피처가 28개 있고 모두 숫자이며 범주형 변수는 없습니다[8].

이러한 피처들은 원본 피처가 아니라 주성분 분석의 결과입니다. 주성분 분석은 3장에서 살펴볼 예정입니다. 원본 피처에 이러한 유형의 차원 감소 방법론을 적용해 주성분 28개가 추출됐습니다.

---

7 이 데이터셋은 캐글(https://www.kaggle.com/mlg-ulb/creditcardfraud)을 통해 구할 수 있으며, Worldline과 University of Libre de Bruxelles의 머신러닝 그룹이 공동 연구를 진행하면서 수집했습니다. 자세한 정보는 다음 자료를 참고하십시오.
Andrea Dal Pozzolo, Olivier Caelen, Reid A. Johnson and Gianluca Bontempi, 「Calibrating Probability with Undersampling for Unbalanced Classification」 in Symposium on Computational Intelligence and Data Mining(CIDM), IEEE, 2015

8 범주형 변수는 한정된 개수의 가능한 질적인 값 중 하나를 취하며, 종종 머신러닝 알고리즘에 사용하기 위해 인코딩돼야 합니다.

주성분 변수 28개 외에도 세 가지 변수가 더 있습니다. 거래 시간, 거래 금액, 거래 클래스(사기인 경우 1, 정상인 경우 0)입니다.

2.3 데이터 준비하기

머신러닝을 사용해 데이터를 학습하고 사기 탐지 솔루션을 개발하기 전에, 먼저 알고리즘을 적용하기 위한 데이터를 준비해야 합니다.

2.3.1 데이터 획득하기

머신러닝 프로젝트에서 첫 번째 단계는 데이터 획득입니다.

데이터 다운로드

handson-unsupervised-learning 디렉터리(web git repository)에서 /datasets/ credit_card_data/ 폴더에 CSV 파일로 존재하는 데이터셋을 다운로드합니다. 이전에 깃허브 리포지터리를 다운로드했다면 리포지터리의 이 폴더에 이미 파일이 있습니다.

필요한 라이브러리 가져오기

사기 탐지 솔루션을 구축하는 데 필요한 파이썬 라이브러리를 가져옵니다.

```python
'''메인 라이브러리'''
import numpy as np
import pandas as pd
import os

'''시각화 관련 라이브러리'''
import matplotlib.pyplot as plt
import seaborn as sns
color = sns.color_palette()
import matplotlib as mpl
```

```
%matplotlib inline

'''데이터 준비 관련 라이브러리'''
from sklearn import preprocessing as pp
from scipy.stats import pearsonr
from sklearn.model_selection import train_test_split
from sklearn.model_selection import StratifiedKFold
from sklearn.metrics import log_loss
from sklearn.metrics import precision_recall_curve, average_precision_score
from sklearn.metrics import roc_curve, auc, roc_auc_score
from sklearn.metrics import confusion_matrix, classification_report

'''알고리즘 관련 라이브러리'''
from sklearn.linear_model import LogisticRegression
from sklearn.ensemble import RandomForestClassifier
import xgboost as xgb
import lightgbm as lgb
```

데이터 읽기

```
current_path = os.getcwd()
file = os.path.sep.join(['', 'datasets', 'credit_card_data', 'credit_card.csv'])
data = pd.read_csv(current_path + file)
```

데이터 미리 보기

[표 2-1]은 데이터셋의 처음 다섯 행을 보여줍니다. 아래와 같이 데이터가 잘 로드됐습니다.

```
data.head()
```

표 2-1 데이터 미리보기

	Time	V1	V2	V3	V4	V5
0	0	−1.359807	−0.072781	2.536347	1.378155	−0.338321
1	0	1.191857	0.266151	0.166480	0.448154	0.060018

	Time	V1	V2	V3	V4	V5
2	1	−1.358354	−1.340163	1.773209	0.379780	−0.503198
3	1	−0.966272	−0.185226	1.792993	−0.863291	−0.010309
4	2	−1.158233	0.877737	1.548718	0.403034	−0.407193

5 rows x 31 columns

2.3.2 데이터 탐색하기

다음으로, 데이터를 더욱 상세히 이해하기 위해 데이터에 대한 요약 통계를 생성하고 결측값이나 범주형 피처를 식별하고 피처별로 고유한 값의 수를 계산합니다.

요약 통계량 생성

[표 2-2]는 컬럼별 요약 통계량을 가지고 데이터를 설명합니다. 표 다음에 나오는 코드는 편리한 참조를 위해 모든 컬럼의 이름 목록을 보여줍니다.

```
data.describe()
```

표 2-2 단순 요약 통계량

	Time	V1	V2	V3	V4
count	284807.000000	2.848070e+05	2.848070e+05	2.848070e+05	2.848070e+05
mean	94813.859575	3.919560e−15	5.688174e−16	−8.769071e−15	2.782312e−15
std	47488.145955	1.958696e+00	1.651309e+00	1.516255e+00	1.415869e+00
min	0.000000	−5.640751e+01	−7.271573e+01	−4.832559e+01	−5.683171e+00
25%	54201.500000	−9.203734e−01	−5.985499e−01	−8.903648e−01	−8.486401e−01
50%	84692.000000	1.810880e−02	6.548556e−02	1.798463e−01	−1.984653e−02
75%	139320.500000	1.315642e+00	8.037239e−01	1.027196e+00	7.433413e−01
max	172792.000000	2.454930e+00	2.205773e+01	9.382558e+00	1.687534e+01

8 rows x 31 columns

```
data.columns
Index(['Time', 'V1,' 'V2', 'V3', 'V4', 'V5', 'V6', 'V7', 'V8', 'V9', 'V10', 'V11',
  'V12', 'V13', 'V14', 'V15', 'V16', 'V17', 'V18', 'V19', 'V20', 'V21', 'V22', 'V23',
  'V24', 'V25', 'V26', 'V27', 'V28', 'Amount', 'Class'], dtype='object')
print("Number of fraudulent transactions:", data['Class'].sum())
```

포지티브 레이블positive label[9] 또는 사기 거래는 총 492건입니다. 그리고 인스턴스 284,807건과 컬럼 31개가 있습니다. 즉, 숫자 피처 28개(V1~V28)와 거래 시간, 거래 금액, 거래 클래스가 있습니다.

거래 시간의 데이터 범위는 0에서 172,792 사이이고 거래 금액은 0에서 25,691.16 사이이며 사기 거래가 492건 있습니다. 이러한 사기 거래는 포지티브 케이스 또는 포지티브 레이블(1로 표시)이라고도 합니다. 정상 거래는 네거티브 케이스 또는 네거티브 레이블(0으로 표시)입니다.

숫자 피처 28개는 아직 표준화되지 않았지만 곧 데이터를 **표준화**standardiztion할 겁니다. 표준화는 평균이 0이고 표준 편차가 1인 데이터로 다시 변환합니다.

> **TIP_** 일부 머신러닝 알고리즘은 데이터 스케일링에 매우 민감합니다. 그래서 표준화를 통해 모든 데이터가 동일한 스케일을 갖도록 하는 것은 머신러닝에서 좋은 사례입니다.
>
> 데이터 크기를 조정하기 위한 또 다른 방법은 정규화(normalization)이며 데이터 크기를 0에서 1 범위로 다시 변환합니다. 표준화된 데이터와 달리 정규화된 모든 데이터는 양숫값을 가집니다.

피처별로 숫자가 아닌 값 식별하기

일부 머신러닝 알고리즘은 숫자가 아닌 값 또는 결측값을 처리할 수 없습니다. 따라서 숫자가 아닌 값(**숫자 아님**not a number 또는 NaN이라고도 함)을 식별하는 것은 중요합니다.

결측값이 있는 경우 특정 값으로 대체할 수 있습니다. 예를 들면 결측값에 피처의 평균, 중앙값, 모드값을 대체하거나 사용자 정의 값으로 대체할 수 있습니다. 범주형 값의 경우, 우리는

---

9   옮긴이_ 이진 분류에서 두 클래스는 포지티브 및 네거티브 레이블로 구분합니다. 모델을 생성하는 목적은 포지티브 레이블 결과를 찾는 겁니다. 사기 탐지 모델에서 포지티브 레이블은 '사기'를 의미합니다.
    https://developers.google.com/machine-learning/glossary?hl=ko#p

모든 범주형 값이 희소 행렬[10]로 표현되도록 데이터를 인코딩할 수 있습니다. 이 희소 행렬은 숫자 피처와 함께 통합됩니다. 머신러닝 알고리즘은 이 통합된 피처셋을 가지고 훈련합니다.

다음 코드는 관측값 중 NaN이 없다는 것을 보여줍니다. 그래서 우리는 어떠한 값을 인코딩하거나 대체할 필요가 없습니다.

```
nanCounter = np.isnan(data).sum()

Time     0
V1       0
V2       0
V3       0
V4       0
V5       0
V6       0
V7       0
V8       0
V9       0
V10      0
V11      0
V12      0
V13      0
V14      0
V15      0
V16      0
V17      0
V18      0
V19      0
V20      0
V21      0
V22      0
V23      0
V24      0
V25      0
V26      0
V27      0
V28      0
Amount   0
```

---

10 옮긴이_ 희소 행렬은 행렬값이 대부분 0인 경우를 가리키는 표현으로 범주형 변수를 더미 변수(1과 0의 값을 가지는 변수)로 변환한 행렬을 이야기합니다. 원-핫 인코딩과 동일한 의미를 가집니다.

```
Class     0
dtype:  int64
```

피처별로 고윳값 식별하기

신용카드 거래 데이터셋을 잘 이해하기 위해 피처별 고윳값의 수를 확인하겠습니다.

다음 코드는 거래 시간(타임 스탬프) 피처의 고유한 값이 124,592건임을 보여줍니다. 그러나 우리는 전체 관측치가 284,807건임을 알고 있습니다. 즉, 일부 거래 시간 값이 여러 거래에 걸쳐 중복됐다는 말입니다.

그리고 예상대로 거래 클래스에는 오직 두 가지 클래스(1은 사기, 0은 정상)만 있습니다.

```
distinctCounter = data.apply(lambda x: len(x.unique()))

Time    124592
V1      275663
V2      275663
V3      275663
V4      275663
V5      275663
V6      275663
V7      275663
V8      275663
V9      275663
V10     275663
V11     275663
V12     275663
V13     275663
V14     275663
V15     275663
V16     275663
V17     275663
V18     275663
V19     275663
V20     275663
V21     275663
V22     275663
V23     275663
V24     275663
```

```
V25      275663
V26      275663
V27      275663
V28      275663
Amount   32767
Class    2
dtype:   int64
```

2.3.3 피처 행렬 및 레이블 배열 생성하기

피처 행렬 X를 표준화해 생성하고 레이블 배열 y(1은 사기, 0은 정상)를 분리하겠습니다. 나중에 우리는 피처 행렬 x와 레이블 배열 y를 머신러닝 알고리즘에 적용할 겁니다.

피처 행렬 X 및 레이블 배열 Y 생성하기

```
dataX = data.copy().drop(['Class'], axis=1)
dataY = data['Class'].copy()
```

피처 행렬 X 표준화하기

거래 시간 피처를 제외한 나머지 피처의 평균이 0이고 표준 편차가 1이 되도록 피처 행렬을 다시 변환하겠습니다.

```
featuresToScale = dataX.drop(['Time'], axis=1).columns
sX = pp.StandardScaler(copy=True)
dataX.loc[:,featuresToScale] = sX.fit_transform(dataX[featuresToScale])
```

[표 2-3]을 보면 표준화된 피처의 평균은 0이고 표준 편차는 1입니다.

표 2-3 표준화된 피처의 요약 통계량

	Time	V1	V2	V3	V4
count	284807.000000	2.848070e+05	2.848070e+05	2.848070e+05	2.848070e+05
mean	94813.859575	-8.157366e-16	3.154853e-17	-4.409878e-15	-6.734811e-16
std	47488.145955	1.000002e+00	1.000002e+00	1.000002e+00	1.000002e+00
min	0.000000	-2.879855e+01	-4.403529e+01	-3.187173e+01	-4.013919e+00
25%	54201.500000	-4.698918e-01	-3.624707e-01	-5.872142e-01	-5.993788e-01
50%	84692.000000	9.245351e-03	3.965683e-02	1.186124e-02	-1.401724e-01
75%	139320.500000	6.716939e-01	4.867202e-01	6.774569e-01	5.250082e-01
max	172792.000000	1.253351e+00	1.335775e+01	6.187993e+00	1.191874e+01

8 rows x 30 columns

2.3.4 피처 엔지니어링 및 피처 선택하기

대부분 머신러닝 프로젝트에서 **피처 엔지니어링**feature engineering 및 **피처 선택**feature selection을 핵심 기능의 일부로 고려해야 합니다. 피처 엔지니어링에는 새로운 피처를 생성하는 것을 포함합니다. 예를 들면 원본 피처의 비율 또는 개수 또는 합계를 생성합니다. 피처 엔지니어링은 머신러닝 학습 알고리즘이 데이터셋으로부터 더 강력한 시그널을 추출할 수 있도록 도움을 줍니다.

피처 선택은 훈련을 위한 상세 피처들을 선택하는 것과 관련성이 떨어지는 일부 피처를 효과적으로 제거하는 것을 모두 포함합니다. 이렇게 하면 머신러닝 알고리즘이 데이터셋의 노이즈에 과대 적합되는 것을 방지할 수 있습니다.

우리가 예제 데이터로 사용하는 신용카드 사기 데이터셋에는 원본 피처가 없습니다. 이 데이터셋에는 PCA에서 파생된 주요 성분만 있습니다. PCA는 3장에서 살펴볼 차원 축소의 한 형태입니다. 따라서 우리는 어떤 피처가 무엇을 나타내는지 모르기 때문에, 적절한 피처 엔지니어링을 수행할 수 없습니다.

관측치 수(284,807)가 피처 수(30)보다 훨씬 많기 때문에 피처 선택을 할 필요가 없고, 이로 인해 과대 적합의 가능성이 크게 줄어듭니다. [그림 2-1]이 보여주듯이 피처 간 상관관계가 매우 낮습니다. 바꾸어 말하면, 불필요하게 중복되는 피처가 없다는 뜻입니다. 만약 우리가 직접 중복 피처를 제거하거나 줄이려면 차원 감소를 통해 할 수 있을 겁니다. 물론 신용카드 데이터셋에는 이미 PCA가 적용됐으므로 불필요한 데이터 중복은 제거됐습니다.

피처 간 상관관계 확인

```
correlationMatrix = pd.DataFrame(data=[], index=dataX.columns,
columns=dataX.columns)
for i in dataX.columns:
    for j in dataX.columns:
        correlationMatrix.loc[i,j] = np.round(pearsonr(dataX.loc[:,i],
        dataX.loc[:,j])[0],2)
```

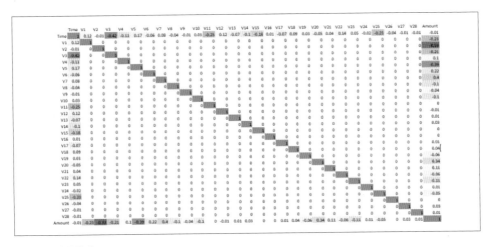

그림 2-1 상관 행렬

2.3.5 데이터 시각화하기

마지막 단계로, 데이터셋이 얼마나 불균형한지 알아보기 위해서 데이터를 시각화합니다(그림 2-2). 시각화 결과를 보면 학습할 사기 사례가 너무 적기 때문에 해결하기 어려운 문제입니다. 다. 다행히도 전체 데이터셋에 대한 레이블이 있습니다.

```
count_classes = pd.value_counts(data['Class'], sort=True).sort_index()
ax = sns.barplot(x=count_classes.index, y=tuple(count_classes/len(data)))
```

```
ax.set_title('Frequency Percentage by Class')
ax.set_xlabel('Class')
ax.set_ylabel('Frequency Percentage')
```

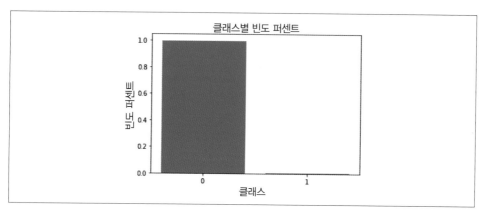

그림 2-2 레이블의 빈도 퍼센트[11]

2.4 모델 준비하기

이제 데이터가 준비됐으므로 모델링을 준비하겠습니다. 데이터를 훈련과 테스트셋으로 분할하고, 비용 함수를 선택한 후 k-겹 교차검증을 준비해야 합니다.

2.4.1 훈련 및 테스트 데이터셋으로 분할하기

1장에서 언급한 것처럼 머신러닝 알고리즘은 새로운 데이터에서 좋은 성능(즉, 정확한 예측)을 내기 위해 데이터로부터 학습(즉, 모델 훈련)합니다. 새로운 데이터에서의 모델 성능을 일반화 오차라고 합니다. 이는 머신러닝 모델의 적합도를 결정하는 가장 중요한 지표입니다.

---

11 옮긴이_ 이 그림의 '클래스별 빈도 퍼센트'와 '빈도 퍼센트', '클래스'는 각각 코드의 'Percentage by Class'와 'Frequency Percentage', 'Class'에 해당합니다. 앞으로 소개할 모든 시각화 그림에서도 마찬가지로 코드에서 인용한 x, y축 라벨 및 타이틀 영문명을 한글로 번역해뒀으니 참고바랍니다.

우리는 머신러닝 알고리즘을 학습시킬 훈련 데이터셋을 생성하기 위해 머신러닝 프로젝트를 설정해야 합니다. 또한 머신러닝 알고리즘이 예측할 테스트 데이터셋(새로운 데이터)이 필요합니다. 이 테스트 데이터셋에서의 성능이 머신러닝 프로젝트의 궁극적 성공 척도가 될 겁니다.

이제 신용카드 거래 데이터셋을 훈련 데이터셋과 테스트 데이터셋으로 분할하겠습니다.

```
X_train, X_test, y_train, y_test = train_test_split(dataX, dataY, test_size=0.33,
                                    random_state=2018, stratify=dataY)
```

이제 우리에게는 190,280건의 인스턴스(원본 데이터셋의 67%)가 포함된 훈련 데이터셋과 93,987건의 인스턴스(나머지 33%)가 포함된 테스트 데이터셋이 있습니다. 훈련 및 테스트 데이터셋 모두 사기 비율(~0.17%)을 유지하기 위해 층화매개변수[12]를 설정했습니다. 또한 결과를 쉽게 재현할 수 있도록 랜덤 상태[13]를 2018로 고정했습니다[14].

일반화 오차(표본 외 오차라고도 함)의 최종 평가를 위해 테스트셋을 사용합니다.

2.4.2 비용 함수 선택하기

훈련 데이터셋을 학습하기 전에 머신러닝 알고리즘에서 사용할 비용 함수(오차율 또는 가치 함수라고도 함)가 필요합니다. 머신러닝 알고리즘은 훈련 예제로 학습해 이 비용 함수를 최소화하려고 합니다.

이 예제는 클래스를 두 개 가진 지도 학습 기반의 분류 문제이므로 실제 레이블과 모델 기반 예측 레이블 사이의 교차–엔트로피를 계산하는 **이진 분류 로그 손실 함수**binary classification log loss(식 2-1 참조)를 사용합니다.

---

12 옮긴이_ 층화매개변수는 층화 추출 방식으로 데이터 샘플링하기 위해 지정하는 기준 변수를 말합니다. 모집단의 해당 기준 변수 비율에 맞추어 데이터를 표본 추출해, 샘플 데이터의 특성 분포를 모집단과 유사하게 맞추기 위해 사용합니다. https://en.wikipedia.org/wiki/Stratified_sampling

13 옮긴이_ 랜덤 시드를 의미합니다. 난수 생성 함수는 시드를 기반으로 난수를 발생시키고 시드가 동일하면 동일한 난수를 발생시키게 됩니다. 파이썬 코드상 용어(random state)를 살려서 랜덤 상태로 번역했습니다. https://en.wikipedia.org/wiki/Random_seed

14 층화매개변수가 포지티브 레이블의 비율을 유지하는 방법을 자세히 알고 싶으면 공식 웹 사이트를 방문하십시오(https://scikit-learn.org/stable/modules/generated/sklearn.model_selection.train_test_split.html). 실험에서 동일한 분할을 재현하려면 랜덤 상태를 2018로 설정합니다. 이것을 다른 숫자로 설정하거나 아무것도 설정하지 않으면 결과가 달라집니다.

식 2-1 로그 손실 함수

$$log\ loss = -\frac{1}{N}\sum_{i=1}^{N}\sum_{j=1}^{M}y_{i,j}log(P_{i,j})$$

여기서 N은 관측치의 수이고, M은 클래스의 레이블 수(이 경우에는 2)입니다. log는 자연 로그이며, $y_{i,j}$는 관측치 i가 클래스 j에 있으면 1, 그렇지 않으면 0입니다. $p_{i,j}$는 관측치 i가 클래스 j에 포함될 예측 확률입니다.

머신러닝 모델은 각 신용카드 거래별로 사기일 확률을 생성합니다. 사기 확률이 실제 레이블에 가까울수록(즉, 사기인 경우 1, 사기 행위가 아닌 경우 0) 로그 손실 함수의 값은 낮아집니다. 즉, 머신러닝 알고리즘은 손실 함수의 값을 최소화하려고 시도합니다.

2.4.3 k-겹 교차검증 데이터셋 생성하기

머신러닝 알고리즘이 새로운 데이터(테스트셋)에서 성능을 평가할 수 있도록 기존의 훈련 데이터셋을 다시 훈련 데이터셋과 검증 데이터셋으로 분할하는 것이 가장 좋습니다.

예를 들어 훈련 데이터셋을 다섯 개로 분할하면 원본 훈련 데이터셋의 4/5로 모델을 훈련시키고, 검증 데이터셋이라 부르는 원본 훈련 데이터셋의 나머지 1/5(훈련에 사용하지 않은) 데이터셋으로 예측 정보를 생성해 새로운 훈련 모델을 평가합니다.

이렇게 매번 훈련에 사용하지 않은 1/5 데이터셋을 검증 데이터셋으로 남겨둠으로써 5번 훈련하고 5번 평가할 수 있습니다. 이 경우에 k가 5인 **k-겹 교차검증**k-fold cross-validation입니다. 이 방법으로 우리는 일반화 오차를 한 번이 아니라 다섯 번 추정할 수 있습니다.

다섯 번 실행 각각에 대한 훈련 스코어와 교차검증 스코어를 저장하고 매번 교차검증 예측 정보를 저장합니다. 실행이 다섯 번 모두 완료되면 전체 데이터셋에 대한 교차검증 예측정보를 생성하게 됩니다. 이것은 테스트셋의 성능에 대해 최선의 전체 추정치가 될 겁니다.

다음은 k-겹 검증을 설정하는 방법입니다. 여기서 k는 5입니다.

```
k_fold = StratifiedKFold(n_splits=5, shuffle=True, random_state=2018)
```

2.5 머신러닝 모델(1)

이제 머신러닝 모델을 구축할 준비가 됐습니다. 우리가 고려하는 각 머신러닝 알고리즘에 하이퍼파라미터를 설정하고 모델을 훈련시키고 결과를 평가합니다.

2.5.1 모델 #1: 로지스틱 회귀 분석

가장 기본적인 분류 알고리즘인 로지스틱 회귀 분석부터 시작하겠습니다.

하이퍼파라미터 설정하기

```
penalty = 'l2'
C = 1.0
class_weight = 'balanced'
random_state = 2018
solver = 'liblinear'

logReg = LogisticRegression(penalty=penalty, C=C, class_weight=class_weight,
          random_state=random_state, solver=solver, n_jobs=n_jobs)
```

페널티를 L1 대신 기본값 L2로 설정합니다. L1에 비해 L2는 이상치에 덜 민감하며 거의 모든 피처에 0이 아닌 가중치를 할당해 안정적인 솔루션을 제공합니다. L1은 가장 중요한 피처에 높은 가중치를 할당하고 나머지는 0에 가까운 가중치를 할당해 알고리즘이 훈련할 때 기본적으로 피처를 선택합니다. 그러나 가중치는 피처에 따라 많이 달라질 수 있기 때문에 L1 솔루션은 L2 솔루션만큼 데이터의 변화에 안정적이지 않습니다[15].

C는 정규화 강도입니다. 1장에서 언급한 것처럼 정규화는 복잡성을 제거해 과대 적합을 해결하는 데 도움이 됩니다. 즉, 정규화가 강할수록 머신러닝 알고리즘 복잡성을 더욱 단순하게 합니다. 정규화는 머신러닝 알고리즘을 복잡한 모델보다 단순한 모델로 유도합니다.

이 정규화 상수 C는 양의 부동소수점 숫자여야 합니다. 값이 작을수록 정규화가 강해집니다. 우리는 기본값 1.0을 유지합니다

---

15 L1과 L2에 대한 자세한 정보는 'Differences Between L1 and L2 as Loss Function and Regularization' 포스트를 참조하십시오. http://www.chioka.in/differences-between-l1-and-l2-as-loss-function-and-regularization/

신용카드 거래 데이터셋은 매우 불균형한 상태입니다. 모든 케이스 284,807건 중 492건만 사기입니다. 우리는 머신러닝 알고리즘이 훈련할 때 포지티브 레이블 즉, 사기 거래 데이터에 더 집중해 학습하기를 원합니다. 전체 데이터셋에서 사기 거래 빈도가 너무 적기 때문입니다.

이 로지스틱 회귀 모델의 경우 클래스의 균형을 위해 class_weight를 설정합니다. 이는 우리의 데이터셋에 불균형 클래스 문제가 있다는 것을 로지스틱 회귀 알고리즘에 알려주는 신호입니다. 이로써 알고리즘은 훈련할 때 포지티브 레이블에 무게를 더 많이 두게 됩니다. 이 경우 가중치는 클래스 빈도에 반비례합니다. 알고리즘은 희귀한 포지티브 레이블(즉, 사기)에 더 높은 가중치를 할당하고 더 빈번한 네거티브 레이블(즉, 사기가 아님)에 더 낮은 가중치를 할당합니다.

random_state는 다른 사람들이 결과를 재현할 수 있도록 2018로 고정됐습니다. solver는 디폴트 값인 liblinear를 유지합니다[16].

모델 훈련시키기

이제 하이퍼파라미터가 설정됐으므로 훈련 데이터셋의 4/5는 모델 훈련에 사용하고 나머지 다섯 번째 데이터셋은 모델의 성능 평가에 사용해, 다섯 개의 k-겹 교차검증 분할 데이터셋 각각에 로지스틱 회귀 모델을 훈련시킬 겁니다.

이와 같이 훈련하고 평가할 때 훈련(즉, 원본 훈련 데이터셋의 4/5) 및 검증(즉, 원본 훈련 데이터셋의 1/5)을 위한 비용 함수(신용카드 거래 문제에 대한 로그 손실)를 계산합니다. 또한 다섯 개의 교차검증 데이터셋 각각에 예측 정보를 저장합니다. 이렇게 다섯 번째 실행이 끝나면 전체 훈련 데이터셋에 대한 예측 정보를 생성하게 됩니다.

```
trainingScores = []
cvScores = []
predictionsBasedOnKFolds = pd.DataFrame(data=[], index=y_train.index, columns=[0,1])

model = logReg
for train_index, cv_index in k_fold.split(np.zeros(len(X_train)), y_train.ravel()):
    X_train_fold, X_cv_fold = X_train.iloc[train_index,:], X_train.iloc[cv_index,:]
    y_train_fold, y_cv_fold = y_train.iloc[train_index], y_train.iloc[cv_index]
```

---

16 옮긴이_ solver 매개변수는 최적화에 사용되는 해 찾기 알고리즘을 지정합니다. Solver를 자세히 알고 싶으면 다음 웹 사이트를 방문하십시오. https://scikit-learn.org/stable/modules/generated/sklearn.linear_model.LogisticRegression.html

```
    model.fit(X_train_fold, y_train_fold)
    loglossTraining = log_loss(y_train_fold, model.predict_proba(X_train_fold)[:,1])
    trainingScores.append(loglossTraining)

    predictionsBasedOnKFolds.loc[X_cv_fold.index,:] =
        model.predict_proba(X_cv_fold)
    loglossCV = log_loss(y_cv_fold, predictionsBasedOnKFolds.loc[X_cv_fold.index,1])
    cvScores.append(loglossCV)

    print('Training Log Loss: ', loglossTraining)
    print('CV Log Loss: ', loglossCV)

loglossLogisticRegression = log_loss(y_train, predictionsBasedOnKFolds.loc[:,1])
print('Logistic Regression Log Loss: ', loglossLogisticRegression)
```

모델 결과 평가하기

다음 코드는 다섯 번 실행 각각에 대한 훈련 로그 손실 및 교차검증 로그 손실을 보여줍니다. 일반적으로(항상 그런 것은 아니지만) 훈련 로그 손실은 교차검증 로그 손실보다 작습니다. 머신러닝 알고리즘은 훈련 데이터셋에서 바로 학습했기 때문에 교차검증 데이터셋보다 훈련 데이터셋에서 성능(예: 로그 손실)이 더 좋아야 합니다. 교차검증 데이터셋에는 모델 훈련에서 사용하지 않은 데이터가 있다는 것을 잊지 마십시오.

```
Training Log Loss:      0.10080139188958696
CV Log Loss:            0.10490645274118293
Training Log Loss:      0.12098957040484648
CV Log Loss:            0.11634801169793386
Training Log Loss:      0.1074616029843435
CV Log Loss:            0.10845630232487576
Training Log Loss:      0.102228137039781758
CV Log Loss:            0.10321736161148198
Training Log Loss:      0.11476012373315266
CV Log Loss:            0.1160124452312548
```

다섯 번 실행 각각에 훈련 및 교차검증 로그 손실은 비슷하며, 로지스틱 회귀 모델은 심각한 과대 적합이 나타나지 않습니다. 과대 적합 현상이 나타나는 경우, 훈련 로그 손실은 낮고 교차검증 로그 손실은 상대적으로 더 높을 겁니다.

다섯 개의 교차검증 데이터셋 각각에 예측 정보를 저장했으므로 예측 정보를 하나의 데이터셋으로 결합할 수 있습니다. 이 하나의 데이터셋은 원본 훈련 데이터셋과 동일하며 이 전체 훈련 데이터셋에 대한 전체 로그 손실 정보를 계산할 수 있습니다. 이는 테스트 데이터셋에 적용했을 때 산출되는 로지스틱 회귀 모델의 로그 손실 정보에 대한 최적화된 추정값입니다.

```
Logistic Regression Log Loss: 0.10978811472134588
```

2.6 평가 지표

로그 손실은 머신러닝 모델의 성능을 추정하는 좋은 방법이지만 결과를 이해하기 위해서 더 직관적인 방법이 필요할 수 있습니다. 예를 들어, 훈련 데이터셋에 존재하는 사기 거래를 얼마나 많이 탐지했는가? 이것을 **재현율**recall이라고 합니다. 또는 로지스틱 회귀 모델에 의해 사기 거래로 예측된 거래 중 실제 사기 거래가 얼마나 많이 포함돼 있는가? 이것은 모델의 **정밀도**precision 라고 합니다.

더 직관적으로 결과를 파악하는 데 도움이 되는 다른 유사한 평가 지표를 살펴보겠습니다.

> **NOTE_** 유사한 평가 지표는 매우 중요합니다. 데이터 과학자가 로그 손실, 교차-엔트로피, 기타 비용 함수에 익숙하지 않은 비즈니스 담당자에게 결과를 직관적으로 설명할 수 있게 하기 때문입니다. 데이터 과학자가 아닌 사람에게 복잡한 결과를 가능한 한 쉽게 전달하는 능력은 응용 데이터 과학자의 필수 역량입니다.

2.6.1 오차 행렬

일반적인 분류 문제(클래스 불균형이 없는 경우)에서는 오차 행렬을 사용해 결과를 평가할 수 있습니다. 오차 행렬은 **참 양성**true positive, **참 음성**true negative, **거짓 양성**false positive, **거짓 음성**false negative의 개수를 요약한 표입니다(그림 2-3)[17].

		실제: 참	실제: 거짓
예측	참	참 양성	거짓 양성
예측	거짓	거짓 음성	참 음성

그림 2-3 오차 행렬

신용카드 거래 데이터셋이 매우 불균형하다는 점을 감안할 때 오차 행렬을 사용하는 것은 의미가 없습니다. 예를 들어, 모든 거래가 사기가 아니라고 예측하면 참 음성 284,315건, 거짓 음성 492건, 참 양성 0건, 거짓 양성 0건이 나옵니다. 이는 실제 사기 거래를 식별하는 데 정확도가 0%라는 의미입니다. 오차 행렬은 불균형 클래스 문제에서 이러한 차선의 결과를 포착하는 데는 적합하지 않습니다.

더 균형적인 클래스와 관련한 문제(즉, 참 양성의 수는 참 음성의 수와 거의 유사함)의 경우 오차 행렬이 간단하고 좋은 평가 지표가 될 수 있습니다. 우리는 불균형 클래스 문제에 좀 더 적합한 평가 지표를 찾아야 합니다.

17 참 양성은 예측과 실제 레이블이 모두 참인 경우입니다. 참 음성은 예측과 실제 레이블이 모두 거짓인 경우입니다. 거짓 양성이란 예측은 참이지만 실제 레이블이 거짓인 경우(오경보 또는 제1종 오류라고도 함)입니다. 거짓 음성이란 예측은 거짓이지만 실제 레이블이 참인 경우(누락 또는 제2종 오류라고도 함)입니다.

2.6.2 정밀도-재현율 곡선

불균형한 신용카드 거래 데이터셋 문제에서 결과를 평가하는 더 좋은 방법은 정밀도와 재현율을 사용하는 겁니다. 정밀도는 총 양성 예측 수 중에 포함된 참 양성의 수를 의미합니다. 즉, 모델에 의해 사기 거래로 예측된 거래 중 실제 사기 거래가 얼마나 많이 포함되는지를 나타냅니다.

> 정밀도 = 참 양성 / (참 양성 + 거짓 양성)

높은 정밀도는 모든 양성 예측 중에서 참 양성이 매우 많음을 의미합니다(즉, 거짓 양성 비율이 낮음).

재현율은 데이터셋에 존재하는 총 실제 양성 수 대비 참 양성 수입니다. 즉, 전체 실제 사기 거래 중 모델에 의해 탐지된 사기 거래가 얼마나 되는지를 나타냅니다[18].

> 재현율 = 참 양성 / (참 양성 + 거짓 음성)

높은 재현율은 모델이 대부분 실제 양성을 탐지했다는 것을 의미합니다(즉, 거짓 음성 비율이 낮음).

재현율은 높지만 정밀도가 낮은 솔루션은 실제 양성을 많이 잡아내지만 그와 동시에 오경보도 많습니다. 정밀도는 높지만 재현율이 낮은 솔루션은 이와 정반대입니다. 데이터셋의 모든 양성 중 일부만 탐지하지만 예측 결과는 대부분 정확합니다.

이러한 관점에서 우리의 솔루션이 정밀도는 높지만 재현율이 낮다면, 아주 적은 수의 사기 거래를 탐지하겠지만 예측한 대부분은 실제 사기 거래일 겁니다.

반대로 정밀도는 낮지만 재현율이 높으면 더 많은 거래를 사기 거래로 예측해서 결과적으로 더 많은 실제 사기 거래를 탐지하겠지만 예측한 대부분은 실제 사기 거래가 아닐 겁니다.

분명히 두 솔루션 모두 문제가 있습니다. 높은 정밀도-낮은 재현율의 경우 신용카드 회사는 사기로 돈을 많이 잃을 수 있지만 불필요하게 카드 거래를 거절해 고객에게 반감을 사지는 않을

---

18 재현율은 민감도(sensitivity) 또는 참 양성 비율(true positive rate)로 알려져 있습니다. 민감도와 연관된 개념은 특이도(specificity) 또는 참 음성 비율(true negative rate)입니다. 이는 데이터셋에 존재하는 총 실제 음성 수(the total number of total actual negatives) 대비 참 음성 수(the number of true negatives)로 정의됩니다.
특이도 = 참 음성 비율 = 참 음성 / (참 음성 + 거짓 양성).

겁니다. 낮은 정밀도-높은 재현율의 경우 신용카드 회사는 더 많은 사기를 탐지하겠지만 정상 거래를 불필요하게 거절하는 경우가 많아 고객을 화나게 할 겁니다.

최적의 솔루션은 실제로 사기 행위인 거래만 거절(즉, 높은 정밀도)하고 데이터셋에 존재하는 대부분 사기 행위(높은 재현율)를 탐지하도록 높은 정밀도와 높은 재현율을 가져야 합니다.

일반적으로 정밀도와 재현율 사이에는 **트레이드 오프**trade-off가 존재합니다. 이는 보통 양성인 케이스와 음성인 케이스를 분리하기 위해 알고리즘이 설정한 임곗값에 의해 결정됩니다. 이 예제에서 양성은 사기이고 음성은 사기가 아닙니다. 임곗값이 너무 높게 설정되면 양성으로 예측되는 경우가 거의 없으므로 정밀도는 높지만 재현율은 낮습니다. 임곗값이 낮아지면 더 많은 케이스가 양성으로 예측돼 일반적으로 정밀도가 감소하고 재현율이 증가합니다.

신용카드 거래 데이터셋 예제에서 임곗값을, 거래를 거절하는 머신러닝 모델의 민감도로 생각하십시오. 임곗값이 너무 높거나 엄격하면 모델은 거래를 거절하는 일이 적겠지만 거절한 거래는 사기 거래일 가능성이 매우 큽니다.

임곗값이 낮아지면(즉, 덜 엄격해지면) 모델은 거래를 거절하는 일이 더 많아 사기 거래를 더 많이 탐지하겠지만 동시에 불필요하게 정상 거래도 더 많이 거절합니다.

정밀도와 재현율 사이의 트레이드 오프를 나타낸 그래프를 **정밀도-재현율 곡선**이라고 합니다. 정밀도-재현율 곡선을 평가하기 위해, 각 임곗값에서의 정밀도에 대한 가중 평균으로 평균 정밀도를 계산할 수 있습니다. 평균 정밀도가 높을수록 더 좋은 솔루션입니다.

> **NOTE_** 임곗값의 선택은 매우 중요하며 일반적으로 비즈니스 의사 결정권자의 의견을 반영합니다. 데이터 과학자는 임곗값을 결정하기 위해 이러한 비즈니스 의사 결정권자에게 정밀도-재현율 곡선을 제시할 수 있습니다. 신용카드 거래 데이터셋 예제에서 핵심 질문은 고객 경험(즉, 정상 거래 거절 방지)과 사기 탐지(즉, 사기 거래 추적) 간 균형을 맞추는 겁니다. 비즈니스 전문가의 의견 수렴 없이 이에 대해 답변할 수는 없지만 최적의 정밀도-재현율 곡선으로 모델을 찾을 수는 있습니다. 그런 다음 비즈니스 의사 결정권자에게 이 모델을 제시해 적절한 임곗값을 설정할 수 있습니다.

2.6.3 수신자 조작 특성

또 다른 좋은 평가 지표는 **수신자 조작 특성 아래의 면적**[auRoC]입니다. **수신자 조작 특성**[ROC] **곡선**[19] Y축에 참 양성 비율을, X축에는 거짓 양성 비율을 표시합니다. 참 양성 비율은 민감도라고 할 수 있으며, 거짓 양성 비율은 1- 특이도라고 할 수 있습니다. 곡선이 그림의 왼쪽 위 모서리에 가까울수록 더 좋은 솔루션입니다. 절대 최적점 값은 (0.0, 1.0)입니다. 이는 0%의 거짓 양성 비율과 100% 참 양성 비율을 나타냅니다.

모델을 평가하기 위해서 곡선 아래의 면적을 계산할 수 있습니다. 수신자 조작 특성 아래의 면적이 클수록 좋은 모델입니다.

로지스틱 회귀 모델 평가하기

지금까지 일부 평가 지표를 살펴봤습니다. 이제 로지스틱 회귀 모델 결과를 더 잘 이해하기 위해 이 지표들을 사용하겠습니다.

먼저 정밀도-재현율 곡선을 그리고 평균 정밀도를 계산하겠습니다.

```python
preds = pd.concat([y_train, predictionsBasedOnKFolds.loc[:,1]], axis=1)
preds.columns = ['trueLabel','prediction']
predictionsBasedOnKFoldsLogisticRegression = preds.copy()
precision, recall, thresholds = precision_recall_curve(preds['trueLabel'],
                                                       preds['prediction'])

average_precision = average_precision_score(preds['trueLabel'], preds['prediction'])

plt.step(recall, precision, color='k', alpha=0.7, where='post')
plt.fill_between(recall, precision, step='post', alpha=0.3, color='k')

plt.xlabel('Recall')
plt.ylabel('Precision')
plt.ylim([0.0, 1.05])
plt.xlim([0.0, 1.0])

plt.title('Precision-Recall curve: Average Precision = {0:0.2f}'.format(
          average_precision))
```

---

19 옮긴이_ ROC(수신자 조작 특성 또는 반응자 작용 특성) 곡선은 일반적으로 이진 분류기에 대한 성능을 평가하는 기법입니다. 참 양성 비율(Y축, 민감성) 대 거짓 양성 비율(X축, 1-특이성)을 그래프로 나타냅니다. 신호 탐지 이론에서 가져온 개념으로 세계전쟁 당시 통신에서 사용한 용어(예: 리시버)를 사용합니다. https://en.wikipedia.org/wiki/Receiver_operating_characteristic

[그림 2-4]는 정밀도–재현율 곡선을 보여줍니다. 앞서 논의한 내용을 종합하면 약 70% 정밀도(즉, 모델이 사기라고 예측한 거래 중 70%는 실제 사기 거래이며, 나머지 30%는 정상 거래)와 약 80% 재현율(즉, 전체 실제 사기 거래의 80%를 탐지)을 달성했다는 것을 알 수 있습니다.

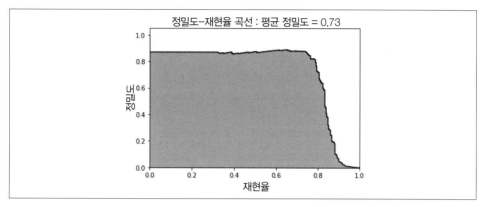

그림 2-4 로지스틱 회귀의 정밀도–재현율 곡선

이 로지스틱 회귀 모델의 평균 정밀도인 0.73을 계산해 정밀도–재현율 곡선을 하나의 숫자로 나타낼 수 있습니다. 하지만 아직은 이 모델과 비교할 만한 다른 모델이 없기 때문에 이 평균 정밀도 값이 좋은지 또는 나쁜지 판단할 수는 없습니다.

이제 수신자 조작 특성 아래의 면적을 측정하겠습니다.

```
fpr, tpr, thresholds = roc_curve(preds['trueLabel'], preds['prediction'])

areaUnderROC = auc(fpr, tpr)

plt.figure()
plt.plot(fpr, tpr, color='r', lw=2, label='ROC curve')
plt.plot([0, 1], [0, 1], color='k', lw=2, linestyle='--')
plt.xlim([0.0, 1.0])
plt.ylim([0.0, 1.05])
plt.xlabel('False Positive Rate')
plt.ylabel('True Positive Rate')
plt.title('Receiver operating characteristic:
          Area under the curve = {0:0.2f}'.format(areaUnderROC))
```

```
plt.legend(loc="lower right")
plt.show()
```

[그림 2-5]와 같이 **수신자 조작 특성 곡선 아래의 면적**auROC curve은 0.97입니다. 이 지표는 로지스틱 회귀 모델의 성능을 평가하는 또 다른 방법이며, 거짓 양성 비율은 가능한 한 낮게 유지하면서 얼마나 많은 사기를 탐지할 수 있는지 확인할 수 있습니다. 앞서 살펴본 평균 정밀도처럼 수신자 조작 특성 곡선 아래의 면적인 0.97이 좋은지 또는 나쁜지 아직은 알 수 없지만 다른 모델의 수신자 조작 특성 곡선 아래의 면적과 비교하면 알 수 있을 겁니다.

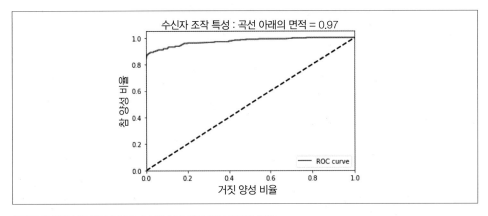

그림 2-5 로지스틱 회귀 모델의 수신자 조작 특성 곡선 아래의 면적

2.7 머신러닝 모델(2)

로지스틱 회귀 모델의 성능을 비교하기 위해 다른 지도 학습 알고리즘을 사용해 몇 가지 모델을 구축하겠습니다.

2.7.1 모델 #2: 랜덤 포레스트

먼저, 랜덤 포레스트 모델을 만들어보겠습니다. 로지스틱 회귀와 마찬가지로 하이퍼파라미터를 설정하고 모델을 훈련시킨 후 정밀도–재현율 곡선과 수신자 조작 특성 아래의 면적을 사용해 결과를 평가합니다.

하이퍼파라미터 설정하기

```
n_estimators = 10
max_features = 'auto'
max_depth = None
min_samples_split = 2
min_samples_leaf = 1
min_weight_fraction_leaf = 0.0
max_leaf_nodes = None
bootstrap = True
oob_score = False
n_jobs = -1
random_state = 2018
class_weight = 'balanced'

RFC = RandomForestClassifier(n_estimators=n_estimators,
        max_features=max_features, max_depth=max_depth,
        min_samples_split=min_samples_split, min_samples_leaf=min_samples_leaf,
        min_weight_fraction_leaf=min_weight_fraction_leaf,
        max_leaf_nodes=max_leaf_nodes, bootstrap=bootstrap,
        oob_score=oob_score, n_jobs=n_jobs, random_state=random_state,
        class_weight=class_weight)
```

우선 하이퍼파라미터는 기본값으로 설정하겠습니다. 추정기 수는 10입니다. 즉, 트리를 10개 만들고 이 10개 트리 결과의 평균을 냅니다. 각 트리 모델은 총 피처 수의 제곱근을 고려해 피처를 선택합니다(이 예제에서는 피처가 총 30개 있으므로 30의 제곱근에 내림을 적용하면 5개 피처).

max_depth를 none으로 설정하면 트리가 가능한 한 깊게 만들어지고 주어진 데이터셋subset of features을 가능한 한 많이 분할합니다. 로지스틱 회귀에서 수행한 것처럼 결과의 재현성을 위해 random_state를 2018로 설정하고, 불균형 데이터셋 문제를 해결하기 위해 class_weight는 balanced로 설정합니다.

모델 훈련시키기

훈련 데이터셋의 4/5를 가지고 모델을 훈련시키고 나머지 다섯 번째 데이터셋으로 예측함으로써 5번의 k-겹 교차검증을 실행합니다. 예측 정보는 매번 저장합니다.

```python
trainingScores = []
cvScores = []
predictionsBasedOnKFolds = pd.DataFrame(data=[], index=y_train.index, columns=[0,1])

model = RFC

for train_index, cv_index in k_fold.split(np.zeros(len(X_train)), y_train.ravel()):
    X_train_fold, X_cv_fold = X_train.iloc[train_index,:], X_train.iloc[cv_index,:]
    y_train_fold, y_cv_fold = y_train.iloc[train_index], y_train.iloc[cv_index]
    model.fit(X_train_fold, y_train_fold)
    loglossTraining = log_loss(y_train_fold, model.predict_proba(X_train_fold)[:,1])
    trainingScores.append(loglossTraining)

    predictionsBasedOnKFolds.loc[X_cv_fold.index,:] = \
        model.predict_proba(X_cv_fold)
    loglossCV = log_loss(y_cv_fold,
        predictionsBasedOnKFolds.loc[X_cv_fold.index,1])
    cvScores.append(loglossCV)

    print('Training Log Loss: ', loglossTraining)
    print('CV Log Loss: ', loglossCV)

loglossRandomForestsClassifier = log_loss(y_train,
                                    predictionsBasedOnKFolds.loc[:,1])
print('Random Forests Log Loss: ', loglossRandomForestsClassifier)
```

모델 결과 평가하기

훈련 및 교차검증 로그 손실 결과는 다음과 같습니다.

```
Training Log Loss:    0.0003951763883952557
CV Log Loss:          0.014479198936303003
Training Log Loss:    0.0004501221178398935
CV Log Loss:          0.005712702421375242
Training Log Loss:    0.00043128813023860164
CV Log Loss:          0.00908372752510077
```

```
Training Log Loss:        0.0004341676022058672
CV Log Loss:              0.013491161736979267
Training Log Loss:        0.0004275530435950083
CV Log Loss:              0.009963232439211515
```

로그 손실 결과를 보면, 훈련에 대한 로그 손실이 교차검증에 대한 로그 손실보다 상당히 작습니다. 이는 하이퍼파라미터를 대부분 기본값으로 사용하는 랜덤 포레스트 분류기가 훈련 데이터셋에 다소 과대 적합한다는 뜻입니다.

다음은 훈련 데이터셋 전체의 로그 손실을 보여줍니다(교차검증 예측을 사용함).

```
Random Forests Log Loss: 0.010546004611793962
```

랜덤 포레스트 모델은 훈련 데이터에는 다소 과대 적합하지만 검증 데이터에 대한 로그 손실이 이전 모델인 로지스틱 회귀 모델 대비 약 1/10 수준으로 성능이 크게 개선됐습니다. 즉, 랜덤 포레스트 모델이 신용카드 거래에서 사기 거래를 더 정확하게 탐지합니다.

[그림 2-6]은 랜덤 포레스트의 정밀도-재현율 곡선을 보여줍니다. 곡선에서 알 수 있듯이 이 모델은 약 80%의 정밀도로 전체 실제 사기 거래의 약 80%를 탐지할 수 있습니다. 이는 약 70%의 정밀도로 전체 실제 사기 거래의 약 80%를 탐지하는 로지스틱 회귀 모델보다 더 인상적입니다!

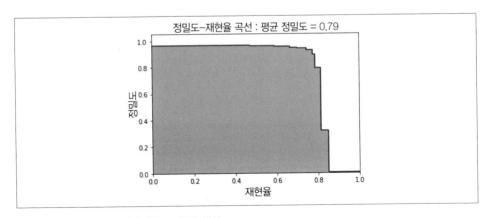

그림 2-6 랜덤 포레스트 모델의 정밀도-재현율 곡선

랜덤 포레스트 모델의 평균 정밀도는 0.79이며, 이는 로지스틱 회귀 모델의 평균 정밀도인 0.73에 비해 분명히 개선된 수치입니다. 그러나 [그림 2-7]에 표시된 수신자 조작 특성 아래의 면적은 조금 나빠졌습니다. 랜덤 포레스트 모델은 0.93이고 로지스틱 회귀 모델은 0.97입니다.

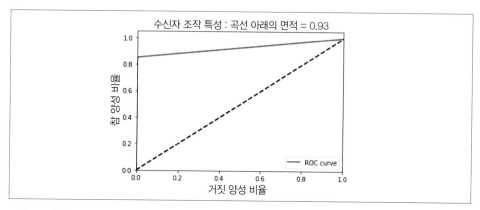

그림 2-7 랜덤 포레스트 모델의 수신자 조작 특성 곡선 아래의 면적

2.7.2 모델 #3: 그레이디언트 부스팅 머신(XGBoost)

이제 그레이디언트 부스팅을 사용해 모델을 훈련시키고 결과를 평가해봅시다. 그레이디언트 부스팅은 두 가지 버전이 있습니다. 하나는 XGBoost이고 다른 하나는 LightGBM입니다. LightGBM는 마이크로소프트가 개발한 것으로 매우 빠른 버전입니다.

XGBoost부터 시작해서 각 알고리즘을 사용해 모델을 구축하겠습니다[20].

하이퍼파라미터 설정하기

우선 이진 분류 문제로 설정하고 비용 함수로 로그 손실을 사용합니다. 각 트리의 최대 깊이는 기본값 6으로 설정하고 학습률[21]은 기본값 0.3으로 설정합니다. 그리고 각 트리는 모든 관측치

---

20 XGBoost 그레이디언트 부스팅를 더 알아보려면 GitHub 리포지터리를 참조하십시오. https://github.com/dmlc/xgboost

21 옮긴이_ 학습률은 최적화 알고리즘의 매개변수이며. 작은 값을 가지면 더 견고한 모델이 만들어 질 수 있지만 수행시간이 오래 걸립니다. 큰 값을 가지면 수행시간은 짧지만 최적 해를 찾지 못할 수도 있습니다. https://en.wikipedia.org/wiki/Learning_rate

와 모든 피처를 사용합니다. 여기까지가 기본 설정입니다. 또한, 결과의 재현성을 보장하기 위해 랜덤 상태를 2018로 설정합니다.

```
params_xGB = {
    'nthread': 16, # 코어 수
    'learning rate': 0.3, # 범위(0~1), 디폴트 값 0.3
    'gamma': 0, # 범위(0~무한대), 디폴트 값 0
        # gamma 값이 높으면 복잡성 감소(편향 증가, 분산 감소)
    'max_depth': 6, # 범위(1~무한대), 디폴트 값 6
    'min_child_weight': 1, # 범위(0~무한대), 디폴트 값 1
    'max_delta_step': 0, # 범위(0~무한대), 디폴트 값 0
    'subsample': 1.0, # 범위(0~1), 디폴트 값 1
        # (개별 트리 모델에서 사용할) 훈련 데이터의 비율
    'colsample_bytree': 1.0, # 범위(0~1), 디폴트 값 1
        # (개별 트리 모델에서 사용할) 피처의 비율
    'objective': 'binary:logistic',
    'num_class': 1,
    'eval_metric': 'logloss',
    'seed': 2018,
    'silent': 1
}
```

모델 훈련시키기

이전과 마찬가지로 k-겹 교차검증을 사용해 훈련 데이터셋의 4/5를 가지고 모델을 훈련시키고 나머지 다섯 번째 데이터셋으로 예측하는 과정을 모두 다섯 번 수행합니다.

다섯 번의 실행 각각에 대해 그레이디언트 부스팅 모델은 최대 2천 라운드로 훈련되며 교차검증 로그 손실이 감소하는지를 평가합니다. 교차검증 로그 손실이 더 이상 개선(이전 200라운드 동안)되지 않으면 과대 적합을 피하기 위해 훈련이 중단됩니다. 훈련 결과는 내용이 많아서 이 책에는 수록하지 않습니다(깃허브에서 관련 코드를 확인할 수 있습니다).

```
trainingScores = []
cvScores = []
predictionsBasedOnKFolds = pd.DataFrame(data=[],
                            index=y_train.index, columns=['prediction'])

for train_index, cv_index in k_fold.split(np.zeros(len(X_train)), y_train.ravel()):
```

```
        X_train_fold, X_cv_fold = X_train.iloc[train_index,:], X_train.iloc[cv_index,:]
        y_train_fold, y_cv_fold = y_train.iloc[train_index], y_train.iloc[cv_index]
        dtrain = xgb.DMatrix(data=X_train_fold, label=y_train_fold)
        dCV = xgb.DMatrix(data=X_cv_fold)

        bst = xgb.cv(params_xGB, dtrain, num_boost_round=2000,
                    nfold=5, early_stopping_rounds=200, verbose_eval=50)

        best_rounds = np.argmin(bst['test-logloss-mean'])
        bst = xgb.train(params_xGB, dtrain, best_rounds)

        loglossTraining = log_loss(y_train_fold, bst.predict(dtrain))
        trainingScores.append(loglossTraining)

        predictionsBasedOnKFolds.loc[X_cv_fold.index,'prediction'] =
            bst.predict(dCV)
        loglossCV = log_loss(y_cv_fold,
            predictionsBasedOnKFolds.loc[X_cv_fold.index,'prediction'])
        cvScores.append(loglossCV)

        print('Training Log Loss: ', loglossTraining)
        print('CV Log Loss: ', loglossCV)

loglossXGBoostGradientBoosting =
    log_loss(y_train, predictionsBasedOnKFolds.loc[:,'prediction'])
print('XGBoost Gradient Boosting Log Loss: ', loglossXGBoostGradientBoosting)
```

모델 결과 평가하기

다음 결과에서 볼 수 있듯이 교차검증 예측을 사용한 전체 훈련 데이터셋의 로그 손실은 랜덤 포레스트 모델의 1/5 정도이고 로지스틱 회귀 모델의 1/50 정도입니다. 이는 이전 두 모델에 비해 상당히 개선된 결과입니다.

```
XGBoost Gradient Boosting Log Loss: 0.0029566906288156715
```

[그림 2-8]에서 볼 수 있듯이 그레이디언트 부스팅 모델의 평균 정밀도는 0.82로, 랜덤 포레스트 모델의 정밀도인 0.79와는 조금 차이나는 수준이지만 로지스틱 회귀 모델의 정밀도인 0.73보다는 상당히 우수합니다.

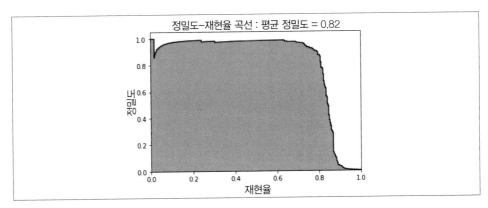

그림 2-8 XGBoost 그레이디언트 부스팅의 정밀도–재현율 곡선

[그림 2–9]에서 볼 수 있듯이 수신자 조작 특성 곡선 아래의 면적은 0.97로, 로지스틱 회귀 모델(0.97)과 동일하며 랜덤 포레스트 모델(0.93)보다는 개선됐습니다. 현재까지 그레이디언트 부스팅 모델이 로그 손실, 정밀도–재현율 곡선, 수신자 조작 특성 아래의 면적을 기준으로 세 모델 중 가장 좋습니다.

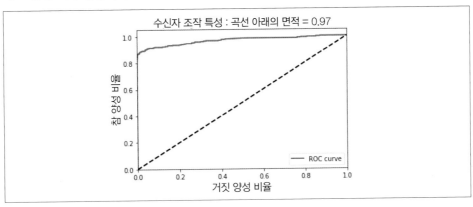

그림 2-9 XGBoost 그레이디언트 부스팅의 수신자 조작 특성 곡선 아래의 면적

2.7.3 모델 #4: 그레이디언트 부스팅 머신(LightGBM)

이제 LightGBM으로 알려진 그레이디언트 부스팅의 다른 버전을 사용해봅시다[22].

하이퍼파라미터 설정하기

우선 이진 분류 문제로 설정하고 비용 함수로 로그 손실을 사용합니다. 각 트리의 최대 깊이는 4로 설정하고 학습률은 0.01을 사용합니다. 그리고 각 트리는 모든 샘플과 모든 피처를 사용합니다. 여기까지가 기본 설정입니다. 하나의 트리당 잎의 개수는 기본값(31)을 사용하고 결과의 재현성을 보장하기 위해 랜덤 상태를 설정합니다.

```
params_lightGB = {
    'task': 'train',
    'application':'binary',
    'num_class':1,
    'boosting': 'gbdt',
    'objective': 'binary',
    'metric': 'binary_logloss',
    'metric_freq':50,
    'is_training_metric':False,
    'max_depth':4,
    'num_leaves': 31,
    'learning_rate': 0.01,
    'feature_fraction': 1.0,
    'bagging_fraction': 1.0,
    'bagging_freq': 0,
    'bagging_seed': 2018,
    'verbose': 0,
    'num_threads':16
}
```

모델 훈련시키기

이전과 마찬가지로 k-겹 교차검증을 사용하고 이 과정을 다섯 번 반복해 검증 데이터셋에 대한 예측 정보를 매번 저장합니다.

---

22 마이크로소프트사의 LightGBM 그레이디언트 부스팅을 더 알고 싶으면 다음 링크를 참조하십시오.
https://github.com/Microsoft/LightGBM

```
trainingScores = []
cvScores = []
predictionsBasedOnKFolds = pd.DataFrame(data=[],
                            index=y_train.index, columns=['prediction'])

for train_index, cv_index in k_fold.split(np.zeros(len(X_train)), y_train.ravel()):
    X_train_fold, X_cv_fold = X_train.iloc[train_index,:], X_train.iloc[cv_index,:]
    y_train_fold, y_cv_fold = y_train.iloc[train_index], y_train.iloc[cv_index]

    lgb_train = lgb.Dataset(X_train_fold, y_train_fold)
    lgb_eval = lgb.Dataset(X_cv_fold, y_cv_fold, reference=lgb_train)
    gbm = lgb.train(params_lightGB, lgb_train, num_boost_round=2000,
                    valid_sets=lgb_eval, early_stopping_rounds=200)

    loglossTraining = log_loss(y_train_fold,
        gbm.predict(X_train_fold, num_iteration=gbm.best_iteration))
    trainingScores.append(loglossTraining)

    predictionsBasedOnKFolds.loc[X_cv_fold.index,'prediction'] =
        gbm.predict(X_cv_fold, num_iteration=gbm.best_iteration)
    loglossCV = log_loss(y_cv_fold,
        predictionsBasedOnKFolds.loc[X_cv_fold.index,'prediction'])
    cvScores.append(loglossCV)

    print('Training Log Loss: ', loglossTraining)
    print('CV Log Loss: ', loglossCV)

loglossLightGBMGradientBoosting =
    log_loss(y_train, predictionsBasedOnKFolds.loc[:,'prediction'])
print('LightGBM gradient boosting Log Loss: ', loglossLightGBMGradientBoosting)
```

그레이디언트 부스팅 모델은 다섯 번 실행 각각에 최대 2천 라운드로 훈련하며 교차검증 로그
손실이 감소하는지를 평가합니다. 교차검증 로그 손실이 더 이상 개선(이전 200라운드 동안)
되지 않으면 과대 적합을 피하기 위해 훈련이 중단됩니다. 훈련 결과는 내용이 많아서 이 책에
는 수록하지 않습니다(깃허브에서 관련 코드를 확인할 수 있습니다).

모델 결과 평가하기

나음 결과에서 볼 수 있듯이 교차검증 예측을 사용한 전체 훈련 데이터셋의 로그 손실은 XGBoost 모델의 로그 손실과 유사하며 랜덤 포레스트 모델의 1/5, 로지스틱 회귀 모델의 1/50 수준입니다. 그러나 수행 속도 관점에서 XGBoost와 비교하면 LightGBM이 훨씬 더 빠릅니다.

```
LightGBM Gradient Boosting Log Loss: 0.0029732268054261826
```

[그림 2-10]에서 볼 수 있듯이 LightGBM 모델의 평균 정밀도는 0.82로, XGBoost(0.82)와 같고 랜덤 포레스트(0.79)보다 우수하며 로지스틱 회귀(0.73)보다는 훨씬 더 우수합니다.

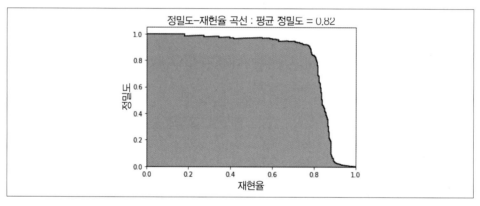

그림 2-10 LightGBM 그레이디언트 부스팅의 정밀도–재현율 곡선

[그림 2–11]에서 볼 수 있듯이 수신자 조작 특성 곡선 아래의 면적은 0.98로, XGBoost (0.97), 로지스틱 회귀(0.97), 랜덤 포레스트(0.93)보다 개선됐습니다.

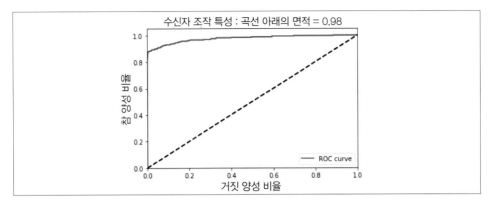

그림 2-11 LightGBM 그레이디언트 부스팅의 수신자 조작 특성 곡선 아래의 면적

2.8 테스트 데이터셋으로 4가지 모델 평가하기

지금까지 우리는 다음의 머신러닝 단계들을 수행하는 방법을 살펴봤습니다.

- 머신러닝 프로젝트를 위한 환경 설정하기
- 데이터 획득, 적재, 탐색, 정제, 시각화하기
- 데이터셋을 훈련 및 테스트 데이터셋으로 분할하고 k-겹 교차검증 데이터셋 설정하기
- 적절한 비용 함수 선택하기
- 하이퍼파라미터 설정과 훈련 및 교차검증 수행하기
- 모델 결과 평가하기

머신러닝 솔루션의 결과를 개선하고 과소 적합/과대 적합을 해결하기 위해 **하이퍼파라미터**(하이퍼파라미터 **파인튜닝**(fine-tuning)[23]이라고 알려진 프로세스)를 조정하는 방법을 살펴보지 않았지만 깃허브 코드(https://github.com/francis-kang/handson-unsupervised-learning)를 통해 이러한 실험을 매우 쉽게 수행할 수 있습니다.

이 예제에서는 이러한 파인튜닝 없이도 결과는 꽤 명확합니다. 우리가 수행한 훈련 및 k-겹 교차검증을 기반으로, 최고의 머신러닝 솔루션은 LightGBM 그레이디언트 부스팅 모델이고 그

---

23 옮긴이_ 파인튜닝은 모델 파라미터를 미세하게 조정하는 프로세스입니다.

다음은 약간의 차이로 XGBoost 모델입니다. 랜덤 포레스트 모델과 로지스틱 회귀 모델은 더 나쁜 결과를 보여줍니다.

4가지 모델을 대상으로 각각 최종 평가하기 위해 테스트 데이터셋을 사용합니다.

각 모델별 훈련 모델을 사용해 테스트 데이터셋을 대상으로 사기 확률을 예측합니다. 그런 다음 모델에서 예측한 사기 확률을 실제 사기 레이블과 비교해 각 모델의 로그 손실을 계산합니다.

```
predictionsTestSetLogisticRegression =
    pd.DataFrame(data=[], index=y_test.index, columns=['prediction'])
predictionsTestSetLogisticRegression.loc[:,'prediction'] =
    logReg.predict_proba(X_test)[:,1]
logLossTestSetLogisticRegression =
    log_loss(y_test, predictionsTestSetLogisticRegression)

predictionsTestSetRandomForests =
    pd.DataFrame(data=[], index=y_test.index, columns=['prediction'])
predictionsTestSetRandomForests.loc[:,'prediction'] =
    RFC.predict_proba(X_test)[:,1]
logLossTestSetRandomForests =
    log_loss(y_test, predictionsTestSetRandomForests)

predictionsTestSetXGBoostGradientBoosting =
    pd.DataFrame(data=[], index=y_test.index, columns=['prediction'])
dtest = xgb.DMatrix(data=X_test)
predictionsTestSetXGBoostGradientBoosting.loc[:,'prediction'] =
    bst.predict(dtest)
logLossTestSetXGBoostGradientBoosting =
    log_loss(y_test, predictionsTestSetXGBoostGradientBoosting)

predictionsTestSetLightGBMGradientBoosting =
    pd.DataFrame(data=[], index=y_test.index, columns=['prediction'])
predictionsTestSetLightGBMGradientBoosting.loc[:,'prediction'] =
    gbm.predict(X_test, num_iteration=gbm.best_iteration)
logLossTestSetLightGBMGradientBoosting =
    log_loss(y_test, predictionsTestSetLightGBMGradientBoosting)
```

로그 손실 결과는 큰 변화가 없습니다. 테스트 데이터셋에서 로그 손실이 가장 낮은 모델은 LightGBM 그레이디언트 부스팅이고 나머지는 다음과 같습니다.

```
Log Loss of Logistic Regression on Test Set: 0.123732961313
Log Loss of Random Forests on Test Set: 0.00918192757674
Log Loss of XGBoost Gradient Boosting on Test Set: 0.00249116807943
Log Loss of LightGBM Gradient Boosting on Test Set: 0.002376320092424
```

[그림 2-12] ~ [그림 2-19]는 네 모델 모두에 대한 정밀도-재현율 곡선, 평균 정밀도, 수신자 조작 특성 곡선 아래의 면적이며 위 결과를 뒷받침합니다.

로지스틱 회귀 분석

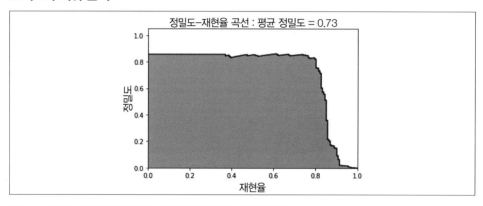

그림 2-12 로지스틱 회귀 모델의 테스트 데이터셋 정밀도-재현율 곡선

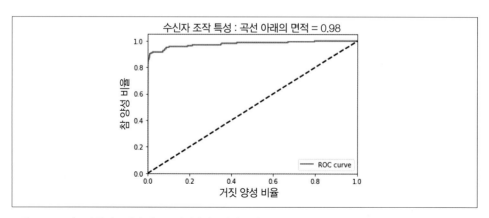

그림 2-13 로지스틱 회귀 모델의 테스트 데이터셋 수신자 조작 특성 곡선 아래의 면적

랜덤 포레스트

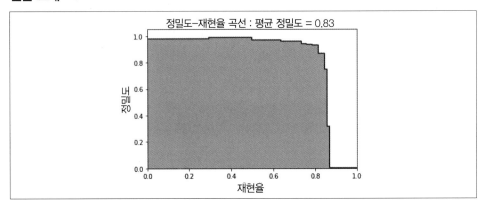

그림 2-14 랜덤 포레스트 모델의 테스트 데이터셋 정밀도–재현율 곡선

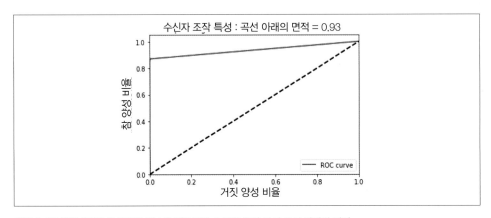

그림 2-15 랜덤 포레스트 모델의 테스트 데이터셋 수신자 조작 특성 곡선 아래의 면적

XGBoost 그레이디언트 부스팅

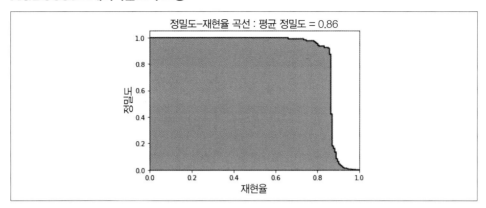

그림 2-16 XGBoost 그레이디언트 부스팅 모델의 테스트 데이터셋 정밀도-재현율 곡선

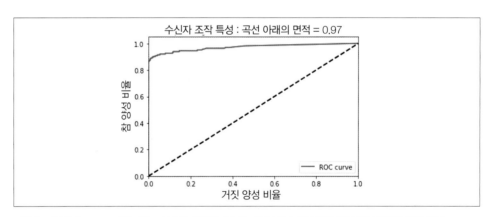

그림 2-17 XGBoost 그레이디언트 부스팅 모델의 테스트 데이터셋 수신자 조작 특성 곡선 아래의 면적 곡선

LightGBM 그레이디언트 부스팅

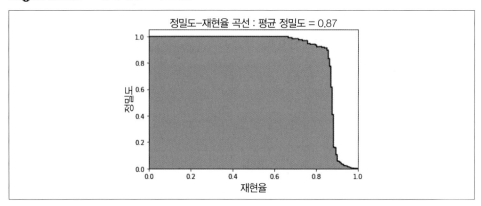

그림 2-18 LightGBM 그레이디언트 부스팅 모델의 테스트 데이터셋 정밀도–재현율 곡선

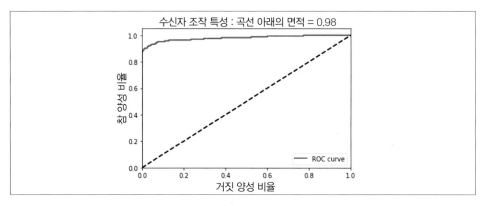

그림 2-19 LightGBM 그레이디언트 부스팅 모델의 테스트 데이터셋 수신자 조작 특성 곡선 아래의 면적

LightGBM 그레이디언트 부스팅 모델의 결과가 인상적입니다. 이 모델은 정밀도 약 90%로 실제 사기 거래의 80% 이상을 탐지합니다(즉, LightGBM 모델은 전체 사기 거래의 80%를 탐지하며, 잘못 탐지하는 경우는 10%에 불과합니다).

데이터셋에 사기 거래 케이스가 매우 적었다는 점을 감안하면 이는 큰 성과입니다.

2.9 앙상블

프로덕션에 사용하기 위해 우리가 개발한 여러 머신러닝 솔루션 중 하나만 선택하는 대신 앙상블 모델을 통해 사기 탐지율 개선이 가능한지 평가할 수 있습니다[24].

일반적으로 서로 다른 머신러닝 알고리즘 계열(랜덤 포레스트와 신경망처럼)에서 성능이 비슷하고 강력한 솔루션이 있다면 이 솔루션들의 앙상블은 독립형 솔루션[25] 중 그 어떤 것보다 더 나은 결과를 얻을 수 있습니다. 이는 각 독립형 솔루션이 서로 다른 강점과 약점을 가지고 있기 때문입니다. 독립형 솔루션을 앙상블에 함께 포함시킴으로써 일부 모델의 강점은 다른 모델의 약점을 보완하고 그 반대의 경우도 마찬가지입니다.

하지만 중요한 주의 사항이 있습니다. 독립형 솔루션들의 성능이 비슷하게 강력한 경우 앙상블은 그 어떤 독립형 솔루션보다 성능이 좋습니다. 그러나 솔루션 중 하나가 다른 솔루션보다 훨씬 성능이 좋다면 앙상블의 성능은 가장 성능이 좋은 독립형 솔루션의 성능과 동일합니다. 수준 이하 성능의 솔루션은 앙상블의 성능에 아무런 기여도 할 수 없습니다.

또한, 독립형 솔루션들은 상대적으로 상관관계가 없어야 합니다. 만약 상관관계가 매우 높다면 한 솔루션의 강점이 나머지 솔루션의 장점에 반영될 거고 약점도 마찬가지일 겁니다. 이 경우, 앙상블을 통한 다양화로부터 얻는 혜택이 적을 겁니다.

2.9.1 스태킹

우리 예제에서 두 모델(LightGBM 그레이디언트 부스팅, XGBoost 그레이디언트 부스팅)은 다른 모델(랜덤 포레스트 및 로지스틱 회귀)보다 훨씬 강력합니다. 그러나 가장 강력한 이 두 모델은 동일한 계열입니다. 즉, 강점과 약점 모두 서로 높은 상관관계가 있음을 의미합니다.

스태킹(앙상블의 한 형태)을 사용해 이전의 독립형 모델에 비해 성능을 더 향상시킬 수 있는지

---

24 앙상블 학습에 대한 더 자세한 내용은 다음 세 링크를 참고하십시오.
  Kaggle Ensembling Guide(https://mlwave.com/kaggle-ensembling-guide)
  Introduction to Ensembling/Stacking in Python(https://www.kaggle.com/arthurtok/introduction-to-ensembling-stacking-in-python)
  A Kaggler's Guide to Model Stacking in Practice(http://blog.kaggle.com/2016/12/27/a-kagglers-guide-to-model-stacking-in-practice)
25 옮긴이_ 여기서 독립형 솔루션이란 앞의 예제에서 사용한 로지스틱 회귀, 랜덤 포레스트, Xgboost 그레이디언트 부스팅, LightGBM 그레이디언트 부스팅 모델 각각을 의미합니다.

결정할 수 있습니다. 스태킹할 때, 우선 k-겹 교차검증으로부터 4개의 독립형 모델 각각의 예측 결과 정보(첫 번째 예측 레이어^{layer one predictions}라고 함)를 가져와서 원본 훈련 데이터셋에 추가합니다. 그런 다음 k-겹 교차검증을 사용해 이 원본 피처와 첫 번째 예측 레이어 데이터셋을 훈련시킵니다.

이렇게 하면 k-겹 교차검증의 새로운 예측 정보가 생성되며 이를 두 번째 예측 레이어라고 부르고, 이를 통해 독립형 모델에 비해 성능이 향상됐는지 확인할 수 있습니다.

첫 번째 예측 레이어와 원본 훈련 데이터셋 결합하기

먼저, 우리가 구축한 네 머신러닝 모델 각각에 대한 예측 정보를 원본 훈련 데이터셋과 결합하겠습니다.

```
predictionsBasedOnKFoldsFourModels = pd.DataFrame(data=[], index=y_train.index)
predictionsBasedOnKFoldsFourModels = predictionsBasedOnKFoldsFourModels.join(
    predictionsBasedOnKFoldsLogisticRegression['prediction'].astype(float),
    how='left').join(predictionsBasedOnKFoldsRandomForests['prediction']
        .astype(float), how='left', rsuffix="2").join(
    predictionsBasedOnKFoldsXGBoostGradientBoosting['prediction']
        .astype(float), how='left', rsuffix="3").join(
    predictionsBasedOnKFoldsLightGBMGradientBoosting['prediction']
        .astype(float), how='left', rsuffix="4")
predictionsBasedOnKFoldsFourModels.columns =
    ['predsLR', 'predsRF', 'predsXGB', 'predsLightGBM']

X_trainWithPredictions =
    X_train.merge(predictionsBasedOnKFoldsFourModels,
        left_index=True, right_index=True)
```

하이퍼파라미터 설정하기

이제 우리는 LightGBM 그레이디언트 부스팅(이전 예제에서 성능이 가장 우수한 머신러닝 알고리즘)을 사용해 이 원본 피처와 첫 번째 예측 레이어 데이터셋을 훈련시킬 겁니다. 하이퍼파라미터는 이전과 동일하게 유지됩니다.

```
params_lightGB = {
    'task': 'train',
    'application':'binary',
    'num_class':1,
    'boosting': 'gbdt',
    'objective': 'binary',
    'metric': 'binary_logloss',
    'metric_freq':50,
    'is_training_metric':False,
    'max_depth':4,
    'num_leaves': 31,
    'learning_rate': 0.01,
    'feature_fraction': 1.0,
    'bagging_fraction': 1.0,
    'bagging_freq': 0,
    'bagging_seed': 2018,
    'verbose': 0,
    'num_threads':16
}
```

모델 훈련시키기

이전과 마찬가지로 k-겹 교차검증을 사용하고 다섯 개의 서로 다른 교차검증 데이터셋에 대해 사기 확률을 생성합니다.

```
trainingScores = []
cvScores = []
predictionsBasedOnKFoldsEnsemble =
    pd.DataFrame(data=[], index=y_train.index, columns=['prediction'])

for train_index, cv_index in k_fold.split(np.zeros(len(X_train)), y_train.ravel()):
    X_train_fold, X_cv_fold =
        X_trainWithPredictions.iloc[train_index,:],
        X_trainWithPredictions.iloc[cv_index,:]
    y_train_fold, y_cv_fold = y_train.iloc[train_index], y_train.iloc[cv_index]

    lgb_train = lgb.Dataset(X_train_fold, y_train_fold)
    lgb_eval = lgb.Dataset(X_cv_fold, y_cv_fold, reference=lgb_train)
    gbm = lgb.train(params_lightGB, lgb_train, num_boost_round=2000,
                    valid_sets=lgb_eval, early_stopping_rounds=200)
```

```
        loglossTraining = log_loss(y_train_fold,
            gbm.predict(X_train_fold, num_iteration=gbm.best_iteration))
        trainingScores.append(loglossTraining)

        predictionsBasedOnKFoldsEnsemble.loc[X_cv_fold.index,'prediction'] =
            gbm.predict(X_cv_fold, num_iteration=gbm.best_iteration)
        loglossCV = log_loss(y_cv_fold,
            predictionsBasedOnKFoldsEnsemble.loc[X_cv_fold.index,'prediction'])
        cvScores.append(loglossCV)

        print('Training Log Loss: ', loglossTraining)
        print('CV Log Loss: ', loglossCV)

loglossEnsemble = log_loss(y_train,
    predictionsBasedOnKFoldsEnsemble.loc[:,'prediction'])
print('Ensemble Log Loss: ', loglossEnsemble)
```

모델 결과 평가하기

다음 결과를 보면 모델 성능이 개선됐다고 볼 수 없습니다. 앙상블 모델의 로그 손실은 독립형 그레이디언트 부스팅 모델의 로그 손실과 매우 유사합니다. 가장 성능이 좋은 독립형 솔루션이 동일한 계열(그레이디언트 부스팅)이기 때문에 결과가 개선되지 않았습니다. 이 두 모델은 사기를 탐지하는 장점과 약점이 서로 높은 상관관계가 있습니다. 따라서 모델 다양화를 통한 이점은 없습니다.

```
Ensemble Log Loss: 0.002885415974220497
```

[그림 2-20]과 [그림 2-21]에서 볼 수 있듯이 정밀도-재현율 곡선, 평균 정밀도 및 수신자 조작 특성 곡선 아래의 면적 또한 성능 개선이 없음을 뒷받침합니다.

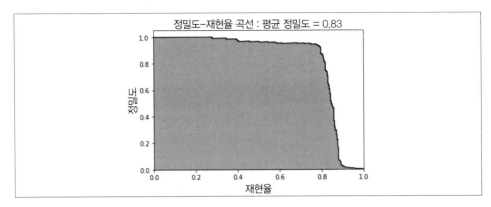

그림 2-20 앙상블의 정밀도-재현율 곡선

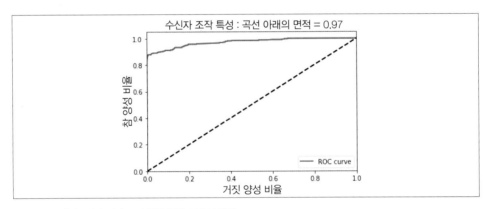

그림 2-21 앙상블의 수신자 조작 특성 곡선 아래의 면적

2.10 최종 모델 선택하기

앙상블을 시도해봤으나 성능이 개선되지 않았습니다. 또한, 우리는 독립형 LightGBM 그레이디언트 부스팅 모델의 단순함을 선호하기 때문에 이것을 프로덕션에 사용할 겁니다.

새롭게 들어오는 거래를 위한 파이프라인을 만들기 전에 LightGBM 모델이 테스트 데이터셋에서 사기 거래와 정상 거래를 얼마나 잘 분류하는지 시각화하겠습니다.

[그림 2-22]에서 x축은 예측 확률입니다. 그래프를 보면 이 모델은 실제 사기 거래에 합리적으로 적절하게 높은 확률(즉, 사기 거래일 가능성이 높음)을 할당합니다. 반대로, 모델은 정상 거래에 일반적으로 낮은 확률을 할당합니다. 간간이 모델은 실제 사기 케이스에 낮은 확률을 할당하고 사기가 아닌 경우에는 높은 확률을 할당하기도 합니다.

전반적으로 결과는 상당히 인상적입니다.

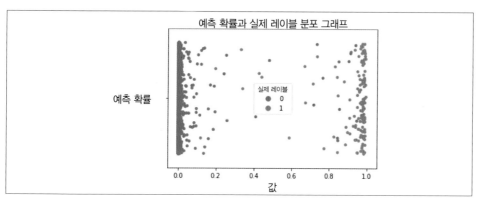

그림 2-22 예측 확률과 실제 레이블 분포 그래프

2.11 프로덕션 파이프라인

이제 프로덕션을 위한 모델을 선택했으므로 새로 들어오는 데이터에 대해 세 단계를 수행하는 간단한 파이프라인을 설계하겠습니다. 즉, 데이터를 로드하고 피처를 확장하고 프로덕션 환경에서 사용하기 위해 우리가 이미 훈련시키고 선택한 LightGBM 모델을 사용한 예측 정보를 생성합니다.

```
'''새로운 데이터를 위한 파이프라인'''
# 첫 번째, 'newData'라는 데이터 프레임에 새로운 데이터 불러오기
# 두 번째, 데이터 스케일링하기
# newData.loc[:, featuresToScale] = sX.transform(newData[featuresToScale])
# 세 번째, LightGBM을 사용해서 예측하기
# gbm.predict(newData, num_iteration=gbm.best_iteration)
```

일단 예측 정보가 생성되면 분석가는 사기 거래로 의심되는 예측 확률이 가장 높은 거래에 대응(즉, 추가 조사)하고 해당 목록을 작성할 수 있습니다. 만약 자동화가 목표인 경우라면, 분석가는 사기 예측 확률이 특정 임곗값을 초과하는 거래를 자동으로 거절하는 시스템을 사용할 수 있습니다.

예를 들어 [그림 2-13]에 따라 0.90 이상의 예측 확률로 거래를 자동으로 거절하면 사기가 아닌 케이스는 거절하지 않고 사기가 발생할 가능성이 거의 확실한 케이스를 거절합니다.

2.12 마치며

축하합니다! 지도 학습을 사용해 신용카드 사기 탐지 시스템을 구축했습니다.

지금까지 우리는 머신러닝 프로젝트 환경을 설정하고 데이터를 획득 및 준비해 여러 모델을 훈련 및 평가했으며 프로덕션을 위한 최종 모델을 선택하고 새로운 거래를 위한 파이프라인을 설계했습니다. 그 결과, 응용 머신러닝 솔루션을 성공적으로 만들었습니다.

이제 우리는 비지도 학습 모델을 사용해 응용 머신러닝 솔루션을 개발하기 위해 동일한 실습 방법을 사용할 겁니다.

> **NOTE_** 사기 패턴은 시간이 흐를수록 변경되기 때문에 이 솔루션은 시간이 지나면 재훈련해야 합니다. 또한 그레이디언트 부스팅뿐만 아니라 다른 머신러닝 계열의 다양한 알고리즘을 찾아서 앙상블에 포함시켜 사기 탐지 성능을 전반적으로 개선해야 합니다.
>
> 마지막으로, 모델의 설명력은 실제 응용 머신러닝에서 매우 중요합니다. 예제에서 사용한 신용카드 거래 데이터셋의 피처는 PCA(3장에서 살펴볼 차원 감소 형태)의 결과이기 때문에 특정 거래가 잠재적인 사기 거래로 표시된 이유를 명확하게 설명할 수 없습니다. 결과를 더 잘 설명하려면 이 샘플 데이터셋에는 없는 PCA 이전의 원본 피처로 접근해야 합니다.

사이킷런을 사용한
비지도 학습 모델

이제부터 몇 장에 걸쳐 두 가지 중요한 비지도 학습 개념(차원 축소, 클러스터링)을 소개하고 이를 사용해 이상 탐지와 그룹 세분화를 수행할 겁니다. 이상 탐지와 그룹 세분화는 여러 다양한 산업에서 실질적으로 사용하는 응용 분야입니다.

이상 탐지는 사기, 사이버 보안 위반, 테러, 사람 또는 무기 및 마약 밀매, 돈 세탁, 비정상 거래 행위, 질병 발생, 안전과 직결된 중요 장비의 유지 보수 실패와 같은 희귀한 이벤트를 효율적으로 탐지하는 데 사용합니다.

그룹 세분화는 마케팅, 온라인 쇼핑, 음악 듣기, 비디오 시청, 온라인 데이트, 소셜 미디어 활동과 같은 영역에서 사용자의 행동을 이해하는 데 사용합니다.

Part II

사이킷런을 사용한
비지도 학습 모델

차원 축소

이 장에서는 성공적인 응용 머신러닝 솔루션을 구축하는 데 주요한 문제인 차원의 저주를 다룹니다. 비지도 학습에는 이를 해결하기 위한 **차원 축소**dimensionality reduction라는 훌륭한 방법론이 있습니다. 이 장에서는 차원 축소의 개념과 수행 방법을 소개할 겁니다. 이를 통해 작동 원리를 이해하고 직관을 키울 수 있습니다.

4장에서는 차원 축소를 기반으로 비지도 학습 솔루션을 구축합니다. 구체적으로 비지도 학습 기반 신용카드 사기 탐지 시스템(2장에서 구축한 지도 학습 기반 시스템과 다른 형태)을 말합니다. 이러한 유형의 비지도 학습 기반 사기 탐지를 이상 탐지라고 합니다. 이는 응용 비지도 학습 분야에서 급속히 성장하고 있는 유형입니다.

이상 탐지 시스템을 구축하기 전에, 우선 이 장에서는 차원 축소를 다룰 겁니다.

3.1 차원 축소에 대한 동기 부여

1장에서 언급했듯이 차원 축소는 머신러닝에서 일반적으로 발생하는 문제 중 하나인 차원의 저주를 해결하는 데 도움이 됩니다. 차원의 저주는 피처 공간이 너무 커서 알고리즘이 데이터를 효과적이고 효율적으로 훈련할 수 없는 현상을 말합니다.

차원 축소 알고리즘은 고차원 데이터를 저차원 공간에 투영해 중복 정보를 제거하면서 가능한 한 핵심 정보를 유지합니다. 데이터를 낮은 차원으로 축소시키면 노이즈가 많이 줄어들기 때문에 머신러닝 알고리즘이 흥미로운 패턴을 더 효과적이고 효율적으로 식별할 수 있습니다.

다음 장에서 살펴볼 비지도 기반의 이상 탐지 시스템 구축처럼 때로는 차원 축소 자체가 목적이 될 수 있습니다.

그 외에 차원 축소 자체는 최종 목적이 아니라 다른 목적을 위한 수단입니다. 예를 들어, 차원 축소는 일반적으로 이미지, 비디오, 음성, 텍스트와 관련된 계산 비용이 많이 드는 대규모 문제를 해결하는 데 도움이 되는 머신러닝 파이프라인의 일부입니다.

3.1.1 MNIST 숫자 데이터베이스

차원 축소 알고리즘을 소개하기 전에 먼저 이 장에서 사용할 데이터셋을 살펴보겠습니다. 간단한 컴퓨터 비전 데이터셋을 가지고 작업할 겁니다. 손으로 쓴 숫자 글씨 데이터셋인 MNIST[1]는 머신러닝에서 유명한 데이터셋 중 하나입니다. 얀 르쿤의 웹 사이트에서 공개적으로 사용할 수 있는 MNIST 데이터셋 버전을 사용할 겁니다[2]. 더욱 쉽게 작업하기 위해, deeplearning.net이 제공하는 피클[3] 버전을 사용하겠습니다[4].

이 데이터셋은 세 데이터셋으로 나뉘어져 있습니다. 훈련셋은 50,000건, 검증셋은 10,000건, 테스트셋은 10,000건의 예제를 포함하며, 모든 예제에 레이블이 부여돼 있습니다.

이 데이터셋은 28x28 픽셀 크기의 손으로 쓴 숫자 글씨 이미지들로 구성됩니다. 모든 단일 데이터 포인트(즉, 모든 이미지)는 숫자 배열로 전달되며 각 숫자는 각 픽셀이 얼마나 어두운지 나타냅니다. 즉, 28x28 숫자 배열은 28x28 픽셀 이미지에 해당합니다.

이를 더욱 쉽게 사용하기 위해 각 배열을 28x28 또는 784차원 벡터로 펼칠 수 있습니다. 벡터의 각 구성 요소는 0과 1 사이 부동소수점으로 각 이미지 픽셀의 강도를 나타냅니다. 0은 검은

---

1 옮긴이_ 미국 국립 표준 기술 연구소(NIST)의 원본 데이터셋의 샘플을 재혼합하고, 머신러닝 알고리즘을 용이하게 적용하기 위해 전처리를 거친 데이터라는 의미에서 앞에 M(mixed or remix)을 붙여 MNIST라고 합니다. https://en.wikipedia.org/wiki/MNIST_database

2 얀 르쿤의 웹사이트에서 제공하는 MNIST 손으로 쓴 숫자 데이터셋입니다. http://yann.lecun.com/exdb/mnist/

3 옮긴이_ 피클은 파이썬의 모든 객체를 저장할 수 있는 데이터 형식입니다. Binary 형태로 저장하기 때문에 객체를 피클 형식으로 저장하면 용량이 매우 작아집니다.

4 Deeplearning.net 웹사이트에서 제공하는 MNIST 데이터셋의 피클 버전입니다. http://deeplearning.net/tutorial/gettingstarted.html

색을 나타내고 1은 흰색을 나타냅니다. 레이블은 0에서 9 사이의 정수이며 이미지에 있는 손
글씨 숫자를 나타냅니다.

데이터 수집 및 탐색하기

차원 축소 알고리즘을 사용하기 전에 사용할 라이브러리를 로드하겠습니다.

```python
# 라이브러리 불러오기
'''메인 라이브러리'''
import numpy as np
import pandas as pd
import os, time
import pickle, gzip

'''시각화 관련 라이브러리'''
import matplotlib.pyplot as plt
import seaborn as sns
color = sns.color_palette()
import matplotlib as mpl

%matplotlib inline

'''데이터 준비 및 모델 평가 관련 라이브러리'''
from sklearn import preprocessing as pp
from scipy.stats import pearsonr
from numpy.testing import assert_array_almost_equal
from sklearn.model_selection import train_test_split
from sklearn.model_selection import StratifiedKFold
from sklearn.metrics import log_loss
from sklearn.metrics import precision_recall_curve, average_precision_score
from sklearn.metrics import roc_curve, auc, roc_auc_score
from sklearn.metrics import confusion_matrix, classification_report

'''알고리즘 관련 라이브러리'''
from sklearn.linear_model import LogisticRegression
from sklearn.ensemble import RandomForestClassifier
import xgboost as xgb
import lightgbm as lgb
```

MNIST 데이터셋 로드하기

이제 MNIST 데이터셋을 로드하겠습니다.

```
# 데이터셋 로드하기
current_path = os.getcwd()
file = os.path.sep.join(['', 'datasets', 'mnist_data', 'mnist.pkl.gz'])

f = gzip.open(current_path+file, 'rb')
train_set, validation_set, test_set = pickle.load(f, encoding='latin1')
f.close()

X_train, y_train = train_set[0], train_set[1]
X_validation, y_validation = validation_set[0], validation_set[1]
X_test, y_test = test_set[0], test_set[1]
```

데이터셋의 구조 확인하기

데이터셋의 구조를 확인해 제대로 로드됐는지 확인합니다.

```
# 데이터셋 구조 확인하기
print("Shape of X_train: ", X_train.shape)
print("Shape of y_train: ", y_train.shape)
print("Shape of X_validation: ", X_validation.shape)
print("Shape of y_validation: ", y_validation.shape)
print("Shape of X_test: ", X_test.shape)
print("Shape of y_test: ", y_test.shape)
```

다음 결과는 데이터셋의 구조가 우리가 예상하는 것과 같은지 확인합니다.

```
Shape of X_train:       (50000, 784)
Shape of y_train:       (50000,)
Shape of X_validation: (10000, 784)
Shape of y_validation: (10000,)
Shape of X_test:        (10000, 784)
Shape of y_test:        (10000,)
```

데이터셋으로부터 팬더스 데이터 프레임 만들기

넘파이 배열을 팬더스의 데이터 프레임으로 변환합니다. 이렇게 하면 탐색 및 작업하기가 더욱 쉬워집니다.

```python
# 데이터셋으로부터 팬더스 데이터 프레임 생성하기
train_index = range(0, len(X_train))
validation_index = range(len(X_train), len(X_train)+len(X_validation))
test_index = range(len(X_train)+len(X_validation),
                   len(X_train)+len(X_validation)+len(X_test))

X_train = pd.DataFrame(data=X_train, index=train_index)
y_train = pd.Series(data=y_train, index=train_index)

X_validation = pd.DataFrame(data=X_validation, index=validation_index)
y_validation = pd.Series(data=y_validation, index=validation_index)

X_test = pd.DataFrame(data=X_test, index=test_index)
y_test = pd.Series(data=y_test, index=test_index)
```

데이터 탐색하기

데이터의 요약 결과를 생성하겠습니다.

```python
# 훈련 데이터의 요약 결과 생성하기
X_train.describe()
```

[표 3-1]은 이미지 데이터의 요약 결과를 보여줍니다. 대부분 값은 0입니다. 즉, 이미지의 대부분 픽셀은 검은색입니다. 이는 일리가 있습니다. 숫자는 흰색이고 검은색 배경의 이미지 가운데에 표시되기 때문입니다.

표 3-1 데이터 탐색

	0	1	2	3	4	5	6
count	50000.0	50000.0	50000.0	50000.0	50000.0	50000.0	50000.0
mean	0.0	0.0	0.0	0.0	0.0	0.0	0.0

	0	1	2	3	4	5	6
std	0.0	0.0	0.0	0.0	0.0	0.0	0.0
min	0.0	0.0	0.0	0.0	0.0	0.0	0.0
25%	0.0	0.0	0.0	0.0	0.0	0.0	0.0
50%	0.0	0.0	0.0	0.0	0.0	0.0	0.0
75%	0.0	0.0	0.0	0.0	0.0	0.0	0.0
max	0.0	0.0	0.0	0.0	0.0	0.0	0.0

8 rows x 784 columns

레이블 데이터는 이미지의 실제 내용을 나타내는 1차원 벡터입니다. 처음 몇 개의 이미지에 대한 레이블은 다음과 같습니다.

```
# 레이블 데이터 보기
y_train.head()
    0    5
    1    0
    2    4
    3    1
    4    9
    dtype: int64
```

이미지 시각화하기

레이블과 함께 이미지를 볼 수 있는 함수를 정의하겠습니다.

```
def view_digit(example):
    label = y_train.loc[0]
    image = X_train.loc[example,:].values.reshape([28,28])
    plt.title('Example: %d     Label: %d' % (example, label))
    plt.imshow(image, cmap=plt.get_cmap('gray'))
    plt.show()
```

784차원 벡터의 형태를 28x28 픽셀 이미지로 재구성한 첫 번째 이미지는 숫자 5입니다(그림 3-1).

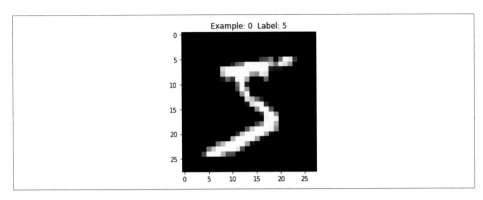

그림 3-1 첫 번째 이미지 살펴보기

3.2 차원 축소 알고리즘

MNIST 데이터셋을 로드하고 살펴봤습니다. 이제 차원 축소 알고리즘으로 넘어갑시다. 먼저 각 알고리즘의 개념을 소개하겠습니다. 그런 다음 MNIST 데이터셋에 알고리즘을 적용해 더욱 깊게 이해해봅시다.

3.2.1 선형 투영 vs 매니폴드 학습

차원 축소에는 주요한 두 가지 유형이 있습니다.

첫 번째는 고차원 공간에서 저차원 공간으로 선형적으로 데이터를 투영하는 **선형 투영**입니다. 여기에는 **주성분 분석**(PCA), **특잇값 분해**(SVD), **랜덤 투영**^{random projection} 같은 기법이 있습니다.

두 번째는 **비선형 차원 축소**라고도 하는 **매니폴드 학습**입니다. 여기에는 **유클리드 거리**가 아닌 데이터 포인트들 사이 **곡선 거리**(**지오데식 거리**라고도 함)를 학습하는 **아이소맵** 같은 기법이 있습니다. 다른 기법으로는 **다차원 스케일링**^{multidimensional scaling}(MDS), **지역 선형 임베딩**^{locally linear embedding}(LLE), **t-분포 확률적 임베딩**(t-SNE), **사전 학습**, **랜덤 트리 임베딩**^{random trees embedding}, **독립 성분 분석** 등이 있습니다.

3.3 PCA

이 절에서는 일반 PCA, 점진적 PCA, 희소 PCA, 커널 PCA 등 여러 버전의 **주성분 분석**(PCA)을 살펴볼 겁니다.

3.3.1 PCA 개요

가장 일반적인 선형 차원 축소 기법인 일반 PCA부터 살펴보겠습니다. PCA에서 알고리즘은 가능한 한 분산(즉, 핵심 정보)을 보존하면서 데이터의 저차원 표현을 찾아냅니다.

PCA에서는 피처들 간 상관관계를 다룸으로써 이 작업을 수행합니다. 일부 피처들 간 상관관계가 매우 높으면 PCA는 상관관계가 높은 피처들을 결합해 선형적인 상관관계가 없는, 더 적은 수의 피처들로 데이터를 표현하려고 합니다. 이 알고리즘은 원본 고차원 데이터에서 최대 분산 방향을 찾음으로써 상관관계를 지속적으로 감소시키고 더 작은 차원 공간에 이들을 투영합니다. 이렇게 새로 파생된 성분을 주성분이라고 합니다.

주성분들을 사용해 완벽하지는 않지만 보통은 충분히 유사하게 원본 피처들을 재구성할 수 있습니다. PCA 알고리즘은 최적의 성분을 찾는 과정에서 재구성 오차를 최소화합니다.

MNIST 예제의 원본 피처 공간은 784차원(d차원)입니다. PCA는 데이터를 k차원의 더 작은 부분 공간(여기서 k < d)에 투영하면서 가능한 한 많은 핵심 정보를 유지합니다. 여기서 k차원을 주성분이라고 합니다.

현재 남은 유의미한 주성분의 수는 원본 데이터셋의 차원 수보다 훨씬 적습니다. 저차원 공간으로 이동하면 일부 분산(즉, 정보)이 손실되지만 데이터의 내재적 구조를 식별하기가 쉬워져 이상 탐지 및 클러스터링 같은 작업을 더욱 효과적이고 효율적으로 수행할 수 있습니다.

또한 PCA는 데이터의 차원을 감소시킴으로써 데이터 크기를 줄입니다. 이것은 머신러닝 파이프라인(예: 이미지 분류 작업)에서 머신러닝 알고리즘의 성능을 더욱 향상시킵니다.

> **NOTE_** PCA를 실행하기 전에는 피처 스케일링을 수행해야 합니다. PCA는 원본 피처들의 상대적 범위에 매우 민감합니다. 일반적으로 피처들이 동일한 상대적 범위에 있도록 데이터를 스케일링해야 합니다. 그러나 MNIST 데이터셋의 피처들은 이미 0에서 1 범위로 스케일링돼 있으므로 이 단계를 건너뛸 수 있습니다.

3.3.2 PCA 실전 예제

이제 PCA가 어떻게 작동하는지 파악했으니 MNIST 데이터셋에 PCA를 적용해서 원본 784차원 공간에서 더 낮은 차원 공간으로 데이터를 투영할 때 PCA가 손글씨 숫자에 대한 가장 핵심적인 정보를 얼마나 잘 잡아내는지 살펴보겠습니다.

하이퍼파라미터 설정하기

PCA 알고리즘의 하이퍼파라미터를 설정하겠습니다.

```python
from sklearn.decomposition import PCA

n_components = 784
whiten = False
random_state = 2018

pca = PCA(n_components=n_components, whiten=whiten, random_state=random_state)
```

PCA 적용하기

주성분 개수를 원본 데이터의 차원 수(예: 784)로 설정합니다. 그러면 PCA는 원본 차원에서 핵심 정보를 추출하고 주성분들을 생성하기 시작합니다. 이렇게 주성분이 생성되면 원본 피처셋의 분산/정보 대부분을 효과적으로 잡아내기 위해 필요한 주성분의 개수를 결정합니다.

훈련 데이터를 변환하고 적합해 다음과 같은 주성분을 생성하겠습니다.

```python
X_train_PCA = pca.fit_transform(X_train)
X_train_PCA = pd.DataFrame(data=X_train_PCA, index=train_index)
```

PCA 평가하기

차원을 전혀 줄이지 않았기 때문에(단지 데이터를 변환했습니다) 주성분 784개로 추출한 원본 데이터의 분산/정보는 100%가 돼야 합니다.

```
# 784개 주성분에 의해 설명되는 분산 비율
print("Variance Explained by all 784 principal components: ",
    sum(pca.explained_variance_ratio_))


Variance Explained by all 784 principal components: 0.9999999999999997
```

그러나 주성분 784개의 중요도는 각기 다르다는 점에 유의해야 합니다. 첫 번째 X개 주성분들의 중요도는 다음과 같이 요약됩니다.

```
# X개 주성분에 의해 설명되는 분산 비율
importanceOfPrincipalComponents =
    pd.DataFrame(data=pca.explained_variance_ratio_)
importanceOfPrincipalComponents = importanceOfPrincipalComponents.T

print('Variance Captured by First 10 Principal Components: ',
    importanceOfPrincipalComponents.loc[:,0:9].sum(axis=1).values)
print('Variance Captured by First 20 Principal Components: ',
    importanceOfPrincipalComponents.loc[:,0:19].sum(axis=1).values)
print('Variance Captured by First 50 Principal Components: ',
    importanceOfPrincipalComponents.loc[:,0:49].sum(axis=1).values)
print('Variance Captured by First 100 Principal Components: ',
    importanceOfPrincipalComponents.loc[:,0:99].sum(axis=1).values)
print('Variance Captured by First 200 Principal Components: ',
    importanceOfPrincipalComponents.loc[:,0:199].sum(axis=1).values)
print('Variance Captured by First 300 Principal Components: ',
    importanceOfPrincipalComponents.loc[:,0:299].sum(axis=1).values)


Variance Captured by First 10 Principal Components: [0.48876238]
Variance Captured by First 20 Principal Components: [0.64398025]
Variance Captured by First 50 Principal Components: [0.8248609]
Variance Captured by First 100 Principal Components: [0.91465857]
Variance Captured by First 200 Principal Components: [0.96650076]
Variance Captured by First 300 Principal Components: [0.9862489]
```

전체 중에 처음 10개 주성분이 총 분산의 약 50%를 잡아내고, 처음 100개 주성분이 90% 이상을, 처음 300개 주성분이 총 분산의 거의 99%를 잡아냅니다. 나머지 주성분의 정보는 무시할 수 있는 값입니다.

또한 첫 번째 주성분에서 마지막 주성분까지 각 주성분의 중요도 순위를 나타낼 수 있습니다.

가독성을 위해 [그림 3-2]에는 처음 10개 주성분만 나타냈습니다.

이제 PCA의 성능이 더욱 명확해야 합니다. 처음 200개 주성분(원래의 784개 차원 수보다 훨씬 적음)을 사용해 분산/정보의 96% 이상을 추출합니다.

PCA를 사용하면 대부분의 핵심 정보를 유지하면서 원본 데이터의 차원을 크게 줄일 수 있습니다. PCA에 의해 축소된 피처셋은 이어지는 머신러닝 파이프라인의 일부인 다른 알고리즘들이 이상 탐지 및 클러스터링과 같은 작업을 수행할 때 데이터 포인트를 공간에서 더욱 쉽게 분리할 수 있게 하고, 필요한 계산 리소스도 더 줄어듭니다.

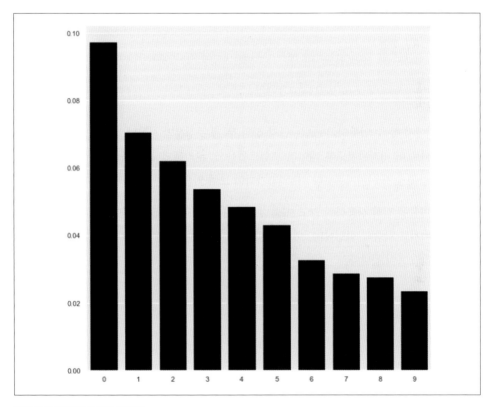

그림 3-2 PCA의 주성분 중요도

PCA로 데이터 분리해서 시각화하기

데이터의 분산/정보를 효율적이고 간결하게 추출할 수 있는 PCA의 힘을 입증하기 위해 관측치를 2차원 그래프로 나타내겠습니다. 구체적으로, 첫 번째 주성분과 두 번째 주성분의 산점도와 관측치를 실제 레이블로 표시합니다. 뒷부분에서 다른 종류의 차원 알고리즘도 시각화해야 되기 때문에 scatterPlot 함수를 생성해서 사용할 겁니다.

```
def scatterPlot(xDF, yDF, algoName):
    tempDF = pd.DataFrame(data=xDF.loc[:,0:1], index=xDF.index)
    tempDF = pd.concat((tempDF, yDF), axis=1, join="inner")
    tempDF.columns = ["First Vector", "Second Vector", "Label"]
    sns.lmplot(x="First Vector", y="Second Vector", hue="Label",
               data=tempDF, fit_reg=False)
    ax = plt.gca()
    ax.set_title("Separation of Observations using "+algoName)

scatterPlot(X_train_PCA, y_train, "PCA")
```

[그림 3-3]에서 볼 수 있듯이, PCA는 단지 상위 두 개 주성분만 사용해 전반적으로 비슷한 데이터들이 서로 더 가까워지도록 데이터 포인트들을 잘 분리해냅니다. 즉, 동일한 숫자 이미지들은 서로 다른 숫자 이미지들보다 서로 더 가까이 모여 있습니다.

PCA는 레이블을 전혀 사용하지 않고 이를 수행합니다. 이것이야말로 데이터의 내재적 구조를 포착하는 비지도 학습의 힘입니다. 비지도 학습은 레이블이 없을 때 데이터의 숨겨진 패턴을 발견하는 데 도움이 됩니다.

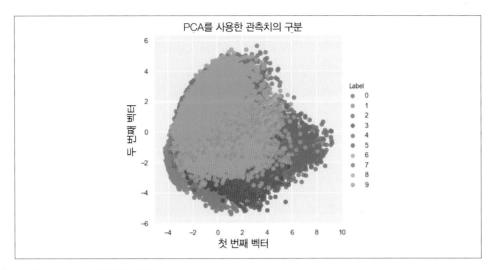

그림 3-3 PCA를 사용한 관측치의 구분

이와 달리, 원본 데이터의 784개 피처셋에서 지도 학습 모델 훈련에 의해 결정된 가장 중요한 피처 두 개를 선택해 동일한 2차원 산점도를 실행하면 [그림 3-4]와 같이 잘 분리되지 않습니다.

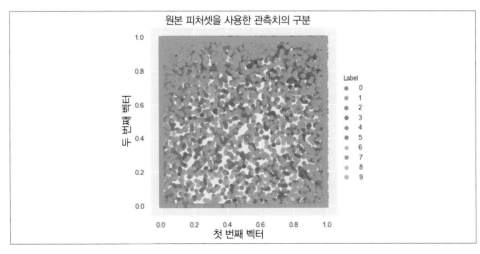

그림 3-4 PCA를 사용하지 않은 관측치의 구분

[그림 3-3]과 [그림 3-4]를 비교하면 레이블을 전혀 사용하지 않고도 데이터셋의 내재적 구조를 학습하는 데에 PCA가 얼마나 강력한지 알 수 있습니다. 심지어 단지 2차원 그래프만으로도 표시되는 숫자대로 이미지를 의미 있게 구분할 수 있습니다.

> NOTE_ PCA는 숨겨진 패턴을 쉽게 찾을 수 있도록 데이터를 분리하는 데 도움이 될 뿐만 아니라 피처셋의 크기를 줄여서 머신러닝 모델을 훈련시키는 데 드는 시간 및 계산 리소스를 줄여줍니다.
>
> MNIST 데이터셋은 매우 적기 때문에 훈련 시간 단축이 그리 대단한 것은 아닙니다. 데이터셋은 피처 784개와 관측치 50,000개만 가지고 있습니다. 그러나 피처 수백만 개와 관측치 수십억 개를 가진 데이터셋이라면 차원 축소는 머신러닝 파이프라인에서 알고리즘의 훈련 시간을 크게 줄여줄 겁니다.
>
> 마지막으로 PCA는 원본 피처셋에서 사용할 수 있는 정보 중 일부를 버리지만 현명하게 처리합니다. 가장 중요한 요소를 추출하고 덜 중요한 요소를 버립니다. PCA를 통해 축소된 피처셋으로 훈련한 모델은 전체 피처셋을 가지고 훈련한 모델보다 정확도 측면에서 성능이 못 미칠 수는 있지만 훈련 및 예측 시간은 훨씬 빠릅니다. 이것은 머신러닝 제품에서 차원 축소를 사용할지 여부를 결정할 때 고려해야 할 중요한 트레이드 오프 중 하나입니다.

3.3.3 점진적 PCA

데이터셋의 크기가 매우 커서 메모리에 저장할 수 없는 경우, 메모리에 저장되는 크기로 배치를 작게 설정해 점진적으로 PCA를 수행할 수 있습니다. 배치 크기는 수동으로 설정하거나 자동으로 결정할 수 있습니다. 배치 기반 PCA 유형으로는 **점진적 PCA**가 있습니다. 일반 PCA와 점진적 PCA의 주성분 결과는 일반적으로 매우 유사합니다(그림 3-5). 다음은 점진적 PCA 수행 코드입니다.

```
# 점진적 PCA
from sklearn.decomposition import IncrementalPCA

n_components = 784
batch_size = None

incrementalPCA = IncrementalPCA(n_components=n_components, batch_size=batch_size)

X_train_incrementalPCA = incrementalPCA.fit_transform(X_train)
X_train_incrementalPCA =
```

```
    pd.DataFrame(data=X_train_incrementalPCA, index=train_index)

X_validation_incrementalPCA = incrementalPCA.transform(X_validation)
X_validation_incrementalPCA =
    pd.DataFrame(data=X_validation_incrementalPCA, index=validation_index)

scatterPlot(X_train_incrementalPCA, y_train, "Incremental PCA")
```

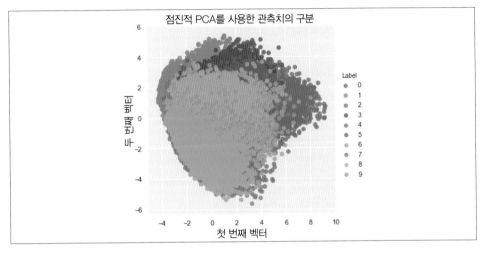

그림 3-5 점진적 PCA를 사용한 관측치의 구분

3.3.4 희소 PCA

일반 PCA 알고리즘은 모든 입력 변수에서 선형 결합을 탐색해 원본 피처 공간을 최대한 조밀하게 줄입니다. 그러나 일부 머신러닝 문제의 경우 어느 정도의 **희소성**sparsity[5]이 선호될 수 있습니다. **알파**alpha라는 하이퍼파라미터로 제어함으로써 희소성을 어느 정도 유지하는 PCA 버전을 **희소 PCA**라고 합니다. 희소 PCA 알고리즘은 일부 입력 변수에서만 선형 결합을 탐색해 원본 피처 공간을 어느 정도 줄이지만 일반 PCA만큼 조밀하게 만들지는 않습니다.

---

5 옮긴이_ 일반적으로 머신러닝에서 희소라는 표현은 값이 대부분 0인 경우의 행렬이나 데이터를 말합니다. 희소성 있는 데이터는 알고리즘의 성능을 저하시키기 때문에 대부분 희소성을 제거하는 기법을 사용하지만 일부 문제에서는 희소성을 어느 정도 유지하는 것이 도움이 되기도 합니다. 희소성을 어느 정도 유지하게 되면 자료 해석의 용이함, 변수 선택 효과, 과대 적합 방지에 도움이 될 수 있습니다.

이 알고리즘은 일반 PCA보다 훈련 속도가 느리기 때문에 훈련 데이터셋(총 50,000개)의 처음 10,000개 케이스만 훈련시킬 겁니다. 앞으로도 알고리즘 훈련 시간이 오래 걸리는 경우, 관측치의 총 건수보다 적은 데이터로 훈련시킬 겁니다.

이 예제의 목적은 차원 축소 알고리즘이 어떻게 작동하는지 이해하는 것이므로 축소된 데이터를 사용해도 괜찮습니다. 하지만 더 나은 솔루션을 만드는 것이 목적이라면 전체 훈련 데이터셋으로 훈련시키길 권장합니다.

```python
# 희소 PCA
from sklearn.decomposition import SparsePCA

n_components = 100
alpha = 0.0001
random_state = 2018
n_jobs = -1

sparsePCA = SparsePCA(n_components=n_components,
                      alpha=alpha, random_state=random_state, n_jobs=n_jobs)

sparsePCA.fit(X_train.loc[:10000,:])
X_train_sparsePCA = sparsePCA.transform(X_train)
X_train_sparsePCA = pd.DataFrame(data=X_train_sparsePCA, index=train_index)

X_validation_sparsePCA = sparsePCA.transform(X_validation)
X_validation_sparsePCA =
    pd.DataFrame(data=X_validation_sparsePCA, index=validation_index)

scatterPlot(X_train_sparsePCA, y_train, "Sparse PCA")
```

[그림 3-6]은 희소 PCA로 도출한 처음 두 주성분을 사용해 나타낸 2차원 산점도입니다.

예상대로 이 산점도는 일반 PCA의 산점도와 다르게 보입니다. 일반 PCA와 희소 PCA는 주성분을 서로 다르게 생성하며 관측치의 분리도 조금 다릅니다.

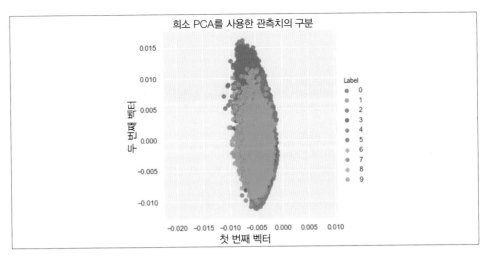

그림 3-6 희소 PCA를 사용한 관측치의 구분

3.3.5 커널 PCA

일반 PCA, 점진적 PCA, 희소 PCA는 원본 데이터를 저차원 공간에 선형으로 투영하지만, 비선형 PCA 유형 중 하나인 **커널 PCA**는 원본 데이터 포인트 쌍들에 대해 유사성 함수를 실행시켜 비선형적으로 차원을 축소합니다.

커널 PCA는 이 유사성 함수(**커널 기법**kernel method이라고도 함)를 학습함으로써 데이터 포인트 대부분이 있는 암시적 피처 공간을 매핑하고 이 공간을 원본 피처셋보다 훨씬 더 적은 수의 차원으로 만듭니다. 이 방법은 원본 피처셋을 선형으로 분리할 수 없는 경우에 특히 효과적입니다.

커널 PCA 알고리즘의 경우 원하는 주성분의 수, 커널 유형, **감마**gamma라는 커널 계수를 설정해야 합니다. 가장 많이 사용하는 커널은 **방사형 기저 함수 커널**radial basis function kernel이며, 보통 **RBF 커널**RBF kernel이라고 합니다. 본 예제에서는 RBF 커널을 사용하겠습니다.

```
# 커널 PCA
from sklearn.decomposition import KernelPCA

n_components = 100
kernel = 'rbf'
```

```
gamma = None
random_state = 2018
n_jobs = 1

kernelPCA = KernelPCA(n_components=n_components, kernel=kernel,
                      gamma=gamma, n_jobs=n_jobs, random_state=random_state)

kernelPCA.fit(X_train.loc[:10000,:])
X_train_kernelPCA = kernelPCA.transform(X_train)
X_train_kernelPCA = pd.DataFrame(data=X_train_kernelPCA, index=train_index)

X_validation_kernelPCA = kernelPCA.transform(X_validation)
X_validation_kernelPCA =
    pd.DataFrame(data=X_validation_kernelPCA, index=validation_index)

scatterPlot(X_train_kernelPCA, y_train, "Kernel PCA")
```

MNIST 데이터셋에 적용한 커널 PCA의 2차원 산점도는 이전 선형 PCA 중 하나와 결과가 거의 동일합니다(그림 3-7). RBF 커널을 사용해도 차원 축소 결과는 개선되지 않습니다.

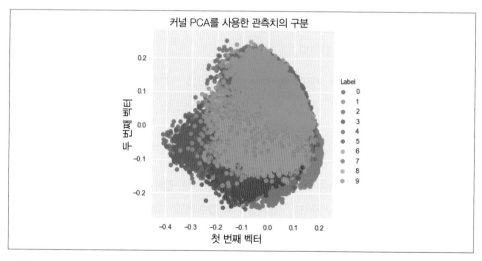

그림 3-7 커널 PCA를 사용한 관측치의 구분

3.4 SVD

데이터의 내재된 구조를 학습하는 또 다른 방법은 원본 행렬의 계수(rank)를 더 작은 계수로 줄이고 더 작은 계수 행렬에서 일부 벡터의 선형 결합을 사용해 원본 행렬을 다시 만들 수 있도록 하는 겁니다. 이를 **특잇값 분해**^{singular value decomposition}(SVD)라고 합니다.

더 작은 계수 행렬을 생성하기 위해 SVD는 가장 많은 정보를 가진 원본 행렬의 벡터를 유지합니다(즉, 가장 높은 특잇값). 작아진 계수 행렬은 원본 피처 공간의 가장 중요한 요소들을 포착합니다.

이러한 방식은 PCA와 매우 유사합니다. PCA는 공분산 행렬의 고윳값 분해를 사용해 차원 축소를 수행합니다. SVD는 이름에서 알 수 있듯이 특잇값 분해를 사용합니다. 사실 PCA의 연산은 SVD를 포함합니다. 이에 대한 설명은 이 책의 범위를 벗어나기 때문에 생략합니다.

SVD 수행 방법은 다음과 같습니다.

```
# 특잇값 분해(SVD)
from sklearn.decomposition import TruncatedSVD

n_components = 200
algorithm = 'randomized'
n_iter = 5
random_state = 2018

svd = TruncatedSVD(n_components=n_components, algorithm=algorithm,
                   n_iter=n_iter, random_state=random_state)

X_train_svd = svd.fit_transform(X_train)
X_train_svd = pd.DataFrame(data=X_train_svd, index=train_index)

X_validation_svd = svd.transform(X_validation)
X_validation_svd = pd.DataFrame(data=X_validation_svd, index=validation_index)

scatterPlot(X_train_svd, y_train, "Singular Value Decomposition")
```

[그림 3-8]은 SVD 수행 결과로 도출된 가장 중요한 두 벡터를 사용해 데이터 포인트들이 어떻게 분리되는지 보여줍니다.

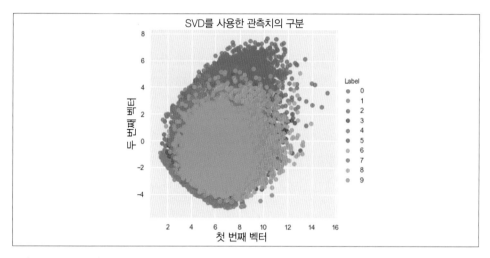

그림 3-8 SVD를 사용한 관측치의 구분

3.5 랜덤 투영

또 다른 선형 차원 축소 기법은 **존슨-린덴슈트라우스 보조정리**Johnson—Lindenstrauss lemma, JL lemma[6] 기반의 랜덤 투영이 있습니다. 존슨-린덴슈트라우스 보조정리에 따르면, 고차원 공간의 데이터 포인트들은 포인트 사이의 거리가 거의 보존되는 방식으로 훨씬 더 낮은 차원의 공간에 삽입될 수 있습니다. 즉, 고차원 공간에서 저차원 공간으로 이동하는 경우에도 원본 피처셋의 핵심 정보가 유지됩니다.

---

6 옮긴이_ 보조정리(lemma)는 수학에서 이미 증명된 명제로서 그 자체가 중시되기보다는 다른 더 중대한 결과를 증명하는 디딤돌로 사용되는 명제입니다. JL lemma를 더 알고 싶다면 다음을 참조하십시오.
https://en.wikipedia.org/wiki/Johnson%E2%80%93Lindenstrauss_lemma

3.5.1 GRP

랜덤 투영에는 두 가지 버전이 있습니다. 일반 버전인 **가우시안 랜덤 투영**^{Gaussian random projection}(GRP)과 희소 버전인 **희소 랜덤 투영**^{sparse random projection}(SRP)입니다.

가우시안 랜덤 투영의 경우 축소된 피처 공간에 갖고 싶은 주성분의 수를 설정하거나 하이퍼파라미터인 **입실론**^{eps7}을 설정할 수 있습니다. eps는 존슨-린덴슈트라우스 보조정리에 따라 임베딩의 품질을 제어하며 이 값이 작을수록 차원의 수가 높아집니다. 이 하이퍼파라미터를 다음과 같이 설정합니다.

```python
# 가우시안 랜덤 투영(GRP)
from sklearn.random_projection import GaussianRandomProjection

n_components = 'auto'
eps = 0.5
random_state = 2018

GRP = GaussianRandomProjection(n_components=n_components, eps=eps,
                               random_state=random_state)

X_train_GRP = GRP.fit_transform(X_train)
X_train_GRP = pd.DataFrame(data=X_train_GRP, index=train_index)

X_validation_GRP = GRP.transform(X_validation)
X_validation_GRP = pd.DataFrame(data=X_validation_GRP, index=validation_index)

scatterPlot(X_train_GRP, y_train, "Gaussian Random Projection")
```

[그림 3-9]는 가우시안 랜덤 투영을 사용한 2차원 산점도를 보여줍니다.

---

7 **옮긴이_** 입실론은 0에서 1 사이의 값을 가지며 사이킷런에서 제공하는 GaussianRandomProjection 함수의 n_components 파라미터가 'auto'로 됐을 때 사용하며, 작은 값을 가질수록 더 나은 임베딩과 고차원의 주성분 수가 생깁니다.
https://scikit-learn.org/stable/modules/generated/sklearn.random_projection.GaussianRandomProjection.html

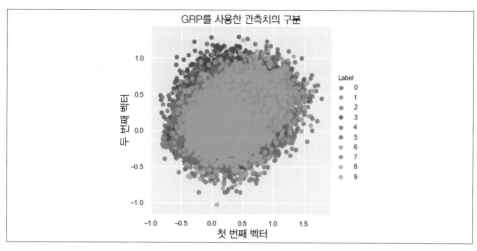

그림 3-9 GRP를 사용한 관측치의 구분

랜덤 투영은 PCA와 같은 선형 투영의 한 유형이지만, 완전히 다른 계열의 차원 축소 기법입니다. 따라서 랜덤 투영 산점도는 일반 PCA, 점진적 PCA, 희소 PCA, 커널 PCA의 산점도와 매우 다르게 보입니다.

3.5.2 SRP

PCA 희소 버전이 있는 것처럼 랜덤 투영에도 희소 버전이 있습니다. 바로 **희소 랜덤 투영**sparse random projection(SRP)입니다. 희소 랜덤 투영은 변환된 피처셋에서 어느 정도의 희소성을 유지하며 일반적으로 가우시안 랜덤 투영(GRP)보다 훨씬 빠르게 원본 데이터를 축소된 공간으로 변환시킴으로써 훨씬 효율적입니다.

```
# 희소 랜덤 투영(SRP)
from sklearn.random_projection import SparseRandomProjection

n_components = 'auto'
density = 'auto'
eps = 0.5
dense_output = False
random_state = 2018
```

```
SRP = SparseRandomProjection(n_components=n_components, density=density, eps=eps,
                             dense_output=dense_output, random_state=random_state)

X_train_SRP = SRP.fit_transform(X_train)
X_train_SRP = pd.DataFrame(data=X_train_SRP, index=train_index)

X_validation_SRP = SRP.transform(X_validation)
X_validation_SRP = pd.DataFrame(data=X_validation_SRP, index=validation_index)

scatterPlot(X_train_SRP, y_train, "Sparse Random Projection")
```

[그림 3-10]은 희소 랜덤 투영을 사용한 2차원 산점도를 보여줍니다.

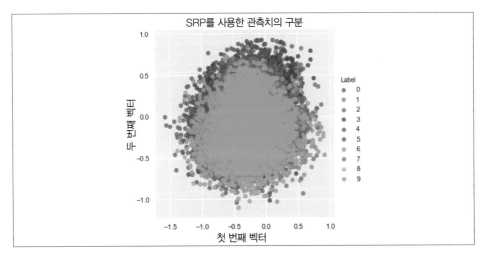

그림 3-10 SRP를 사용한 관측치의 구분

3.6 Isomap

고차원 공간에서 저차원 공간으로 데이터를 선형으로 투영하는 대신 비선형 차원 축소 방법을 사용할 수 있습니다. 이러한 방법을 통상적으로 매니폴드 학습이라고 합니다.

매니폴드 학습의 기본 유형은 **아이소메트릭 매핑**isometric mapping 줄여서 **아이소맵**isomap입니다. 커널 PCA와 마찬가지로 isomap은 **유클리드 거리**가 아닌 **곡선 거리** 또는 **지오데식 거리**로 모든 데이터 포인트 간의 쌍별 거리를 계산해 원본 피처셋의 새로운 저차원 임베딩을 학습합니다. 즉, Isomap은 매니폴드[8] 공간에서 각 포인트들과 이웃하는 포인트들 간의 상대적인 위치를 기반으로 원본 데이터의 고유한 기하학 구조를 학습합니다.

```python
# Isomap
from sklearn.manifold import Isomap

n_neighbors = 5
n_components = 10
n_jobs = 4

isomap = Isomap(n_neighbors=n_neighbors, n_components=n_components, n_jobs=n_jobs)

isomap.fit(X_train.loc[0:5000,:])
X_train_isomap = isomap.transform(X_train)
X_train_isomap = pd.DataFrame(data=X_train_isomap, index=train_index)

X_validation_isomap = isomap.transform(X_validation)
X_validation_isomap = pd.DataFrame(data=X_validation_isomap, index=validation_index)

scatterPlot(X_train_isomap, y_train, "Isomap")
```

[그림 3-11]은 Isomap을 사용한 2차원 산점도를 보여줍니다.

---

8 옮긴이_ 매니폴드는 국소적으로 유클리드 공간과 닮은 위상 공간입니다. 즉 두 점 사이의 거리 혹은 유사도가 근거리에서는 유클리디안 거리(Euclidean metric, 직선 거리)를 따르지만 원거리에서는 그렇지 않은 공간을 말합니다.

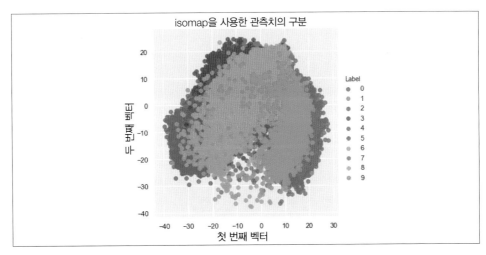

그림 3-11 isomap을 사용한 관측치의 구분

3.7 MDS

다차원 스케일링multidimensional scaling(MDS)은 비선형 차원 축소의 한 유형으로, 원본 데이터셋에서 데이터 포인트들의 유사성을 학습하고, 이 유사성 학습 결과를 사용해 더 낮은 차원 공간에서 이것을 모델링합니다.

```
# 다차원 스케일링(MDS)
from sklearn.manifold import MDS

n_components = 2
n_init = 12
max_iter = 1200
metric = True
n_jobs = 4
random_state = 2018

mds = MDS(n_components=n_components, n_init=n_init, max_iter=max_iter,
          metric=metric, n_jobs=n_jobs, random_state=random_state)

X_train_mds = mds.fit_transform(X_train.loc[0:1000,:])
```

```
X_train_mds = pd.DataFrame(data=X_train_mds, index=train_index[0:1001])

scatterPlot(X_train_mds, y_train, "Multidimensional Scaling")
```

[그림 3-12]는 MDS를 사용한 2차원 산점도를 보여줍니다.

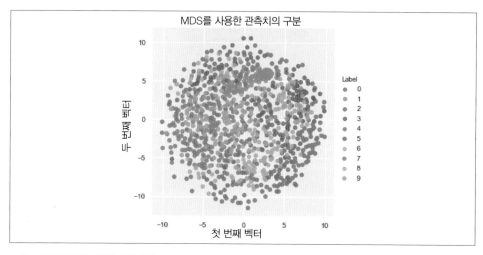

그림 3-12 MDS를 사용한 관측치의 구분

3.8 LLE

널리 사용하는 또 다른 비선형 차원 축소 방법으로는 **지역 선형 임베딩**locally linear embedding(LLE)이 있습니다. 이 방법은 원본 피처 공간에서 축소된 공간으로 데이터를 투영할 때 지역 내 이웃과의 거리를 유지합니다. LLE는 데이터를 더 작은 성분(즉, 포인트들의 이웃)으로 분할하고 각 성분을 선형 임베딩으로 모델링해 원본 고차원 데이터에서 비선형 구조를 발견합니다.

이 알고리즘에서는 우리가 원하는 성분의 수와 주어진 이웃에서 고려해야 할 포인트 수를 설정합니다.

```
# 지역 선형 엠베딩(LLE)
from sklearn.manifold import LocallyLinearEmbedding

n_neighbors = 10
n_components = 2
method = 'modified'
n_jobs = 4
random_state = 2018

lle = LocallyLinearEmbedding(n_neighbors=n_neighbors, n_components=n_components,
                            method=method, random_state=random_state, n_jobs=n_jobs)

lle.fit(X_train.loc[0:5000,:])
X_train_lle = lle.transform(X_train)
X_train_lle = pd.DataFrame(data=X_train_lle, index=train_index)

X_validation_lle = lle.transform(X_validation)
X_validation_lle = pd.DataFrame(data=X_validation_lle, index=validation_index)

scatterPlot(X_train_lle, y_train, "Locally Linear Embedding")
```

[그림 3-13]은 LLE를 사용한 2차원 산점도를 보여줍니다.

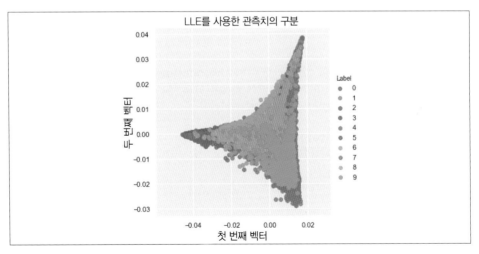

그림 3-13 LLE를 사용한 관측치의 구분

3.9 t-SNE

t-분포 확률적 임베딩^{t-distributed stochastic neighbor embedding}(t-SNE)은 고차원 데이터를 시각화하기 위한 비선형 차원 축소 기법입니다. t-SNE는 각 고차원 데이터 포인트를 2차원 또는 3차원 공간으로 모델링해 이를 수행합니다. 유사한 포인트들은 서로 가깝게 모델링되고 유사하지 않은 포인트들은 더 멀리 모델링합니다. 이는 포인트 쌍들을 이용해 고차원 확률 분포와 저차원 확률 분포를 각각 만듦으로써 수행되는데, 유사한 포인트들은 높은 확률값을 가지고 유사하지 않은 포인트들은 낮은 확률값을 가지게 됩니다. 특히 t-SNE는 두 확률 분포 간 **쿨백-라이블러 발산**^{Kullback-Leibler divergence}(KLD)을 최소화합니다[9].

t-SNE를 실제로 적용할 때는 PCA와 같은 다른 차원 축소 기술을 사용해 차원의 수를 줄인 다음에 사용하는 것이 가장 좋습니다. 다른 유형의 차원 축소를 먼저 적용함으로써 t-SNE에 공급되는 피처의 노이즈를 줄이고 알고리즘의 계산 속도를 높입니다.

```python
# t-분포 확률적 임베딩(t-SNE)
from sklearn.manifold import TSNE

n_components = 2
learning_rate = 300
perplexity = 30
early_exaggeration = 12
init = 'random'
random_state = 2018

tSNE = TSNE(n_components=n_components, learning_rate=learning_rate,
            perplexity=perplexity, early_exaggeration=early_exaggeration,
            init=init, random_state=random_state)

X_train_tSNE = tSNE.fit_transform(X_train_PCA.loc[:5000,:9])
X_train_tSNE = pd.DataFrame(data=X_train_tSNE, index=train_index[:5001])

scatterPlot(X_train_tSNE, y_train, "t-SNE")
```

---

9 옮긴이_ 쿨백-라이블러 발산은 두 확률 분포의 차이를 계산하는 데에 사용하는 함수로, 어떤 이상적인 분포에 대해 그 분포를 근사하는 다른 분포를 사용해 샘플링을 했을 때 발생할 수 있는 정보 엔트로피 차이를 말합니다.

150   2부 사이킷런을 사용한 비지도 학습 모델

[그림 3-14]는 t-SNE의 2차원 산점도를 보여줍니다.

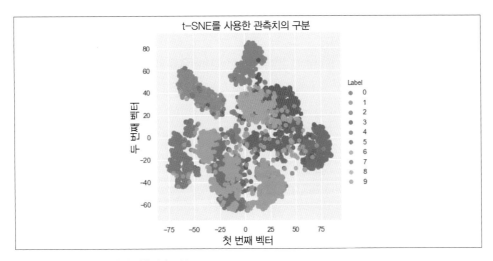

그림 3-14 t-SNE를 사용한 관측치의 구분

3.10 사전 학습

지금까지 차원 축소의 두 가지 유형(선형, 비선형)을 모두 살펴봤습니다. 이제부터는 어떤 종류의 기하학적 구조나 거리 척도에도 의존하지 않는 방법을 살펴보겠습니다.

이러한 방법 중 하나로 원본 데이터의 희소 표현을 학습하는 **사전 학습**dictionary learning이 있습니다. 결과 행렬은 **사전**dictionary이라고 하며, 이 사전을 구성하는 벡터를 **원자**atom라고 합니다. 이 원자는 0과 1로 채워진 간단한 이진 벡터입니다. 원본 데이터의 각 인스턴스는 이러한 원자의 가중 합으로 재구성될 수 있습니다.

원본 데이터에 d 피처가 있고 사전에 n개 원자가 있다고 가정하면, n<d인 **과소완전**undercomplete 사전 혹은 n>d인 **과대완전**overcomplete 사전을 가질 수 있습니다. 과소완전 사전은 차원 축소를 통해 더 적은 수의 벡터로 원본 데이터를 재표현합니다. 우리는 이것에 초점을 맞출 겁니다[10].

이 예제에서는 미니 배치 버전의 사전 학습을 사용하겠습니다. 다른 차원 축소 방법과 마찬가지로 성분의 수를 설정합니다. 또한 훈련 수행을 위한 배치 크기 및 반복 횟수를 설정합니다.

이전과 마찬가지로 2차원 산점도로 이미지를 시각화할 예정이라서 매우 조밀한 사전을 학습하지만 실전에서는 훨씬 희소한 버전을 사용합니다.

```
# 미니-배치 사전 학습
from sklearn.decomposition import MiniBatchDictionaryLearning

n_components = 50
alpha = 1
batch_size = 200
n_iter = 25
random_state = 2018

miniBatchDictLearning = MiniBatchDictionaryLearning(
                        n_components=n_components, alpha=alpha,
                        batch_size=batch_size, n_iter=n_iter,
                        random_state=random_state)

miniBatchDictLearning.fit(X_train.loc[:,:10000])
X_train_miniBatchDictLearning = miniBatchDictLearning.fit_transform(X_train)
X_train_miniBatchDictLearning = pd.DataFrame(
    data=X_train_miniBatchDictLearning, index=train_index)

X_validation_miniBatchDictLearning = miniBatchDictLearning.transform(X_validation)
X_validation_miniBatchDictLearning =
    pd.DataFrame(data=X_validation_miniBatchDictLearning, index=validation_index)

scatterPlot(X_train_miniBatchDictLearning, y_train,
            "Mini-batch Dictionary Learning")
```

[그림 3-15]는 사전 학습을 사용한 2차원 산점도를 보여줍니다.

----

10 과대완전 사전은 다른 목적으로 사용되며 이미지 압축과 같은 응용 분야가 있습니다.

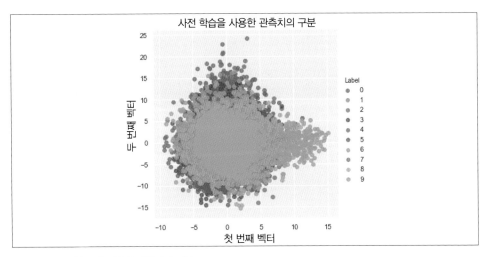

그림 3-15 사전 학습을 사용한 관측치의 구분

3.11 ICA

레이블이 없는 데이터의 공통 문제 중 하나는 주어진 피처에 수많은 독립 신호가 함께 포함됐다는 겁니다. **독립 성분 분석**independent component analysis(ICA)을 사용해 이러한 혼합 신호를 개별 성분으로 분리할 수 있습니다. 분리가 완료되면 생성된 개별 성분들을 여러 방식으로 조합해 원본 피처를 재구성할 수 있습니다. ICA는 일반적으로 신호 처리 작업(예: 바쁜 커피 하우스의 오디오 클립에서 개별 음성을 식별하기 위해)에 사용됩니다.

다음은 ICA 수행 코드입니다.

```python
# 독립 성분 분석(ICA)
from sklearn.decomposition import FastICA

n_components = 25
algorithm = 'parallel'
whiten = True
max_iter = 100
random_state = 2018
```

```
fastICA = FastICA(n_components=n_components, algorithm=algorithm,
                  whiten=whiten, max_iter=max_iter, random_state=random_state)

X_train_fastICA = fastICA.fit_transform(X_train)
X_train_fastICA = pd.DataFrame(data=X_train_fastICA, index=train_index)

X_validation_fastICA = fastICA.transform(X_validation)
X_validation_fastICA = pd.DataFrame(data=X_validation_fastICA,
                                    index=validation_index)

scatterPlot(X_train_fastICA, y_train, "Independent Component Analysis")
```

[그림 3-16]은 ICA를 사용한 2차원 산점도를 보여줍니다.

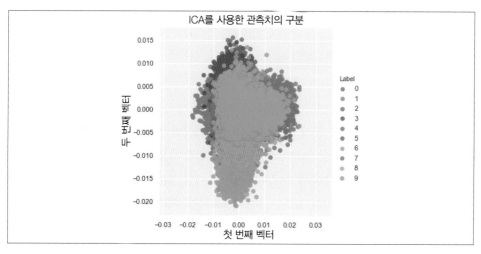

그림 3-16 ICA를 사용한 관측치의 구분

3.12 마치며

이 장에서는 PCA, 랜덤 투영 같은 선형 기법부터 시작해서 다양한 차원 축소 알고리즘을 살펴 봤습니다. 또한, Isomap, MDS, LLE, t-SNE 같은 비선형 기법(매니폴드 학습이라고도 함)

과 사전 학습, ICA 같은 비거리 기반 기법도 다뤘습니다.

차원 축소는 데이터의 내재적 구조를 학습해 데이터셋에서 가장 핵심적인 정보를 낮은 차원의 데이터셋으로 포착하며 레이블을 사용하지 않고 이를 수행합니다. 이러한 알고리즘을 MNIST 데이터셋에 적용함으로써 상위 두 차원만으로 이미지들이 나타내는 손글씨 숫자들을 유의미하게 분리할 수 있었습니다.

이를 통해 우리는 차원 축소의 강력함을 확인했습니다.

4장에서는 이러한 차원 축소 알고리즘을 사용해 응용 비지도 학습 솔루션을 구축할 겁니다. 특히 2장에서 소개한 사기 탐지 예제를 다시 가져와, 이번에는 레이블을 사용하지 않고 사기 거래와 정상 거래를 구분하겠습니다.

이상치 탐지

3장에서는 핵심 차원 축소 알고리즘을 소개하고 MNIST 데이터셋의 가장 중요한 정보를 원본의 784차원보다 훨씬 더 적은 차원으로 추출하는 기능을 살펴봤습니다. 결과적으로 해당 알고리즘은 단지 2차원에서도 레이블을 사용하지 않고 숫자를 의미 있게 구분했습니다. 이것이 바로 레이블 없이도 데이터의 내재된 구조를 학습하고 숨겨진 패턴을 발견하는 비지도 학습 알고리즘의 위력입니다.

이제부터는 차원 축소 기법을 사용해 응용 머신러닝 솔루션을 구축해보겠습니다. 이를 위해 2장에서 소개한 문제로 돌아가서 레이블을 사용하지 않고 신용카드 사기를 탐지하는 시스템을 구축할 겁니다.

사기 행위가 적발될 경우에는 데이터셋에 레이블로 제공돼 사기 탐지에 활용할 수 있으나 현실 세계에서 사기 행위는 적발하지 못하는 경우가 더 많습니다. 더욱이 사기 패턴은 시간이 지나며 변하기 때문에 2장에서 살펴본 (사기) 레이블을 사용해 구축한 지도 학습 시스템은 시간이 지날수록 노후화돼 과거의 사기 패턴은 탐지하지만 새로운 사기 패턴은 탐지하지 못합니다. 이렇게 레이블이 충분하지 않은 상태에서 새롭게 나타나는 사기 패턴에 신속하게 대응하기 위해, 비지도 학습 사기 탐지 시스템이 주목받고 있습니다.

4장에서는 3장에서 살펴본 차원 축소 알고리즘의 일부를 사용해 사기 탐지 솔루션을 구축할 겁니다.

4.1 신용카드 사기 탐지

2장에서 살펴본 신용카드 거래 문제로 다시 돌아가 봅시다.

4.1.1 데이터 준비하기

2장에서 한 것처럼 신용카드 거래 데이터셋을 로드하고 피처 행렬 및 레이블 배열을 생성하고 데이터를 훈련 및 테스트셋으로 분할합니다. 여기서 레이블 데이터는 이상치 탐지에 활용하는 것이 아니라 개발된 사기 탐지 시스템을 평가하는 데 사용할 겁니다.

데이터셋을 다시 요약하면, 신용카드 거래 총 284,807건 중에서 492건은 사기 거래로 포지티브(사기) 레이블은 1로 지정됐습니다. 나머지는 정상 거래이며 네거티브(정상) 레이블은 0입니다.

사기 탐지를 위해 사용할 피처는 30개이며, 거래 시간, 거래 금액, 주성분 28개로 구성됩니다. 데이터셋은 훈련셋(사기 거래 330건을 포함한 190,820건)과 테스트셋(사기 거래 162건을 포함한 나머지 93,987건)으로 분할합니다.

```
# 데이터 로드하기
current_path = os.getcwd()
file = os.path.sep.join(['', 'datasets', 'credit_card_data', 'credit_card.csv'])
data = pd.read_csv(current_path + file)

dataX = data.copy().drop(['Class'], axis=1)
dataY = data['Class'].copy()

featuresToScale = dataX.columns
sX = pp.StandardScaler(copy=True)
dataX.loc[:,featuresToScale] = sX.fit_transform(dataX[featuresToScale])

X_train, X_test, y_train, y_test = \
    train_test_split(dataX, dataY, test_size=0.33, random_state=2018, stratify=dataY)
```

4.1.2 이상치 스코어 함수 정의하기

다음으로, 각 거래가 얼마나 비정상인지를 산출하는 함수를 정의해야 합니다. 사기는 드물게 발생하고 정상 거래 대다수와 다소 다르게 보인다고 가정하면 거래가 비정상일수록 사기일 가능성이 높습니다.

이전 장에서 설명한 바와 같이, 차원 축소 알고리즘은 재구성 오차를 최소화하면서 데이터의 차원을 줄입니다. 즉, 이러한 알고리즘은 가능한 한 축소된 피처셋으로부터 원본 피처셋으로 재구성할 수 있도록 원본 피처의 핵심 정보를 추출하려고 시도합니다. 그러나 기존보다 더 낮은 차원 공간으로 이동하면서 원본 피처의 모든 정보를 추출할 수는 없습니다. 따라서 해당 알고리즘으로 축소된 피처셋을 원본 차원 수로 다시 구성하면 오차가 발생합니다.

이런 맥락에서 신용카드 거래 데이터셋에서는 알고리즘이 모델링하기 가장 어려운 거래, 즉 가장 드물게 발생하고 가장 비정상인 거래에서 가장 큰 재구성 오차가 발생합니다. 사기는 드물고 정상 거래와 다를 수 있으므로 사기 거래는 가장 큰 재구성 오차를 나타내야 할 겁니다. 그럼 이제 이상치 스코어를 재구성 오차로 정의해보겠습니다. 각 거래의 재구성 오차는 원본 피처 행렬과 차원 축소 알고리즘을 사용해 재구성된 행렬 간 차이 제곱 합입니다. 전체 데이터셋에 대한 차이 제곱 합의 최대-최소 범위를 구해서 차이 제곱 합의 범위를 정규화합니다. 이렇게 하면 모든 재구성 오차가 0에서 1 사이의 범위에 놓이게 됩니다.

차이 제곱 합이 가장 큰 거래는 1에 가까운 오차를 갖지만 차이 제곱 합이 가장 작은 거래는 0에 가까운 오차를 갖습니다.

이는 우리에게 이미 익숙한 내용입니다. 2장에서 만든 지도 학습 사기 탐지 솔루션과 마찬가지로 차원 축소 알고리즘은 각 거래에 0과 1 사이의 이상치 스코어를 효과적으로 할당합니다. 0은 정상이고 1은 비정상(사기일 가능성이 가장 높음)입니다.

다음은 이상치 스코어 함수 코드입니다.

```
def anomalyScores(originalDF, reducedDF):
    loss = np.sum((np.array(originalDF)-np.array(reducedDF))**2, axis=1)
    loss = pd.Series(data=loss, index=originalDF.index)
    loss = (loss-np.min(loss))/(np.max(loss)-np.min(loss))
    return loss
```

4.1.3 평가 지표 정의하기

비지도 학습 사기 탐지 솔루션을 구축하기 위해 사기 레이블을 사용하지는 않지만 이 레이블을 사용해 우리가 개발한 비지도 학습 솔루션을 평가할 겁니다. 이 레이블은 해당 솔루션이 알려진 사기 패턴을 얼마나 잘 탐지하는가를 이해하는 데 도움이 될 겁니다.

2장에서와 같이, 평가 지표로 정밀도-재현율 곡선, 평균 정밀도, 수신자 조작 특성 아래의 면적을 사용할 겁니다.

다음은 이러한 결과를 시각화하는 함수입니다.

```python
def plotResults(trueLabels, anomalyScores, returnPreds = False):
    preds = pd.concat([trueLabels, anomalyScores], axis=1)
    preds.columns = ['trueLabel', 'anomalyScore']
    precision, recall, thresholds = \
        precision_recall_curve(preds['trueLabel'], preds['anomalyScore'])
    average_precision = \
        average_precision_score(preds['trueLabel'], preds['anomalyScore'])

    plt.step(recall, precision, color='k', alpha=0.7, where='post')
    plt.fill_between(recall, precision, step='post', alpha=0.3, color='k')

    plt.xlabel('Recall')
    plt.ylabel('Precision')
    plt.ylim([0.0, 1.05])
    plt.xlim([0.0, 1.0])

    plt.title('Precision-Recall curve: Average Precision = {0:0.2f}'
        .format(average_precision))

    fpr, tpr, thresholds = roc_curve(preds['trueLabel'], preds['anomalyScore'])

    areaUnderROC = auc(fpr, tpr)

    plt.figure()
    plt.plot(fpr, tpr, color='r', lw=2, label='ROC curve')
    plt.plot([0, 1], [0, 1], color='k', lw=2, linestyle='--')
    plt.xlim([0.0, 1.0])
    plt.ylim([0.0, 1.05])
    plt.xlabel('False Positive Rate')
    plt.ylabel('True Positive Rate')
    plt.title('Receiver operating characteristic:
```

```
Area under the curve = {0:0.2f}'.format(areaUnderROC))
plt.legend(loc="lower right")
plt.show()

if returnPreds==True:
    return preds
```

> **NOTE_** 사기 레이블과 평가 지표는 비지도 학습 시스템이 알려진 사기 패턴(과거에 탐지돼 레이블이 있는)
> 을 탐지하는 성능이 얼마나 좋은지 평가하는 데 도움이 됩니다. 그러나 비지도 학습 사기 탐지 시스템이 알려
> 지지 않은 사기 패턴을 탐지하는 성능이 얼마나 좋은지는 평가할 수 없습니다. 즉, 금융 회사가 탐지하지 못
> 했기 때문에 데이터셋에는 정상 거래로 잘못 레이블된 사기 거래가 있을 수 있습니다.
>
> 앞서 살펴본 바와 같이, 비지도 학습 시스템은 지도 학습 시스템에 비해 성능을 평가하기가 훨씬 더 어렵습니
> 다. 종종 비지도 학습 시스템의 성능을 기존에 알려진 사기 패턴을 탐지하는 능력으로 판단합니다. 하지만 이
> 는 불완전한 평가 방법입니다. 그보다 과거와 미래 모두에서 알려지지 않은 사기 패턴을 식별하는 성능을 평
> 가하는 것이 더 나은 평가 지표입니다.
>
> 하지만 우리는 시간을 거슬러 돌아갈 수 없습니다. 따라서 알고리즘이 식별한 알려지지 않은 사기 패턴을 평
> 가할 수 없기 때문에 알려진 사기 패턴을 얼마나 잘 탐지하는지에 근거해 평가할 수밖에 없습니다. 비지도 학
> 습 시스템의 결과를 평가할 때는 이러한 한계를 염두에 두는 것이 중요합니다.

4.1.4 시각화 함수 정의하기

차원 축소 알고리즘이 처음 두 개의 차원만으로 데이터 포인트들의 레이블을 구분한 결과를 보
기 위해 앞서 3장에서 만든 산점도 함수를 재사용하겠습니다.

```
def scatterPlot(xDF, yDF, algoName):
    tempDF = pd.DataFrame(data=xDF.loc[:,0:1], index=xDF.index)
    tempDF = pd.concat((tempDF, yDF), axis=1, join="inner")
    tempDF.columns = ["First Vector", "Second Vector", "Label"]
    sns.lmplot(x="First Vector", y="Second Vector", hue="Label",
                data=tempDF, fit_reg=False)
    ax = plt.gca()
    ax.set_title("Separation of Observations using "+algoName)
```

4.2 일반 PCA를 활용한 이상치 탐지

3장에서, 우리는 PCA가 MNIST 데이터셋의 중요한 정보를 원본 차원보다 훨씬 작은 개수의 주성분만으로 추출하는 방법을 살펴봤습니다. 실제로 두 개의 차원만으로 표현된 숫자를 시각적으로 서로 다른 그룹으로 구분할 수 있다는 것을 확인했습니다.

이 개념을 바탕으로 PCA를 사용해 신용카드 거래 데이터셋의 내재된 구조를 학습할 겁니다. 이 구조를 학습한 후 학습된 모델을 사용해 신용카드 거래를 재구성한 다음 재구성된 거래 데이터와 원본 거래 데이터가 얼마나 차이가 나는지 계산합니다. PCA를 통해 재구성이 가장 어려운 거래가 가장 비정상입니다(즉, 사기 거래 가능성이 높습니다).

> **NOTE_** 우리가 보유한 신용카드 거래 데이터셋의 피처들은 이미 PCA의 결과물이라는 것을 기억하십시오. 이것은 금융 회사에서 제공한 겁니다. 그러나 이상 탐지를 위해 이미 치원이 감소된 데이터셋에 PCA를 다시 수행하는 과정에 딱히 특별한 건 없습니다. 우리는 단지 우리에게 주어진 원본 주성분을 원본 피처로 취급할 뿐입니다.
>
> 앞으로 우리는 우리에게 주어진 원본 주성분을 원본 피처로 부를 겁니다. 나중에 언급되는 주성분은 다시 원본 피처가 아니라 PCA 과정에서 도출되는 주성분을 의미합니다.

먼저 일반적인 차원 축소 및 PCA가 이상치 탐지에 어떻게 도움이 되는지 구체적으로 살펴보겠습니다. 앞서 정의한 바와 같이, 이상치 탐지는 재구성 오차에 의존합니다. 우리는 희소 거래(사기 가능성이 가장 높은 거래)의 재구성 오차는 가능한 한 높고 나머지 거래의 재구성 오차는 가능한 한 낮기를 바랍니다.

PCA에서 재구성 오차는 주성분 개수에 크게 좌우되며, 원본 거래 데이터를 재구성하는 데 사용합니다. 주성분이 많을수록 PCA는 원본 거래 데이터의 내재된 구조를 더 잘 학습할 수 있습니다.

그러나 여기에는 균형이 필요합니다. 주성분이 너무 많으면 PCA는 원본 거래 데이터를 너무 쉽게 재구성할 수 있으므로 모든 거래 데이터에 재구성 오차가 최소화됩니다. 주성분이 너무 작다면 PCA는 정상 거래조차 충분히 재구성하지 못할 수도 있습니다.

좋은 사기 탐지 시스템을 구축하기 위해 필요한, 적절한 주성분 개수를 찾아보겠습니다.

4.2.1 원본 차원의 수와 동일한 PCA 주성분 수

먼저, 다음 질문을 생각해봅시다. PCA를 사용해 원본 피처 수와 동일한 개수로 주성분을 생성하면 이상 탐지를 할 수 있을까요?

MNIST 데이터셋에 대한 이전 장의 PCA 예제를 상기하면 대답은 명확해집니다.

주성분의 수가 원본 차원의 수와 같으면 PCA는 주성분을 생성할 때 데이터의 분산/정보를 거의 100% 추출합니다. 따라서 PCA가 주성분으로부터 거래 데이터를 재구성할 때 모든 거래 데이터 즉, 사기 또는 다른 모든 거래에 대한 재구성 오차가 너무 작게 발생합니다. 이렇게 되면 희귀 거래와 일반 거래를 구분할 수 없습니다(즉, 이상치를 제대로 탐지하지 못할 겁니다).

이를 확인하기 위해 PCA를 적용해 원본 피처 수와 동일한 개수의 주성분을 생성하겠습니다 (신용카드 거래 데이터셋의 경우 30개). 사이킷런의 fit_transform 함수를 사용합니다.

우리가 생성한 주성분으로부터 원본 거래 데이터를 재구성하기 위해, 사이킷런의 inverse_transform 함수를 사용합니다.

```
# 주성분 30개
from sklearn.decomposition import PCA

n_components = 30
whiten = False
random_state = 2018

pca = PCA(n_components=n_components, whiten=whiten, random_state=random_state)

X_train_PCA = pca.fit_transform(X_train)
X_train_PCA = pd.DataFrame(data=X_train_PCA, index=X_train.index)

X_train_PCA_inverse = pca.inverse_transform(X_train_PCA)

X_train_PCA_inverse = pd.DataFrame(data=X_train_PCA_inverse, index=X_train.index)
scatterPlot(X_train_PCA, y_train, "PCA")
```

[그림 4-1]은 PCA의 처음 두 주성분을 사용해 거래 데이터를 구분한 결과입니다.

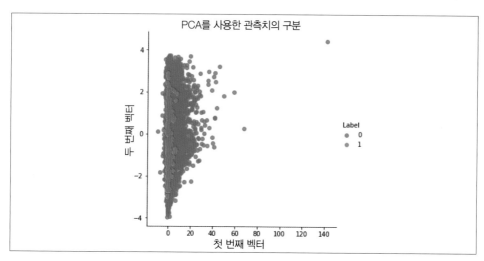

그림 4-1 PCA와 주성분 30개를 사용한 관측치의 구분

이제 정밀도-재현율과 수신자 조작 특성 곡선을 그려보겠습니다.

```
anomalyScoresPCA = anomalyScores(X_train, X_train_PCA_inverse)
preds = plotResults(y_train, anomalyScoresPCA, True)
```

평균 정밀도가 0.11로 사용할 수 없는 사기 탐지 솔루션입니다(그림 4-2). 이 솔루션은 매우 적은 수의 사기만을 탐지합니다.

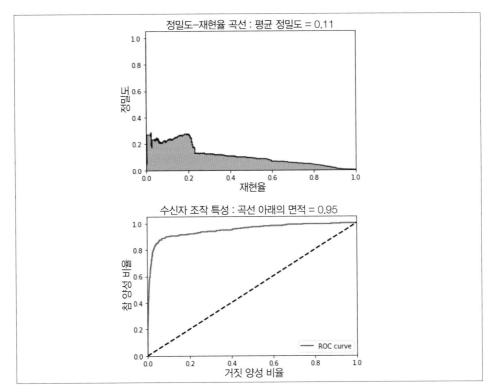

그림 4-2 주성분 30개를 사용한 결과

4.2.2 최적의 주성분 개수 찾기

이제 PCA가 생성하는 주성분의 수를 줄이는 몇 가지 실험을 수행해 사기 탐지 결과를 평가하겠습니다. 우리는 희귀 케이스가 높은 오차를 가지는 PCA 기반 사기 탐지 솔루션이 필요합니다. 이는 정상 케이스로부터 사기 케이스를 의미 있게 구분하도록 합니다. 그러나 모든 거래 데이터의 오차가 너무 낮거나 너무 높을 수는 없기 때문에 드물고 정상 거래는 사실상 구별할 수 없습니다.

깃허브 코드로 몇 가지를 실험해보면 신용카드 거래 데이터셋에서는 주성분 27개가 최적의 수라는 것을 알 수 있습니다.

[그림 4-3]은 PCA의 처음 두 주성분을 사용해 거래 데이터를 구분한 결과입니다.

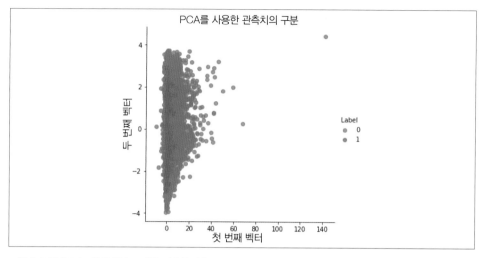

그림 4-3 일반 PCA와 주성분 27개를 사용한 관측치의 구분

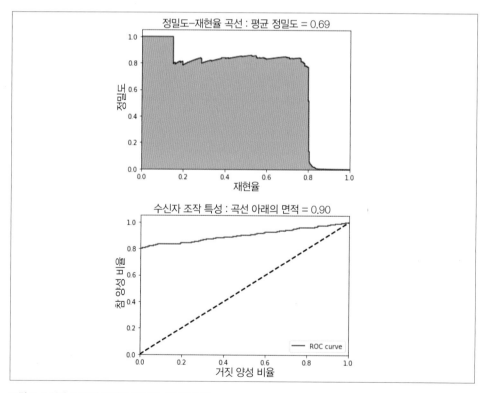

그림 4-4 일반 PCA와 주성분 27개를 사용한 결과

[그림 4-4]는 정밀도-재현율 곡선, 평균 정밀도 및 수신자 조작 특성 곡선을 보여줍니다.

보다시피, 정밀도 75%로 사기 거래의 80%를 탐지할 수 있습니다. 이는 어떤 레이블도 사용하지 않은 점을 감안하면 매우 인상적인 결과입니다. 이 결과를 더 구체화시켜 보겠습니다. 모델링에 사용한 훈련 데이터셋은 총 190,820건이며, 이 중 사기 거래는 단 330건입니다.

PCA를 사용해 거래 데이터 190,820건 각각의 재구성 오차를 계산합니다. 이 결과를 가장 높은 재구성 오차(이상치 스코어라고도 함)가 맨 위로 가도록 내림차순으로 정렬하고 해당 목록에서 거래 상위 350건을 추출하면 그중 264건이 사기 거래인 것을 확인할 수 있습니다.

이를 계산하면 75%의 정밀도입니다. 또한, 350건 중에서 우리가 추출한 거래 264건은 훈련셋을 기준으로 전체 사기 거래의 80%(총 사기 거래 330건 중 264건)를 차지합니다. 우리는 레이블을 사용하지 않고 이러한 결과를 달성했으며, 이것이야말로 진정한 비지도 학습 사기 탐지 솔루션입니다.

이에 대한 코드는 다음과 같습니다.

```
preds.sort_values(by="anomalyScore", ascending=False, inplace=True)
cutoff = 350
predsTop = preds[:cutoff]
print("Precision: ", np.round(predsTop.
        anomalyScore[predsTop.trueLabel==1].count()/cutoff,2))
print("Recall: ", np.round(predsTop.
        anomalyScore[predsTop.trueLabel==1].count()/y_train.sum(),2))
print("Fraud Caught out of 330 Cases:", predsTop.trueLabel.sum())
```

다음은 요약 결과입니다.

```
Precision: 0.75
Recall: 0.8
Fraud Caught out of 330 Cases: 264
```

이 정도만으로도 이미 상당히 좋은 솔루션이지만 다른 차원 축소 방법으로도 사기 탐지 시스템을 개발해봅시다.

4.3 희소 PCA를 활용한 이상치 탐지

이번에는 희소 PCA를 사용해 사기 탐지 솔루션을 설계하겠습니다. 희소 PCA는 일반 PCA와 비슷하지만 밀도가 낮은 버전을 제공합니다. 즉, 희소 PCA는 주성분의 희소 표현을 제공합니다.

우선, 원하는 주성분의 개수를 지정해야 합니다. 그리고 희소 수준을 제어하는 알파[1] 파라미터 값도 설정해야 합니다. 최적의 희소 PCA 사기 탐지 솔루션을 만들기 위해 이 주성분 및 알파 파라미터 값을 다양하게 시뮬레이션해볼 겁니다.

앞에서는 사이킷런에서 일반 PCA의 주성분을 생성하기 위해 fit_transform 함수를 사용했고, 주성분으로부터 원본 차원을 재구성하기 위해 inverse_transform 함수를 사용했습니다. 이 두 함수를 사용해 원본 피처셋과 PCA에서 파생된, 재구성된 피처셋 간 재구성 오차를 계산할 수 있었습니다.

하지만 불행하게도 사이킷런은 희소 PCA에 대한 inverse_transform 함수를 제공하지 않습니다. 따라서 희소 PCA 수행 후 직접 원본 차원으로 재구성해야 합니다.

먼저 주성분 개수는 27개로 설정하고 알파 파라미터는 기본값인 0.0001로 설정해 희소 PCA 행렬을 생성해봅시다.

```
# 희소 PCA
from sklearn.decomposition import SparsePCA

n_components = 27
alpha = 0.0001
random_state = 2018
n_jobs = -1

sparsePCA = SparsePCA(n_components=n_components,
                      alpha=alpha, random_state=random_state, n_jobs=n_jobs)

sparsePCA.fit(X_train.loc[:,:])
X_train_sparsePCA = sparsePCA.transform(X_train)
X_train_sparsePCA = pd.DataFrame(data=X_train_sparsePCA, index=X_train.index)
```

----

1 옮긴이_ 알파 파라미터의 값이 클수록 더 희소한 주성분을 생성합니다.
  https://scikit-learn.org/stable/modules/generated/sklearn.decomposition.SparsePCA.html

```
scatterPlot(X_train_sparsePCA, y_train, "Sparse PCA")
```

[그림 4-5]는 희소 PCA의 산점도를 보여줍니다.

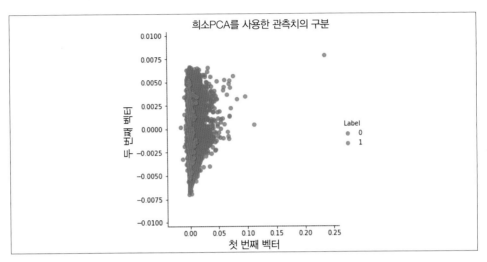

그림 4-5 희소 PCA와 주성분 27개를 사용한 관측치의 구분

이제 사이킷런 라이브러리에서 제공하는 희소 PCA 행렬(샘플 190,820건와 차원 27개)과 희소 PCA 주성분(27x30 행렬)의 간단한 행렬 곱셈을 통해 희소 PCA 행렬로부터 원본 차원을 생성하겠습니다. 이렇게 하면 원래 크기(190,820건x30행렬)의 행렬이 만들어집니다. 또한 이 새로운 행렬에 각 원본 피처의 평균값을 더해야 합니다[2].

이렇게 새로 파생된 역행렬에서 일반 PCA에서와 마찬가지로 재구성 오차(이상치 스코어)를 계산할 수 있습니다.

```
X_train_sparsePCA_inverse = np.array(X_train_sparsePCA).
    dot(sparsePCA.components_) + np.array(X_train.mean(axis=0))
X_train_sparsePCA_inverse =
    pd.DataFrame(data=X_train_sparsePCA_inverse, index=X_train.index)
anomalyScoresSparsePCA = anomalyScores(X_train, X_train_sparsePCA_inverse)
```

---

2 옮긴이_ 일반적으로 PCA에서 주성분을 생성할 때 평균 빼기(혹은 평균 중심화)를 가장 먼저 진행합니다. 따라서 PCA 역변환에서는 마지막에 평균을 더해야 합니다.

```
preds = plotResults(y_train, anomalyScoresSparsePCA, True)
```

이제 정밀도-재현율 곡선과 수신자 조작 특성 곡선을 생성하겠습니다.

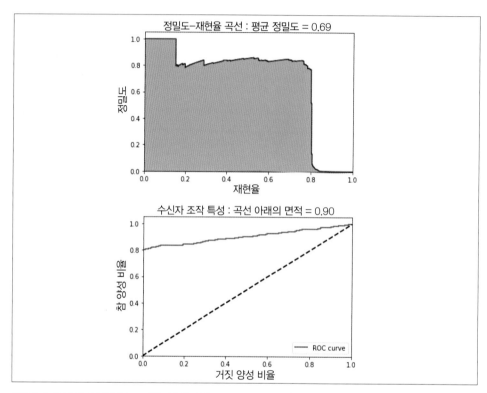

그림 4-6 희소PCA와 주성분 27개를 사용한 결과

[그림 4-6]에서 볼 수 있듯이 결과는 일반 PCA와 동일합니다. 이는 일반 PCA와 희소 PCA가 서로 매우 유사하기 때문일 겁니다. 후자는 전자의 희소한 표현일 뿐입니다.

깃허브 코드를 사용하면 주성분 개수와 알파 파라미터 값을 변경해 실험해볼 수 있습니다. 실험 결과에 따르면 본 예제에서 만든 모델이 가장 좋은 희소 PCA 기반 사기 탐지 솔루션입니다.

4.4 커널 PCA를 활용한 이상치 탐지

이제 커널 PCA를 사용해 사기 탐지 솔루션을 설계하겠습니다. 이 기법은 비선형 계열의 PCA로, 사기 거래가 정상 거래와 선형으로 구분되지 않는 경우에 유용합니다.

먼저, 생성하고자 하는 주성분의 개수, 커널(이전 장에서처럼 RBF 커널을 사용), 감마(기본값이 피처 수의 1/n이므로, 예제에서는 1/30로 설정)를 지정해야 합니다. 또한 사이킷런에서 제공하는 내장 함수인 inverse_transform 함수를 적용하기 위해 fit_inverse_transform의 값을 true로 설정해야 됩니다. 마지막으로, 커널 PCA는 수행 시간이 오래 걸리기 때문에 거래 데이터셋의 처음 2천 개 샘플만 가지고 훈련시킬 겁니다. 비록 이상적인 방법은 아니지만 신속하게 수행할 수 있는 방법입니다.

이 훈련으로 전체 훈련 데이터셋을 변환하고 주성분을 생성할 겁니다. 그런 다음 inverse_transform 함수로 커널 PCA에서 파생된 주성분으로부터 원본 차원을 재생성합니다.

```
# 커널 PCA
from sklearn.decomposition import KernelPCA

n_components = 27
kernel = 'rbf'
gamma = None
fit_inverse_transform = True
random_state = 2018
n_jobs = 1

kernelPCA = KernelPCA(n_components=n_components, kernel=kernel, gamma=gamma,
                      fit_inverse_transform=fit_inverse_transform, n_jobs=n_jobs,
                      random_state=random_state)

kernelPCA.fit(X_train.iloc[:2000])
X_train_kernelPCA = kernelPCA.transform(X_train)
X_train_kernelPCA = pd.DataFrame(data=X_train_kernelPCA, index=X_train.index)

X_train_kernelPCA_inverse = kernelPCA.inverse_transform(X_train_kernelPCA)
X_train_kernelPCA_inverse = pd.DataFrame(data=X_train_kernelPCA_inverse,
                                         index=X_train.index)

scatterPlot(X_train_kernelPCA, y_train, "Kernel PCA")
```

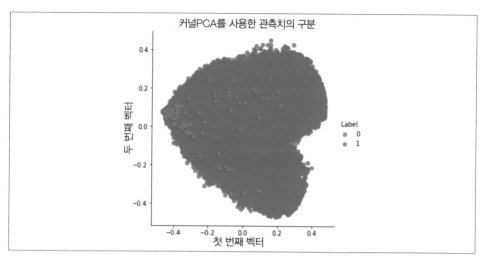

그림 4-7 커널 PCA와 주성분 27개를 사용한 관측치의 구분

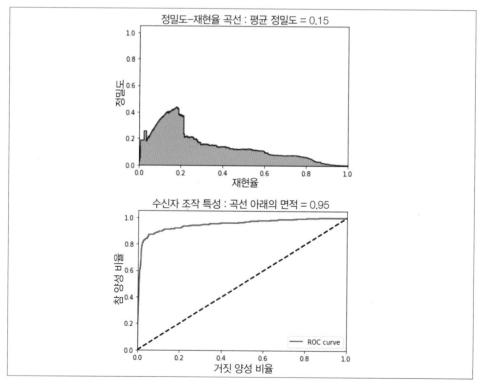

그림 4-8 커널PCA와 주성분 27개를 사용한 결과

[그림 4-7]은 커널 PCA에 대한 산점도를 보여줍니다.

[그림 4-8]에서 볼 수 있듯이 커널 PCA의 결과는 일반 PCA와 희소 PCA의 결과보다 훨씬 나쁩니다. 커널 PCA로 실험해볼 가치는 있지만, 이전 솔루션이 성능이 더 좋았으므로 사기 탐지에는 커널 PCA 솔루션을 사용하지 않을 겁니다.

> **NOTE_** 우리는 SVD를 사용한 이상 탐지 솔루션을 구축하지 않을 겁니다. SVD 솔루션은 일반 PCA 솔루션과 매우 유사하기 때문입니다. PCA와 SVD는 밀접한 관련이 있습니다.
>
> 대신에 랜덤 투영 기반 이상치 탐지로 바로 넘어가 봅시다.

4.5 GRP를 활용한 이상치 탐지

이제 가우시안 랜덤 투영(GRP)을 사용해 사기 탐지 솔루션을 개발하겠습니다. 우리가 원하는 주성분의 개수 또는 존슨-린덴슈트라우스 보조정리에 따라 파생된 임베딩 품질을 제어하는 eps 파라미터를 설정할 수 있습니다.

본 예제에서는 좀 더 명시적인 옵션인 주성분 개수만 설정합니다. 가우시안 랜덤 투영은 속도가 매우 빠릅니다. 따라서 전체 훈련 데이터셋을 훈련시킬 수 있습니다.

희소 PCA와 마찬가지로, 사이킷런에서 제공하는 함수가 없기 때문에 inverse_transform 함수를 직접 구현해야 합니다.

```
# 가우시안 랜덤 투영(GRP)
from sklearn.random_projection import GaussianRandomProjection

n_components = 27
eps = None
random_state = 2018

GRP = GaussianRandomProjection(n_components=n_components,
                              eps=eps, random_state=random_state)

X_train_GRP = GRP.fit_transform(X_train)
```

```
X_train_GRP = pd.DataFrame(data=X_train_GRP, index=X_train.index)

scatterPlot(X_train_GRP, y_train, "Gaussian Random Projection")
```

[그림 4-9]는 가우시안 랜덤 투영에 대한 산점도를 보여줍니다.

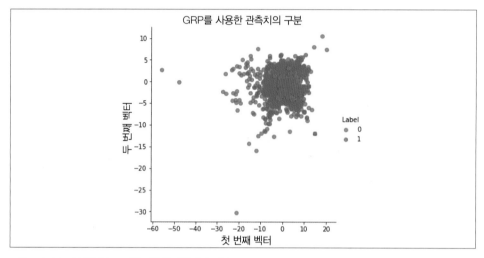

그림 4-9 GRP와 주성분 27개를 사용한 관측치의 구분

[그림 4-10]은 가우시안 랜덤 투영 결과를 나타냅니다.

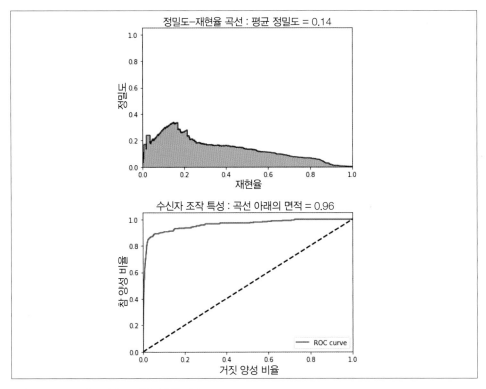

그림 4-10 GRP와 주성분 27개를 사용한 결과

이 역시 결과가 좋지 않으므로 사기 탐지에 가우시안 랜덤 투영을 사용하지 않겠습니다.

4.6 SRP를 활용한 이상치 탐지

이번에는 희소 랜덤 투영(SRP)을 사용해 사기 탐지 솔루션을 설계하겠습니다.

eps 파라미터 대신 (우리가 원하는) 주성분 개수를 설정합니다. 그리고 가우시안 랜덤 투영과 마찬가지로 직접 만든 inverse_transform 함수를 사용해 희소 랜덤 투영으로 추출한 주성분으로부터 원본 차원을 생성합니다.

```
# 희소 랜덤 투영(SRP)
from sklearn.random_projection import SparseRandomProjection
```

```
n_components = 27
density = 'auto'
eps = .01
dense_output = True
random_state = 2018

SRP = SparseRandomProjection(n_components=n_components, density=density, eps=eps,
                             dense_output=dense_output, random_state=random_state)

X_train_SRP = SRP.fit_transform(X_train)
X_train_SRP = pd.DataFrame(data=X_train_SRP, index=X_train.index)

scatterPlot(X_train_SRP, y_train, "Sparse Random Projection")
```

[그림 4-11]은 희소 랜덤 투영에 대한 산점도를 보여줍니다. [그림 4-12]는 희소 랜덤 투영 결과를 나타냅니다.

가우시안 랜덤 투영과 마찬가지로 결과가 좋지 않습니다. 다른 차원 축소 기법으로 이상 탐지 시스템을 계속 구축하겠습니다.

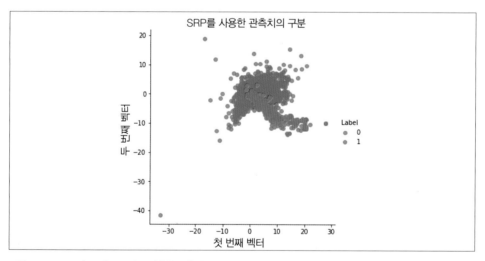

그림 4-11 SRP와 주성분 27개를 사용한 관측치의 구분

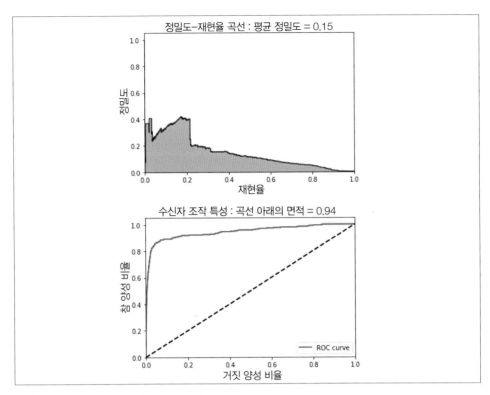

그림 4-12 SRP와 주성분 27개를 사용한 결과

4.7 비선형 이상치 탐지

지금까지 우리는 일반 PCA, 희소 PCA, 가우시안 랜덤 투영, 희소 랜덤 투영과 같은 선형 차원 감소 기법과 비선형 버전의 커널 PCA를 사용해 사기 탐지 솔루션을 개발했습니다. 지금까지는 PCA를 사용한 솔루션이 가장 우수합니다. 오픈 소스 버전의 비선형 차원 감소 알고리즘 대부분은 실행 속도가 매우 느려서 사기 탐지 솔루션에 적합하지 않습니다.

따라서 이 부분은 건너뛰고 비거리 기반 차원 축소 방법인 사전 학습과 독립 성분 분석(ICA)으로 넘어가겠습니다.

4.8 사전 학습을 활용한 이상치 탐지

사전 학습을 사용해 사기 탐지 솔루션을 개발해봅시다. 사전 학습 알고리즘은 원본 데이터로부터 희소 표현을 학습합니다. 학습된 사전의 벡터 가중 합계로 원본 데이터의 각 인스턴스를 재구성할 수 있습니다.

이상 탐지를 위해 사전의 벡터 개수가 원본 차원보다 작도록 과소완전 사전[3]을 학습할 겁니다. 이 제약을 사용하면 더 자주 발생하는 정상 거래를 재구성하는 것은 더 쉬워지고 희귀한 사기 거래를 재구성하는 것은 훨씬 더 어려워집니다.

우선, 벡터(또는 주성분)를 28개 생성합니다. 그리고 사전을 학습시키기 위해 각 배치별 샘플 200개를 가지는 배치 10개를 공급합니다.

여기서도 마찬가지로 우리가 직접 생성한 inverse_transform 함수를 사용해야 합니다.

```python
# 미니-배치 사전 학습
from sklearn.decomposition import MiniBatchDictionaryLearning

n_components = 28
alpha = 1
batch_size = 200
n_iter = 10
random_state = 2018

miniBatchDictLearning = MiniBatchDictionaryLearning(
    n_components=n_components, alpha=alpha, batch_size=batch_size,
    n_iter=n_iter, random_state=random_state)

miniBatchDictLearning.fit(X_train)
X_train_miniBatchDictLearning = \
    miniBatchDictLearning.fit_transform(X_train)
X_train_miniBatchDictLearning = \
    pd.DataFrame(data=X_train_miniBatchDictLearning, index=X_train.index)

scatterPlot(X_train_miniBatchDictLearning, y_train,
        "Mini-batch Dictionary Learning")
```

---

3 옮긴이_ 과소완전 사전은 실제 입력 데이터가 저차원 공간에 있는 설정을 나타냅니다. 완전한 사전은 표현적 관점에서 어떠한 개선도 제공하지 않습니다. 앞에서 원본 차원과 동일한 주성분의 수를 생성하는 것은 이상 탐지에서 의미가 없다는 개념과 동일합니다. https://en.wikipedia.org/wiki/Sparse_dictionary_learning

[그림 4-13]은 사전 학습을 위한 산점도, [그림 4-14]는 사전 학습 결과를 보여줍니다.

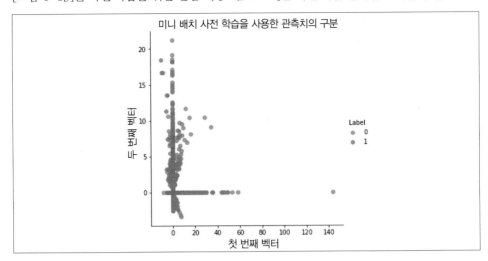

그림 4-13 사전 학습과 주성분 28개를 사용한 관측치의 구분

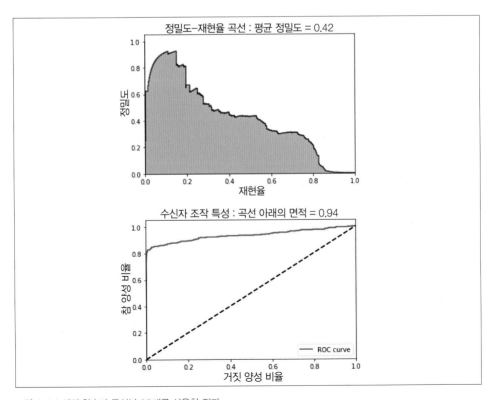

그림 4-14 사전 학습과 주성분 28개를 사용한 결과

이 결과는 커널 PCA, 가우시안 랜덤 투영, 희소 랜덤 투영보다는 훨씬 좋지만 일반 PCA의 결과와는 비교가 되지 않습니다.

깃허브 코드를 사용해 이 솔루션을 개선할 수 있는지 실험해볼 수 있지만 현재로서는 PCA가 신용카드 거래 데이터셋에서 가장 좋은 사기 탐지 솔루션입니다.

4.9 ICA를 활용한 이상치 탐지

마지막으로 독립 성분 분석(ICA)을 사용해 사기 탐지 솔루션을 설계하겠습니다.

우선, 주성분 개수를 27로 설정하겠습니다. 사이킷런은 ICA를 위한 inverse_transform 함수를 제공합니다. 따라서 함수를 직접 생성할 필요가 없습니다.

```python
# 독립 성분 분석(ICA)
from sklearn.decomposition import FastICA

n_components = 27
algorithm = 'parallel'
whiten = True
max_iter = 200
random_state = 2018

fastICA = FastICA(n_components=n_components, algorithm=algorithm,
                  whiten=whiten, max_iter=max_iter, random_state=random_state)

X_train_fastICA = fastICA.fit_transform(X_train)
X_train_fastICA = pd.DataFrame(data=X_train_fastICA, index=X_train.index)

X_train_fastICA_inverse = fastICA.inverse_transform(X_train_fastICA)
X_train_fastICA_inverse = pd.DataFrame(data=X_train_fastICA_inverse,
                                       index=X_train.index)

scatterPlot(X_train_fastICA, y_train, "Independent Component Analysis")
```

[그림 4-15]는 ICA의 산점도를 보여줍니다. [그림 4-16]은 ICA 결과를 보여줍니다.

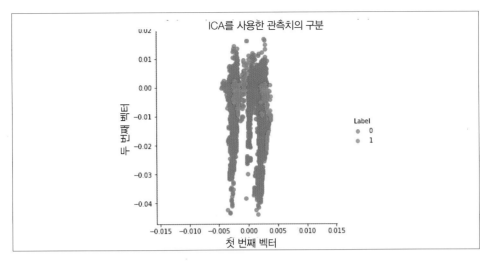

그림 4-15 ICA와 주성분 27개를 사용한 관측치의 구분

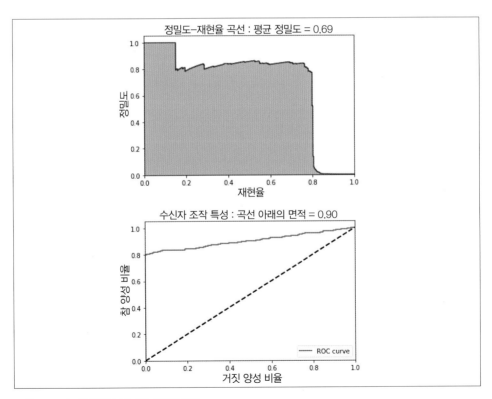

그림 4-16 ICA와 주성분 27개를 사용한 결과

이 결과는 일반 PCA와 동일합니다. ICA를 사용한 사기 탐지 솔루션은 일반 PCA 솔루션과 더불어 지금까지 개발된 최고의 솔루션입니다.

4.10 테스트셋으로 이상치 탐지 성능 평가

이제 사기 탐지 솔루션을 평가하기 위해 새로운 테스트 데이터셋에 적용하겠습니다. 지금까지 개발한 솔루션 중에서 성능이 가장 좋은 일반 PCA, ICA, 사전 학습 이렇게 세 가지 솔루션을 적용할 겁니다. 희소 PCA는 일반 PCA 솔루션과 매우 유사하기 때문에 사용하지 않습니다.

4.10.1 테스트셋으로 일반 PCA의 이상치 탐지 성능 평가하기

일반 PCA부터 시작하겠습니다. 우선 훈련셋에서 학습된 PCA 알고리즘을 테스트셋에 적용합니다. 그런 다음 사이킷런의 inverse_transform 함수를 사용해 테스트셋의 주성분 행렬로부터 다시 원본 차원을 만듭니다.

원본 테스트셋 행렬과 새롭게 재구성된 테스트셋 행렬을 비교해 (앞에서 여러 번 수행한 것처럼) 이상치 스코어를 계산할 수 있습니다.

```
# 테스트셋에 PCA 적용하기
X_test_PCA = pca.transform(X_test)
X_test_PCA = pd.DataFrame(data=X_test_PCA, index=X_test.index)

X_test_PCA_inverse = pca.inverse_transform(X_test_PCA)
X_test_PCA_inverse = pd.DataFrame(data=X_test_PCA_inverse, index=X_test.index)

scatterPlot(X_test_PCA, y_test, "PCA")
```

[그림 4-17]은 테스트셋의 PCA에 대한 산점도를 보여줍니다. [그림 4-18]은 테스트셋의 PCA 결과를 나타냅니다.

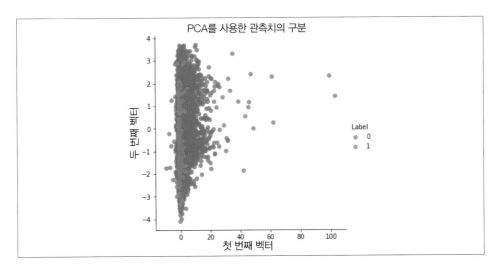

그림 4-17 테스트셋에 PCA와 주성분 27개를 사용한 관측치의 구분

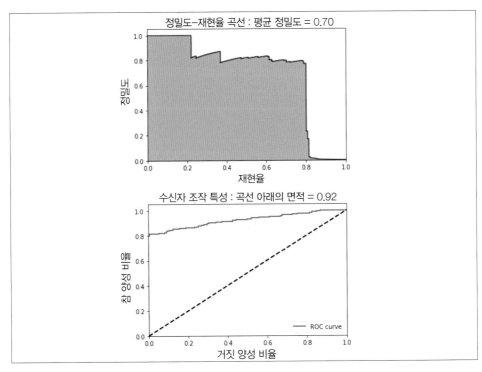

그림 4-18 PCA와 주성분 27개를 테스트셋에 적용한 결과

결과는 매우 인상적입니다. 테스트셋에서 정밀도 80%로 알려진 사기의 80%를 포착할 수 있습니다. 물론, 레이블을 사용하지 않고 개발한 결과입니다[4].

4.10.2 테스트셋으로 ICA의 이상치 탐지 성능 평가하기

이제 독립 성분 분석(ICA)으로 넘어가서 테스트셋에서 사기 탐지를 하겠습니다.

```
# 테스트셋에 독립 성분 분석(ICA) 적용하기
X_test_fastICA = fastICA.transform(X_test)
X_test_fastICA = pd.DataFrame(data=X_test_fastICA, index=X_test.index)

X_test_fastICA_inverse = fastICA.inverse_transform(X_test_fastICA)
X_test_fastICA_inverse = pd.DataFrame(data=X_test_fastICA_inverse,
                                      index=X_test.index)

scatterPlot(X_test_fastICA, y_test, "Independent Component Analysis")
```

[그림 4-19]는 테스트셋의 ICA에 대한 산점도를 보여줍니다. [그림 4-20]은 테스트셋의 ICA 결과를 보여줍니다.

일반 PCA와 동일한 결과가 나왔습니다. 이 역시 매우 인상적입니다.

---

4 옮긴이_ 수신자 조작 특성 곡선 그래프를 보면 약 20%의 거짓 양성 비율(실제 정상 거래 중 사기로 예측한 비율)에서 참 양성 비율(민감도 혹은 재현율)이 약 80% 이상으로 실제 사기의 80% 이상을 포착할 수 있습니다. 사기로 예측한 정상 거래 고객의 불편을 초래하거나 화나게 하는 관점 대비 실제 사기를 포착할 수 있는 비율을 살펴볼 수 있습니다.

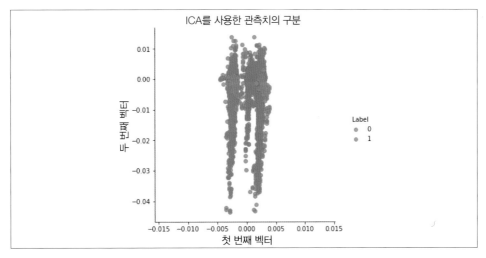

그림 4-19 테스트셋에 ICA와 주성분 27개를 사용한 관측치의 구분

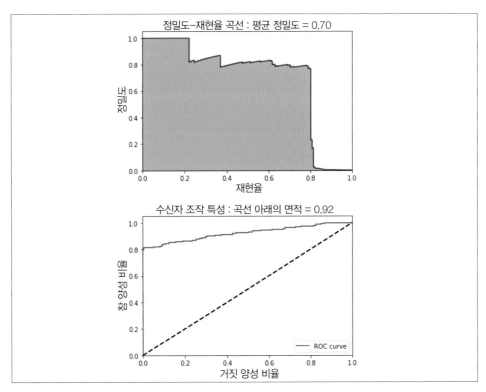

그림 4-20 ICA와 주성분 27개를 테스트셋에 적용한 결과

4.10.3 테스트셋으로 사전 학습의 이상치 탐지 성능 평가하기

이제 일반 PCA와 ICA만큼 좋은 성능을 나타내진 않았지만 마지막으로 살펴볼 가치가 있는 사전 학습으로 돌아가 보겠습니다.

```
X_test_miniBatchDictLearning = miniBatchDictLearning.transform(X_test)
X_test_miniBatchDictLearning =
    pd.DataFrame(data=X_test_miniBatchDictLearning, index=X_test.index)

scatterPlot(X_test_miniBatchDictLearning, y_test, "Mini-batch Dictionary Learning")
```

[그림 4-21]은 테스트셋에 사전 학습을 적용한 산점도입니다. [그림 4-22]는 테스트셋에 사전 학습을 적용한 결과입니다.

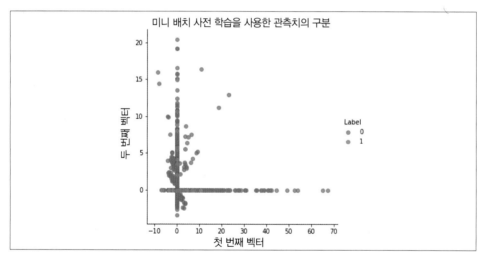

그림 4-21 테스트셋에 사전 학습과 주성분 28개를 사용한 관측치의 구분

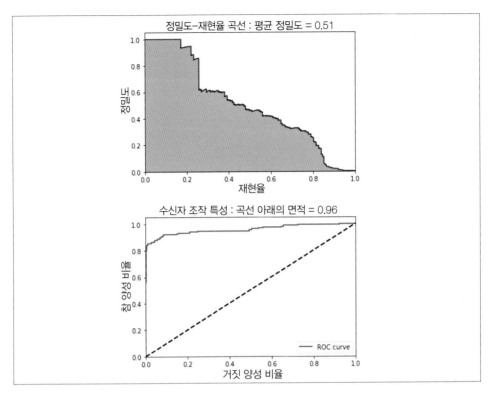

그림 4-22 사전 학습과 주성분 28개를 테스트셋에 적용한 결과

정밀도 20%로 전체 사기의 80%를 잡을 수 있습니다. 이는 최악은 아니지만 일반 PCA와 ICA의 결과와 비교하면 훨씬 못 미칩니다.

4.11 마치며

이번 장에서는 2장의 신용카드 거래 데이터셋에 대한 사기 탐지 솔루션을 개발하기 위해 3장의 핵심 내용인 차원 축소 알고리즘을 사용했습니다.

2장에서는 레이블을 사용해 사기 탐지 솔루션을 구축했지만 이번 장에서는 훈련 과정에서 레이블을 사용하지 않았습니다. 즉, 우리는 비지도 학습을 사용해 응용 사기 탐지 시스템을 구축했습니다.

모든 차원 축소 알고리즘이 신용카드 거래 데이터셋에서 잘 수행되지는 않았지만 일반 PCA와 ICA 두 알고리즘은 월등히 잘 수행됐습니다.

일반 PCA와 ICA는 정밀도 80%로 알려진 사기의 80% 이상을 잡아냈습니다. 이에 비해 2장에서 가장 성능이 뛰어난 지도 학습 기반 사기 탐지 시스템은 정밀도 80%로 알려진 사기의 90% 정도를 잡아냈습니다. 결과적으로 비지도 학습 사기 탐지 시스템과 알려진 사기 패턴을 탐지하는 지도 학습 시스템의 성능 차이는 그리 크지 않았습니다.

비지도 학습 기반 사기 탐지 시스템은 훈련 과정에서 레이블이 필요하지 않으며 변화하는 사기 패턴에 잘 적응합니다. 또한, 이전에 발견되지 않은 사기를 탐지할 수 있습니다. 이러한 추가적인 장점을 감안할 때, 비지도 학습 기반 솔루션은 알려진 사기뿐만 아니라 알려지지 않은 사기 또는 미래의 새로운 사기 패턴을 탐지하는 데 지도 학습 기반 솔루션보다 전반적으로 더 좋은 성능을 발휘할 겁니다. 물론 둘 다 함께 사용하는 것이 가장 좋습니다.

지금까지 차원 축소와 이상치 탐지를 살펴봤습니다. 이제 비지도 학습 분야의 또 다른 주요 개념인 클러스터링을 살펴보겠습니다.

## CHAPTER 5

클러스터링

3장에서는 비지도 학습에서 가장 중요한 차원 축소 알고리즘들을 소개하고 원본 정보를 최대한 축약해서 추출하는 기능을 강조했습니다. 4장에서는 이러한 차원 축소 알고리즘을 사용해 이상 탐지 시스템을 구축했습니다. 특히 레이블을 사용하지 않고 신용카드 사기를 탐지하기 위해 이러한 차원 축소 알고리즘을 적용했습니다. 이 알고리즘은 신용카드 거래의 내재적 구조를 학습한 후 재구성 오차에 근거해, 정상 거래와 희귀하고 잠재적으로 사기 가능성이 높은 거래를 구분했습니다.

이 장에서는 유사성을 기반으로 개체를 함께 그룹화하는 **클러스터링**clustering 기법을 도입해 비지도 학습 개념을 완성하겠습니다. 클러스터링은 레이블을 사용하지 않고 하나의 관측치가 다른 관측치 및 그룹의 데이터와 얼마나 유사한지 비교하는 작업을 수행합니다.

클러스터링 기법은 다양하게 응용할 수 있습니다. 예를 들어 신용카드 사기 탐지에서 클러스터링은 사기 거래들을 함께 그룹화해 정상 거래들과 구분할 수 있습니다. 또는 데이터셋에 레이블이 별로 없는 경우, 클러스터링을 사용해 관측치를 우선 그룹화할 수 있습니다(레이블을 사용하지 않음). 그런 다음 레이블이 지정된 관측치들의 레이블을 동일 그룹 내 나머지 관측치로 전이할 수 있습니다. 이는 **전이 학습**의 한 유형이며, 머신러닝에서 빠르게 성장하는 분야입니다.

온라인 및 소매 쇼핑, 마케팅, 소셜 미디어, 영화, 음악, 책, 데이트 추천 시스템 등과 같은 분야에서 클러스터링은 사용자의 행동을 기반으로 유사한 사람들을 함께 그룹화할 수 있습니다. 이렇게 그룹이 만들어지면 비즈니스 업무 담당자는 그들의 사용자 집단에 대해 더 나은 통찰력을 얻을 수 있으며 각 그룹에 맞는 목표와 비즈니스 전략을 수립할 수 있습니다.

차원 축소 편과 같이, 이 장에서는 우선 개념을 소개하고 다음 장에서 응용 비지도 학습 솔루션을 구축할 겁니다.

5.1 MNIST 데이터셋

신속한 진행을 위해 3장에서 소개한 숫자 이미지 MNIST 데이터셋을 계속 사용할 겁니다.

5.1.1 데이터 준비하기

우선 필요한 라이브러리를 로드합니다.

```python
# 라이브러리 불러오기
'''메인 라이브러리'''
import numpy as np
import pandas as pd
import os, time
import pickle, gzip


'''시각화 관련 라이브러리'''
import matplotlib.pyplot as plt
import seaborn as sns
color = sns.color_palette()
import matplotlib as mpl

%matplotlib inline


'''데이터 준비 및 모델 평가 관련 라이브러리'''
from sklearn import preprocessing as pp
from sklearn.model_selection import train_test_split
from sklearn.metrics import precision_recall_curve, average_precision_score
from sklearn.metrics import roc_curve, auc, roc_auc_score
```

다음으로 데이터셋을 로드하고 팬더스 데이터 프레임을 생성합니다.

```python
# 데이터 로드하기
current_path = os.getcwd()
file = os.path.sep.join(['', 'datasets', 'mnist_data', 'mnist.pkl.gz'])

f = gzip.open(current_path+file, 'rb')
train_set, validation_set, test_set = pickle.load(f, encoding='latin1')
f.close()

X_train, y_train = train_set[0], train_set[1]
X_validation, y_validation = validation_set[0], validation_set[1]
X_test, y_test = test_set[0], test_set[1]

# 데이터셋으로부터 팬더스 데이터 프레임 생성하기
train_index = range(0, len(X_train))
validation_index = range(len(X_train), len(X_train)+len(X_validation))
test_index = range(len(X_train)+len(X_validation),
                   len(X_train)+len(X_validation)+len(X_test))

X_train = pd.DataFrame(data=X_train, index=train_index)
y_train = pd.Series(data=y_train, index=train_index)

X_validation = pd.DataFrame(data=X_validation, index=validation_index)
y_validation = pd.Series(data=y_validation, index=validation_index)

X_test = pd.DataFrame(data=X_test, index=test_index)
y_test = pd.Series(data=y_test, index=test_index)
```

5.2 클러스터링 알고리즘

클러스터링을 수행하기 전에 PCA를 사용해 데이터의 차원을 줄입니다. 3장에서 볼 수 있듯 차원 축소 알고리즘은 데이터셋의 크기를 줄이면서 원본 데이터의 핵심 정보를 추출합니다.

고차원에서 저차원으로 이동하면서 데이터셋의 노이즈를 최소화합니다. 차원 축소 알고리즘(이 경우 PCA)은 원본 데이터의 가장 중요한 정보를 추출해야 하므로 자주 발생하지 않는 요소(데이터셋의 노이즈와 같은)에 집중할 수 없기 때문입니다.

차원 축소 알고리즘은 데이터의 내재적 구조를 학습하는 데 매우 강력하다는 것을 상기하십시오. 우리는 이미 3장에서 차원 축소 후 두 차원만으로 표현된 MNIST 숫자 이미지를 의미 있게 구분할 수 있다는 것을 확인했습니다.

MNIST 데이터셋에 다시 PCA를 적용합니다.

```python
# 주성분 분석(PCA)
from sklearn.decomposition import PCA

n_components = 784
whiten = False
random_state = 2018

pca = PCA(n_components=n_components, whiten=whiten, random_state=random_state)

X_train_PCA = pca.fit_transform(X_train)
X_train_PCA = pd.DataFrame(data=X_train_PCA, index=train_index)
```

비록 차원의 개수는 줄이지 않았지만 추후 클러스터링 단계에서 사용할 주성분 개수를 지정해 차원을 효과적으로 줄일 수 있습니다.

이제 클러스터링으로 넘어가겠습니다. 이제부터 세 가지 주요 클러스터링 알고리즘인 **k-평균**, **계층적 클러스터링, 노이즈 응용 밀도 기반 공간 클러스터링**(DBSCAN)을 각각 소개하고 상세히 살펴보겠습니다.

5.3 k-평균

클러스터링의 목적은 그룹 내 관측치는 서로 유사하지만 다른 그룹의 관측치와는 다르게 구별되는 그룹을 데이터셋에서 식별하는 겁니다. k-평균 클러스터링은 우리가 원하는 군집 개수인 k를 설정하면, 알고리즘은 각 관측치를 정확히 k개 군집 중 하나에 할당합니다. 알고리즘은 **군집 내 분산**within-cluster variation(**관성**이라고도 함)을 최소화해 그룹을 최적화합니다. 즉 모든 k개 군집별 군집 내 분산의 합이 가능한 한 작아지도록 합니다.

k-평균 클러스터링은 실행할 때마다 군집 할당 결과가 약간씩 달라질 수 있습니다. 클러스터링 시작 단계에서 각 관측치를 k개 군집 중 하나에 랜덤하게 할당하기 때문입니다. k-평균은

이렇게 랜덤 초기화함으로써 클러스터링을 빠르게 수행합니다. 이 랜덤 초기화 후에 각 관측치와 군집의 **중심점** 또는 **중심** 간 유클리드 거리를 최소화하도록 관측치를 다른 군집에 재할당합니다. 이 랜덤 초기화는 바로 k-평균을 실행할 때마다 군집 할당 결과가 약간씩 달라지는 무작위성의 원천입니다.

일반적으로 k-평균 알고리즘은 여러 번 실행해서 모든 k개 군집의 군집 내 분산의 총합이 가장 낮도록 제일 잘 분류한 실행 결과를 선택합니다.

5.3.1 k-평균 관성

이제 본격적으로 k-평균 알고리즘을 살펴봅시다. 기본적으로 설정해야 하는 항목은 만들려는 군집의 수(n_cluster), 초기화 횟수(n_init), 최대 반복 횟수(max_iter), 수렴 허용 오차(tol)입니다. 여기에서 최대 반복 횟수는 **관성**을 최소화하기 위해 관측치를 재할당하기 위한 최대 알고리즘 반복 실행 횟수를 의미합니다.

초기화 횟수(10), 최대 반복 횟수(300), 허용 오차(0.0001)는 기본값을 사용합니다. 그리고 지금은 PCA(cutoff)의 처음 100개 주성분을 사용할 겁니다. 설정한 군집 수가 관성 척도에 어떤 영향을 미치는지 테스트하기 위해 군집 개수를 2에서 20까지 조정하면서 k-평균을 실행하고 각 관성을 기록하겠습니다.

다음은 실행 코드입니다.

```
# k-평균 - 군집 수 변화에 따른 관성
from sklearn.cluster import KMeans

n_clusters = 10
n_init = 10
max_iter = 300
tol = 0.0001
random_state = 2018
n_jobs = 2

kMeans_inertia = pd.DataFrame(data=[], index=range(2,21), columns=['inertia'])
for n_clusters in range(2,21):
    kmeans = KMeans(n_clusters=n_clusters, n_init=n_init, max_iter=max_iter,
                tol=tol, random_state=random_state, n_jobs=n_jobs)
```

```
    cutoff = 99
    kmeans.fit(X_train_PCA.loc[:,0:cutoff])
    kMeans_inertia.loc[n_clusters] = kmeans.inertia_
```

[그림 5-1]을 보면 군집 수가 증가함에 따라 관성이 감소합니다. 이는 군집이 많을수록 각 군집 내 관측치 간 동질성이 커진다는 의미입니다. 그러나 군집 개수는 적을수록 작업하기가 더 쉬워집니다. 따라서 k-평균을 실행할 때 적절한 군집 수를 찾는 것이 중요합니다.

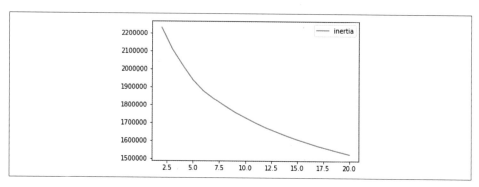

그림 5-1 군집 수 2~20에 대한 k-평균 관성

5.3.2 클러스터링 결과 평가하기

k-평균 군집이 어떻게 작동하는지(작동 원리), 어떻게 군집 수가 증가할수록 더욱 동질한 군집이 생성되는지 알아봅시다. 이를 위해 각 실험 결과를 분석하는 함수를 정의해보겠습니다. 클러스터링 알고리즘이 생성한 군집은 clusterDF라는 팬더스 데이터 프레임에 저장됩니다.

우선 각 군집의 할당된 관측치 개수를 계산해 countByCluster라는 팬더스 데이터 프레임에 저장합시다.

```
def analyzeCluster(clusterDF, labelsDF):
    countByCluster =
        pd.DataFrame(data=clusterDF['cluster'].value_counts())
    countByCluster.reset_index(inplace=True, drop=False)
    countByCluster.columns = ['cluster', 'clusterCount']
```

다음으로, labelsDF를 호출해서 실제 레이블 배열과 clusterDF 를 병합합니다.

```
preds = pd.concat([labelsDF, clusterDF], axis=1)
preds.columns = ['trueLabel', 'cluster']
```

그리고 훈련셋에 있는 실제 레이블 데이터 개수를 계산해봅시다(물론 개수가 변경되지는 않겠지만 알고 있으면 좋습니다).

```
countByLabel = pd.DataFrame(data=preds.groupby('trueLabel').count())
```

이제 각 군집에 대해 군집 내 각 고유 레이블(숫자)별 관측치 수를 계산합니다. 예를 들어, 한 군집에 관측치가 총 3,000개 있는 경우 그중 (이미지) 숫자 2가 총 2,000개, 숫자 1은 500개, 숫자 0은 300개, 나머지 숫자 9는 200개입니다.

이렇게 계산한 후 각 군집별 가장 자주 발생하는 숫자의 개수를 저장합니다. 위 예제의 군집에서는 2,000을 저장합니다.

```
countMostFreq =
    pd.DataFrame(data=preds.groupby('cluster').agg(
                    lambda x:x.value_counts().iloc[0]))
countMostFreq.reset_index(inplace=True, drop=False)
countMostFreq.columns = ['cluster', 'countMostFrequent']
```

그런 다음 각 군집 내 관측치들이 얼마나 밀접하게 그룹화됐는가에 따라 각 클러스터링 실행별로 성공 여부를 판단합니다. 예를 들어, 위에서 예로 든 군집은 관측치 총 3,000개 중 동일한 레이블의 관측치가 2,000개입니다.

서로 유사한 관측치를 같은 군집으로 그룹화하고 유사하지 않은 관측치는 제외하는 것이 이상적이기 때문에 이 군집은 훌륭하다고 할 수 없습니다.

마지막으로 군집의 전체 정확도를 정의해봅시다. 군집의 전체 정확도는 모든 군집별로 가장 자주 발생하는 관측치 개수의 합을 훈련셋의 총 관측치 개수(예: 50,000)로 나눈 값으로 정의합니다.

```
accuracyDF = countMostFreq.merge(countByCluster,
                            left_on="cluster", right_on="cluster")
overallAccuracy = accuracyDF.countMostFrequent.sum()/ accuracyDF.clusterCount.sum()
```

이제 우리는 군집별로 정확도를 평가할 수 있습니다.

```
accuracyByLabel = accuracyDF.countMostFrequent/ accuracyDF.clusterCount
```

간편히 작업하기 위해, 깃허브에 이 모든 코드를 하나의 함수로 정의해서 올려놨습니다.

5.3.3 k-평균 정확도

이제 우리가 이전에 설계한 실험을 직접 실행하겠습니다. 하지만 기존의 관성을 계산하는 대신
이전에 MNIST 데이터셋 예제에서 정의한 정확도 척도를 기반으로 군집의 전체 동질성을 계산
할 겁니다.

```
# k-평균 - 군집 수 변화에 따른 정확도

n_clusters = 5
n_init = 10
max_iter = 300
tol = 0.0001
random_state = 2018
n_jobs = 2

kMeans_inertia =
    pd.DataFrame(data=[], index=range(2,21), columns=['inertia'])
overallAccuracy_kMeansDF =
    pd.DataFrame(data=[], index=range(2,21), columns=['overallAccuracy'])

for n_clusters in range(2,21):
    kmeans = KMeans(n_clusters=n_clusters, n_init=n_init, max_iter=max_iter,
                    tol=tol, random_state=random_state, n_jobs=n_jobs)
    cutoff = 99
    kmeans.fit(X_train_PCA.loc[:,0:cutoff])
    kMeans_inertia.loc[n_clusters] = kmeans.inertia_
    X_train_kmeansClustered = kmeans.predict(X_train_PCA.loc[:,0:cutoff])
    X_train_kmeansClustered =
```

```
        pd.DataFrame(data=X_train_kmeansClustered, index=X_train.index,
                columns=['cluster'])

    countByCluster_kMeans, countByLabel_kMeans, countMostFreq_kMeans, \
        accuracyDF_kMeans, overallAccuracy_kMeans, accuracyByLabel_kMeans \
        = analyzeCluster(X_train_kmeansClustered, y_train)

    overallAccuracy_kMeansDF.loc[n_clusters] = overallAccuracy_kMeans
```

[그림 5-2]는 다양한 군집 수별 전체 정확도 추이를 보여줍니다.

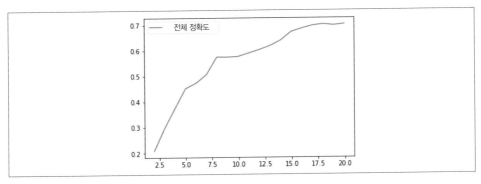

그림 5-2 군집 수 2~20에 대한 k-평균 정확도

[그림 5-2]를 보면, 클러스터 수가 증가함에 따라 정확도가 향상됩니다. 즉, 클러스터 수가 증가함에 따라 각 군집은 더욱 작고 밀접하게 형성되기 때문에 클러스터가 더욱 동질해집니다.

군집별 정확도는 상당히 다양합니다. 일부 군집은 높은 수준의 동질성을 나타내고 다른 군집은 낮은 수준의 동질성이 보입니다. 예를 들어 일부 군집에서는 이미지의 90% 이상이 같은 숫자이며 다른 군집에서는 이미지의 50% 미만만 같은 숫자입니다.

```
0       0.636506
1       0.928505
2       0.848714
3       0.521805
4       0.714337
5       0.950980
6       0.893103
7       0.919040
```

```
8     0.404707
9     0.500522
10    0.381526
11    0.587680
12    0.463382
13    0.958046
14    0.870888
15    0.942325
16    0.791192
17    0.843972
18    0.455679
19    0.926480
dtype: float64
```

5.3.4 k-평균과 주성분 개수

이제 다른 실험을 해보겠습니다. 이번에는 클러스터링 알고리즘이 사용하는 주성분 개수에 따라 군집의 동질성(정확도)에 어떤 영향을 미치는지 평가해봅시다.

이전 실험에서는 일반 PCA에서 파생된 주성분 100개를 사용했습니다. MNIST 데이터셋의 원본 차원 수는 784개입니다. PCA가 데이터의 내재적 구조를 최대한 잘 축약해서 추출하면 클러스터링 알고리즘은 일부 주성분을 사용하든 더 많은 주성분을 사용하든 관계없이 유사한 이미지를 쉽게 그룹화할 수 있습니다. 즉, 클러스터링은 주성분을 100개 또는 수백 개 사용할 때처럼 10개 또는 50개 사용해도 잘 수행돼야 합니다.

이 가설을 테스트하겠습니다. 먼저 클러스터링 알고리즘에 주성분을 10, 50, 100, 200, 300, 400, 500, 600, 700, 784개 적용시킨 후 각 군집 실험의 정확도를 측정할 겁니다. 그런 다음 그 결과를 시각화해 주성분 개수의 변화가 군집 정확도에 어떤 영향을 미치는지 확인하겠습니다.

```
# k-평균 - 주성분 수 변화에 따른 정확도

n_clusters = 20
n_init = 10
max_iter = 300
tol = 0.0001
```

```
random_state = 2018
n_jobs = 2

kMeans_inertia = pd.DataFrame(data=[], index=[9, 49, 99, 199,
                299, 399, 499, 599, 699, 784], columns=['inertia'])

overallAccuracy_kMeansDF = pd.DataFrame(data=[], index=[9, 49, 99, 199,
                299, 399, 499, 599, 699, 784], columns=['overallAccuracy'])

for cutoffNumber in [9, 49, 99, 199, 299, 399, 499, 599, 699, 784]:
    kmeans = KMeans(n_clusters=n_clusters, n_init=n_init, max_iter=max_iter,
                tol=tol, random_state=random_state, n_jobs=n_jobs)

    cutoff = cutoffNumber
    kmeans.fit(X_train_PCA.loc[:,0:cutoff])
    kMeans_inertia.loc[cutoff] = kmeans.inertia_
    X_train_kmeansClustered = kmeans.predict(X_train_PCA.loc[:,0:cutoff])
    X_train_kmeansClustered = pd.DataFrame(data=X_train_kmeansClustered,
                                index=X_train.index, columns=['cluster'])

    countByCluster_kMeans, countByLabel_kMeans, countMostFreq_kMeans,
        accuracyDF_kMeans, overallAccuracy_kMeans, accuracyByLabel_kMeans
        = analyzeCluster(X_train_kmeansClustered, y_train)

    overallAccuracy_kMeansDF.loc[cutoff] = overallAccuracy_kMeans
```

[그림 5-3]은 주성분 개수에 따른 군집 정확도를 나타냅니다.

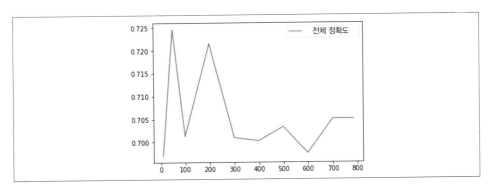

그림 5-3 주성분 개수에 따른 k–평균 정확도 분포

이 결과는 우리의 가설을 잘 설명해줍니다. 주성분 개수가 10에서 784까지 다양하게 변하지만 군집 정확도는 안정적이고 일관되게 약 70%를 유지합니다. 이것이 바로 차원 축소된 데이터셋에서 클러스터링을 수행해야 하는 이유입니다. 일반적으로 클러스터링 알고리즘은 차원 축소된 데이터셋에서는 실행 시간 및 클러스터링 정확도 측면에서 더 잘 수행됩니다.

MNIST 데이터셋과 같이 원본의 차원 수가 784개 정도라면 클러스터링 알고리즘에서 처리할 수 있습니다. 하지만 만약 원본 데이터셋이 수천 또는 수백만 차원이라고 상상해봅시다. 이러한 시나리오에서는 클러스터링을 수행하기 전에 차원을 먼저 줄여야 합니다.

5.3.5 원본 데이터셋에서 k-평균 실행하기

이 점을 명확히 하기 위해 원본 데이터셋에서 클러스터링을 수행하고 알고리즘에서 사용하는 차원의 개수가 클러스터링 정확도에 어떤 영향을 미치는지 측정하겠습니다.

이전 섹션에서 PCA로 축소된 데이터셋의 경우 클러스터링 알고리즘에서 사용하는 주성분의 개수가 달라져도 군집 정확도는 거의 70%로 안정적이고 일관되게 유지됩니다. 원본 데이터셋에서도 그럴까요?

```
# k-평균 - 주성분 수 변화에 따른 정확도
# 원본 MNIST 데이터셋(PCA로 축소되지 않은)

n_clusters = 20
n_init = 10
max_iter = 300
tol = 0.0001
random_state = 2018
n_jobs = 2

kMeans_inertia = pd.DataFrame(data=[], index=[9, 49, 99, 199,
                299, 399, 499, 599, 699, 784], columns=['inertia'])

overallAccuracy_kMeansDF = pd.DataFrame(data=[], index=[9, 49, 99, 199,
                299, 399, 499, 599, 699, 784], columns=['overallAccuracy'])

for cutoffNumber in [9, 49, 99, 199, 299, 399, 499, 599, 699, 784]:
    kmeans = KMeans(n_clusters=n_clusters, n_init=n_init, max_iter=max_iter,
                tol=tol, random_state=random_state, n_jobs=n_jobs)
```

```
cutoff = cutoffNumber
kmeans.fit(X_train.loc[:,0:cutoff])
kMeans_inertia.loc[cutoff] = kmeans.inertia_
X_train_kmeansClustered = kmeans.predict(X_train.loc[:,0:cutoff])
X_train_kmeansClustered = pd.DataFrame(data=X_train_kmeansClustered,
                                    index=X_train.index, columns=['cluster'])

countByCluster_kMeans, countByLabel_kMeans, countMostFreq_kMeans,
    accuracyDF_kMeans, overallAccuracy_kMeans, accuracyByLabel_kMeans
    = analyzeCluster(X_train_kmeansClustered, y_train)

overallAccuracy_kMeansDF.loc[cutoff] = overallAccuracy_kMeans
```

[그림 5-4]는 원본 차원 개수에 따른 군집 정확도를 보여줍니다.

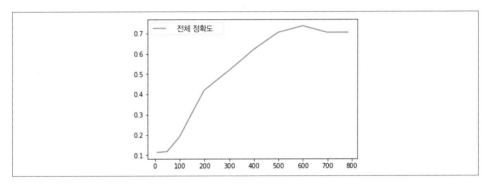

그림 5-4 원본 차원 수에 따른 k-평균 정확도

그림과 같이 군집 정확도는 낮은 차원에서는 매우 좋지 않지만 차원 수가 600개로 증가하면서 거의 70%에 이릅니다.

PCA의 주성분을 사용했을 때 군집 정확도는 10차원에서도 약 70%였습니다. 이는 원본 데이터셋에서 핵심 정보를 함축적으로 추출하는 차원 축소의 힘을 입증한 셈입니다.

5.4 계층적 클러스터링

이제 **계층적 클러스터링**이라는 두 번째 클러스터링 기법으로 넘어가보겠습니다. 이 기법은 특정한 군집의 개수를 사전에 설정하지 않습니다. 대신 계층적 클러스터링 실행이 종료되면 우리가 원하는 군집의 개수를 선택할 수 있습니다.

계층적 클러스터링 알고리즘은 데이터셋의 관측치를 사용해 **덴드로그램**을 만듭니다. 덴드로그램은 트리 잎이 아래쪽에 있고 나무 줄기가 맨 위에 있는 뒤집힌 트리로 나타낼 수 있습니다.

맨 아래 잎은 데이터셋의 개별 인스턴스입니다. 계층적 클러스터링은 서로 얼마나 유사한지에 따라 뒤집힌 트리를 수직 위로 이동하면서 잎을 결합시킵니다. 서로 가장 유사한 인스턴스(또는 인스턴스 그룹)는 더욱 빨리 결합하고 유사하지 않은 인스턴스는 나중에 결합합니다.

이러한 과정이 반복되면서 모든 인스턴스는 결국 트리의 단일 줄기를 형성하면서 서로 합쳐집니다.

이 수직 그래프는 매우 유용합니다. 계층적 클러스터링 알고리즘이 실행되면 덴드로그램을 보고 트리를 잘라낼 위치를 결정할 수 있습니다. 더 낮은 곳을 잘라낼수록 개별 가지(즉, 군집)가 더 많이 남습니다. 군집 수를 줄이려면 덴드로그램에서 더 높은 곳을 자르면 됩니다. 군집 수를 줄일수록 뒤집힌 트리의 가장 위에 있는 단일 줄기에 더 가까워집니다.

이러한 수직 절단 위치는 k-평균 클러스터링 알고리즘에서 군집 수 k를 선택하는 것과 유사합니다.

5.4.1 병합 계층적 클러스터링

우리가 살펴볼 계층적 클러스터링 버전은 **병합 클러스터링**입니다. 사이킷런에 이를 위한 라이브러리가 있지만 실행 속도가 매우 느립니다. 대신 fastcluster라는 다른 버전의 계층적 클러스터링을 사용할 겁니다. 이 패키지는 Python/SciPy 인터페이스를 제공하는 C++ 라이브러리입니다[1].

이 패키지에서 사용할 주요 함수는 fastcluster.linkage_vector입니다. 이 함수를 실행하

---

1 fastcluster에 대한 자세한 내용은 해당 프로젝트 웹 페이지를 확인하십시오. https://pypi.org/project/fastcluster

기 위해서는 훈련 행렬 X, **방법**method, **척도**msetric를 비롯한 여러 개의 인수가 필요합니다. 방법은 single, centroid, median, 또는 ward로 지정[2]할 수 있으며 덴드로그램에서 새 노드로부터 다른 노드까지의 거리를 결정하는 데 사용할 군집 체계를 설정합니다. 척도는 대부분 euclidean으로 설정하면 됩니다. 특히, 방법이 centroid, median, 또는 ward인 경우에는 반드시 euclidean으로 설정해야 됩니다. 관련 인수를 더 알아보려면 fastcluster 문서를 참조하십시오.

이제 계층적 클러스터링 알고리즘을 설정해봅시다. 이전과 마찬가지로 PCA를 통해 축소된 MNIST 데이터셋에서 처음 100개 주성분으로 알고리즘을 훈련시킬 겁니다. 방법은 지금까지 실험한 것 중 성능이 가장 좋은 ward로 설정하고 척도는 euclidean으로 설정합니다.

여기서 ward는 **와드의 최소 분산 방법**Ward's minimum variance method을 의미합니다. 이 방법을 더 알아보려면 온라인 링크(https://en.wikipedia.org/wiki/Ward's_method)를 참조하세요. 계층적 클러스터링에서 와드를 사용하는 것은 기본 선택사항으로 좋습니다. 다만 항상 그렇듯이 실전에서 적용할 특정 데이터셋으로 실험하는 것이 가장 좋습니다.

```
import fastcluster
from scipy.cluster.hierarchy import dendrogram, cophenet
from scipy.spatial.distance import pdist

cutoff = 99
Z = fastcluster.linkage_vector(X_train_PCA.loc[:,0:cutoff],
                               method='ward', metric='euclidean')
Z_dataFrame = pd.DataFrame(data=Z,
                  columns=['clusterOne','clusterTwo','distance','newClusterSize'])
```

계층적 클러스터링 알고리즘은 행렬 Z를 반환합니다. 이 알고리즘은 50,000개 MNIST 데이터셋의 각 관측치를 단일 포인트 군집으로 처리하고 각 반복 훈련마다 알고리즘은 최소 거리를 가진 두 군집을 병합합니다.

이 알고리즘은 처음에는 단지 단일 포인트 군집 간 병합을 시도하지만 계속 진행됨에 따라 다

---

2   옮긴이_ 계층적 클러스터링 방법에는 군집 간 거리를 측정하는 방법에 따라 단일 연결법(single), 중심 연결법(centroid), 중위수 연결법(median) 등이 있습니다. 단일 연결법은 각 군집에 속하는 임의의 개체들 간 거리 중 최단거리를, 중심 연결법은 각 군집에 중심점 간 거리를, 중위수 연결법은 각 군집에 속하는 임의의 개체들 간 거리 중 중위수로 군집 간 거리로 정의합니다. 와드 연결법(ward)은 각 군집별로 구성 가능한 모든 분산을 구하고 분산이 가장 작은 군집으로 클러스터링을 진행합니다.

중 포인트 군집과 단일 포인트 또는 다중 포인트 군집 간 병합을 합니다. 결국 이러한 반복 프로세스로 모든 클러스터가 함께 병합돼 뒤집힌 트리(덴드로그램)의 줄기를 형성합니다.

5.4.2 덴드로그램

[표 5-1]은 클러스터링 알고리즘이 생성한 Z행렬과 알고리즘 수행 결과를 보여줍니다.

표 5-1 계층적 클러스터링의 Z행렬(처음 몇 행)

	clusterOne	clusterTwo	distance	newClusterSize
0	42194.0	43025.0	0.562682	2.0
1	28350.0	37674.0	0.590866	2.0
2	26696.0	44705.0	0.621506	2.0
3	12634.0	32823.0	0.627762	2.0
4	24707.0	43151.0	0.637668	2.0
5	20465.0	24483.0	0.662557	2.0
6	466.0	42098.0	0.664189	2.0
7	46542.0	49961.0	0.665520	2.0
8	2301.0	5732.0	0.671215	2.0
9	37564.0	47668.0	0.675121	2.0
10	3375.0	26243.0	0.685797	2.0
11	15722.0	30368.0	0.686356	2.0
12	21247.0	21575.0	0.694412	2.0
13	14900.0	42486.0	0.696769	2.0
14	30100.0	41908.0	0.699261	2.0
15	12040.0	13254.0	0.701134	2.0
16	10508.0	25434.0	0.708872	2.0
17	30695.0	30757.0	0.710023	2.0
18	31019.0	31033.0	0.712052	2.0
19	36264.0	37285.0	0.713130	2.0

이 표의 처음 두 컬럼인 clusterOne과 clusterTwo는 각각 단일 포인트 군집(즉, 원본 관측치) 또는 다중 포인트 군집일 수 있으며, 이 두 군집이 서로 상대적인 거리를 고려해 병합되는 과정을 보여줍니다. 이 상대적인 거리는 세 번째 컬럼인 distance에 표시되며, 이는 클러스터링 알고리즘의 설정값인 ward 방법과 euclidean 척도에 의해 결정됩니다.

보다시피 거리는 단조롭게 증가하고 있습니다. 즉, 최단 거리 군집이 먼저 병합되고 알고리즘은 모든 점이 덴드로그램 가장 위에 있는 단일 군집으로 결합될 때까지 다음 최단 거리 군집을 반복적으로 병합합니다.

처음에는 알고리즘이 단일 포인트 군집들 간 병합해 네 번째 컬럼인 newClusterSize에 표시된 것처럼 크기가 2인 새로운 군집을 형성합니다. 그러나 시간이 지날수록 알고리즘은 [표 5-2]와 같이 큰 다중 포인트 군집 간 병합을 시도합니다. 마지막 반복 시행(49,998)에서는 큰 군집 두 개가 함께 결합돼 원본 관측치 50,000개가 있는 단일 군집(상단 트리 줄기)을 형성합니다.

표 5-2 계층적 클러스터링의 Z행렬(마지막 몇 행)

	clusterOne	clusterTwo	distance	newClusterSize
49980	99965.0	99972.0	161.106998	5197.0
49981	99932.0	99980.0	172.070003	6505.0
49982	99945.0	99960.0	182.840860	3245.0
49983	99964.0	99976.0	184.475761	3683.0
49984	99974.0	99979.0	185.027847	7744.0
49985	99940.0	99975.0	185.345207	5596.0
49986	99957.0	99967.0	211.854714	5957.0
49987	99938.0	99983.0	215.494857	4846.0
49988	99978.0	99984.0	216.760365	11072.0
49989	99970.0	99973.0	217.355871	4899.0
49990	99969.0	99986.0	225.468298	8270.0
49991	99981.0	99982.0	238.845135	9750.0
49992	99968.0	99977.0	266.146782	5567.0
49993	99985.0	99989.0	270.929453	10495.0

	clusterOne	clusterTwo	distance	newClusterSize
49994	99990.0	99991.0	346.840948	18020.0
49995	99988.0	99993.0	394.365194	21567.0
49996	99987.0	99995.0	425.142387	26413.0
49997	99992.0	99994.0	440.148301	23587.0
49998	99996.0	99997.0	494.383855	50000.0

[표 5-2]에서 아마도 clusterOne과 clusterTwo 때문에 혼란스러울 수 있습니다. 예를 들어, 마지막 행(49,998)에서 클러스터 99,996은 클러스터 99,997과 결합합니다. 그러나 알다시 피 MNIST 데이터셋에는 관측치가 50,000개 있습니다.

먼저, clusterOne과 clusterTwo의 숫자는 0에서 49,999까지의 원본 관측치를 나타냅니다. 49,999를 초과하는 숫자의 군집 번호는 이전에 클러스터링된 포인트를 나타냅니다. 예를 들어 50,000은 행 0에서 새로 형성된 군집을 가리키고 50,001은 행 1에서 새로 형성된 군집을 나 타냅니다.

49,998행에서 clusterOne은 99,996으로 49,996행에서 형성된 군집을 나타내며, clusterTwo는 99,997으로 49,997행에서 형성된 군집을 나타냅니다. 이 수식을 사용해 이 표 를 계속 진행해 군집이 결합되는 과정을 확인할 수 있습니다.

5.4.3 클러스터링 결과 평가하기

이제 덴드로그램이 준비됐으니 덴드로그램을 잘라서 원하는 개수의 군집을 만들기 위한 위치 를 결정하겠습니다. 계층적 군집 결과를 k-평균 군집 결과와 쉽게 비교하기 위해 덴드로그램 을 잘라서 정확히 20개의 군집을 갖도록 합니다. 그런 다음 k-평균 군집 섹션에서 정의된 클 러스터링 정확도를 사용해 계층적 클러스터링 군집이 얼마나 동질적인지 판단합니다.

덴드로그램에서 우리가 원하는 군집을 만들기 위해 사이파이의 fcluster 라이브러리를 살펴보 겠습니다. 우선, 덴드로그램의 **거리 임곗값**distance threshold을 설정해 개별 군집을 얼마나 많이 남겨 야 하는지 결정해야 합니다. 거리 임곗값이 클수록 군집 수는 줄어듭니다. 우리가 설정한 거리 임곗값 내 데이터 포인트는 동일한 군집에 속합니다. 거리 임곗값이 크면 매우 높은 지점에서 뒤집힌 트리를 자르는 것과 같습니다. 점점 더 많은 포인트가 함께 그룹화되기 때문에 트리에서 높아질수록 군집 수는 더 적게 생성됩니다.

정확히 20개 군집을 얻으려면 거리 임곗값을 실험해야 합니다. fcluster 라이브러리는 우리가 지정한 거리 임곗값으로 덴드로그램을 잘라냅니다. 그러면 MNIST 데이터셋에 있는 관측치 50,000개는 각각 군집 레이블이 지정됩니다. 우리는 이것을 팬더스 데이터 프레임에 저장할 겁니다.

```python
from scipy.cluster.hierarchy import fcluster

distance_threshold = 160
clusters = fcluster(Z, distance_threshold, criterion='distance')
X_train_hierClustered =
    pd.DataFrame(data=clusters, index=X_train_PCA.index, columns=['cluster'])
```

우리가 설정한 거리 임곗값으로 정확히 개별 군집 20개가 생성됐는지 확인하겠습니다.

```python
print("Number of distinct clusters: ",
    len(X_train_hierClustered['cluster'].unique()))
```

예상대로 군집이 20개 생성됐습니다.

```
Number of distinct clusters: 20
```

이제 결과를 평가하겠습니다.

```python
countByCluster_hierClust, countByLabel_hierClust,
    countMostFreq_hierClust, accuracyDF_hierClust,
    overallAccuracy_hierClust, accuracyByLabel_hierClust
    = analyzeCluster(X_train_hierClustered, y_train)

print("Overall accuracy from hierarchical clustering: ", overallAccuracy_hierClust)
```

전체 정확도는 약 77%이며, 이는 k-평균 군집 결과인 약 70%보다 훨씬 우수합니다.

```
Overall accuracy from hierarchical clustering: 0.76882
```

이제 군집별 정확도를 평가하겠습니다.

다음 결과와 같이 정확도가 매우 다양합니다. 일부 군집의 경우 정확도가 거의 100%로 매우 높습니다. 일부 다른 군집은 정확도가 약 50% 정도로 낮습니다.

```
0     0.987962
1     0.983727
2     0.988998
3     0.597356
4     0.678642
5     0.442478
6     0.950033
7     0.829060
8     0.976062
9     0.986141
10    0.990183
11    0.992183
12    0.971033
13    0.554273
14    0.553617
15    0.720183
16    0.538891
17    0.484590
18    0.957732
19    0.977310
dtype: float64
```

전반적으로 계층적 클러스터링은 MNIST 데이터셋에서 잘 수행됩니다. 레이블을 전혀 사용하지 않고 이 작업을 수행했다는 것을 기억하십시오.

이것이 실제 사례에서 수행하는 방법입니다. 먼저 PCA 같은 차원 축소 기법을 적용한 다음 클러스터링(예: 계층적 클러스터링)을 수행하고 마지막으로 군집별로 몇 개 정도 데이터 포인트에 수작업으로 레이블을 정의합니다. 예를 들어, 만약 이 MNIST 데이터셋에 레이블이 없다면 군집별 이미지 몇 개만을 확인한 후 이미지에 표시된 숫자에 따라 이미지에 해당 숫자를 레이블로 지정합니다. 군집이 충분히 동질하게 생성됐다면 우리가 생성한 몇 개의 수작업 레이블을 해당 군집의 다른 모든 이미지에 자동으로 적용할 수 있을 겁니다.

지금까지 그리 많이 노력하지 않고도 데이터셋 50,000개에 있는 모든 이미지에 정확도 77%로 레이블을 지정할 수 있었습니다. 이는 매우 인상적인 결과로 비지도 학습의 힘을 보여줍니다.

5.5 DBSCAN 개요

이제 세 번째이자 마지막 주요 클러스터링 알고리즘인 **노이즈 응용 밀도 기반 공간 클러스터링** density-based spatial clustering of applications with noise (DBSCAN)을 살펴보겠습니다. 이름에서 알 수 있듯이, 이 알고리즘은 데이터 포인트의 밀도에 따라 그룹화합니다.

DBSCAN은 밀접하게 묶인 포인트를 함께 그룹화합니다. 여기서 '밀접하게 묶인'은 특정 거리 내에 존재해야 하는 데이터 포인트의 최소 개수로 정의됩니다. 만약 어떤 데이터 포인트가 여러 군집의 특정 거리 내에 있으면 그 포인트는 그중에서 가장 밀도가 높은 군집과 그룹화합니다. 그리고 다른 군집의 특정 거리 내에 있지 않은 인스턴스는 모두 이상치로 표시합니다.

k-평균과 계층적 클러스터링에서는 모든 포인트들이 클러스터링되고, 이상치가 제대로 처리되지 않았습니다. DBSCAN에서는 데이터 포인트에 이상치가 명시적으로 지정되고 클러스터링에서 제외됩니다. 이는 매우 강력한 기능입니다. 이로 인해 DBSCAN은 다른 클러스터링 알고리즘에 비해 데이터의 이상치 때문에 일반적으로 발생하는 왜곡이 훨씬 적습니다. 또한 k-평균과는 달리 계층적 클러스터링처럼 군집 수를 미리 설정할 필요가 없습니다.

5.5.1 DBSCAN

먼저 사이킷런의 DBSCAN 라이브러리를 사용해봅시다. 우리는 두 데이터 포인트가 이웃이 되기 위한 조건인 두 포인트 사이의 **최대 거리** maximum distance (eps)와 그룹을 군집이라고 부르기 위한 조건인 **최소 샘플** minimum samples (min_samples)을 설정해야 합니다. eps의 기본값은 0.5이고 min_samples의 기본값은 5입니다. eps가 너무 낮게 설정되면 같은 이웃으로 고려할 포인트가 없을 수 있습니다. 이렇게 되면 모든 포인트가 클러스터링되지 않은 상태로 남아 있게 됩니다. 반대로 eps가 너무 높게 설정되면 대부분 포인트가 클러스터링돼 소수의 포인트만 클러스터링되지 않은 상태로 남아 데이터셋에 있는 이상치를 효과적으로 분류할 수 있습니다.

우리는 MNIST 데이터셋에 대한 최적의 eps를 찾아야 합니다. **최소 샘플수**(min_samples)는 포인트가 군집이 되기 위해 eps 거리 내에 포인트가 얼마나 많아야 하는지를 설정합니다. 밀접하게 위치한 포인트들이 최소 샘플수 이상 존재하면 소위 **중심점** core point 으로부터 eps 거리 내에 있는 다른 포인트는 해당 군집의 일부가 됩니다. 다른 포인트가 eps 거리 내에 최소 샘플수만큼 포인트를 갖지 않더라도 말입니다. (eps 거리 내에 최소 샘플수 개수의 포인트가 없는)

이러한 다른 포인트를 군집의 **경계점**border point이라고 합니다.

일반적으로 최소 샘플수가 증가하면 군집 수가 감소합니다. 앞서 언급한 eps와 마찬가지로 MNIST 데이터셋에 대한 최적의 최소 샘플수를 찾아야 합니다. 보다시피 군집에는 중심점과 경계점이 있지만 모든 면에서 그들은 동일한 그룹에 속합니다. 군집의 중심점 또는 경계점으로 그룹화되지 않는 모든 포인트는 이상치로 레이블됩니다.

5.5.2 MNIST 데이터셋에 DBSCAN 적용하기

이제 본격적인 실습으로 넘어가겠습니다. 이전과 마찬가지로 PCA로 축소한 MNIST 데이터셋의 처음 100개 주성분에 DBSCAN을 적용합니다.

```python
from sklearn.cluster import DBSCAN

eps = 3
min_samples = 5
leaf_size = 30
n_jobs = 4

db = DBSCAN(eps=eps, min_samples=min_samples, leaf_size=leaf_size, n_jobs=n_jobs)

cutoff = 99
X_train_PCA_dbscanClustered = db.fit_predict(X_train_PCA.loc[:,0:cutoff])
X_train_PCA_dbscanClustered = \
    pd.DataFrame(data=X_train_PCA_dbscanClustered, index=X_train.index,
                columns=['cluster'])

countByCluster_dbscan, countByLabel_dbscan, countMostFreq_dbscan, \
    accuracyDF_dbscan, overallAccuracy_dbscan, accuracyByLabel_dbscan \
    = analyzeCluster(X_train_PCA_dbscanClustered, y_train)

overallAccuracy_dbscan
```

최소 샘플수를 기본값 5로 유지하지만 너무 작은 포인트를 가지는 군집이 되지 않도록 eps를 3으로 조정합니다.

다음은 전체 정확도입니다.

```
Overall accuracy from DBSCAN: 0.242
```

보다시피 정확도는 k-평균이나 계층적 클러스터링에 비해 매우 좋지 않습니다. eps와 min_samples 파라미터를 사용해 결과를 개선할 수 있지만 DBSCAN은 이 데이터셋의 관측치를 클러스터링하는 데 적합하지 않아 보입니다.

그 이유를 알아보기 위해 군집을 살펴보겠습니다(표 5-3).

표 5-3 DBSCAN의 군집 결과

	cluster	clusterCount
0	-1	39575
1	0	8885
2	8	720
3	5	92
4	18	51
5	38	38
6	41	22
7	39	22
8	4	16
9	20	16

군집 결과 표를 살펴보면 대부분의 데이터 포인트가 클러스터링되지 않았습니다. 훈련셋의 관측치 50,000개 중 39,651개는 cluster 컬럼에서 첫 번째 행인 -1에 남아 있으며, 이는 군집에 속하지 않음을 의미합니다. 이들은 이상치로 레이블합니다.

포인트 8,885개는 군집 0에 속합니다. 그 이후부터는 작은 크기의 군집들이 롱테일을 이룹니다[3]. DBSCAN은 뚜렷한 고밀도 포인트 그룹을 찾는 데 어려움이 있기 때문에 숫자를 기반으로 하는 MNIST 이미지를 클러스터링하는 데 적합하지 않습니다.

---

3 옮긴이_ 롱테일(long tail)은 파레토 법칙을 그래프에 나타냈을 때 기하 급수적으로 줄어들며 꼬리처럼 긴 모양을 형성하는 나머지 20%를 말합니다. https://ko.wikipedia.org/wiki/%EA%B8%B4_%EA%BC%AC%EB%A6%AC

5.3.3 HDBSCAN

이제 DBSCAN의 다른 버전을 사용해 결과가 개선되는지 살펴보겠습니다. 이 알고리즘은 **계층적 노이즈 응용 밀도 기반 공간 클러스터링**(HDBSCAN) 또는 **계층적 DBSCAN**^{hierarchical DBSCAN}으로 알려져 있으며, 앞서 소개한 DBSCAN 알고리즘을 계층적 클러스터링 알고리즘으로 변환합니다. 즉, 밀도를 기반으로 그룹화하고, 앞에서 소개한 계층적 클러스터링 알고리즘처럼 거리를 기준으로 밀도 기반 군집을 반복적으로 연결합니다.

이 알고리즘에는 두 가지 핵심 파라미터가 있습니다. min_cluster_size와 min_samples입니다. 만약 min_samples를 None으로 설정하면 min_cluster_size로 기본 설정됩니다. 일단 바로 적용해볼 수 있는 파라미터를 사용해 HDBSCAN이 MNIST 데이터셋에서 DBSCAN보다 더 성능이 좋은지 측정하겠습니다.

```
import hdbscan
min_cluster_size = 30
min_samples = None
alpha = 1.0
cluster_selection_method = 'eom'

hdb = hdbscan.HDBSCAN(min_cluster_size=min_cluster_size, min_samples=min_samples,
        alpha=alpha, cluster_selection_method=cluster_selection_method)

cutoff = 10
X_train_PCA_hdbscanClustered = hdb.fit_predict(X_train_PCA.loc[:,0:cutoff])

X_train_PCA_hdbscanClustered =
    pd.DataFrame(data=X_train_PCA_hdbscanClustered,
    index=X_train.index, columns=['cluster'])

countByCluster_hdbscan, countByLabel_hdbscan, countMostFreq_hdbscan,
    accuracyDF_hdbscan, overallAccuracy_hdbscan, accuracyByLabel_hdbscan
    = analyzeCluster(X_train_PCA_hdbscanClustered, y_train)
```

다음은 전체 정확도입니다.

```
Overall accuracy from HDBSCAN: 0.24696
```

전체 정확도는 약 25%입니다. 이는 DBSCAN보다는 약간 더 좋고, k- 평균 및 계층적 클러스터링이 달성한 70%보다는 작습니다. [표 5-4]는 HDBSCAN을 통해 생성된 군집별 크기를 보여줍니다.

표 5-4 HDBSCAN의 군집 결과

	cluster	clusterCount
0	-1	42570
1	4	5140
2	7	942
3	0	605
4	6	295
5	3	252
6	1	119
7	5	45
8	2	32

DBSCAN과 비슷한 현상이 나타났습니다. 포인트 대부분은 클러스터링되지 않았고 그 이후부터는 작은 크기의 군집들이 롱테일을 이룹니다. 결과가 많이 향상되지는 않습니다.

5.6 마치며

이 장에서는 클러스터링 알고리즘의 주요 유형인 k-평균, 계층적 클러스터링, DBSCAN을 소개하고, 이를 MNIST 데이터셋의 차원 축소 버전에 적용해봤습니다.

그 결과 k-평균과 계층적 클러스터링 알고리즘은 모든 군집이 70% 이상의 일관성을 유지하며 이미지 데이터를 그룹화해 뛰어난 성능을 보여줬습니다. DBSCAN은 비록 예제 데이터셋에서는 결과가 좋지 않았지만 나중에 언제라도 다시 사용해볼 만한 클러스터링 알고리즘입니다.

지금까지 클러스터링 알고리즘을 살펴봤습니다. 6장에서는 이 알고리즘을 사용해 본격적으로 응용 비지도 학습 솔루션을 만들어보겠습니다.

## CHAPTER 6

그룹 세분화

5장에서는 유사성을 기반으로 데이터 포인트들의 그룹화 및 데이터의 내재된 구조를 식별하기 위한 비지도 학습 방법론인 클러스터링 기법을 소개했습니다. 클러스터링을 통해 생성된 그룹 (군집이라고 함)은 동질적이면서 서로 구별돼야 합니다. 즉, 그룹 내 구성원은 서로 매우 유사하고 다른 그룹 구성원과는 뚜렷이 구별돼야 합니다.

적용 관점에서 볼 때, 레이블을 통한 어떠한 가이드도 없이 유사성을 기반으로 구성원을 그룹으로 분류하는 기능은 매우 강력합니다. 예를 들어 이 기술은 온라인 소매업에서 서로 다른 소비자 그룹을 찾기 위해 적용될 수 있고, 각 그룹(즉, 저가 구매자, 패셔니스타, 운동화 수집광, 기기 마니아, 오디오 애호가 등)별 마케팅 전략을 수립할 수 있습니다. 또한, 그룹 세분화는 온라인 광고의 타겟팅[1]을 개선하고 영화, 음악, 뉴스, 소셜 네트워킹, 데이트 등에서 사용하는 추천 시스템의 추천 성능을 향상시킬 수 있습니다.

이 장에서 우리는 이전 장에서 살펴본 클러스터링 알고리즘을 사용해 응용 비지도 학습 솔루션을 구축하겠습니다. 더 구체적으로 말하면 그룹 세분화를 수행할 겁니다.

---

1 옮긴이_ 마케팅 분야에서 타겟팅은 광고할 대상 또는 그룹을 선택하는 것을 말합니다. https://en.wikipedia.org/wiki/Targeting

6.1 랜딩 클럽 데이터

이 장에서는 미국의 P2P 대출[2] 회사인 랜딩 클럽_{Lending Club}의 대출 데이터를 사용합니다. 돈을 빌리는 대출자는 이 대출 플랫폼에서 3~5년 동안 무담보 개인 대출의 형태로 1,000달러에서 40,000달러까지 빌릴 수 있습니다.

돈을 빌려주는 투자자는 대출 신청서를 검토하고 대출자의 신용 기록, 대출 금액, 대출 등급, 대출 목적에 따라 대출을 승인할지 선택할 수 있습니다. 투자자는 대출 이자로 돈을 벌고, 랜딩 클럽은 대출 신청 수수료 및 서비스 비용으로 돈을 법니다.

우리가 사용할 데이터는 2007~2011년 대출 기록이며, 랜딩 클럽 웹사이트[3]에서 관련 데이터 사전을 포함해서 누구나 이용할 수 있습니다.

6.1.1 데이터 준비하기

이전 장과 마찬가지로 랜딩 클럽 데이터로 작업할 수 있는 환경을 준비합니다.

라이브러리 로드

먼저 필요한 라이브러리를 로드하겠습니다.

```python
# 라이브러리 불러오기
'''메인 라이브러리'''
import numpy as np
import pandas as pd
import os, time, re
import pickle, gzip

'''시각화 관련 라이브러리'''
import matplotlib.pyplot as plt
import seaborn as sns
color = sns.color_palette()
import matplotlib as mpl
```

---

2 옮긴이_ P2P(peer-to-peer) 대출은 온라인에서 여러 명이 투자금을 모아 다른 개인이나 기업에게 빌려주는 방식으로 대출을 중개하는 금융 서비스입니다.

3 https://www.lendingclub.com/auth/login?login_url=%2Finfo%2Fdownload-data.action

```
%matplotlib inline

'''데이터 준비 및 모델 평가 라이브러리'''
from sklearn import preprocessing as pp
from sklearn.model_selection import train_test_split
from sklearn.metrics import precision_recall_curve, average_precision_score
from sklearn.metrics import roc_curve, auc, roc_auc_score

'''알고리즘 관련 라이브러리'''
from sklearn.decomposition import PCA
from sklearn.cluster import KMeans
import fastcluster
from scipy.cluster.hierarchy import dendrogram, cophenet, fcluster
from scipy.spatial.distance import pdist
```

데이터 탐색하기

다음으로 대출 데이터를 로드하고 사용할 컬럼을 지정합니다.

원본 대출 데이터 파일에는 컬럼이 144개 있지만 이 컬럼 대부분은 비어 있어서 거의 쓸모가 없습니다. 따라서 우리의 클러스터링 응용 프로그램에서 사용할 수 있도록 값이 대부분 채워진 컬럼들로 데이터셋을 재구성할 겁니다. 재구성 데이터셋은 요청 금액, 자금 조달 금액, 기간, 이자율, 대출 등급 등과 같은 대출 속성 필드와 고용 기간, 주택 소유권 상태, 연간 소득, 주소, 돈의 차용 목적 등 대출자 속성 필드들로 구성됩니다.

먼저 간단히 데이터를 탐색해봅시다.

```
# 데이터 로드하기
current_path = os.getcwd()
file = os.path.sep.join(['', 'datasets', 'lending_club_data', 'LoanStats3a.csv'])
data = pd.read_csv(current_path + file)

# 사용할 컬럼명 선택하기
columnsToKeep = ['loan_amnt','funded_amnt','funded_amnt_inv','term',
                'int_rate','installment','grade','sub_grade',
                'emp_length','home_ownership','annual_inc',
                'verification_status','pymnt_plan','purpose',
                'addr_state','dti','delinq_2yrs','earliest_cr_line',
                'mths_since_last_delinq','mths_since_last_record',
```

```
                  'open_acc','pub_rec','revol_bal','revol_util',
                  'total_acc','initial_list_status','out_prncp',
                  'out_prncp_inv','total_pymnt','total_pymnt_inv',
                  'total_rec_prncp','total_rec_int','total_rec_late_fee',
                  'recoveries','collection_recovery_fee','last_pymnt_d',
                  'last_pymnt_amnt']

data = data.loc[:,columnsToKeep]

data.shape

data.head()
```

이 데이터는 대출 이력 42,542건과 피처 37개(42,542, 37)로 구성됐습니다.

[표 6-1]은 데이터 미리보기 결과입니다.

표 6-1 대출 데이터의 처음 다섯 행

	loan_amnt	funded_amnt	funded_amnt_inv	term	int_rate	instsallment	grade
0	5000.0	5000.0	4975.0	36 months	10.65%	162.87	B
1	2500.0	2500.0	2500.0	60 months	15.27%	59.83	C
2	2400.0	2400.0	2400.0	35 months	15.96%	84.33	C
3	10000.0	10000.0	10000.0	36 months	13.49%	339.31	C
4	3000.0	3000.0	3000.0	60 months	12.69%	67.79	B

6.1.2 문자형을 숫자형으로 변환하기

대출 기간, 대출 이자율, 대출자의 고용 기간, 대출자의 리볼빙 활용도[4] 등 몇 가지 문자형 피처를 숫자형으로 변환해야 합니다. 그럼 변환을 수행하겠습니다.

```
# 문자형 피처를 숫자형으로 변환하기
for i in ["term","int_rate","emp_length","revol_util"]:
    data.loc[:,i] =
```

----

4 옮긴이_ 리볼빙 활용도는 신용카드 한도와 신용카드 잔액의 비율입니다. 신용 분야에서 사용되는 용어로, 신용 점수 모델에서 리볼빙 활용도는 일반 담보 대출보다 더 위험한 요소로 간주합니다.

```
        data.loc[:,i].apply(lambda x: re.sub("[^0-9]", "", str(x)))
    data.loc[:,i] = pd.to_numeric(data.loc[:,i])
```

본 예제에서 사용하는 클러스터링 알고리즘은 숫자가 아닌 피처는 처리할 수 없기 때문에 모든 범주형 피처는 무시하고 숫자형 피처만 사용할 겁니다.

6.1.3 결측값 대체하기

우선 우리가 사용할 숫자 피처들을 대상으로 피처별로 NaN[5]의 개수를 계산하겠습니다. 그런 다음 비즈니스 관점에서 피처가 의미하는 속성에 따라 피처의 평균 또는 경우에 따라서는 숫자 0만으로 NaN을 대체합니다.

```
# 숫자형 피처 정의하기
numericalFeats = [x for x in data.columns if data[x].dtype != 'object']

# 피처별 NaN 개수 확인하기
nanCounter = np.isnan(data.loc[:,numericalFeats]).sum()
nanCounter
```

다음 코드는 피처별 NaN 개수를 보여줍니다.

```
loan_amnt                    7
funded_amnt                  7
funded_amnt_inv              7
term                         7
int_rate                     7
installment                  7
emp_length                1119
annual_inc                  11
dti                          7
delinq_2yrs                 36
mths_since_last_delinq   26933
mths_since_last_record   38891
open_acc                    36
```

---

5 옮긴이_ NaN(Not a Number)은 컴퓨터 연산 과정에서 잘못된 입력을 받았음을 나타내는 기호입니다. 특히 부동소수점 연산에서 사용합니다. 예를 들어서, 대부분 부동소수점 장치는 음수에 제곱근을 구하려는 연산에 대해서 이것은 불가능(invalid)하다는 메시지와 함께 NaN 값을 반환합니다. https://en.wikipedia.org/wiki/NaN

```
pub_rec                      36
revol_bal                     7
revol_util                   97
total_acc                    36
out_prncp                     7
out_prncp_inv                 7
total_pymnt                   7
total_rec_prncp               7
total_rec_int                 7
total_rec_late_fee            7
recoveries                    7
collection_recovery_fee       7
last_pymnt_amnt               7
dtype: int64
```

대부분 피처에는 NaN이 별로 없지만 나시막 연체 후 개월 수(mths_since_last_delinq)와 마지막 기록 변경 후 개월 수(mths_since_last_record) 같은 일부 피처에는 NaN이 많습니다.

이제 NaN을 다른 값으로 대체해 이후 클러스터링 과정에서 NaN을 따로 처리하지 않을 겁니다.

```
# NaN을 평균으로 대체하기
fillWithMean = ['loan_amnt','funded_amnt','funded_amnt_inv','term',
                'int_rate','installment','emp_length','annual_inc',
                'dti','open_acc','revol_bal','revol_util','total_acc',
                'out_prncp','out_prncp_inv','total_pymnt',
                'total_pymnt_inv','total_rec_prncp','total_rec_int',
                'last_pymnt_amnt']

# NaN을 0으로 대체하기
fillWithZero = ['delinq_2yrs','mths_since_last_delinq',
                'mths_since_last_record','pub_rec','total_rec_late_fee',
                'recoveries','collection_recovery_fee']

# 결측값 수행하기
im = pp.Imputer(strategy='mean')
data.loc[:,fillWithMean] = im.fit_transform(data[fillWithMean])

data.loc[:,fillWithZero] = data.loc[:,fillWithZero].fillna(value=0, axis=1)
```

다시 한번 NaN을 계산해서 남아 있는 NaN이 없는지 확인합니다.

```
numericalFeats = [x for x in data.columns if data[x].dtype != 'object']

nanCounter = np.isnan(data.loc[:,numericalFeats]).sum()
nanCounter
```

다행히 모든 NaN이 채워졌습니다.

```
loan_amnt                   0
funded_amnt                 0
funded_amnt_inv             0
term                        0
int_rate                    0
installment                 0
emp_length                  0
annual_inc                  0
dti                         0
delinq_2yrs                 0
mths_since_last_delinq      0
mths_since_last_record      0
open_acc                    0
pub_rec                     0
revol_bal                   0
revol_util                  0
total_acc                   0
out_prncp                   0
out_prncp_inv               0
total_pymnt                 0
total_pymnt_inv             0
total_rec_prncp             0
total_rec_int               0
total_rec_late_fee          0
recoveries                  0
collection_recovery_fee     0
last_pymnt_amnt             0
dtype: int64
```

6.1.4 피처 엔지니어

또한 기존 피처셋에 몇 가지 피처를 추가로 생성하겠습니다. 새로운 피처들은 대부분 대출 금액, 리볼빙 잔액[6], 지불, 대출자의 연간 소득 간 비율 속성입니다.

```
# 피처 엔지니어링
data['installmentOverLoanAmnt'] = data.installment/data.loan_amnt
data['loanAmntOverIncome'] = data.loan_amnt/data.annual_inc
data['revol_balOverIncome'] = data.revol_bal/data.annual_inc
data['totalPymntOverIncome'] = data.total_pymnt/data.annual_inc
data['totalPymntInvOverIncome'] = data.total_pymnt_inv/data.annual_inc
data['totalRecPrncpOverIncome'] = data.total_rec_prncp/data.annual_inc
data['totalRecIncOverIncome'] = data.total_rec_int/data.annual_inc

newFeats = ['installmentOverLoanAmnt','loanAmntOverIncome',
            'revol_balOverIncome','totalPymntOverIncome',
            'totalPymntInvOverIncome','totalRecPrncpOverIncome',
            'totalRecIncOverIncome']
```

6.1.5 최종 피처셋을 선택하고 스케일링하기

다음으로 모델 훈련을 위한 데이터 프레임을 생성하고 클러스터링 알고리즘에 적용할 피처를 스케일링합니다.

```
# 모델 훈련에 사용할 피처 선택하기
numericalPlusNewFeats = numericalFeats+newFeats
X_train = data.loc[:,numericalPlusNewFeats]

# 데이터 스케일링하기
sX = pp.StandardScaler()
X_train.loc[:,:] = sX.fit_transform(X_train)
```

---

6 옮긴이_ 리볼빙 잔액은 청구 주기가 끝났는데도 지불되지 않는 신용카드 지출 잔액입니다.

6.1.6 평가를 위한 레이블 정의하기

클러스터링은 비지도 학습 방식이므로 레이블을 사용하지 않습니다. 그러나 여기서는 우리가 만든 클러스터링 알고리즘의 성능(랜딩 클럽 데이터셋에서 동질적이고 다른 그룹과는 구별되는 대출자 그룹을 찾아내는)을 평가하기 위해, 대출 등급을 대체 레이블로 사용할 겁니다.

대출 등급 피처는 현재 알파벳으로 등급이 매겨졌으며, 대출 등급 'A'는 신용가치가 가장 높고 안전하며 대출 등급 'G'는 반대로 가장 낮습니다.

```
labels = data.grade
labels.unique()

array(['B', 'C', 'A', 'E', 'F', 'D', 'G', nan], dtype=object)
```

대출 등급에는 일부 NaN이 있습니다. 우리는 이것을 'Z' 값으로 채운 다음 사이킷런의 LabelEncoder 함수를 사용해 문자형 등급을 숫자형 등급으로 변환할 겁니다. 일관성을 유지하기 위해 이 레이블을 파이썬의 시리즈[7]에 y_train으로 저장합니다.

```
# 결측 레이블 채우기
labels = labels.fillna(value="Z")

# (대출 등급)레이블을 숫자형으로 변환하기
lbl = pp.LabelEncoder()
lbl.fit(list(labels.values))
labels = pd.Series(data=lbl.transform(labels.values), name="grade")

# y_train으로 저장하기
y_train = labels

labelsOriginalVSNew = pd.concat([labels, data.grade], axis=1)
labelsOriginalVSNew
```

---

7 옮긴이_ 파이썬의 팬더스 라이브러리는 데이터프레임(dataframe), 시리즈(series) 이렇게 두 데이터 구조를 제공합니다. 시리즈는 모든 데이터 유형을 저장할 수 있는 1차원 배열입니다.

표 6-2 숫자형 대출 등급 vs 문자형 대출 등급

	grade	grade
0	1	B
1	2	C
2	2	C
3	2	C
4	1	B
5	0	A
6	2	C
7	4	E
8	5	F
9	1	B
10	2	C
11	1	B
12	2	C
13	1	B
14	1	B
15	3	D
16	2	C

[표 6-2]에서 볼 수 있듯이, A등급은 0으로, B등급은 1로 변환됐습니다.

그리고 등급이 'A'인 대출에 전반적으로 가장 낮은 이자율이 부과됐는지 확인합니다. 일반적으로 A등급은 위험성이 가장 낮으므로 가장 낮은 이자율을, 그 외에는 등급에 따라 점진적으로 더 높은 이자율을 부과하기 때문입니다.

```
# 대출 등급별 이자율 비교하기
interestAndGrade = pd.DataFrame(data=[data.int_rate, labels])
interestAndGrade = interestAndGrade.T

interestAndGrade.groupby("grade").mean()
```

이는 [표 6–3]에서 확인할 수 있습니다. 등급 숫자가 높은 대출일수록 이자율이 더 높습니다[8].

표 6-3 대출 등급 vs 이자율

grade	int_rate
0.0	734.270844
1.0	1101.420857
2.0	1349.988902
3.0	1557.714927
4.0	1737.676783
5.0	1926.530361
6.0	2045.125000
7.0	1216.501563

6.2 군집 적합도 검정

이제 필요한 데이터가 모두 준비됐습니다. 숫자형 피처 34개를 모두 담은 X_train과 숫자형 대출 등급 정보가 있는 y_train이 준비됐습니다. y_train은 지도 학습 머신러닝처럼 훈련을 위한 데이터가 아니라 단지 훈련 결과를 검증하는 데만 사용할 겁니다. 첫 번째 클러스터링 응용 프로그램을 구축하기 전에 클러스터링 알고리즘을 사용해 생성한 군집의 적합도를 평가하는 함수를 소개할 겁니다. 이 함수는 동질성 개념을 사용해 각 군집의 적합도를 평가합니다.

만약 우리가 만든 클러스터링 알고리즘이 랜딩 클럽 데이터셋의 대출자를 잘 구분한다면 각 군집에 속한 대출자는 서로 매우 유사하고 다른 군집의 대출자와 달라야 하며, 서로 유사하게 그룹화된 대출자들은 마찬가지로 서로 비슷한 신용 프로파일을 가져야 합니다. 즉, 신용도가 비슷해야 합니다.

이러한 가설을 감안하면(현실 세계에서는 이러한 가설이 부분적으로만 적용됩니다), 주어진 군집의 대출자는 일반적으로 동일한 숫자의 대출 등급이 할당돼야 합니다. 이는 y_train에 따

---

8 대출 등급 'Z'에 해당하는 7등급은 무시해도 좋습니다. 이것은 누락된 대출 등급입니다.

로 저장한 숫자형 대출 등급을 사용해 검증할 수 있으며, 각 군집별 가장 자주 발생하는 숫자형 대출 등급을 가신 대출자의 비율이 높을수록 더 좋은 클러스터링 응용 프로그램입니다.

예를 들어, 대출자 백 명이 포함된 군집에 대출 등급이 0인 대출자가 30명, 대출 등급이 1인 대출자가 25명, 2인 대출자가 20명, 나머지 대출자는 3~7 범위에 있는 경우, 이 군집은 30% 정확도를 가진다고 말할 수 있습니다. 이 군집에서 가장 자주 발생하는 대출 등급은 이 군집에 속한 모든 대출자의 30%에만 적용됩니다.

만약 군집의 적합도를 평가하기 위한 숫자형 대출 등급 정보인 y_train이 없다면 대체 방법을 사용할 수 있습니다. 예를 들어, 각 군집에 있는 몇 명의 대출자를 임의로 추출하고 수작업으로 그들의 숫자형 대출 등급을 각각 결정한 후 군집별로 취합한 후 그들에게 대략 동일한 숫자형 대출 등급을 부여할 수 있는지를 결정할 수 있습니다[9]. 동일한 등급을 부여할 수 있다고 판단된다면 그 군집은 잘 분류된 그룹입니다. 우리가 추출한 대출자들이 대략 동일한 숫자형 대출 등급을 받을 정도로 충분히 동질적이기 때문입니다. 반대로, 동일한 등급을 부여할 수 없다고 판단된다면 그 군집은 잘못 분류된 그룹입니다. 대출자가 너무 이질적이어서 군집이 충분히 분류되지 않았기 때문입니다. 이 경우 더 많은 데이터와 다양한 클러스터링 알고리즘을 사용해 솔루션을 개선해야 합니다.

우리는 이미 숫자형 대출 등급을 가지고 있기 때문에 위 방법처럼 대출자를 샘플링하고 수작업으로 레이블을 붙일 필요는 없지만, 나중에 다른 문제에서 레이블이 없는 경우를 대비해 위 방법을 기억해두십시오.

다음은 군집 결과를 분석하는 함수입니다.

```python
def analyzeCluster(clusterDF, labelsDF):
    countByCluster = \
        pd.DataFrame(data=clusterDF['cluster'].value_counts())
    countByCluster.reset_index(inplace=True, drop=False)
    countByCluster.columns = ['cluster', 'clusterCount']

    preds = pd.concat([labelsDF, clusterDF], axis=1)
    preds.columns = ['trueLabel', 'cluster']
    countByLabel = pd.DataFrame(data=preds.groupby('trueLabel').count())
```

....

9 옮긴이_ 군집별로 10명을 임의 추출하고 각각 대출 등급을 수작업으로 부여한다고 했을 때 그 결과를 군집별로 취합한 다음, 같은 군집에 속하는 대출자 10명의 대출 등급이 서로 유사한지 살펴보고 대략 같은 대출 등급을 부여할 수 있는지 의사 결정한다는 의미입니다.

```
countMostFreq = pd.DataFrame(data=preds.groupby('cluster').agg(
    lambda x:x.value_counts().iloc[0]))
countMostFreq.reset_index(inplace=True, drop=False)
countMostFreq.columns = ['cluster', 'countMostFrequent']

accuracyDF = countMostFreq.merge(countByCluster,
    left_on="cluster", right_on="cluster")

overallAccuracy = accuracyDF.countMostFrequent.sum()/
    accuracyDF.clusterCount.sum()

accuracyByLabel = accuracyDF.countMostFrequent/
    accuracyDF.clusterCount

return countByCluster, countByLabel, countMostFreq,
    accuracyDF, overallAccuracy, accuracyByLabel
```

6.3 k-평균 클러스터링 응용 프로그램

랜딩 클럽 데이터셋을 사용하는 첫 번째 클러스터링 응용 프로그램은 5장에서 소개한 k-평균을 사용합니다. k-평균 클러스터링은 가장 먼저 우리가 원하는 군집 k를 지정해야 합니다. 그러면 알고리즘이 각 대출자를 k-군집들 중 정확히 하나의 군집에 할당할 겁니다.

알고리즘은 관성 즉, 군집 내 분산[10]을 최소화하는 방향으로 학습을 수행해 모든 k개 군집의 군집 내 분산 합이 가능한 한 작도록 합니다.

우리는 k값을 하나만 지정하지 않고 10에서 30까지 k를 다양하게 설정해 이전 섹션에서 정의한 정확도 측정 결과를 그래프로 나타내는 실험을 할 겁니다.

어떤 k척도가 가장 잘 수행되는지에 따라 다음과 같이 가장 우수한 k척도를 사용해 클러스터링을 위한 파이프 라인을 구축할 수 있습니다.

---

10 옮긴이_ 군집 내 분산은 관성 혹은 군집 내 오차 제곱 합을 이야기하며 군집 내 분산이 작을수록 군집 내 구성원들은 동질적이라고 볼 수 있습니다.

```python
from sklearn.cluster import KMeans

n_clusters = 10
n_init = 10
max_iter = 300
tol = 0.0001
random_state = 2018
n_jobs = 2

kmeans = KMeans(n_clusters=n_clusters, n_init=n_init, max_iter=max_iter,
                tol=tol, random_state=random_state, n_jobs=n_jobs)

kMeans_inertia = pd.DataFrame(data=[], index=range(10,31), columns=['inertia'])

overallAccuracy_kMeansDF = pd.DataFrame(data=[],
    index=range(10,31), columns=['overallAccuracy'])

for n_clusters in range(10,31):
    kmeans = KMeans(n_clusters=n_clusters, n_init=n_init, max_iter=max_iter,
                    tol=tol, random_state=random_state, n_jobs=n_jobs)

    kmeans.fit(X_train)
    kMeans_inertia.loc[n_clusters] = kmeans.inertia_
    X_train_kmeansClustered = kmeans.predict(X_train)
    X_train_kmeansClustered = pd.DataFrame(data=
        X_train_kmeansClustered, index=X_train.index, columns=['cluster'])

    countByCluster_kMeans, countByLabel_kMeans,
    countMostFreq_kMeans, accuracyDF_kMeans,
    overallAccuracy_kMeans, accuracyByLabel_kMeans =
    analyzeCluster(X_train_kmeansClustered, y_train)

    overallAccuracy_kMeansDF.loc[n_clusters] = overallAccuracy_kMeans

overallAccuracy_kMeansDF.plot()
```

[그림 6-1]은 결과 그래프입니다.

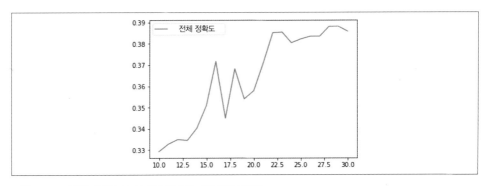

그림 6-1 k–평균을 사용한 여러 k척도 결과에 대한 전체 정확도

보다시피 전체 정확도는 대략 30개 클러스터 지점이 약 39% 정도로 가장 높습니다. 즉, 이 클러스터에서 가장 자주 발생하는 레이블(대출 등급)은 대출자의 약 39%에 해당합니다. 나머지 61%의 대출자들은 자주 발생하지 않는 레이블(대출 등급)을 가지고 있습니다.

다음은 k = 30에 대한 군집별 정확도입니다.

```
0    0.326633
1    0.258993
2    0.292240
3    0.234242
4    0.388794
5    0.325654
6    0.303797
7    0.762116
8    0.222222
9    0.391381
10   0.292910
11   0.317533
12   0.206897
13   0.312709
14   0.345233
15   0.682208
16   0.327250
17   0.366605
18   0.234783
19   0.288757
20   0.500000
21   0.375466
22   0.332203
```

```
23    0.252252
24    0.338509
25    0.232000
26    0.464418
27    0.261583
28    0.376327
29    0.269129
dtype: float64
```

정확도는 군집마다 조금씩 다릅니다. 일부 군집은 다른 군집보다 훨씬 더 동질적입니다. 예를 들어 군집 7의 정확도는 76%이고 군집 12의 정확도는 21%에 불과합니다. 이는 신규 대출자를 다른 대출자와의 유사성에 따라 기존 그룹에 자동으로 할당하는 클러스터링 응용 프로그램을 구축하기 위한 출발점이 될겁니다. 이 클러스터링을 사용하면 약 39%의 정확도로 신규 대출자에게 잠재적 숫자형 대출 등급을 자동 할당할 수 있습니다.

이는 최선의 솔루션이 아닙니다. 우리는 솔루션의 성능을 개선하기 위해 데이터를 더 많이 획득하거나, 피처 엔지니어링 및 피처 선택을 더 많이 수행해야 합니다. 또한 k-평균 알고리즘 수행 시 다른 파라미터를 선택하거나 또 다른 클러스터링 알고리즘을 적용해봐야 합니다. 물론 지금보다 더 데이터가 부족해서 대출자를 더 동질적이면서 구별된 그룹으로 의미 있게 구분하기 어려울 수도 있습니다. 이럴 때는 더 많은 피처 엔지니어링 및 피처를 선택해야 합니다. 또는 우리가 가지고 있는 제한된 데이터에는 k-평균 알고리즘이 적합하지 않을 수도 있습니다.

이제 계층적 클러스터링을 사용해 결과가 개선되는지 확인하겠습니다.

6.4 계층적 클러스터링 응용 프로그램

계층적 클러스터링에서는 군집의 개수를 사전에 정의할 필요가 없습니다. 대신 계층적 클러스터링 실행을 마친 후 원하는 군집의 수를 선택할 수 있습니다. 계층적 클러스터링은 개념적으로 뒤집힌 트리로 볼 수 있는 덴드로그램을 생성합니다. 가장 아래에 있는 잎은 랜딩 클럽의 대출을 신청한 개인 대출자입니다.

계층적 클러스터링은 서로 얼마나 유사한지에 따라 뒤집힌 트리를 수직으로 이동하면서 대출자를 결합합니다. 서로 가장 유사한 대출자들은 상대적으로 빨리 결합되는 반면, 유사하지 않은 대출자들은 훨씬 나중에 결합됩니다. 결국 모든 대출자는 뒤집힌 나무의 가장 위에서 결합됩니다.

비즈니스 관점에서 볼 때 이러한 클러스터링 프로세스는 매우 강력합니다. 서로 유사한 대출자를 찾아 함께 그룹화할 수 있다면 더 효율적으로 그들에게 신용도 등급을 할당할 수 있습니다. 또한 구별된 대출자 그룹에 대한 구체적인 전략을 수립하고 고객 관계 관리 관점에서 고객들을 더 잘 관리할 수 있고 전반적인 고객 서비스를 개선할 수 있습니다.

계층적 클러스터링 알고리즘은 k-평균 알고리즘과 달리 트리를 잘라낼 위치를 결정할 수 있습니다. 결정된 트리의 아래 부분을 자를 수록 더 많은 대출자 그룹이 생성됩니다.

5장에서 한 것처럼, 계층적 클러스터링 알고리즘을 실행해봅시다.

```python
import fastcluster
from scipy.cluster.hierarchy import dendrogram
from scipy.cluster.hierarchy import cophenet
from scipy.spatial.distance import pdist

Z = fastcluster.linkage_vector(X_train, method='ward', metric='euclidean')

Z_dataFrame = pd.DataFrame(data=Z, columns=['clusterOne',
                            'clusterTwo', 'distance', 'newClusterSize'])
```

[표 6-4]는 결과로 나오는 데이터 프레임의 형태를 보여줍니다. 처음 몇 행은 트리의 가장 아래에 위치한 대출자들의 초기 연결[11] 결과입니다.

표 6-4 계층적 클러스터의 가장 하위 잎

	clusterOne	clusterTwo	distance	newClusterSize
0	39786.0	39787.0	0.000000e+00	2.0
1	39788.0	42542.0	0.000000e+00	3.0
2	42538.0	42539.0	0.000000e+00	2.0
3	42540.0	42544.0	0.000000e+00	3.0

---

11 옮긴이_ 계층적 클러스터링 생성 프로세스에서 초기 단계에서의 결합(병합)을 말합니다. 가장 하위의 특정 대출자와 가장 가까운 대출자 (혹은 군집)를 하나의 군집으로 연결(병합)하는 초기 단계의 결과를 보여줍니다.

	clusterOne	clusterTwo	distance	newClusterSize
4	42541.0	42545.0	3.399350e-17	4.0
5	42543.0	42546.0	5.139334e-17	7.0
6	33251.0	33261.0	1.561313e-01	2.0
7	42512.0	42535.0	3.342654e-01	2.0
8	42219.0	42316.0	3.368231e-01	2.0
9	6112.0	21928.0	3.384368e-01	2.0
10	33248.0	33275.0	3.583819e-01	2.0
11	33253.0	33265.0	3.595331e-01	2.0
12	33258.0	42552.0	3.719377e-01	3.0
13	20430.0	23299.0	3.757307e-01	2.0
14	5455.0	32845.0	3.828709e-01	2.0
15	28615.0	30306.0	3.900294e-01	2.0
16	9056 .0	9769.0	3.967378e-01	2.0
17	11162.0	13857.0	3.991124e-01	2.0
18	33270.0	42548.0	3.995620e-01	3.0
19	17422.0	17986.0	4.061704e-01	2.0

마지막 몇 행은 뒤집힌 트리의 상단을 나타내며 모든 대출자(42,542)가 결국 결합된다는 것을 기억해두길 바랍니다(표 6-5 참조).

표 6-5 계층적 클러스터의 가장 상위 잎

	clusterOne	clusterTwo	distance	newClusterSize
42521	85038.0	85043.0	132.715723	3969.0
42522	85051.0	85052.0	141.386569	2899.0
42532	85026.0	85027.0	146.976703	2351.0
42524	85048.0	85049.0	152.660192	5691.0
42525	85036.0	85059.0	153.512281	5956.0
42526	85033.0	85044.0	160.825959	2203.0
42527	85055.0	85061.0	163.701428	668.0

	clusterOne	clusterTwo	distance	newClusterSize
42528	85062.0	85066.0	168.199295	6897.0
42529	85054.0	85060.0	168.924039	9414.0
42530	85028.0	85064.0	185.215769	3118.0
42531	85067.0	85071.0	187.832588	15370.0
42532	85056.0	85073.0	203.212147	17995.0
42533	85057.0	85063.0	205.285993	9221.0
42534	85068.0	85072.0	207.902660	5321.0
42535	85069.0	85075.0	236.754581	9889.0
42536	85070.0	85077.0	298.587755	16786.0
42537	85058.0	85078.0	309.946867	16875.0
42538	85074.0	85079.0	375.698458	34870.0
42539	85065.0	85080.0	400.711547	37221.0
42504	85076.0	85081.0	644.047472	42542.0

이제 덴드로그램을 잘라서 필요한 군집 수를 생성하겠습니다. 군집 수는 distance_threshold 값에 의해 조정됩니다. 여러 번의 시행 착오 끝에 distance_threshold 값이 100이면 군집이 32개 생성되는 것을 확인했습니다. 이를 이 예제에서 사용할 겁니다.

```
from scipy.cluster.hierarchy import fcluster
distance_threshold = 100
clusters = fcluster(Z, distance_threshold, criterion='distance')
X_train_hierClustered = pd.DataFrame(data=clusters,
    index=X_train_PCA.index, columns=['cluster'])

print("Number of distinct clusters: ",
    len(X_train_hierClustered['cluster'].unique()))
```

우리가 선택한 거리 임곗값에 따라 생성된 군집 수는 32개입니다.

```
countByCluster_hierClust, countByLabel_hierClust, countMostFreq_hierClust,
    accuracyDF_hierClust, overallAccuracy_hierClust, accuracyByLabel_hierClust =
    analyzeCluster(X_train_hierClustered, y_train)
print("Overall accuracy from hierarchical clustering: ", overallAccuracy_hierClust)
```

다음 코드에서는 계층적 클러스터링의 전체 정확도를 보여줍니다.

```
Overall accuracy from hierarchical clustering: 0.3651685393258427
```

전체 정확도는 약 37%이며 k-평균 클러스터링과 비교하면 정확도는 조금 더 낮습니다. 하지만 계층적 클러스터링과 k-평균은 다르게 작동하기 때문에 어떤 대출자들에는 계층적 클러스터링이 k-평균보다 더 정확하게 그룹화할 수 있고, 반대로 일부 대출자들에는 k-평균이 계층적 클러스터링보다 더 정확하게 그룹화할 수 있습니다.

즉, 두 클러스터링 알고리즘은 서로를 보완할 수 있으며 두 알고리즘을 결합한 앙상블 모델을 만들어 개별 솔루션 결과와 비교해볼 수 있습니다[12]. k-평균과 마찬가지로 정확도는 군집별로 상당히 다릅니다. 일부 군집은 다른 군집보다 훨씬 더 동질적입니다.

```
Accuracy by cluster for hierarchical clustering

0      0.304124
1      0.219001
2      0.228311
3      0.379722
4      0.240064
5      0.272011
6      0.314560
7      0.263930
8      0.246138
9      0.318942
10     0.302752
11     0.269772
12     0.335717
13     0.330403
14     0.346320
15     0.440141
16     0.744155
17     0.502227
18     0.294118
19     0.236111
20     0.254727
21     0.241042
```

----

12 우리는 2장에서 앙상블을 살펴봤습니다. 필요한 경우 2.9절 앙상블을 다시 참조하십시오.

```
22    0.317979
23    0.308771
24    0.284314
25    0.243243
26    0.500000
27    0.289157
28    0.365283
29    0.479693
30    0.393559
31    0.340875
```

6.5 HDBSCAN 응용 프로그램

이제 계층적 노이즈 응용 밀도 기반 공간 클러스터링(HDBSCAN)으로 돌아가 랜딩 클럽 데이터셋의 유사한 대출자를 그룹화하기 위해 이 알고리즘을 적용해봅시다.

HDBSCAN은 데이터 속성이 고차원 공간에 얼마나 밀접하게 묶여 있는지에 따라 대출자를 그룹화합니다. 여기서는 k-평균 또는 계층적 클러스터링과는 달리, 모든 대출자가 그룹화되지는 않습니다. 다른 대출자 그룹과 크게 구별되는 일부 대출자는 그룹화되지 않은 상태로 남아 있을 수 있습니다. 이들은 이상(치) 대출자이며, 다른 대출자들과 다른 비즈니스상 이유가 있는지 조사할 가치가 있습니다. 사실 숫자형 대출 등급을 이들 대출자 그룹에 자동으로 할당할 수도 있지만 이렇게 크게 구별되는 대출자는 더 섬세하게 신용을 평가하는 방식이 필요할 수 있습니다.

HDBSCAN이 얼마나 잘 수행되는지 알아봅시다.

```python
import hdbscan


min_cluster_size = 20
min_samples = 20
alpha = 1.0
cluster_selection_method = 'leaf'

hdb = hdbscan.HDBSCAN(min_cluster_size=min_cluster_size, min_samples=min_samples,
```

```
                alpha=alpha, cluster_selection_method=cluster_selection_method)

X_train_hdbscanClustered = hdb.fit_predict(X_train)
X_train_hdbscanClustered = pd.DataFrame(data=
    X_train_hdbscanClustered, index=X_train.index, columns=['cluster'])

countByCluster_hdbscan, countByLabel_hdbscan,
    countMostFreq_hdbscan, accuracyDF_hdbscan,
    overallAccuracy_hdbscan, accuracyByLabel_hdbscan =
    analyzeCluster(X_train_hdbscanClustered, y_train)
```

다음 코드는 HDBSCAN의 전체 정확도를 보여줍니다.

```
Overall accuracy from HDBSCAN: 0.3246203751586667
```

전체 정확도는 약 32%이며, k- 평균 또는 계층적 클러스터링의 정확도보다 더 나쁩니다.

[표 6-6]은 다양한 군집 및 군집별 크기를 보여줍니다.

표 6-6 HDBSCAN의 군집 결과

	cluster	clusterCount
0	-1	32708
1	7	4070
2	2	3668
3	1	1096
4	4	773
5	0	120
6	6	49
7	3	38
8	5	20

대출자 중 32,708명이 클러스터 −1에 있으며, 이는 그룹화되지 않았음을 의미합니다.

다음은 군집별 정확도를 보여줍니다.

```
0    0.284487
1    0.341667
2    0.414234
3    0.332061
4    0.552632
5    0.438551
6    0.400000
7    0.408163
8    0.590663
dtype: floate64
```

군집별 정확도는 28%에서 59%까지 다양합니다.

6.6 마치며

이 장에서는 2007~2011년 사이에 랜딩 클럽의 무담보 개인 대출을 신청한 대출자 정보를 기반으로 비지도 학습 클러스터링 응용 프로그램을 구축했습니다. 이 응용 프로그램을 구축하기 위해 k-평균, 계층적 클러스터링, HDBSCAN을 사용했으며, 이 중 k-평균의 전체 정확도가 약 39%로 가장 좋은 성능을 보여줬습니다.

이 응용 프로그램들은 별 탈 없이 수행되지만 앞으로 개선할 부분이 많습니다. 알고리즘들을 다양하게 실험해서 성능을 개선해보십시오.

이것으로 사이킷런을 사용한 비지도 학습 실습 부문을 마칩니다. 다음 장부터는 텐서플로와 케라스를 사용해 신경망 기반의 비지도 학습을 살펴보겠습니다. 7장은 표현 학습 및 오토인코더를 다룹니다.

Part **III**

텐서플로와 케라스를
사용한 비지도 학습 모델

지금까지 사이킷런 기반 비지도 학습 부분을 살펴봤습니다. 이제부터는 신경망 기반 비지도 학습을 살펴보겠습니다. 앞으로 몇 장에 걸쳐 최근 관심을 많이 받고 있는 프레임워크인 텐서플로와 케라스를 사용한 신경망을 소개하겠습니다. 3부에서 얕은 신경망을 살펴보고 4부에서 심층 신경망을 살펴볼 예정입니다.

Part III

텐서플로와 케라스를 사용한 비지도 학습 모델

## CHAPTER 7

오토인코더

1장에서 6장까지는 비지도 학습을 사용해 차원 축소 및 클러스터링을 수행하는 방법을 살펴봤습니다. 여기서 다룬 개념들은 유사성 기반의 그룹 세분화 및 이상 탐지를 위한 응용 프로그램을 구축하는 데 도움이 됐습니다.

그러나 비지도 학습은 훨씬 더 많은 것을 할 수 있습니다. 비지도 학습이 탁월한 영역 중 하나는 피처 추출입니다. 피처 추출은 원본 피처셋에서 새로운 피처 표현을 생성하는 데 사용합니다. 새로운 피처 표현은 **학습된 표현**learned representation이라고 하며 지도 학습 문제에서 예측 성능을 향상시키는 데 사용합니다. 즉, 피처 추출은 지도 학습의 최종 목적을 달성하기 위한 비지도 기반의 수단입니다.

오토인코더는 이러한 피처 추출의 한 유형입니다. 이는 **표현 학습**representation learning을 위해 **피드포워드**feedforward, **비순환 신경망**nonrecurrent neural network을 사용합니다. 표현 학습은 신경망을 포함한 머신러닝의 전체 분야에서 핵심 부분입니다.

표현 학습의 한 유형인 오토인코더에서 신경망의 각 계층은 원본 피처의 표현을 학습하고 후속 계층은 이전 계층에 의해 학습된 표현을 기반으로 구축됩니다. 계층별로 오토인코더는 단순한 표현에서 점점 더 복잡한 표현을 학습하면서 점점 더 추상적인 개념 층을 구축합니다.

출력층은 원본 피처를 새로 학습한 최종 표현입니다. 이 학습된 표현은 일반화 오차를 개선하기 위해 지도 학습 모델의 입력으로 사용할 수 있습니다. 이를 더 자세히 살펴보기 전에 먼저 신경망을 살펴보고 파이썬 프레임워크인 텐서플로와 케라스를 살펴봅시다.

7.1 신경망

근본적으로 신경망은 표현 학습을 수행합니다. 여기서 신경망의 각 계층은 이전 계층으로부터 표현을 학습합니다. 신경망은 계층별로 더욱 섬세하고 세부적인 표현을 구축함으로써 컴퓨터 비전, 음성 인식, 기계 번역과 같이 놀라운 일들을 할 수 있습니다.

신경망의 유형에는 얕은 신경망과 심층 신경망이 있습니다. 얕은 신경망은 계층이 거의 없으며 심층 신경망은 계층이 많습니다. 딥러닝이라는 이름은 그들이 배포하는 심층(층이 여러 개인) 신경망에서 유래했습니다. 얕은 신경망은 표현 학습의 정도가 적은 개수의 계층에 의해 제한됐기 때문에 특별히 강력하지는 않습니다. 반면 딥러닝은 매우 강력하고 현재 머신러닝에서 인기 있는 분야 중 하나입니다.

좀 더 명확하게 구분하자면 신경망을 사용하는 얕은 학습과 깊은 학습은 전체 머신러닝 생태계의 일부일 뿐입니다. 신경망을 사용하는 머신러닝과 고전적인 머신러닝의 주요 차이점은 많은 피처 표현이 신경망에서는 자동으로 수행되며 고전적인 머신러닝에서는 수작업으로 설계된다는 점입니다.

신경망에는 **입력층**input layer, 하나 이상의 **은닉층**hidden layer 및 **출력층**output layer이 있습니다. 은닉층의 개수는 단지 신경망이 얼마나 깊은지를 정의합니다. 이러한 은닉층은 연산의 중간 과정으로 볼 수 있습니다. 이러한 은닉층을 함께 사용하면 전체 신경망은 복잡한 함수 근사를 구할 수 있습니다.

각 계층에는 해당 계층을 구성하는 특정 개수의 **노드**node(**뉴런**neuron 또는 **유닛**unit이라고도 함)가 있습니다. 각 층의 노드는 다음 층의 노드에 연결됩니다. 또한, 신경망은 훈련 과정에서 각 노드에 할당할 최적의 가중치를 결정합니다.

더 많은 계층을 추가하는 것 외에도 신경망에 노드를 추가해 복잡한 관계를 모델링하기 위해 신경망의 수용력을 늘릴 수 있습니다[1]. 이 노드는 **활성화 함수**activation function로 공급돼 현재 계층의 어떤 값이 신경망의 다음 계층으로 공급되는지 결정합니다. 일반적인 활성화 함수에는 **선형**linear, **시그모이드**sigmoid, **하이퍼볼릭 탄젠트**hyperbolic tangent, **정류선형유닛**rectified linear unit(ReLU) 함수가 있습니다. 최종 활성화 함수는 일반적으로 입력 관측치를 클래스 확률로 출력하는 **소프트맥**

---

[1] 옮긴이_ 신경망에서 수용력은 일반적으로 신경망에 저장될 수 있는 어떤 정보의 총량 및 정보 개념의 복잡도와 연관된 개념입니다. 일부 서적에서는 이를 신경망의 매개변수 개수로 정의하기도 합니다.

스 함수softmax function 입니다. 이것은 분류 유형 문제에 매우 일반적으로 사용합니다.

신경망은 **편향 노드**bias node를 가질 수도 있습니다[2]. 이 노드는 항상 일정한 값을 가지며 일반 노드와 달리 이전 계층에 연결되지 않습니다. 오히려 활성화 함수의 출력이 더 낮거나 더 높게 이동 가능하도록 허용합니다. 노드, 편향 노드, 활성화 함수를 포함하는 은닉층을 사용하는 신경망은 입력층을 출력층에 매핑하는 데 사용할 올바른 함수 근사를 학습하려고 합니다.

지도 학습 문제의 경우 이것은 매우 간단합니다. 입력층은 신경망으로 공급되는 피처를 나타내며 출력층은 각 관측치에 할당된 레이블을 나타냅니다. 훈련 과정에서 신경망은 각 관측치에 대한 예측 레이블과 실제 레이블 사이의 오차를 최소화하도록 **가중치**wight를 결정합니다. 비지도 학습 문제에서 신경망은 다양한 은닉층을 통해 입력층의 표현을 학습하지만 레이블의 지침은 없습니다.

신경망은 믿을 수 없을 만큼 강력합니다. 또한, 고전적인 머신러닝 알고리즘이 어려움을 겪는 복잡한 비선형 관계를 모델링할 수 있습니다. 일반적으로 이것은 신경망의 큰 장점이자 잠재적 위험 요소입니다. 신경망은 이러한 복잡한 비선형 관계를 모델링할 수 있기 때문에 과대 적합 되는 경향이 매우 큽니다. 이는 우리가 신경망을 사용해 머신러닝 응용 프로그램을 설계할 때 주의해야 할 사항입니다[3].

데이터가 어느 방향으로든 흐를 수 있는 **순환 신경망**recurrent neural network(음성 인식 및 기계 번역에 사용)과 **컨볼루션 신경망**convolutional neural network(컴퓨터 비전에 사용)처럼 다양한 종류의 신경망이 있지만, 우리는 데이터가 한 방향으로만 이동(앞으로)하는 더 직접적인 피드 포워드 신경망에 초점을 맞출 겁니다.

또한, 신경망이 제대로 작동하도록 비용 함수의 선택, 손실을 최소화하는 알고리즘, 시작 가중치에 대한 초기화 유형, 신경망을 훈련시키는 데 사용할 반복 횟수(예: 에폭epoch)[4], 각 가중치 업데이트 전에 공급할 관측치 수(예: 배치 크기)[5] 및 훈련 과정 중에 가중치를 이동하기 위한 단계의 크기(예: 학습 속도)와 같은 하이퍼파라미터 최적화를 훨씬 더 많이 수행해야 합니다.

---

2 옮긴이_ 편향은 하나의 뉴런에서 활성화 함수를 거쳐 최종적으로 출력되는 값을 조절하는 역할을 합니다. 즉 뉴런의 활성화 여부를 조절하는 매개변수입니다.

3 이 과정(과대 적합을 주의하기 위해 조치하는)을 정규화라고 합니다.

4 옮긴이_ 에폭이란 전체 데이터셋에 대한 한 번의 학습을 의미합니다.

5 옮긴이_ 배치 크기란 메모리의 한계와 속도 저하 문제 때문에 데이터를 나누어 학습하게 되는데 이때 나누는 데이터의 크기를 말합니다.

7.1.1 텐서플로

본격적으로 오토인코더를 소개하기 전에 신경망을 구축하는 데 사용할 주요 라이브러리인 텐서플로TensorFlow를 살펴보겠습니다. 텐서플로는 고성능 수치 연산을 위한 오픈 소스 소프트웨어 라이브러리입니다. 원래 구글 브레인팀이 구글 내부에서 사용하기 위해 개발했으며, 2015년 11월에 오픈 소스 소프트웨어로 출시했습니다[6].

텐서플로는 여러 운영 체제(리눅스, 맥OS, 윈도우, 안드로이드, iOS 포함)에서 사용할 수 있습니다. 여러 CPU 및 GPU에서 실행할 수 있어 빠른 성능을 위한 소프트웨어 확장성이 뛰어나고 데스크톱, 모바일, 웹, 클라우드를 통해 사용자 대부분에게 배포할 수 있습니다.

텐서플로의 장점은 사용자가 파이썬으로 신경망 또는 더 일반적으로 말하면 계산 그래프computational graph[7]를 정의할 수 있으며, 신경망을 가져와서 파이썬보다 훨씬 빠른 C++ 코드를 사용해 실행할 수 있다는 점입니다.

또한 텐서플로는 연산을 **병렬화**parallelize해 일련의 작업 전체를 별도의 청크로 나누고 여러 CPU, GPU에서 병렬로 실행할 수 있습니다. 이 같은 성능은 구글이 검색과 같은 핵심 작업을 위해 운영하는 것과 같은 대규모 머신러닝 응용 프로그램에서 매우 중요한 고려 사항입니다.

유사한 기능을 수행할 수 있는 다른 오픈 소스 라이브러리가 있지만 구글 브랜드인 텐서플로가 가장 인기가 있습니다.

텐서플로 예제

본격적인 작업에 앞서, 텐서플로 그래프를 작성하고 계산을 실행하겠습니다. 텐서플로를 가져오고, 텐서플로 API(이전 장에서 사용한 사이킷런 API와 유사함)를 사용해 몇 가지 변수를 정의한 다음 해당 변수에 대한 값을 계산합니다.

```python
import tensorflow as tf

b = tf.constant(50)
x = b * 10
```

---

6 텐서플로를 더 자세히 알아보려면 다음 웹사이트를 참조하십시오. https://www.tensorflow.org
7 옮긴이_ 여기서 그래프는 텐서플로 객체를 이야기하며, 데이터 연산을 나타내는 과정을 '그래프'라는 객체 내에 저장하게 됩니다. 신경망 학습을 위한 아키텍처를 정의하고 이를 그래프로 나타냅니다.

```
y = x + b

with tf.Session() as sess:
    result = y.eval()
    print(result)
```

여기에는 두 단계가 있다는 것을 인식하는 것이 중요합니다. 먼저, b, x, y를 정의하는 연산 그래프를 구성합니다. 그런 다음 tf.Session()을 호출해 그래프를 실행합니다. 이것을 호출할 때까지 CPU 및/또는 GPU에 의해 어떠한 연산도 실행되지 않습니다. 단지 계산에 대한 지시 사항만 저장됩니다. 이 코드를 실행하면 예상대로 결괏값 '550'을 볼 수 있습니다.

나중에 우리는 텐서플로를 사용해 실제 신경망을 구축할 겁니다.

7.1.2 케라스

케라스는 오픈 소스 소프트웨어 라이브러리이며 텐서플로 위에서 실행되는 고급 API를 제공합니다. 텐서플로에 훨씬 더 사용자 친화적인 인터페이스를 제공하므로 데이터 과학자와 연구자가 텐서플로 명령으로 직접 작업하는 것보다 빠르고 쉽게 실험할 수 있습니다. 케라스는 구글 엔지니어인 프랑수아 숄레가 주도적으로 만들었습니다.

우리는 텐서플로를 사용해 모델을 구축할 때 케라스로 실습할 겁니다. 실습을 진행하면서 케라스의 장점을 좀 더 살펴보겠습니다.

7.2 오토인코더: 인코더와 디코더

지금까지 신경망과 파이썬에서 함께 사용할 대중적인 라이브러리인 텐서플로와 케라스를 소개했습니다. 이제 가장 단순한 비지도 학습 신경망인 오토인코더를 구축해봅시다.

오토인코더는 **인코더**encoder와 **디코더**decoder 두 부분으로 구성됩니다. 인코더는 입력 피처셋을 표현 학습을 통해 다른 표현으로 변환하고, 디코더는 새로 학습한 표현을 원본 형식으로 변환합니다.

오토인코더의 핵심 개념은 3장에서 살펴본 차원 축소 개념과 유사합니다. 차원 축소와 마찬가지로, 오토인코더는 원본 피처와 관측치를 기억(**항등 함수**identity function라고 함)하지 않습니다[8]. 만약 오토인코더가 정확한 항등 함수를 학습한다면 유용하지 않을 겁니다[9]. 오히려 오토인코더는 새로 학습한 표현을 사용해 가능한 한 원본 관측치에 가깝게(하지만 정확하지는 않게) 근사해야 합니다. 즉, 오토인코더는 항등 함수의 근사를 학습합니다.

오토인코더에는 제약이 있기 때문에 데이터의 내재적 구조를 추출해 원본 데이터의 핵심 특성을 학습하게 합니다. 이는 차원 축소와 유사합니다. 제약은 오토인코더의 매우 중요한 속성입니다. 제약은 오토인코더가 중요한 정보는 추출하고 중요하지 않은 정보는 무시하는 것을 지능적으로 선택하도록 강제합니다.

오토인코더는 수십 년간 사용됐으며 이미 짐작했듯이 차원 축소 및 자동 피처 엔지니어링/학습에 널리 사용됐습니다. 오늘날, 이들은 종종 **생성적 적대 신경망**과 같은 **생성 모델**generative model을 구축하는 데 사용합니다.

7.3 과소완전 오토인코더

오토인코더에서는 인코더를 가장 중요하게 생각합니다. 원본 데이터의 새로운 표현을 학습하는 구성 요소이기 때문입니다. 이 새로운 표현은 원본 피처 및 관측치 셋에서 파생된 새로운 피처셋입니다.

오토인코더의 인코더 함수를 $h = f(x)$라고 했을 때, 이 함수는 원본 관측치 x를 취하고 함수 f에서 추출된, 새로 학습된 표현을 사용해 h를 출력합니다. 인코더 함수를 사용해 원본 관측치를 재구성하는 디코더 함수는 $r = g(h)$입니다.

보다시피, 디코더 함수는 인코더의 출력 h를 입력하고 재구성 함수 g를 사용해 관측치 r을 재구성합니다. 제대로 수행됐다면 $g(f(x))$는 모든 x와 정확히 같지 않지만 충분히 가까울 겁니다.

----

8 옮긴이_ 항등 함수란 모든 정의역 x에 대해 f(x) = x를 만족하는 함수입니다. https://en.wikipedia.org/wiki/Identity_function 오토인코더가 원본 피처 및 관측치를 기억하지 않는다는 것은 항등 함수의 근사를 학습한다는 의미입니다.
9 옮긴이_ 만약 오토인코더가 정확한 항등 함수를 학습한다면 단순히 입력을 출력으로 복사하는 결과가 됩니다. 이때 재구성 오차는 모두 0이 될 것이며, 사기 거래 탐지 같은 예에서 사기 거래와 정상 거래를 구분할 수 없는 모델이 될 겁니다.

그러면 과연 어떻게 인코더 함수를 근사 x로 제한해 x를 정확히 복사하지 않고 x의 핵심 특성만 학습하도록 할 수 있을까요?

그건 바로 인코더 함수의 출력인 h를 원본 관측치 x보다 더 작은 차원으로 제한하는 겁니다. 이것을 **과소완전**undercomplete 오토인코더라고 합니다. 인코더의 차원 수가 원본 입력 차원 수보다 작기 때문입니다. 이 역시 원본 데이터의 입력 차원 수를 훨씬 작은 차원으로 줄이는 차원 축소 과정과 유사합니다.

이러한 방식으로 제약을 받으면, 오토인코더는 디코더가 인코더의 출력을 사용해 관측치를 재구성한 후 재구성 오차가 가능한 한 작도록 **손실 함수**loss function를 최소화하려고 합니다. 여기서 차원 수가 제한되는 곳이 바로 은닉층이라는 것을 알아야 합니다. 즉, 인코더의 출력은 원본 입력보다 크기가 작습니다. 그러나 디코더의 출력은 재구성된 원본 데이터이므로 원본 입력과 동일한 개수의 차원을 갖습니다.

디코더가 선형이고 손실 함수가 평균 제곱 오차인 경우, 과소완전 오토인코더는 3장에서 소개한 차원 축소의 한 유형인 PCA와 동일한 종류의 새로운 표현을 학습합니다. 그러나 인코더 및 디코더 함수가 비선형인 경우 오토인코더는 훨씬 더 복잡한 비선형 표현을 학습할 수 있습니다. 이게 바로 우리가 가장 주의 깊게 살펴볼 내용입니다.

반면, 복잡한 비선형 표현을 모델링하기 위해 오토인코더에 너무 많은 용량 및 범위[10]가 주어지면 가장 핵심적인 정보를 추출하는 대신 원본 관측치를 단순히 기억/복사하게 됩니다. 따라서 이러한 일이 발생하지 않도록 충분히 의미 있게 오토인코더를 제한해야 합니다.

7.4 과대완전 오토인코더

인코더가 원본 입력 차원보다 더 많은 수의 차원으로 표현을 학습하면 오토인코더는 **과대완전** overcomplete으로 간주됩니다. 이러한 오토인코더는 단순히 원본 관측치를 복사하기 때문에 오토인코더의 과소완전 방식으로 원본 분포에 대한 정보를 효율적이고 함축적으로 추출하도록 강요받지 않습니다. 다시 말하자면, 불필요하게 복잡한 함수를 학습하는 것에 대해 신경망에 불이익(패널티)을 주는 일종의 **정규화**regularization를 사용한다면 과대완전 오토인코더는 차원 축소

---

10 옮긴이_ 예를 들어, 은닉층의 뉴런 수가 입력층보다 더 많아지는 경우를 말합니다.

및 자동 피처 엔지니어링에 성공적으로 사용할 수 있습니다.

과소완전 오토인코더와 비교할 때 **정규화된 과대완전 오토인코더**regularized overcomplete autoencoder는 성공적으로 만들기 어렵지만 잠재적으로 더욱 강력합니다. 원본 관측치의 값을 정확하게 복사하지 않고 더 잘 근사할 수 있는 복잡한 표현(그러나 너무 지나치게 복잡하지 않은)을 학습할 수 있기 때문입니다.

간단히 말해서, 잘 수행되는 오토인코더는 원본 관측치를 충분히 근접하지만 정확하지는 않은 새로운 표현을 학습하는 겁니다. 이를 위해 오토인코더는 기본적으로 새로운 확률 분포를 학습합니다.

7.5 고밀도 vs 희소 오토인코더

3장에서 우리는 차원 축소 알고리즘의 일반(고밀도) 버전과 희소 버전을 모두 다뤘습니다. 오토인코더도 마찬가지입니다. 지금까지는 소수의 피처들을 원본 데이터에서 추출된 가장 핵심적인 정보를 갖는 고밀도 최종 행렬을 출력하는 일반적인 오토인코더만 논의했습니다. 그러나 오토인코더가 학습하는 피처에 추출 정보가 더 잘 분배되도록 희소한 최종 행렬을 출력하고 싶을 수 있습니다.

이를 위해서는 오토인코더의 일부로 **재구성 오차**reconstruction error뿐만 아니라 오토인코더가 최종 행렬의 희소성을 고려하도록 **희소성 패널티**sparsity penalty를 포함시켜야 합니다. 희소 오토인코더는 일반적으로 과대완전 오토인코더입니다. 은닉층은 소수의 은닉층 유닛만 동시에 활성화된다는 제약을 극복하기 위해 원본 입력 피처의 수보다 더 많은 유닛을 가지기 때문입니다. 이러한 방식으로 정의하면 **희소 오토인코더**sparse autoencoder는 더 많은 0 값이 포함된 최종 행렬을 출력하고 추출된 정보는 학습된 피처에 더 잘 분배될 겁니다.

특정 머신러닝 응용 프로그램에서는 희소 오토인코더가 더 나은 성능을 가지며 일반(고밀도) 오토인코더보다 다소 다른 표현을 학습합니다. 나중에 실제 사례를 다루면서 이 두 가지 유형 오토인코더의 차이점을 확인해보겠습니다.

7.6 노이즈 제거 오토인코더

지금까지 알다시피, 오토인코더는 원본 입력 데이터로부터 새로운(그리고 향상된) 표현을 학습하며 가장 핵심적인 요소를 추출하지만 원본 데이터의 노이즈는 무시합니다.

경우에 따라 우리가 설계한 오토인코더가 데이터의 노이즈를 더 적극적으로 무시하도록 할 수 있습니다. 특히 원본 데이터가 어느 정도 손상됐다고 의심되는 경우 더욱 그렇습니다. 한낮에 시끄러운 커피숍에서 두 사람의 대화를 녹음한다고 상상해보십시오. 배경에서 들려오는 잡담(노이즈)으로부터 대화(신호)를 분리하려고 합니다. 또는 저해상도나 일부 흐림 효과 때문에 거칠거나 왜곡된 이미지의 데이터셋을 상상해보십시오. 핵심 이미지(신호)를 왜곡된 부분(노이즈)으로부터 분리해야 할 겁니다.

이러한 문제를 해결하기 위해 손상된 데이터를 입력으로 사용하고 손상되지 않은 원래 데이터를 가능한 한 최상으로 출력하도록 훈련된 **노이즈 제거 오토인코더**denoising autoencoder를 설계할 수 있습니다. 물론 쉽지 않은 일이지만 현실 문제를 해결하기 위한 오토인코더의 매우 강력한 응용 사례입니다.

7.7 변분 오토인코더

지금까지 원본 입력 데이터와 (디코더를 통해) 새로 재구성된 데이터 사이의 재구성 오차를 최소화하기 위해 (인코더를 통해) 원본 입력 데이터의 새로운 표현을 학습하기 위한 오토인코더 사용 사례를 살펴봤습니다.

이 예제에서 인코더의 크기는 고정 크기 n입니다. 여기서 n은 일반적으로 원본 차원 수보다 작습니다. 즉, 과소완전 오토인코더를 훈련시킵니다. 또는 n은 원본 차원 수(과대완전 오토인코더)보다 클 수 있지만 정규화 패널티, 희소 패널티 등을 사용해 제한될 수 있습니다. 그러나 이 모든 경우에, 인코더는 고정된 크기 n의 단일 벡터를 출력합니다.

변분 오토인코더variational autoencoder로 알려진 대체 오토인코더에는 하나의 벡터 대신 두 개의 벡터를 출력하는 인코더가 있습니다. 즉, 평균 벡터 **뮤**mu와 표준 편차 벡터 **시그마**sigma입니다. 이 두 벡터는 뮤와 시그마의 **i번째** 요소가 i번째 랜덤 변수의 **평균**mean 및 **표준 편차**standard deviation에 대응하도록 랜덤 변수를 형성합니다. 변분 오토인코더는 인코더를 통해 이러한 확률적 출력을 형성함으로써 입력 데이터에서 학습한 내용을 기반으로 연속 공간에서 샘플링할 수 있습니다.

변분 오토인코더는 훈련된 케이스에 국한하지 않고, 비록 이전에 정확히 유사한 케이스를 본 적이 없더라도 새로운 케이스를 일반화하고 출력할 수 있습니다. 이는 매우 강력한 기능입니다. 이제 변분 오토인코더는 원본 입력 데이터로부터 학습된 분포에 속하는 것으로 보이는 새로운 합성 데이터를 생성할 수 있기 때문입니다.

이와 같은 발전으로 **생성적 적대 신경망**을 포함한 생성 모델링으로 알려진 비지도 학습은 새롭고 트렌디한 분야가 됐습니다. 이러한 모델들로 합성 이미지, 음성, 음악, 그림 등을 생성할 수 있어 인공지능 기반 데이터 생성 분야가 주목받고 있습니다.

7.8 마치며

이 장에서는 신경망과 대중적인 오픈 소스 라이브러리인, 텐서플로와 케라스를 소개했습니다. 또한 오토인코더를 살펴보고, 오토인코더가 원본 입력 데이터로부터 새로운 표현을 학습하는 기능도 살펴봤습니다. 오토인코더의 변형된 버전으로는 희소 오토인코더, 노이즈 제거 오토인코더, 변분 오토인코더 등이 있습니다.

8장에서는 이 장에서 살펴본 기술을 사용해 실습 응용 프로그램을 구축할 겁니다. 계속 진행하기 전에 자동 피처 추출이 왜 중요한지 다시 한번 살펴봅시다.

데이터를 자동으로 추출하는 기능이 없다면 데이터 과학자와 머신러닝 엔지니어는 현실 세계의 문제를 해결하는 데 중요한 피처들을 직접 만들어야 합니다. 이것은 시간이 매우 오래 걸리며 AI 분야의 진전을 심각하게 제한할 겁니다.

사실 제프리 힌튼과 다른 연구자들이 신경망을 사용해 새로운 피처를 자동으로 학습할 수 있는 방법을 개발하기 전(2006년부터 딥러닝 혁명이 시작됨)까지는 컴퓨터 비전, 음성 인식, 기계 번역 등과 관련된 문제들은 대부분 다루기 어려웠습니다.

하지만 오토인코더 및 기타 신경망의 변형된 버전들이 입력 데이터에서 피처를 자동으로 추출하기 위해 사용되면서, 이러한 문제들이 해결돼 지난 10년간 머신러닝에서 획기적인 발전을 이루었습니다.

8장에서 오토인코더 실습을 통해 자동 피처 추출이 얼마나 강력한지 확인할 수 있습니다.

## CHAPTER 8

핸즈온 오토인코더

8장에서는 과소완전, 과대완전, 희소, 노이즈 제거, 변분 오토인코더를 포함한 오토인코더의 다양한 버전을 사용해 응용 프로그램을 구축할 겁니다.

4장에서 소개한 신용카드 사기 탐지 문제로 다시 돌아가 봅시다. 신용카드 거래 총 284,807건 중에서 492건만 사기 거래입니다. 우리는 지도 학습 모델을 사용해 평균 정밀도 0.82를 달성했으며 이 결과는 매우 인상적이었습니다. 이 모델은 정밀도 80% 이상으로 사기 거래의 80% 이상을 탐지할 수 있었습니다. 또한, 비지도 학습 모델을 사용해 평균 정밀도 0.69를 달성했습니다. 75% 이상의 정밀도로 사기 거래의 75% 이상을 탐지할 수 있었습니다. 이는 레이블을 사용하지 않은 점을 감안하면 매우 좋은 결과였습니다.

이제 동일한 문제를 오토인코더를 사용해 어떻게 해결할 수 있는지 살펴보겠습니다. 오토인코더는 비지도 학습 알고리즘이지만 신경망을 사용합니다.

8.1 데이터 준비

먼저 필요한 라이브러리를 로드합니다.

```
''' 메인 라이브러리'''
import numpy as np
import pandas as pd
```

```python
import os, time, re
import pickle, gzip

'''시각화 관련 라이브러리'''
import matplotlib.pyplot as plt
import seaborn as sns
color = sns.color_palette()
import matplotlib as mpl

%matplotlib inline

'''데이터 준비 및 모델 평가 관련 라이브러리'''
from sklearn import preprocessing as pp
from sklearn.model_selection import train_test_split
from sklearn.model_selection import StratifiedKFold
from sklearn.metrics import log_loss
from sklearn.metrics import precision_recall_curve, average_precision_score
from sklearn.metrics import roc_curve, auc, roc_auc_score

'''알고리즘 관련 라이브러리'''
import lightgbm as lgb

'''텐서플로 및 케라스 관련 라이브러리'''
import tensorflow as tf
import keras
from keras import backend as K
from keras.models import Sequential, Model
from keras.layers import Activation, Dense, Dropout
from keras.layers import BatchNormalization, Input, Lambda
from keras import regularizers
from keras.losses import mse, binary_crossentropy
```

그런 다음 데이터셋을 로드하고 사용할 준비를 합니다. PCA의 모든 주성분과 Amount 피처
로 dataX 행렬을 생성합니다. 여기서 Class와 Time은 사용하지 않을 겁니다. Class 레이블은
dataY 행렬에 저장합니다. 그런 다음 dataX 행렬의 피처를 표준화해 모든 피처가 평균이 0이
고 표준 편차가 1이 되도록 합니다.

```python
current_path = os.getcwd()
file = os.path.sep.join(['', 'datasets', 'credit_card_data', 'credit_card.csv'])
data = pd.read_csv(current_path + file)
dataX = data.copy().drop(['Class','Time'], axis=1)
```

```
dataY = data['Class'].copy()
featuresToScale = dataX.columns
sX = pp.StandardScaler(copy=True, with_mean=True, with_std=True)
dataX.loc[:,featuresToScale] = sX.fit_transform(dataX[featuresToScale])
```

4장에서와 같이, 레이블을 포함한 데이터의 2/3를 훈련셋으로, 1/3을 테스트셋으로 생성합니다.

이제 훈련셋과 테스트셋을 각각 X_train_AE와 X_test_AE에 저장합니다. 우리는 이것을 오토인코더에서 바로 사용할 겁니다.

```
X_train, X_test, y_train, y_test = \
    train_test_split(dataX, dataY, test_size=0.33,
                        random_state=2018, stratify=dataY)

X_train_AE = X_train.copy()
X_test_AE = X_test.copy()
```

4장에서 소개한 anomalyScores 함수를 재사용해 원본 피처 행렬과 새롭게 재구성된 피처 행렬 간 재구성 오차를 계산하겠습니다. 이 함수는 제곱 오차의 합계를 구한 후 0과 1 사이의 범위로 정규화합니다.

이 함수는 아주 중요합니다. 오차가 1에 가까운 거래는 가장 비정상(즉, 가장 높은 재구성 오차를 가지는)이므로 사기 가능성이 가장 큽니다. 오차가 0에 가까운 거래는 재구성 오차가 가장 낮으며 정상일 가능성이 큽니다.

```
def anomalyScores(originalDF, reducedDF):
    loss = np.sum((np.array(originalDF) -
                    np.array(reducedDF))**2, axis=1)
    loss = pd.Series(data=loss, index=originalDF.index)
    loss = (loss-np.min(loss))/(np.max(loss)-np.min(loss))
    return loss
```

정밀도-재현율 곡선, 평균 정밀도, 수신자 조작 특성 곡선을 그리기 위해 이전에 사용한 plotResults를 재사용합니다.

```
def plotResults(trueLabels, anomalyScores, returnPreds = False):
    preds = pd.concat([trueLabels, anomalyScores], axis=1)
    preds.columns = ['trueLabel', 'anomalyScore']
    precision, recall, thresholds = \
        precision_recall_curve(preds['trueLabel'], preds['anomalyScore'])
    average_precision = average_precision_score( \
                        preds['trueLabel'], preds['anomalyScore'])

    plt.step(recall, precision, color='k', alpha=0.7, where='post')
    plt.fill_between(recall, precision, step='post', alpha=0.3, color='k')

    plt.xlabel('Recall')
    plt.ylabel('Precision')
    plt.ylim([0.0, 1.05])
    plt.xlim([0.0, 1.0])

    plt.title('Precision-Recall curve: Average Precision = \
        {0:0.2f}'.format(average_precision))

    fpr, tpr, thresholds = roc_curve(preds['trueLabel'], preds['anomalyScore'])
    areaUnderROC = auc(fpr, tpr)

    plt.figure()
    plt.plot(fpr, tpr, color='r', lw=2, label='ROC curve')
    plt.plot([0, 1], [0, 1], color='k', lw=2, linestyle='--')
    plt.xlim([0.0, 1.0])
    plt.ylim([0.0, 1.05])
    plt.xlabel('False Positive Rate')
    plt.ylabel('True Positive Rate')
    plt.title('Receiver operating characteristic: Area under the curve = \
        {0:0.2f}'.format(areaUnderROC))
    plt.legend(loc="lower right")
    plt.show()

if returnPreds==True:
    return preds, average_precision
```

8.2 오토인코더의 구성 요소

먼저 입력층, 은닉층, 출력층을 포함하는 매우 간단한 오토인코더를 만들겠습니다. 원본 피처 행렬 x를 오토인코더에 공급할 겁니다. 이것은 입력층으로 표현됩니다. 그런 다음 입력층에 활성화 함수를 적용해 은닉층을 생성합니다. 이 활성화 함수를 f라고 하며 오토인코더의 인코더 부분입니다. 은닉층은 h(f(x)와 동일)이며 새롭게 학습된 표현을 나타냅니다.

그런 다음 은닉층(즉, 새롭게 학습된 표현)에 활성화 함수를 적용해 원본 관측치를 재구성합니다. 이 활성화 함수를 g라고 하며 오토인코더의 디코더 부분입니다. 출력층은 r(g(h)와 동일)이며, 새롭게 재구성된 관측치를 나타냅니다. 재구성 오차를 계산하기 위해 우리는 원본 피처 행렬 x와 새롭게 재구성된 관측치 r을 비교할 겁니다.

8.3 활성화 함수

오토인코더의 단일 은닉층에서 사용할 노드 수를 결정하기 전에 활성화 함수를 알아보겠습니다.

신경망은 각 층의 노드에 적용할 가중치를 학습하지만 노드가 활성화될지(다음 층에서 사용할 수 있을지) 여부는 활성화 함수가 결정합니다. 즉, 활성화 함수는 각 계층의 가중치와 입력값(편향이 존재하는 경우 함께 더해)에 적용됩니다. 우리는 가중치와 입력값에 편향을 더해 Y를 구합니다.

활성화 함수는 Y를 구한 후 Y가 특정 임곗값을 초과하는 경우 활성화되고 그렇지 않으면 활성화되지 않습니다. 활성화되면 주어진 노드의 정보가 다음 계층으로 전달되고 활성화되지 않으면 전달되지 않습니다. 그러나 우리는 단순한 바이너리 활성화를 원하지 않습니다. 우리가 원하는 건 일정한 범위의 활성화 값입니다. 이를 위해 선형 활성화 함수 또는 비선형 활성화 함수를 선택할 수 있습니다. 선형 활성화 함수는 범위 제한이 없습니다. 이 함수는 음의 무한대와 양의 무한대 사이의 활성화 값을 생성할 수 있습니다.

일반적인 비선형 활성화 함수에는 시그모이드, 하이퍼볼릭 탄젠트(또는 tanh), 정류선형유닛(또는 ReLu), 소프트맥스 등이 있습니다.

시그모이드 함수(Sigmoid function)

시그모이드 함수는 값의 범위가 제한적이며 0과 1사이의 활성화 값을 생성할 수 있습니다.

하이퍼볼릭 탄젠트 함수(Tanh function)

tanh 함수 또한 값의 범위가 제한적이며 −1과 +1 사이의 활성화 값을 생성할 수 있습니다. 경사도는 시그모이드 함수보다 가파릅니다.

정류선형유닛 함수(ReLu function)

ReLu 함수는 흥미로운 속성을 가지고 있습니다. Y가 양수이면 ReLu는 Y를 반환합니다. 그렇지 않으면 0을 반환합니다. 따라서 ReLu는 Y값이 양수일 때 범위는 무제한입니다.

소프트맥스 함수(Softmax function)

소프트맥스 함수는 확률을 더한 값이 1이 되게 분류 확률을 정규화하기 때문에 분류 문제에서 신경망의 최종 활성화 함수로 사용합니다.

이러한 모든 함수 중에서 선형 활성화 함수는 가장 간단하고 계산 비용이 적습니다. 그 다음으로 계산 비용이 적게 드는 함수는 ReLu이며, 그 뒤를 이어 나머지 함수들이 있습니다.

8.4 첫 번째 오토인코더

먼저 인코더와 디코더 함수를 위한 선형 활성화 함수를 가진 2-계층 오토인코더부터 시작하겠습니다. 은닉층의 개수에 출력층을 더한 것만 신경망의 계층(레이어) 수에 포함된다는 점을 기억합시다. 2-계층 신경망은 은닉층을 1개 가지고 있습니다.

텐서플로와 케라스를 사용해 이를 구축하려면 먼저 **순차 모델**Sequential model API를 호출해야 합니다. 순차 모델은 계층을 선형으로 쌓는 겁니다. 데이터를 훈련시키고 모델을 컴파일하기 전에 원하는 계층 유형을 모델에 전달합니다[1].

---

1 케라스 순차 모델을 더 자세히 알고 싶으면 다음을 참조하십시오. https://keras.io/getting-started/sequential-model-guide

```
# 모델 1
# 선형 활성화 함수로 구성된 2-계층 완전오토인코더

# 신경망 API 호출하기
model = Sequential()
```

순차 모델을 호출한 후에는 원본 피처 행렬인 dataX의 차원 수와 일치하는 차원 수(여기서는 29)를 지정해 입력층 구조를 설정합니다.

입력층에 적용된 활성화 함수(인코더 함수라고도 함)와 은닉층에 포함할 노드 수를 지정해야 합니다. 우리는 활성화 함수로 **선형**linear을 사용합니다.

은닉층의 노드 수(29개)와 입력층의 노드 수(29개)가 같은 완전 오토인코더를 사용할 겁니다. 이 모든 작업은 다음과 같은 코드 한 줄이면 됩니다.

```
model.add(Dense(units=29, activation='linear', input_dim=29))
```

마찬가지로, 관측치와 출력층이 가지는 차원 수를 재구성하기 위해 은닉층에 적용된 활성화 함수(디코더 함수라고도 함)를 지정해야 합니다. 최종 재구성 행렬이 원본 행렬과 동일한 차원을 가져야 하기 때문에 차원은 29가 돼야 합니다. 그리고 디코더에 선형 활성화 함수를 사용합니다.

```
model.add(Dense(units=29, activation='linear'))
```

다음으로 신경망을 위해 설계된 계층을 컴파일해야 합니다. 이를 위해서는 가중치 학습을 가이드하는 **손실 함수(목적 함수**objective function라고도 함)를 선택하고, 가중치 학습 프로세스를 설정하는 **옵티마이저**optimizer와 신경망의 성능을 평가하기 위한 **지표**metrics 목록을 선택해야 합니다.

8.4.1 손실 함수

손실 함수부터 시작해봅시다. 우리는 오토인코더를 기반으로 새롭게 재구성된 피처 행렬과 오토인코더에 공급되는 원본 피처 행렬 사이의 재구성 오차를 기반으로 모델을 평가한다는 것을 기억하십시오.

따라서 이를 위한 평가 지표로 **평균 제곱 오차**mean squared error를 사용할 겁니다(단, 예제에서 사용하는 사용자 정의 평가 함수는 평균 제곱 오차와 유사한 제곱 오차의 합계입니다)[2].

8.4.2 옵티마이저

신경망은 수많은 **라운드**(**에폭**이라고 함)를 훈련합니다. 신경망은 이 각각의 에폭에서 학습된 가중치를 재조정해 이전 에폭으로부터의 손실을 줄입니다. 이러한 가중치를 학습하는 프로세스는 옵티마이저가 설정합니다. 이 프로세스는 신경망이 모든 계층의 노드에 할당할 최적 가중치를 효율적으로 학습하는 데 도움을 주고, 손실 함수를 최소화합니다.

최적의 가중치를 학습하려면 신경망이 최적 가중치에 대한 '추정'을 지능적으로 조정해야 합니다. 이를 위한 한 가지 방법은 손실 함수를 점진적으로 줄이는 데 도움이 되는 방향으로 가중치를 반복 이동시키는 겁니다. 그러나 더 좋은 방법은 가중치를 이 방향으로 이동시키되, 임의의 정도로, 즉 가중치를 확률적으로 이동시키는 겁니다.

이 과정은 **확률적 그레이디언트 하강법**stochastic gradient descent(SGD)으로 알려져 있으며[3], 신경망 훈련에서 가장 일반적으로 사용하는 옵티마이저입니다. SGD는 모든 가중치 업데이트에 알파로 알려진 단일 학습률을 가지며, 이 학습률은 훈련 중에 변경되지 않습니다. 그러나 대부분은 훈련 과정에서 학습률을 조정하는 것이 좋습니다. 예를 들어, 초기 에폭에서는 가중치를 큰 값 즉, 높은 학습률 또는 큰 알파값으로 조정하는 것이 더 합리적입니다.

이후의 에폭에서 가중치가 더 최적일 경우 한 방향 또는 다른 방향으로 크게 움직이는 것보다 가중치를 정교하게 파인튜닝(미세 조정)하기 위해 조금씩 조정하는 것이 더 합리적입니다. 따라서 SGD보다 더 좋은 옵티마이저는 적응적 모멘트 추정에서 파생된 **Adam 최적화 알고리즘**Adam optimzation algorithm입니다. Adam 옵티마이저는 앞으로 우리가 사용하게 될 최적화 도구로, SGD와 달리 훈련 과정 동안 학습률을 동적으로 조정합니다[4].

Adam 옵티마이저는 가중치가 업데이트되는 속도를 조절하는 알파를 설정할 수 있습니다. 알파 값이 클수록 학습률이 업데이트되기 전에 초기 학습이 빨라집니다.

---

2 손실 함수를 더 자세히 알고 싶으면 공식 케라스 문서를 참조하십시오. https://keras.io/losses
3 확률적 그레이디언트 하강법을 더 자세히 알고 싶으면 위키피디아를 참조하십시오.
   https://en.wikipedia.org/wiki/Stochastic_gradient_descent
4 옵티마이저를 더 자세히 알고 싶으면 다음 문서를 참조하십시오. https://keras.io/optimizers

8.4.3 모델 훈련시키기

이제 마지막으로 평가지표를 선택해야 됩니다. 작업을 단순하게 하기 위해 accuracy로 설정합니다[5].

```
model.compile(optimizer='adam',
              loss='mean_squared_error',
              metrics=['accuracy'])
```

다음으로, 에폭 횟수와 배치 크기를 선택한 다음 **적합**[fit] 메소드를 호출해 훈련 프로세스를 시작합니다. 에폭 횟수에 따라 우리가 신경망으로 전달하는 전체 데이터셋에서 훈련이 시행되는 횟수가 결정됩니다. 우리는 이 값을 10으로 설정할 겁니다.

배치는 다음 그레이디언트로 업데이트되기 전에 신경망이 훈련하는 샘플 수를 설정합니다. 배치 크기가 총 관측치 수와 같으면 신경망은 에폭 한 번마다 그레이디언트 업데이트를 한 번 수행합니다. 반면, 배치 크기가 총 관측치 수보다 작으면 에폭당 업데이트를 여러 번 진행합니다. 우리는 이 값을 통상적으로 사용하는 수준인 32개 샘플로 설정해 시작합니다[6].

적합 메소드에서는 초기 입력 행렬인 x와 목표 행렬인 y를 설정합니다. 이 예제에서는 x와 y가 모두 원본 피처 행렬인 X_train_AE입니다. 재구성 오차를 계산하기 위해 재구성된 피처 행렬인 오토인코더의 출력을 원본 피처 행렬과 비교할 것이기 때문입니다.

이 모델은 순전히 비지도 학습 솔루션으로 y행렬을 전혀 사용하지 않습니다. 또한 전체 훈련 행렬에서 재구성 오차를 테스트해 모델을 검증합니다.

```
num_epochs = 10
batch_size = 32

history = model.fit(x=X_train_AE, y=X_train_AE,
                    epochs=num_epochs,
                    batch_size=batch_size,
                    shuffle=True,
                    validation_data=(X_train_AE, X_train_AE),
                    verbose=1)
```

---

5   평가지표에 대한 더 자세한 내용은 다음 문서를 참조하십시오. https://keras.io/metrics
6   옮긴이_ 전체 데이터셋의 크기가 64개일 때, 배치 크기를 32로 설정하면 에폭 한 번당 그레이디언트를 2번 업데이트합니다.

결과를 보면, 이 모델은 은닉층과 입력층의 차원 수가 동일한 완전 오토인코더이기 때문에 손실이 훈련셋과 검증셋 모두 매우 낮습니다.

```
Training history of complete autoencoder


Train on 190820 samples, validate on 190820 samples
Epoch 1/10
190820/190820 [==============================] - 29s 154us/step - loss: 0.1056
- acc: 0.8728 - val_loss: 0.0013 - val_acc: 0.9903
Epoch 2/10
190820/190820 [==============================] - 27s 140us/step - loss: 0.0012
- acc: 0.9914 - val_loss: 1.0425e-06 - val_acc: 0.9995
Epoch 3/10
190820/190820 [==============================] - 23s 122us/step - loss: 6.6244
e-04 - acc: 0.9949 - val_loss: 5.2491e-04 - val_acc: 0.9913
Epoch 4/10
190820/190820 [==============================] - 23s 119us/step - loss: 0.0016
- acc: 0.9929 - val_loss: 2.2246e-06 - val_acc: 0.9995
Epoch 5/10
190820/190820 [==============================] - 23s 119us/step - loss: 5.7424
e-04 - acc: 0.9943 - val_loss: 9.0811e-05 - val_acc: 0.9970
Epoch 6/10
190820/190820 [==============================] - 22s 118us/step - loss: 5.4950
e-04 - acc: 0.9941 - val_loss: 6.0598e-05 - val_acc: 0.9959
Epoch 7/10
190820/190820 [==============================] - 22s 117us/step - loss: 5.2291
e-04 - acc: 0.9946 - val_loss: 0.0023 - val_acc: 0.9675
Epoch 8/10
190820/190820 [==============================] - 22s 117us/step - loss: 6.5130
e-04 - acc: 0.9932 - val_loss: 4.5059e-04 - val_acc: 0.9945
Epoch 9/10
190820/190820 [==============================] - 23s 122us/step - loss: 4.9077
e-04 - acc: 0.9952 - val_loss: 7.2591e-04 - val_acc: 0.9908
Epoch 10/10
190820/190820 [==============================] - 23s 118us/step - loss: 6.1469
e-04 - acc: 0.9945 - val_loss: 4.4131e-06 - val_acc: 0.9991
```

오토인코더는 입력을 그대로 복사한 것처럼 원본 피처 행렬을 너무 정확하게 재구성했습니다. 이는 우리가 원하는 최적화 결과가 아닙니다.

오토인코더는 관련성이 적은 정보를 삭제하면서 원본 입력 행렬에서 가장 중요한 정보를 추출하는 새로운 표현을 학습하기 위한 것임을 상기하십시오. 이렇게 입력을 단순히 기억(항등 함수 학습이라고 함)하면 새롭고 향상된 표현 학습을 할 수 없습니다.

8.4.4 테스트셋으로 평가하기

테스트셋을 사용해 이 오토인코더가 신용카드 거래 데이터셋에서 사기를 얼마나 성공적으로 식별할 수 있는지 평가하겠습니다. 이를 수행하기 위해 predict 메소드를 사용할 겁니다.

```
predictions = model.predict(X_test, verbose=1)
anomalyScoresAE = anomalyScores(X_test, predictions)
preds = plotResults(y_test, anomalyScoresAE, True)
```

[그림 8-1]에서 볼 수 있듯이 평균 정밀도는 0.30으로 그렇게 좋은 결과는 아닙니다. 4장에서 비지도 학습을 사용한 최고 평균 정밀도는 0.69였고, 지도 학습 시스템의 평균 정밀도는 0.82 였습니다. 그러나 훈련 과정마다 훈련된 오토인코더의 결과가 약간씩 다르므로 각 실행 결과가 동일하지 않을 수 있습니다.

테스트셋에서 2-계층 완전 오토인코더가 어떻게 수행되는지 더 잘 이해하기 위해 이 훈련 과정을 10번 실행하고 각 실행마다 테스트셋의 평균 정밀도를 저장하겠습니다. 그런 후에 10번의 각 실행별 평균 정밀도들의 평균값을 도출해 이 완전 오토인코더가 사기를 얼마나 잘 탐지하는지 평가할 겁니다.

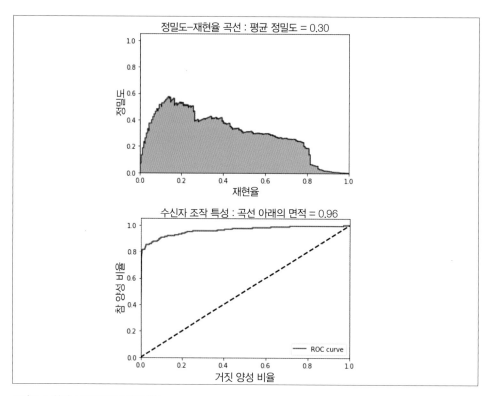

그림 8-1 완전 오토인코더의 평가지표

지금까지 작업한 내용을 통합하기 위해 처음부터 끝까지 10번 실행하는 코드는 다음과 같습니다.

```python
# 10번 실행 - 평균 정밀도의 평균값 계산하기
test_scores = []
for i in range(0,10):
    # 신경망 API 호출하기
    model = Sequential()

    # 입력층에 선형 활성화 함수 적용하기
    # 입력층과 동일한 29개 노드를 가진 은닉층 생성하기
    model.add(Dense(units=29, activation='linear', input_dim=29))

    # 은닉층에 선형 활성화 함수 적용하기
    # 29개 노드를 가진 출력층 생성하기
    model.add(Dense(units=29, activation='linear'))
```

```
# 모델 컴파일하기
model.compile(optimizer='adam',
              loss='mean_squared_error',
              metrics=['accuracy'])

# 모델 훈련하기
num_epochs = 10
batch_size = 32

history = model.fit(x=X_train_AE, y=X_train_AE,
                    epochs=num_epochs,
                    batch_size=batch_size,
                    shuffle=True,
                    validation_data=(X_train_AE, X_train_AE),
                    verbose=1)

# 테스트셋으로 평가하기
predictions = model.predict(X_test, verbose=1)
anomalyScoresAE = anomalyScores(X_test, predictions)
preds, avgPrecision = plotResults(y_test, anomalyScoresAE, True)
test_scores.append(avgPrecision)

print("Mean average precision over 10 runs: ", np.mean(test_scores))
test_scores
```

다음은 10번 실행한 결과를 요약한 내용입니다. 평균 정밀도의 평균값은 0.30이지만 평균 정밀도 범위는 0.02에서 0.72 사이입니다. **변동 계수**cofficient of variation[7] (표준 편차를 평균 정밀도의 평균값으로 나눈 값으로 정의)는 0.88입니다.

```
Mean average precision over 10 runs: 0.30108318944579776
Coefficient of variation over 10 runs: 0.8755095071789248

[0.25468022666666157,
0.092705950994909,
0.716481644928299,
0.01946589342639965,
0.25623865457838263,
0.33597083510378234,
```

---

7 옮긴이_ 변동 계수는 관측치들의 흩어져 있는 정도를 평균값을 기준으로 상대 비율을 계산(표준편차 / 평균값)하는 척도로 평균이 10, 표준편차가 1이면 변동 계수는 0.1이 되고, 이것은 평균값 10을 중심으로 관측치들이 평균적으로 1 정도의 간격으로 흩어져 있다는 것을 의미합니다.

```
  0.018757053070824415,
  0.6188569405068724,
  0.6720552647581304,
  0.025619070873716072]
```

이제부터 다양한 오토인코더를 구축해 이 결과를 개선해봅시다.

8.5 선형 활성화 함수로 구성된 2-계층 과소완전 오토인코더

이제 완전 오토인코더가 아닌 과소완전 오토인코더를 사용해봅니다.

이전에 사용한 오토인코더에서 은닉층의 노드 수만 변경합니다. 이 값을 원본 데이터의 차원수(29)로 설정하는 대신 20으로 설정할 겁니다. 즉, 이 오토인코더는 제약이 있는 오토인코더입니다. 인코더 함수는 더 적은 수의 노드로 입력층의 정보를 추출하도록 강제되며, 디코더는 이 새로운 표현으로 원본 행렬을 재구성해야 합니다.

완전 오토인코더의 손실보다 여기서의 손실이 더 높을 것으로 예상합니다. 이제 코드를 실행해서 10번의 독립적인 훈련을 수행해 다양한 과소완전 오토인코더가 사기를 얼마나 잘 탐지하는지 테스트하겠습니다.

```python
# 10번 실행 - 평균 정밀도의 평균값 계산하기
test_scores = []
for i in range(0,10):
    # 신경망 API 호출하기
    model = Sequential()

    # 입력층에 선형 활성화 함수 적용하기
    # 20개 노드를 가진 은닉층 생성하기
    model.add(Dense(units=20, activation='linear', input_dim=29))

    # 은닉층에 선형 활성화 함수 적용하기
    # 29개 노드를 가진 출력층 생성하기
    model.add(Dense(units=29, activation='linear'))

    # 모델 컴파일하기
    model.compile(optimizer='adam',
```

```
                        loss='mean_squared_error',
                    metrics=['accuracy'])

    # 모델 훈련시키기
    num_epochs = 10
    batch_size = 32

    history = model.fit(x=X_train_AE, y=X_train_AE,
                        epochs=num_epochs,
                        batch_size=batch_size,
                        shuffle=True,
                        validation_data=(X_train_AE, X_train_AE),
                        verbose=1)

    # 테스트셋으로 평가하기
    predictions = model.predict(X_test, verbose=1)
    anomalyScoresAE = anomalyScores(X_test, predictions)
    preds, avgPrecision = plotResults(y_test, anomalyScoresAE, True)
    test_scores.append(avgPrecision)

print("Mean average precision over 10 runs: ", np.mean(test_scores))
test_scores
```

다음 결과에서 볼 수 있듯이, 과소완전 오토인코더의 손실이 완전 오토인코더의 손실보다 훨씬 더 큽니다. 이 오토인코더는 입력을 단순히 기억하는 것이 아니라 원본 입력 행렬보다 새롭고 더 제약적인 표현을 학습한 것이 분명합니다.

```
Training history of undercomplete autoencoder with 20 nodes

Train on 190820 samples, validate on 190820 samples
Epoch 1/10
190820/190820 [==============================] - 28s 145us/step - loss: 0.3588
- acc: 0.5672 - val_loss: 0.2789 - val_acc: 0.6078
Epoch 2/10
190820/190820 [==============================] - 29s 153us/step - loss: 0.2817
- acc: 0.6032 - val_loss: 0.2757 - val_acc: 0.6115
Epoch 3/10
190820/190820 [==============================] - 28s 147us/step - loss: 0.2793
- acc: 0.6147 - val_loss: 0.2755 - val_acc: 0.6176
Epoch 4/10
190820/190820 [==============================] - 30s 155us/step - loss: 0.2784
```

```
- acc: 0.6164 - val_loss: 0.2750 - val_acc: 0.6167
Epoch 5/10
190820/190820 [==============================] - 29s 152us/step - loss: 0.2786
- acc: 0.6188 - val_loss: 0.2746 - val_acc: 0.6126
Epoch 6/10
190820/190820 [==============================] - 29s 151us/step - loss: 0.2776
- acc: 0.6140 - val_loss: 0.2752 - val_acc: 0.6043
Epoch 7/10
190820/190820 [==============================] - 30s 156us/step - loss: 0.2775
- acc: 0.5947 - val_loss: 0.2745 - val_acc: 0.5946
Epoch 8/10
190820/190820 [==============================] - 29s 149us/step - loss: 0.2770
- acc: 0.5903 - val_loss: 0.2740 - val_acc: 0.5882
Epoch 9/10
190820/190820 [==============================] - 29s 153us/step - loss: 0.2768
- acc: 0.5921 - val_loss: 0.2770 - val_acc: 0.5801
Epoch 10/10
190820/190820 [==============================] - 29s 150us/step - loss: 0.2767
- acc: 0.5803 - val_loss: 0.2744 - val_acc: 0.5743
93987/93987[==============================] - 3s 36us/step
```

이것이 오토인코더가 작동하는 방식입니다. 새로운 표현을 학습해야 합니다.

[그림 8-2]는 새로운 표현이 사기를 식별하는 데 얼마나 효과적인지 보여줍니다.

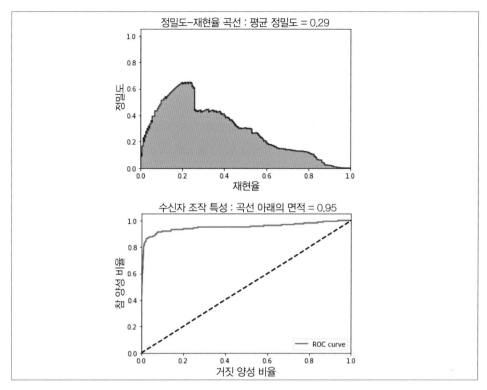

그림 8-2 노드를 20개 가진 단일 은닉층으로 구성된 과소완전 오토인코더의 평가지표

평균 정밀도는 0.29로, 완전 오토인코더의 정밀도와 유사합니다.

다음 결과는 10번 실행한 평균 정밀도 분포입니다. 평균 정밀도의 평균은 0.31이지만 분산은 매우 작습니다(변동 계수는 0.03). 이전에 만든 완전 오토인코더 시스템보다 훨씬 더 안정적인 시스템입니다.

```
Mean average precision over 10 runs: 0.30913783987972737
Coefficient of variation over 10 runs: 0.032251659812254876

[0.2886910204920736,
0.3056142045082387,
0.31658073591381186,
0.30590858583039254,
0.31824197682595556,
0.3136952374067599,
0.30888135217515555,
```

```
    0.31234000424933206,
    0.29695149753706923,
    0.3244746838584846]
```

그러나 여전히 평균 정밀도는 매우 평범한 수준입니다. 과소완전 오토인코더가 더 잘 수행되지 않는 이유는 무엇일까요? 우선 과소완전 오토인코더에 노드가 충분하지 않아서 그럴 수 있습니다. 또는 더 많은 은닉층을 사용해 훈련시켜야 할 수도 있습니다. 그럼, 이제부터 이 두 가지 사항을 각각 실험하겠습니다.

8.5.1 노드 수 늘리기

다음은 노드가 (20개가 아닌) 27개 있는 2-계층 과소완전 오토인코더를 사용한 훈련 손실 결과입니다.

```
Training history of undercomplete autoencoder with 27 nodes


Train on 190820 samples, validate on 190820 samples
Epoch 1/10
190820/190820 [=============================] - 29s 150us/step - loss: 0.1169
- acc: 0.8224 - val_loss: 0.0368 - val_acc: 0.8798
Epoch 2/10
190820/190820 [=============================] - 29s 154us/step - loss: 0.0388
- acc: 0.8610 - val_loss: 0.0360 - val_acc: 0.8530
Epoch 3/10
190820/190820 [=============================] - 30s 156us/step - loss: 0.0382
- acc: 0.8680 - val_loss: 0.0359 - val_acc: 0.8745
Epoch 4/10
190820/190820 [=============================] - 30s 156us/step - loss: 0.0371
- acc: 0.8811 - val_loss: 0.0353 - val_acc: 0.9021
Epoch 5/10
190820/190820 [=============================] - 30s 155us/step - loss: 0.0373
- acc: 0.9114 - val_loss: 0.0352 - val_acc: 0.9226
Epoch 6/10
190820/190820 [=============================] - 30s 155us/step - loss: 0.0377
- acc: 0.9361 - val_loss: 0.0370 - val_acc: 0.9416
Epoch 7/10
190820/190820 [=============================] - 30s 156us/step - loss: 0.0361
```

```
- acc: 0.9448 - val_loss: 0.0358 - val_acc: 0.9378
Epoch 8/10
190820/190820 [==============================] - 30s 156us/step - loss: 0.0354
- acc: 0.9521 - val_loss: 0.0350 - val_acc: 0.9503
Epoch 9/10
190820/190820 [==============================] - 29s 153us/step - loss: 0.0352
- acc: 0.9613 - val_loss: 0.0349 - val_acc: 0.9263
Epoch 10/10
190820/190820 [==============================] - 29s 153us/step - loss: 0.0353
- acc: 0.9566 - val_loss: 0.0343 - val_acc: 0.9477
93987/93987[==============================] - 4s 39us/step
```

[그림 8-3]은 평균 정밀도, 정밀도-재현율 곡선, 수신자 조작 특성 곡선 아래의 면적을 보여줍니다.

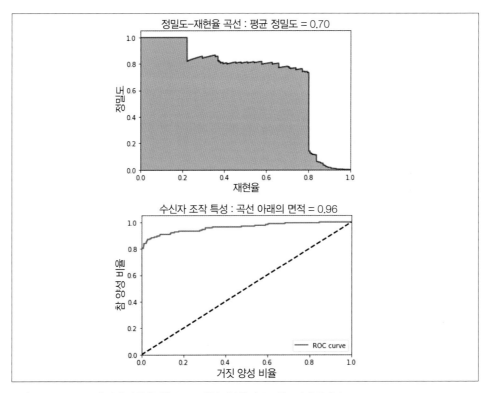

그림 8-3 노드를 27개 가진 단일 은닉층으로 구성된 과소완전 오토인코더의 평가지표

평균 정밀도가 0.70으로 이전에 비해 상당히 개선됐습니다. 이것은 완전 오토인코더의 평균 정밀도보다 좋으며, 4장에서 살펴본 가장 좋은 비지도 학습 솔루션(ICA와 주성분 27개를 사용한 평균 정밀도 0.69)보다 더 나은 결과입니다.

다음은 10번의 실행별 평균 정밀도 분포를 요약한 결과입니다. 평균 정밀도의 평균은 0.53으로, 이전 평균값인 0.30보다 훨씬 좋습니다. 평균 정밀도의 분산 역시 변동 계수가 0.50로 비교적 양호한 편입니다.

```
Mean average precision over 10 runs: 0.5273341559141779
Coefficient of variation over 10 runs: 0.5006880691999009

[0.689799495450694,
0.7092146840717755,
0.7336692377321005,
0.6154173765950426,
0.7068800243349335,
0.35250757724667586,
0.6904117414832501,
0.02335388808244066,
0.690798140588336,
0.061289393556529626]
```

이전의 오토인코더 기반 이상 탐지 시스템에 비해 성능이 확실히 개선됐습니다.

8.5.2 은닉층 추가하기

이번에는 오토인코더에 은닉층을 추가해 결과를 향상시킬 수 있는지 살펴보겠습니다. 이번에도 선형 활성화 함수를 계속 사용할 겁니다.

> NOTE_ 이 실험은 우리가 해결해야 할 문제에 가장 좋은 신경망 아키텍쳐를 발견하기 위해 중요한 부분입니다. 이 실험에서 시도하는 어떤 변화는 더 나은 결과로 이어질 수 있고, 또 다른 변화는 더 나쁜 결과를 초래할 수도 있습니다. 솔루션의 성능을 개선하기 위한 탐색의 일부로 신경망 및 하이퍼파라미터를 수정하는 방법을 아는 것은 매우 중요합니다.

이번 실험에서는 노드 27개로 구성된 단일 은닉층 대신 노드 28개로 구성된 하나의 은닉층과 노드 27개로 구성된 또 다른 은닉층을 사용할 겁니다. 이는 이전의 구성에서 은닉층만 한 개 더 추가한 셈입니다. 은닉층 2개와 출력층 1개를 가지고 있기 때문에 이제 3-계층 신경망입니다. 입력층은 이 숫자에 포함하지 않습니다.

다음과 같이 코드 한 줄만 추가하면 은닉층을 추가할 수 있습니다.

```
# 모델 2
# 선형 활성화 함수로 구성된 3-계층 과소완전 오토인코더
# 2개의 은닉층에 각각 28개, 27개 노드 설정하기

model = Sequential()
model.add(Dense(units=28, activation='linear', input_dim=29))
model.add(Dense(units=27, activation='linear'))
model.add(Dense(units=29, activation='linear'))
```

다음 결과는 10번 실행한 평균 정밀도의 분포입니다. 평균 정밀도의 평균은 0.36이며, 이는 최근에 달성한 0.53보다 더 안 좋은 결과입니다. 평균 정밀도의 분산은 변동 계수가 0.94(높을수록 더 나쁨)로 마찬가지로 더 안 좋은 결과입니다.

```
Mean average precision over 10 runs: 0.36075271075596366
Coefficient of variation over 10 runs: 0.9361649046827353

[0.02259626054852924,
0.6984699403560997,
0.011035001202665167,
0.06621450000830197,
0.008916986608776182,
0.705399684020873,
0.6995233144849828,
0.008263068338243631,
0.6904537524978872,
0.6966545994932775]
```

8.6 비선형 오토인코더

이제 비선형 활성화 함수를 사용해 과소완전 오토인코더를 구축하겠습니다. 여기서는 ReLu를 사용하지만 하이퍼볼릭 탄젠트, 시그모이드, 기타 비선형 활성화 함수로 실험해도 좋습니다.

이 실험에서는 각각 27, 22, 27개 노드로 구성된 세 은닉층을 사용할 겁니다. 개념적으로 최초 두 개의 활성화 함수(입력층과 첫 번째 은닉층에 적용된)는 인코딩을 수행해 22개 노드로 구성된 두 번째 은닉층을 생성합니다. 그런 다음, 그 다음 두 개의 활성화 함수가 디코딩을 수행해 22개 노드의 표현을 원본 차원 수인 29개로 재구성합니다.

```
model = Sequential()
model.add(Dense(units=27, activation='relu', input_dim=29))
model.add(Dense(units=22, activation='relu'))
model.add(Dense(units=27, activation='relu'))
model.add(Dense(units=29, activation='relu'))
```

다음 결과는 이 오토인코더의 손실을 나타내며, [그림 8-4]는 평균 정밀도, 정밀도-재현율 곡선, 수신자 조작 특성 곡선 아래의 면적을 보여줍니다. 결과는 상당히 안 좋습니다.

```
Training history of undercomplete autoencoder with three hidden layers and ReLu
activation function

Train on 190820 samples, validate on 190820 samples
Epoch 1/10
190820/190820 [==============================] - 32s 169us/step - loss: 0.7010
- acc: 0.5626 - val_loss: 0.6339 - val_acc: 0.6983
Epoch 2/10
190820/190820 [==============================] - 33s 174us/step - loss: 0.6302
- acc: 0.7132 - val_loss: 0.6219 - val_acc: 0.7465
Epoch 3/10
190820/190820 [==============================] - 34s 177us/step - loss: 0.6224
- acc: 0.7367 - val_loss: 0.6198 - val_acc: 0.7528
Epoch 4/10
190820/190820 [==============================] - 34s 179us/step - loss: 0.6227
- acc: 0.7380 - val_loss: 0.6205 - val_acc: 0.7471
Epoch 5/10
190820/190820 [==============================] - 33s 174us/step - loss: 0.6206
- acc: 0.7452 - val_loss: 0.6202 - val_acc: 0.7353
Epoch 6/10
```

```
190820/190820 [==============================] - 33s 175us/step - loss: 0.6206
- acc: 0.7458 - val_loss: 0.6192 - val_acc: 0.7485
Epoch 7/10
190820/190820 [==============================] - 33s 174us/step - loss: 0.6199
- acc: 0.7481 - val_loss: 0.6239 - val_acc: 0.7308
Epoch 8/10
190820/190820 [==============================] - 33s 175us/step - loss: 0.6203
- acc: 0.7497 - val_loss: 0.6183 - val_acc: 0.7626
Epoch 9/10
190820/190820 [==============================] - 34s 177us/step - loss: 0.6197
- acc: 0.7491 - val_loss: 0.6188 - val_acc: 0.7531
Epoch 10/10
190820/190820 [==============================] - 34s 177us/step - loss: 0.6201
- acc: 0.7486 - val_loss: 0.6188 - val_acc: 0.7540
93987/93987 [==============================] - 5s 48 us/step
```

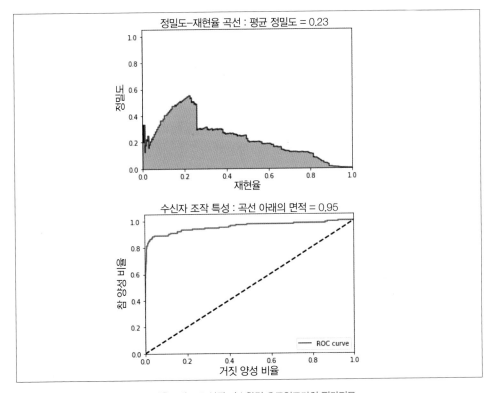

그림 8-4 ReLu 활성화 함수와 은닉층 3개로 구성된 과소완전 오토인코더의 평가지표

다음 결과는 10번 실행한 평균 정밀도 분포입니다. 평균 정밀도의 평균은 0.22이며, 이전에 달성한 0.53보다 더 안좋은 결과입니다. 평균 정밀도의 분산은 매우 작으며, 변동 계수는 0.06입니다.

```
Mean average precision over 10 runs: 0.2232934196381843
Coefficient of variation over 10 runs: 0.060779960264380296

[0.22598829389665595,
0.22616147166925166,
0.22119489753135715,
0.2478548473814437,
0.2251289336369011,
0.2119454446242229,
0.2126914064768752,
0.24581338950742185,
0.20665608837737512,
0.20949942328033827]
```

이 결과는 선형 활성화 함수를 사용한 간단한 오토인코더의 결과보다 훨씬 안좋습니다. 이 데이터셋에는 선형적이고 과소완전 오토인코더가 최상의 솔루션일 수 있습니다.

다른 데이터셋에서도 항상 그런 것은 아닙니다. 언제나 그렇듯이 최적의 솔루션을 찾기 위해서는 실험이 필요합니다. 노드 수, 은닉층의 수, 활성화 함수의 조합을 변경하면서 성능 변화를 확인해야 합니다.

이러한 유형의 실험을 **하이퍼파라미터 최적화**hyperparameter optimization라고 합니다. 이 실험은 최적의 솔루션을 찾기 위해 하이퍼파라미터(노드 수, 계층 수, 활성화 함수 조합)를 조정하는 겁니다.

8.7 선형 활성화 함수로 구성된 과대완전 오토인코더

이제부터 과대완전 오토인코더 문제를 다뤄보겠습니다. 과대완전 오토인코더는 은닉층이 입력층 또는 출력층보다 노드가 더 많습니다. 이 경우, 신경망 모델의 **수용력**capacity이 매우 높기 때문에 오토인코더는 훈련하는 관측치를 단순히 기억합니다.

즉, 오토인코더는 우리가 피하고자 하는 **항등 함수**를 학습하게 됩니다. 따라서 훈련 데이터를 과대 적합하게 될 것이며 사기 거래와 정상 거래를 구분하는 데 매우 미흡한 성과를 낼 겁니다.

훈련 데이터셋에서 신용카드 거래의 핵심 특징을 학습하기 위해 오토인코더가 필요하다는 것을 기억하십시오. 그러면 비정상이고 희귀한 사기 거래 정보를 기억하지 않고도 정상 거래가 어떻게 생겼는지 알 수 있습니다.

오토인코더가 훈련 과정에서 훈련셋의 일부 정보(건수가 적은 사기 거래 특성)를 잃어버릴 수 있는 경우에만 사기 거래를 정상 거래와 분리할 수 있습니다.

```
model = Sequential()
model.add(Dense(units=40, activation='linear', input_dim=29))
model.add(Dense(units=29, activation='linear'))
```

다음 결과는 이 과대완전 오토인코더의 손실을 나타내며, [그림 8–5]는 평균 정밀도, 정밀도–재현율 곡선, 수신자 조작 특성 곡선 아래의 면적을 보여줍니다.

```
Training history of overcomplete autoencoder with single hidden layer and linear
activation function

Train on 190820 samples, validate on 190820 samples
Epoch 1/10
190820/190820 [==============================] - 31s 161us/step - loss: 0.0498
- acc: 0.9438 - val_loss: 9.2301e-06 - val_acc: 0.9982
Epoch 2/10
190820/190820 [==============================] - 33s 171us/step - loss: 0.0014
- acc: 0.9925 - val_loss: 0.0019 - val_acc: 0.9909
Epoch 3/10
190820/190820 [==============================] - 33s 172us/step - loss: 7.6469
e-04 - acc: 0.9947 - val_loss: 4.5314e-05 - val_acc: 0.9970
Epoch 4/10
190820/190820 [==============================] - 35s 182us/step - loss: 0.0010
- acc: 0.9930 - val_loss: 0.0039 - val_acc: 0.9859
Epoch 5/10
190820/190820 [==============================] - 32s 166us/step - loss: 0.0012
- acc: 0.9924 - val_loss: 8.5141e-04 - val_acc: 0.9886
Epoch 6/10
190820/190820 [==============================] - 31s 163us/step - loss: 5.0655
e-04 - acc: 0.9955 - val_loss: 8.2359e-04 - val_acc: 0.9910
Epoch 7/10
190820/190820 [==============================] - 30s 156us/step - loss: 7.6046
```

```
e-04 - acc: 0.9930 - val_loss: 0.0045 - val_acc: 0.9933
Epoch 8/10
190820/190820 [==============================] - 30s 157us/step - loss: 9.1609
e-04 - acc: 0.9930 - val_loss: 7.3662e-04 - val_acc: 0.9872
Epoch 9/10
190820/190820 [==============================] - 30s 158us/step - loss: 7.6287
e-04 - acc: 0.9929 - val_loss: 2.5671e-04 - val_acc: 0.9940
Epoch 10/10
190820/190820 [==============================] - 30s 157us/step - loss: 7.0697
e-04 - acc: 0.9928 - val_loss: 4.5272e-06 - val_acc: 0.9994
93987/93987[==============================] - 4s 48us/step
```

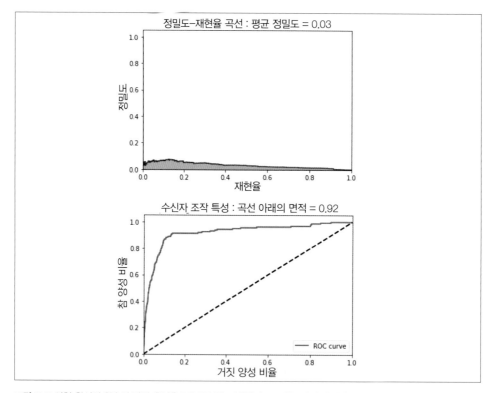

그림 8-5 선형 활성화 함수와 단일 은닉층으로 구성된 과대완전 오토인코더의 평가지표

예상대로 손실은 매우 낮습니다. 과대 적합된 과대완전 오토인코더는 신용카드 사기 거래를 탐지하는 데 매우 낮은 성능을 보입니다.

다음 결과는 10번의 실행에 대한 평균 정밀도의 분포를 나타냅니다. 평균 정밀도의 평균은 0.31이며, 이는 이전에 달성한 0.53보다 더 안 좋은 결과입니다. 평균 정밀도의 분산은 아주 작지는 않으며, 변동 계수는 0.89입니다.

```
Mean average precision over 10 runs: 0.3061984081568074
Coefficient of variation over 10 runs: 0.8896921668864564

[0.03394897465567298,
0.14322827274920255,
0.03610123178524601,
0.019735235731640446,
0.012571999125881402,
0.6788921569665146,
0.5411349583727725,
0.388474572258503,
0.7089617645810736,
0.4989349153415674]
```

8.8 선형 활성화 함수와 드롭아웃으로 구성된 과대완전 오토인코더

과대완전 오토인코더 솔루션을 개선할 수 있는 한 가지 방법은 과대 적합을 줄이기 위해 정규화 기술을 사용하는 겁니다. 이러한 기술 중 하나가 바로 **드롭아웃**^{dorpout}입니다. 드롭아웃을 사용하면 오토인코더가 신경망 계층의 유닛을 사전에 정의한 비율만큼 제외시킵니다.

이 새로운 제약 때문에 과대완전 오토인코더는 훈련셋의 신용카드 거래 데이터를 단순히 기억할 수 없습니다. 이전보다 더 일반화해서 학습해야 합니다. 따라서 오토인코더는 데이터셋의 핵심 특징을 더 많이 학습하고 중요하지 않은 정보는 버립니다.

우리는 은닉층에 적용할 드롭아웃 비율을 10%로 설정해서 사용할 겁니다. 즉, 뉴런의 10%가 제외됩니다. 드롭아웃 비율이 높을수록 정규화는 강해집니다. 이 역시 간단히 코드 한 줄만 추가하면 됩니다.

이 설정이 결과를 개선하는지 살펴보겠습니다.

```
model = Sequential()
model.add(Dense(units=40, activation='linear', input_dim=29))
model.add(Dropout(0.10))
model.add(Dense(units=29, activation='linear'))
```

다음 결과는 이 오토인코더의 손실을 나타냅니다.

```
Training history of overcomplete autoencoder with single hidden layer,
dropout, and linear activation function

Train on 190820 samples, validate on 190820 samples
Epoch 1/10
190820/190820 [==============================] - 27s 141us/step - loss: 0.1358
- acc: 0.7430 - val_loss: 0.0082 - val_acc: 0.9742
Epoch 2/10
190820/190820 [==============================] - 28s 146us/step - loss: 0.0782
- acc: 0.7849 - val_loss: 0.0094 - val_acc: 0.9689
Epoch 3/10
190820/190820 [==============================] - 28s 149us/step - loss: 0.0753
- acc: 0.7858 - val_loss: 0.0102 - val_acc: 0.9672
Epoch 4/10
190820/190820 [==============================] - 28s 148us/step - loss: 0.0772
- acc: 0.7864 - val_loss: 0.0093 - val_acc: 0.9677
Epoch 5/10
190820/190820 [==============================] - 28s 147us/step - loss: 0.0813
- acc: 0.7843 - val_loss: 0.0108 - val_acc: 0.9631
Epoch 6/10
190820/190820 [==============================] - 28s 149us/step - loss: 0.0756
- acc: 0.7844 - val_loss: 0.0095 - val_acc: 0.9654
Epoch 7/10
190820/190820 [==============================] - 29s 150us/step - loss: 0.0743
- acc: 0.7850 - val_loss: 0.0077 - val_acc: 0.9768
Epoch 8/10
190820/190820 [==============================] - 29s 150us/step - loss: 0.0767
- acc: 0.7840 - val_loss: 0.0070 - val_acc: 0.9759
Epoch 9/10
190820/190820 [==============================] - 29s 150us/step - loss: 0.0762
- acc: 0.7851 - val_loss: 0.0072 - val_acc: 0.9733
Epoch 10/10
190820/190820 [==============================] - 29s 151us/step - loss: 0.0756
- acc: 0.7849 - val_loss: 0.0067 - val_acc: 0.9749
93987/93987 [==============================] - 3s 32us/step
```

[그림 8-6]은 평균 정밀도, 정밀도-재현율 곡선, 수신자 조작 특성 곡선 아래의 면적을 보여줍니다.

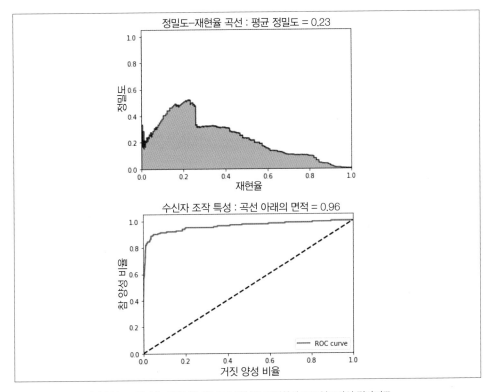

그림 8-6 선형 활성화 함수, 드롭아웃, 단일 은닉층으로 구성된 과대완전 오토인코더의 평가지표

예상대로 손실은 매우 낮으며, 과대 적합된 과대완전 오토인코더는 신용카드 사기 거래를 탐지하는 데 매우 낮은 성능을 보입니다.

다음 결과는 10번 실행한 평균 정밀도의 분포입니다. 평균 정밀도의 평균은 0.21이며, 이는 이전에 달성한 0.53보다 더 안 좋은 결과입니다. 변동 계수는 0.40입니다.

```
Mean average precision over 10 runs: 0.21150415381770646
Coefficient of variation over 10 runs: 0.40295807771579256
[0.22549974304927337,
0.22451178120391296,
0.17243952488912334,
```

```
0.2533716906936315,
0.13251890273915556,
0.1775116247503748,
0.4343283958332979,
0.10469065867732033,
0.19480068075466764,
0.19537213558630712]
```

8.9 선형 활성화 함수로 구성된 희소 과대완전 오토인코더

또 다른 정규화 기술은 희소성입니다. 우리는 오토인코더가 행렬의 희소성을 고려해 오토인코더의 대다수 뉴런을 대부분 시간 동안 비활성 상태가 되도록 할 수 있습니다. 즉, 활성화되지 않습니다. 대부분 노드가 활성화될 수 없기 때문에 오토인코더가 과대완전인 경우에도 오토인코더가 항등 함수를 학습하기가 더 어려워집니다. 그래서 관측치들을 쉽게 과대 적합할 수 없습니다.

이전과 같이 40개 노드로 구성된 단일 은닉층 오토인코더를 사용하지만 드롭아웃이 아닌 희소 페널티만 사용합니다.

이전 결과인 평균 정밀도 0.21보다 더 나은 결과가 나오는지 살펴보겠습니다.

```
model = Sequential()
    model.add(Dense(units=40, activation='linear',
        activity_regularizer=regularizers.l1(10e-5), input_dim=29))
model.add(Dense(units=29, activation='linear'))
```

다음 결과는 이 오토인코더의 손실을 나타냅니다.

```
Training history of sparse overcomplete autoencoder with single hidden layer and
linear activation function

Train on 190820 samples, validate on 190820 samples
Epoch 1/10
190820/190820 [==============================] - 27s 142us/step - loss: 0.0985
- acc: 0.9380 - val_loss: 0.0369 - val_acc: 0.9871
```

```
Epoch 2/10
190820/190820 [==============================] - 26s 136us/step - loss: 0.0284
- acc: 0.9829 - val_loss: 0.0261 - val_acc: 0.9698
Epoch 3/10
190820/190820 [==============================] - 26s 136us/step - loss: 0.0229
- acc: 0.9816 - val_loss: 0.0169 - val_acc: 0.9952
Epoch 4/10
190820/190820 [==============================] - 26s 137us/step - loss: 0.0201
- acc: 0.9821 - val_loss: 0.0147 - val_acc: 0.9943
Epoch 5/10
190820/190820 [==============================] - 26s 137us/step - loss: 0.0183
- acc: 0.9810 - val_loss: 0.0142 - val_acc: 0.9842
Epoch 6/10
190820/190820 [==============================] - 26s 137us/step - loss: 0.0206
- acc: 0.9774 - val_loss: 0.0158 - val_acc: 0.9906
Epoch 7/10
190820/190820 [==============================] - 26s 136us/step - loss: 0.0169
- acc: 0.9816 - val_loss: 0.0124 - val_acc: 0.9866
Epoch 8/10
190820/190820 [==============================] - 26s 137us/step - loss: 0.0165
- acc: 0.9795 - val_loss: 0.0208 - val_acc: 0.9537
Epoch 9/10
190820/190820 [==============================] - 26s 136us/step - loss: 0.0164
- acc: 0.9801 - val_loss: 0.0105 - val_acc: 0.9965
Epoch 10/10
190820/190820 [==============================] - 27s 140us/step - loss: 0.0167
- acc: 0.9779 - val_loss: 0.0102 - val_acc: 0.9955
93987/93987 [==============================] - 3s 32us/step
```

[그림 8-7]은 평균 정밀도, 정밀도–재현율 곡선, 수신자 조작 특성 곡선 아래의 면적을 보여줍니다.

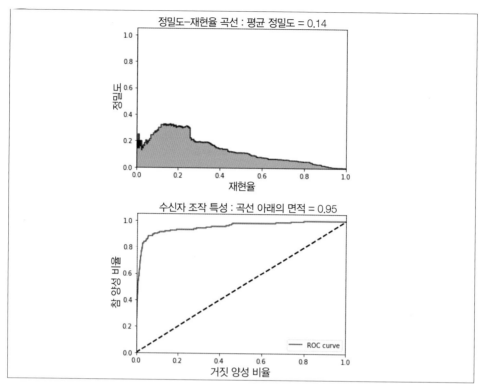

그림 8-7 선형 활성화 함수, 단일 은닉층으로 구성된 희소 과대완전 오토인코더의 평가지표

다음 결과는 10번 실행한 평균 정밀도 분포입니다. 평균 정밀도의 평균은 0.21이며, 이는 이전에 달성한 0.53보다 더 안좋은 결과입니다. 변동 계수는 0.99입니다.

```
Mean average precision over 10 runs: 0.21373659011504448
Coefficient of variation over 10 runs: 0.9913040763536749

[0.1370972172100049,
0.28328895710699215,
0.6362677613798704,
0.3467265637372019,
0.5197889253491589,
0.01871495737323161,
0.0812609121251577,
0.034749761900336684,
0.04846036143317335,
0.031010483535317393]
```

8.10 선형 활성화 함수와 드롭아웃으로 구성된 희소 과대완전 오토인코더

물론 솔루션을 개선하기 위해 정규화 기술을 결합할 수 있습니다. 다음은 선형 활성화 함수, 40개 노드의 단일 은닉층, 5%의 드롭아웃을 설정한 희소 과대완전 오토인코더입니다.

```
model = Sequential()
    model.add(Dense(units=40, activation='linear',
        activity_regularizer=regularizers.l1(10e-5), input_dim=29))
    model.add(Dropout(0.05))
model.add(Dense(units=29, activation='linear'))
```

다음 결과는 이 오토인코더의 손실을 나타냅니다.

```
Training history of sparse overcomplete autoencoder with single hidden layer,
dropout, and linear activation function

Train on 190820 samples, validate on 190820 samples
Epoch 1/10
190820/190820 [==============================] - 31s 162us/step - loss: 0.1477
- acc: 0.8150 - val_loss: 0.0506 - val_acc: 0.9727
Epoch 2/10
190820/190820 [==============================] - 29s 154us/step - loss: 0.0756
- acc: 0.8625 - val_loss: 0.0344 - val_acc: 0.9788
Epoch 3/10
190820/190820 [==============================] - 29s 152us/step - loss: 0.0687
- acc: 0.8612 - val_loss: 0.0291 - val_acc: 0.9790
Epoch 4/10
190820/190820 [==============================] - 29s 154us/step - loss: 0.0644
- acc: 0.8606 - val_loss: 0.0274 - val_acc: 0.9734
Epoch 5/10
190820/190820 [==============================] - 31s 163us/step - loss: 0.0630
- acc: 0.8597 - val_loss: 0.0242 - val_acc: 0.9746
Epoch 6/10
190820/190820 [==============================] - 31s 162us/step - loss: 0.0609
- acc: 0.8600 - val_loss: 0.0220 - val_acc: 0.9800
Epoch 7/10
190820/190820 [==============================] - 30s 156us/step - loss: 0.0624
- acc: 0.8581 - val_loss: 0.0289 - val_acc: 0.9633
Epoch 8/10
190820/190820 [==============================] - 29s 154us/step - loss: 0.0589
```

```
- acc: 0.8588 - val_loss: 0.0574 - val_acc: 0.9366
Epoch 9/10
190820/190820 [==============================] - 29s 154us/step - loss: 0.0596
- acc: 0.8571 - val_loss: 0.0206 - val_acc: 0.9752
Epoch 10/10
190820/190820 [==============================] - 31s 165us/step - loss: 0.0593
- acc: 0.8590 - val_loss: 0.0204 - val_acc: 0.9808
93987/93987 [==============================] - 4s 38us/step
```

[그림 8–8]은 평균 정밀도, 정밀도–재현율 곡선, 수신자 조작 특성 곡선 아래의 면적을 보여줍니다.

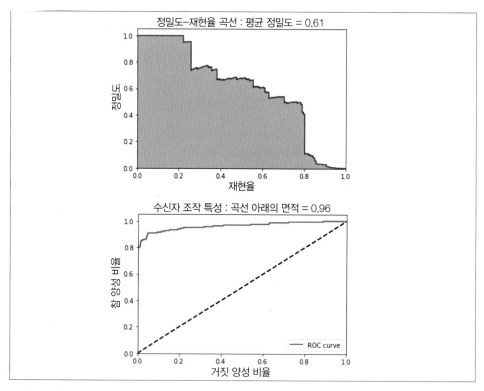

그림 8-8 선형 활성화 함수, 드롭아웃, 단일 은닉층으로 구성된 희소 과대완전 오토인코더의 평가지표

다음 결과는 10번 실행에 대한 평균 정밀도 분포를 나타냅니다. 평균 정밀도의 평균은 0.24이며, 이는 이전에 달성한 0.53보다 더 안좋은 결과입니다. 변동 계수는 0.62입니다.

```
Mean average precision over 10 runs: 0.2426994231628755
Coefifcient of variation over 10 runs: 0.6153219870606188

[0.6078198313533932,
0.20862366991302814,
0.25854513247057875,
0.08496595007072019,
0.26313491674585093,
0.17001322998258625,
0.15338215561753896,
0.1439107390306835,
0.4073422280287587,
0.1292563784156162]
```

8.11 노이즈 데이터셋 생성

현실 세계 데이터의 일반적인 문제는 데이터 추출, 데이터 마이그레이션, 데이터 변환 등에서 발생하는 데이터 품질 문제 때문에 노이즈 데이터가 어떤 방식으로든 왜곡되는 경우가 많다는 겁니다. 이러한 노이즈 데이터에 충분히 견고한 오토인코더가 필요합니다. 그래야 노이즈에 속지 않고 데이터에서 제일 중요한 내재된 구조를 학습할 수 있습니다.

이러한 노이즈 데이터를 시뮬레이션하기 위해 신용카드 거래 데이터셋에 노이즈 가우시안 랜덤 행렬을 추가한 다음 노이즈 훈련셋으로 오토인코더를 훈련합니다. 그런 다음 노이즈 테스트셋에서 사기를 예측하는 데 오토인코더가 얼마나 잘 작동하는지 확인할 겁니다.

```
noise_factor = 0.50
X_train_AE_noisy = X_train_AE.copy() + noise_factor *
    np.random.normal(loc=0.0, scale=1.0, size=X_train_AE.shape)
X_test_AE_noisy = X_test_AE.copy() + noise_factor *
    np.random.normal(loc=0.0, scale=1.0, size=X_test_AE.shape)
```

8.12 노이즈 제거 오토인코더

왜곡되지 않은 원본 데이터셋과 비교하면 신용카드 거래 데이터의 노이즈에 과대 적합하는 패 널티는 훨씬 더 높아집니다. 이 데이터셋에는 노이즈가 충분하기 때문에 노이즈 데이터에 너무 적합한 오토인코더는 일반적으로 정상 거래에서 사기 거래를 탐지하는 데 시간이 걸립니다.

이것은 의미가 있습니다. 노이즈는 재구성하지 않으면서 나머지 관측치 대부분을 충분히 재구 성하도록 데이터에 잘 적합시킨 오토인코더가 필요합니다. 즉, 데이터의 내재된 구조는 학습하 되, 노이즈는 잊어버리는 오토인코더가 필요합니다.

이제부터는 지금까지 잘 작동한 몇 가지 옵션을 시도하겠습니다. 먼저, 27개 노드의 단일 은닉 층과 선형 활성화 함수로 구성된 과소완전 오토인코더를 시도합니다. 다음으로, 드롭아웃 및 40개 노드의 단일 은닉층으로 구성된 희소 과대완전 오토인코더를 시도합니다. 마지막으로, 비선형 활성화 함수를 가진 오토인코더를 사용합니다.

8.12.1 선형 활성화 함수로 구성된 2-계층 노이즈 제거 과소완전 오토인코더

이전 예제에서 27개 노드의 단일 은닉층과 선형 활성화 함수로 구성된 오토인코더의 평균 정 밀도는 0.70였습니다. 이제 이 솔루션이 노이즈 데이터셋에서 얼마나 잘 작동하는지 살펴보겠 습니다. 이 오토인코더는 **노이즈 제거 오토인코더**denoising autoencoder라고 부릅니다. 노이즈를 제거 하기 위해 노이즈 데이터셋에서 작동하기 때문입니다.

다음 코드는 노이즈가 포함된 훈련 및 테스트 데이터셋(X_train_AE_noisy 및 X_test_AE_ noisy)에 적용하는 부분만 제외하면, 이전에 사용한 코드와 동일합니다.

```
for i in range(0,10):
    # 신경망 API 호출하기
    model = Sequential()

    # 선형 활성화 함수를 가진 27개 노드를 가진 은닉층 생성하기
    model.add(Dense(units=27, activation='linear', input_dim=29))

    # 29개 노드를 가진 출력층 생성하기
    model.add(Dense(units=29, activation='linear'))
```

```python
# 모델 컴파일하기
model.compile(optimizer='adam',
              loss='mean_squared_error',
              metrics=['accuracy'])

# 모델 훈련시키기
num_epochs = 10
batch_size = 32

history = model.fit(x=X_train_AE_noisy, y=X_train_AE_noisy,
                    epochs=num_epochs,
                    batch_size=batch_size,
                    shuffle=True,
                    validation_data=(X_train_AE, X_train_AE),
                    verbose=1)

# 테스트셋으로 평가하기
predictions = model.predict(X_test_AE_noisy, verbose=1)
anomalyScoresAE = anomalyScores(X_test, predictions)
preds, avgPrecision = plotResults(y_test, anomalyScoresAE, True)
test_scores.append(avgPrecision)
model.reset_states()

print("Mean average precision over 10 runs: ", np.mean(test_scores))
test_scores
```

다음 결과는 이 오토인코더의 손실을 나타냅니다.

```
Training history of denoising undercomplete autoencoder with single hidden layer
and linear activation function

Train on 190820 samples, validate on 190820 samples
Epoch 1/10
190820/190820 [==============================] - 25s 133us/step - loss: 0.1733
- acc: 0.7756 - val_loss: 0.0356 - val_acc: 0.9123
Epoch 2/10
190820/190820 [==============================] - 24s 126us/step - loss: 0.0546
- acc: 0.8793 - val_loss: 0.0354 - val_acc: 0.8973
Epoch 3/10
190820/190820 [==============================] - 24s 126us/step - loss: 0.0531
- acc: 0.8764 - val_loss: 0.0350 - val_acc: 0.9399
Epoch 4/10
```

```
190820/190820 [==============================] - 24s 126us/step - loss: 0.0525
- acc: 0.8879 - val_loss: 0.0342 - val_acc: 0.9573
Epoch 5/10
190820/190820 [==============================] - 24s 126us/step - loss: 0.0530
- acc: 0.8910 - val_loss: 0.0347 - val_acc: 0.9503
Epoch 6/10
190820/190820 [==============================] - 24s 126us/step - loss: 0.0524
- acc: 0.8889 - val_loss: 0.0350 - val_acc: 0.9138
Epoch 7/10
190820/190820 [==============================] - 24s 126us/step - loss: 0.0531
- acc: 0.8845 - val_loss: 0.0343 - val_acc: 0.9280
Epoch 8/10
190820/190820 [==============================] - 24s 126us/step - loss: 0.0530
- acc: 0.8798 - val_loss: 0.0339 - val_acc: 0.9507
Epoch 9/10
190820/190820 [==============================] - 24s 126us/step - loss: 0.0526
- acc: 0.8877 - val_loss: 0.0337 - val_acc: 0.9611
Epoch 10/10
190820/190820 [==============================] - 24s 127us/step - loss: 0.0528
- acc: 0.8885 - val_loss: 0.0352 - val_acc: 0.9474
93987/93987 [==============================] - 3s 34us/step
```

[그림 8-9]는 평균 정밀도, 정밀도-재현율 곡선, 수신자 조작 특성 곡선 아래의 면적을 보여줍니다.

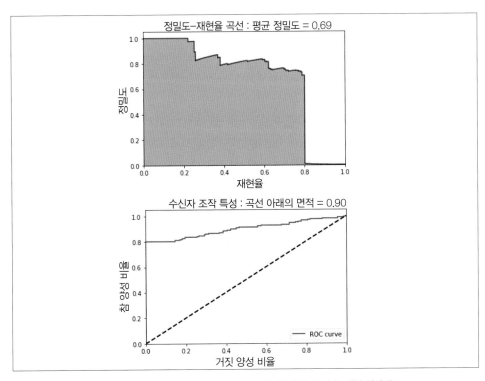

그림 8-9 단일 은닉층 및 선형 활성화 함수로 구성된 노이즈 제거 과소완전 오토인코더의 평가지표

다음 결과는 10번 실행한 평균 정밀도의 분포입니다. 평균 정밀도 값이 0.28입니다. 선형 오토인코더가 이 노이즈 데이터셋에서 노이즈 제거하는 것이 얼마나 어려운지 알 수 있습니다.

```
Mean average precision over 10 runs: 0.2825997155005206
Coeficient of variation over 10 runs: 1.1765416185187383

[0.6929639885685303,
0.008450118408150287,
0.6970753417267612,
0.011820311633718597,
0.008924124892696377,
0.010639537507746342,
0.6884911855668772,
0.006549332886020607,
0.6805304226634528,
0.02055279115125298]
```

우리가 추가한 가우시안 노이즈로부터 데이터의 실제 내재된 구조를 분리하는 데 어려움을 겪고 있습니다.

8.12.2 선형 활성화 함수로 구성된 2-계층 노이즈 제거 과대완전 오토인코더

이제 희소 정규화, 드롭아웃 0.05%, 노드 40개의 단일 은닉층으로 구성된 과대완전 오토인코더를 시도해봅시다.

원본 데이터셋에서 이 오토인코더의 평균 정밀도는 0.56이었습니다.

```
model = Sequential()
model.add(Dense(units=40, activation='linear',
    activity_regularizer=regularizers.l1(10e-5), input_dim=29))
model.add(Dropout(0.05))
model.add(Dense(units=29, activation='linear'))
```

다음 결과는 이 오토인코더의 손실을 나타내며, [그림 8-10]은 평균 정밀도, 정밀도-재현율 곡선, 수신자 조작 특성 곡선 아래의 면적을 보여줍니다.

```
Training history of denoising overcomplete autoencoder with dropout and linear
activation function

Train on 190820 samples, validate on 190820 samples
Epoch 1/10
190820/190820 [==============================] - 28s 145us/step - loss: 0.1726
- acc: 0.8035 - val_loss: 0.0432 - val_acc: 0.9781
Epoch 2/10
190820/190820 [==============================] - 26s 138us/step - loss: 0.0868
- acc: 0.8490 - val_loss: 0.0307 - val_acc: 0.9775
Epoch 3/10
190820/190820 [==============================] - 26s 138us/step - loss: 0.0809
- acc: 0.8455 - val_loss: 0.0445 - val_acc: 0.9535
Epoch 4/10
190820/190820 [==============================] - 26s 138us/step - loss: 0.0777
- acc: 0.8438 - val_loss: 0.0257 - val_acc: 0.9709
Epoch 5/10
190820/190820 [==============================] - 27s 139us/step - loss: 0.0748
- acc: 0.8434 - val_loss: 0.0219 - val_acc: 0.9787
```

```
Epoch 6/10
190820/190820 [==============================] - 26s 138us/step - loss: 0.0746
- acc: 0.8425 - val_loss: 0.0210 - val_acc: 0.9794
Epoch 7/10
190820/190820 [==============================] - 26s 138us/step - loss: 0.0713
- acc: 0.8437 - val_loss: 0.0294 - val_acc: 0.9503
Epoch 8/10
190820/190820 [==============================] - 26s 138us/step - loss: 0.0708
- acc: 0.8426 - val_loss: 0.0276 - val_acc: 0.9606
Epoch 9/10
190820/190820 [==============================] - 26s 139us/step - loss: 0.0704
- acc: 0.8428 - val_loss: 0.0180 - val_acc: 0.9811
Epoch 10/10
190820/190820 [==============================] - 27s 139us/step - loss: 0.0702
- acc: 0.8424 - val_loss: 0.0185 - val_acc: 0.9710
93987/93987 [==============================] - 4s 38us/step
```

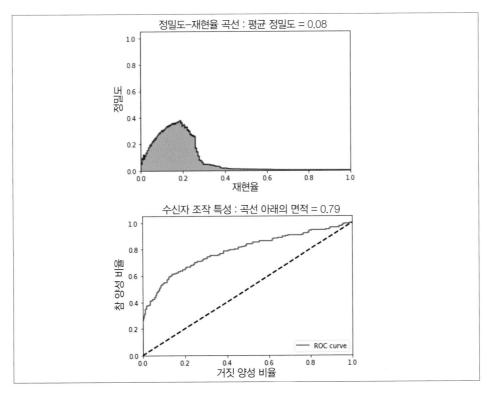

그림 8-10 선형 활성화 함수, 드롭아웃으로 구성된 노이즈 제거 과대완전 오토인코더의 평가지표

다음 결과는 10번 실행한 평균 정밀도의 분포입니다. 평균 정밀도의 평균은 0.10이며, 이는 이전에 달성한 0.53보다 더 안 좋은 결과입니다. 변동 계수는 0.83입니다.

```
Mean average precision over 10 runs: 0.10112931070692295
Coefficient of variation over 10 runs: 0.8343774832756188

[0.08283546387140524,
 0.043070120657586454,
 0.018901753737287603,
 0.02381040174486509,
 0.16038446580196433,
 0.03461061251209459,
 0.17847771715513427,
 0.2483282420447288,
 0.012981344347664117,
 0.20789298519649893]
```

8.12.3 ReLu 활성화 함수로 구성된 2-계층 노이즈 제거 과대완전 오토인코더

마지막으로, 선형 활성화 함수 대신 ReLu를 활성화 함수로 사용해 동일한 오토인코더가 어떻게 수행되는지 살펴보겠습니다. 원본 데이터셋에서는 비선형 활성화 함수를 사용한 오토인코더가 선형 활성화 함수를 사용한 오토인코더보다 성능이 더 좋지 않았음을 상기하십시오.

```
model = Sequential()
model.add(Dense(units=40, activation='relu',
    activity_regularizer=regularizers.l1(10e-5), input_dim=29))
model.add(Dropout(0.05))
model.add(Dense(units=29, activation='relu'))
```

다음 결과는 이 오토인코더의 손실을 나타냅니다.

```
Training history of denoising overcomplete autoencoder
with dropout and ReLU activation function"

Train on 190820 samples, validate on 190820 samples
Epoch 1/10
190820/190820 [==============================] - 29s 153us/step - loss: 0.3049
```

```
- acc: 0.6454 - val_loss: 0.0841 - val_acc: 0.8873
Epoch 2/10
190820/190820 [==============================] - 27s 143us/step - loss: 0.1806
- acc: 0.7193 - val_loss: 0.0606 - val_acc: 0.9012
Epoch 3/10
190820/190820 [==============================] - 27s 143us/step - loss: 0.1626
- acc: 0.7255 - val_loss: 0.0500 - val_acc: 0.9045
Epoch 4/10
190820/190820 [==============================] - 27s 143us/step - loss: 0.1567
- acc: 0.7294 - val_loss: 0.0445 - val_acc: 0.9116
Epoch 5/10
190820/190820 [==============================] - 27s 143us/step - loss: 0.1484
- acc: 0.7309 - val_loss: 0.0433 - val_acc: 0.9136
Epoch 6/10
190820/190820 [==============================] - 27s 144us/step - loss: 0.1467
- acc: 0.7311 - val_loss: 0.0375 - val_acc: 0.9101
Epoch 7/10
190820/190820 [==============================] - 27s 143us/step - loss: 0.1427
- acc: 0.7335 - val_loss: 0.0384 - val_acc: 0.9013
Epoch 8/10
190820/190820 [==============================] - 27s 143us/step - loss: 0.1397
- acc: 0.7307 - val_loss: 0.0337 - val_acc: 0.9145
Epoch 9/10
190820/190820 [==============================] - 27s 143us/step - loss: 0.1361
- acc: 0.7322 - val_loss: 0.0343 - val_acc: 0.9066
Epoch 10/10
190820/190820 [==============================] - 27s 144us/step - loss: 0.1349
- acc: 0.7331 - val_loss: 0.0325 - val_acc: 0.9107
93987/93987 [==============================] - 4s 41us/step
```

[그림 8-11]은 평균 정밀도, 정밀도-재현율 곡선, 수신자 조작 특성 곡선 아래의 면적을 보여
줍니다.

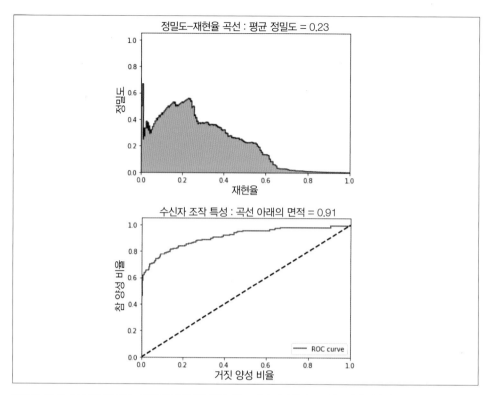

그림 8-11 ReLU 활성화 함수, 드롭아웃으로 구성된 노이즈 제거 과대완전 오토인코더의 평가지표

다음 결과는 10번 실행한 평균 정밀도의 분포를 나타냅니다. 평균 정밀도의 평균은 0.20이며, 이는 이전에 달성한 0.53보다 더 안 좋은 결과입니다. 변동 계수는 0.55입니다.

```
Mean average precision over 10 runs: 0.1969608394689088
Coefficient of variation over 10 runs: 0.5566706365802669

[0.22960316854089222,
0.37609633487223315,
0.11429775486529765,
0.10208135698072755,
0.4002384343852861,
0.13317480663248088,
0.15764518571284625,
0.2406315655171392,
0.05080529996343734,
0.1650344872187474]
```

지금까지 실험한 결과를 더 개선할 수 있는지 확인하기 위해 노드 수, 계층, 희소 정도, 드롭아웃 비율, 활성화 함수를 사용해 더 다양하게 실험해볼 수 있습니다.

8.13 마치며

이 장에서는 신경망 기반의 비지도 학습 사기 탐지 솔루션을 개발하기 위해 앞부분에서 다뤘던 신용카드 사기 탐지 문제를 다시 살펴봤습니다.

지금까지 오토인코더를 위한 최적의 아키텍처를 찾기 위해 다양한 유형의 오토인코더를 실험했습니다. 단일 또는 몇 개의 은닉층을 사용해 완전, 과소완전, 과대완전 오토인코더를 시도했으며, 선형 및 비선형 활성화 함수와 두 가지 주요 정규화 유형인 희소 및 드롭아웃을 적용해봤습니다.

그 결과, 원본 신용카드 데이터셋에서는 선형 활성화 함수로 구성된 매우 단순한 2-계층 과소완전 신경망이 가장 잘 작동한다는 걸 알아냈습니다. 하지만 추가로 신용카드 데이터셋의 노이즈를 해결하기 위해 선형 활성화 함수, 드롭아웃으로 구성된 희소 2-계층 과대완전 오토인코더가 필요했습니다.

이 과정에서 시행 착오를 거치면서 많은 실험을 했습니다. 각 실험마다 여러 하이퍼파라미터를 조정하고 그 결과를 이전의 반복 실행 결과와 비교했습니다. 물론 이보다 더 나은 오토인코더 기반 사기 탐지 솔루션이 존재할 수 있습니다. 이제 여러분이 직접 실험하며 발견할 수 있을 겁니다.

지금까지 지도 학습과 비지도 학습을 별개의 고유한 접근 방식으로 구분해 살펴봤습니다. 9장에서는 지도 학습과 비지도 학습을 함께 사용해 각 개별 접근 방식보다 더 좋은 성능을 내는, 소위 준지도 학습 솔루션을 개발하는 방법을 살펴볼 예정입니다.

## CHAPTER 9

준지도 학습

지금까지 우리는 지도 학습과 비지도 학습을 둘로 분리된 머신러닝 분야로 봤습니다. 데이터셋에 레이블이 지정됐을 경우에는 지도 학습이, 데이터셋에 레이블이 없는 경우에는 비지도 학습이 필요합니다.

현실 세계에서는 레이블이 있는 경우와 없는 경우가 명확히 구분되지 않습니다. 일반적으로 데이터셋은 레이블이 부분적으로 존재합니다. 그리고 레이블이 있는 셋의 정보를 활용해 레이블이 없는 관측치에 효율적으로 레이블을 정의할 수 있습니다. 지도 학습 문제에서는 레이블이 없는 데이터셋은 대부분 버려야 합니다. 반면, 비지도 학습 문제에서는 데이터 대부분을 사용할 수 있지만 일부에 존재하는 레이블을 활용하는 방법을 모릅니다.

준지도 학습semisupervised learning은 지도 학습과 비지도 학습의 장점을 모두 가집니다. 레이블이 약간만 있어도 데이터셋의 구조를 파악하고 레이블이 지정되지 않은 관측치에 레이블을 지정할 수 있습니다.

이 장에서는 이전에 살펴본 신용카드 거래 데이터셋을 계속 사용해 준지도 학습 예제를 실습할 겁니다.

9.1 데이터 준비

이전과 마찬가지로 필요한 라이브러리를 로드하고 데이터를 준비합니다(지금까지 계속한 작업이라 매우 익숙할 겁니다).

```
'''메인 라이브러리'''
import numpy as np
import pandas as pd
import os, time, re
import pickle, gzip

'''시각화 관련 라이브러리'''
import matplotlib.pyplot as plt
import seaborn as sns
color = sns.color_palette()
import matplotlib as mpl

%matplotlib inline

'''데이터 준비 및 모델 평가 관련 라이브러리'''
from sklearn import preprocessing as pp
from sklearn.model_selection import train_test_split
from sklearn.model_selection import StratifiedKFold
from sklearn.metrics import log_loss
from sklearn.metrics import precision_recall_curve, average_precision_score
from sklearn.metrics import roc_curve, auc, roc_auc_score

'''알고리즘 관련 라이브러리'''
import lightgbm as lgb

'''텐서플로 및 케라스 관련 라이브러리'''
import tensorflow as tf
import keras
from keras import backend as K
from keras.models import Sequential, Model
from keras.layers import Activation, Dense, Dropout
from keras.layers import BatchNormalization, Input, Lambda
from keras import regularizers
from keras.losses import mse, binary_crossentropy
```

이전에 한 것처럼, 훈련 및 테스트셋을 생성합니다. 그러나 **일부 레이블이 있는**partially labeled 데이터셋을 어떻게 활용하는지 시뮬레이션하기 위해 사기 거래의 90%를 훈련셋에서 제외할 겁니다.

이는 매우 위험한 발상처럼 보일 수도 있습니다. 하지만 실제 지불 사기와 관련된 현실 세계의 문제에서도 사기 발생률은 이와 유사하게 매우 낮습니다(사기 거래는 10,000건당 1건에 불과). 우리는 훈련셋에서 레이블의 90%를 제거함으로써 이 현상을 적용해 실습하겠습니다.

```python
# 데이터 로드하기
current_path = os.getcwd()
file = os.path.sep.join(['', 'datasets', 'credit_card_data', 'credit_card.csv'])
data = pd.read_csv(current_path + file)

dataX = data.copy().drop(['Class','Time'], axis=1)
dataY = data['Class'].copy()

# 데이터 스케일링하기
featuresToScale = dataX.columns
sX = pp.StandardScaler(copy=True, with_mean=True, with_std=True)
dataX.loc[:,featuresToScale] = sX.fit_transform(dataX[featuresToScale])

# 훈련 및 테스트셋 분할하기
X_train, X_test, y_train, y_test = \
    train_test_split(dataX, dataY, test_size=0.33, random_state=2018, stratify=dataY)

# 훈련셋으로부터 레이블 90% 제거하기
toDrop = y_train[y_train==1].sample(frac=0.90, random_state=2018)
X_train.drop(labels=toDrop.index, inplace=True)
y_train.drop(labels=toDrop.index, inplace=True)
```

이전에 사용한 anomalyScores와 plotResults를 재사용합니다.

```python
def anomalyScores(originalDF, reducedDF):
    loss = np.sum((np.array(originalDF) - np.array(reducedDF))**2, axis=1)
    loss = pd.Series(data=loss, index=originalDF.index)
    loss = (loss-np.min(loss))/(np.max(loss)-np.min(loss))
    return loss

def plotResults(trueLabels, anomalyScores, returnPreds = False):
    preds = pd.concat([trueLabels, anomalyScores], axis=1)
    preds.columns = ['trueLabel', 'anomalyScore']
```

```
precision, recall, thresholds = \
    precision_recall_curve(preds['trueLabel'], preds['anomalyScore'])
average_precision = average_precision_score( \
                    preds['trueLabel'], preds['anomalyScore'])

plt.step(recall, precision, color='k', alpha=0.7, where='post')
plt.fill_between(recall, precision, step='post', alpha=0.3, color='k')

plt.xlabel('Recall')
plt.ylabel('Precision')
plt.ylim([0.0, 1.05])
plt.xlim([0.0, 1.0])

plt.title('Precision-Recall curve: Average Precision = \
    {0:0.2f}'.format(average_precision))

fpr, tpr, thresholds = roc_curve(preds['trueLabel'], preds['anomalyScore'])
areaUnderROC = auc(fpr, tpr)

plt.figure()
plt.plot(fpr, tpr, color='r', lw=2, label='ROC curve')
plt.plot([0, 1], [0, 1], color='k', lw=2, linestyle='--')
plt.xlim([0.0, 1.0])
plt.ylim([0.0, 1.05])
plt.xlabel('False Positive Rate')
plt.ylabel('True Positive Rate')
plt.title('Receiver operating characteristic: Area under the \
    curve = {0:0.2f}'.format(areaUnderROC))
plt.legend(loc="lower right")
plt.show()

if returnPreds==True:
    return preds, average_precision
```

마지막으로 precisionAnalysis라는 새로운 함수로 특정 수준의 재현율에서 모델의 정밀도를 평가할 예정입니다. 구체적으로 테스트셋에서 신용카드 사기 거래의 75%를 탐지하는 모델의 정밀도가 어느 정도인지 판단할 겁니다. 정밀도가 높을수록 더 좋은 모델입니다.

이는 합리적인 기준입니다. 다시 말해, 우리는 사기 거래의 75%를 가능한 한 높은 정밀도로 탐지하고자 합니다. 충분히 높은 정밀도를 달성하지 못하면 신용카드 정상 거래를 불필요하게 거절할 것이고, 이로 인해 고객 관계가 악화될 수 있습니다.

```python
def precisionAnalysis(df, column, threshold):
    df.sort_values(by=column, ascending=False, inplace=True)
    threshold_value = threshold*df.trueLabel.sum()
    i = 0
    j = 0
    while i < threshold_value+1:
        if df.iloc[j]["trueLabel"]==1:
            i += 1
        j += 1
    return df, i/j
```

9.2 지도 학습 모델

준지도 학습 모델을 벤치마킹하기 위해 먼저 지도 학습 모델과 비지도 학습 모델이 개별적으로
얼마나 잘 작동하는지 살펴보겠습니다.

2장에서 성능이 가장 좋았던 지도 학습 솔루션인 Light 그레이디언트 부스팅부터 살펴보겠습
니다. k-겹 교차검증을 사용해 데이터셋을 5개로 나눕니다.

```python
k_fold = StratifiedKFold(n_splits=5, shuffle=True, random_state=2018)
```

다음으로 그레이디언트 부스팅의 파라미터를 설정합니다.

```python
params_lightGB = {
    'task': 'train',
    'application': 'binary',
    'num_class': 1,
    'boosting': 'gbdt',
    'objective': 'binary',
    'metric': 'binary_logloss',
    'metric_freq': 50,
    'is_training_metric': False,
    'max_depth': 4,
    'num_leaves': 31,
    'learning_rate': 0.01,
    'feature_fraction': 1.0,
```

```
    'bagging_fraction': 1.0,
    'bagging_freq': 0,
    'bagging_seed': 2018,
    'verbose': 0,
    'num_threads': 16
}
```

이제 알고리즘을 훈련시킬 겁니다.

```
trainingScores = []
cvScores = []
predictionsBasedOnKFolds = pd.DataFrame(data=[], index=y_train.index,
                                        columns=['prediction'])

for train_index, cv_index in k_fold.split(np.zeros(len(X_train)), y_train.ravel()):
    X_train_fold, X_cv_fold = X_train.iloc[train_index,:], X_train.iloc[cv_index,:]
    y_train_fold, y_cv_fold = y_train.iloc[train_index], y_train.iloc[cv_index]

    lgb_train = lgb.Dataset(X_train_fold, y_train_fold)
    lgb_eval = lgb.Dataset(X_cv_fold, y_cv_fold, reference=lgb_train)
    gbm = lgb.train(params_lightGB, lgb_train, num_boost_round=2000,
                    valid_sets=lgb_eval, early_stopping_rounds=200)

    loglossTraining = log_loss(y_train_fold, gbm.predict(X_train_fold,
                               num_iteration=gbm.best_iteration))
    trainingScores.append(loglossTraining)

    predictionsBasedOnKFolds.loc[X_cv_fold.index,'prediction'] = \
        gbm.predict(X_cv_fold, num_iteration=gbm.best_iteration)
    loglossCV = log_loss(y_cv_fold,
        predictionsBasedOnKFolds.loc[X_cv_fold.index,'prediction'])
    cvScores.append(loglossCV)

    print('Training Log Loss: ', loglossTraining)
    print('CV Log Loss: ', loglossCV)
loglossLightGBMGradientBoosting = log_loss(y_train,
        predictionsBasedOnKFolds.loc[:,'prediction'])
print('LightGBM Gradient Boosting Log Loss: ',
        loglossLightGBMGradientBoosting)
```

이제 이 모델을 (신용카드 거래 데이터의) 테스트셋에 적용해 사기를 예측합니다.

[그림 9-1]은 예측 결과를 나타냅니다.

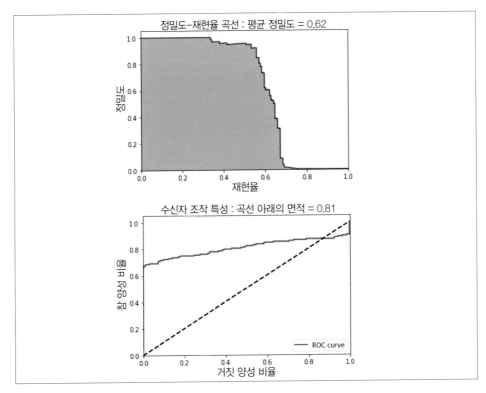

그림 9-1 지도 학습 모델 결과

정밀도–재현율 곡선을 기반으로 한 테스트셋의 평균 정밀도는 0.62입니다. 사기 거래의 75%를 탐지할 때의 정밀도는 단 0.5%에 불과합니다.

9.3 비지도 학습 모델

이제 비지도 학습을 사용해 사기 탐지 솔루션을 구축하겠습니다. 구체적으로 40개 노드의 은닉층과 드롭아웃 2%, 선형 활성화 함수를 사용하는 희소 2-계층 과대완전 오토인코더를 구축할 겁니다.

이번에는 사기 거래 수를 **오버샘플링**^{oversampling}해 훈련셋을 조정하겠습니다. 오버샘플링은 주어진 데이터셋의 클래스 분포를 조정하는 데 사용하는 기술입니다. 우리가 훈련시키는 오토인코더가 정상/비사기 거래와 비정상/사기 거래를 더욱 쉽게 구분할 수 있도록 데이터셋에 사기성 거래를 더 많이 추가하는 겁니다.

이전 작업에서 우리는 훈련셋에 존재하는 사기 거래 90%를 삭제했습니다. 그 결과 훈련셋에 남은 사기 거래 건수는 단 33건입니다. 우리는 이 사기 거래 33건을 100배 복제한 다음 훈련셋에 추가할 겁니다. 또한 오버샘플링되지 않은 훈련셋의 복사본을 보관해 나머지 머신러닝 파이프 라인에서 사용할 겁니다.

테스트셋은 별도로 건드리지 않을 겁니다. 오버샘플링은 훈련셋에만 적용합니다.

```
oversampl ultiplier = 100


X_train_original = X_train.copy()
y_train_original = y_train.copy()
X_test_original = X_test.copy()
y_test_original = y_test.copy()


X_train_oversampled = X_train.copy()
y_train_oversampled = y_train.copy()
X_train_oversampled = X_train_oversampled.append(
        [X_train_oversampled[y_train==1]]*oversample_multiplier,
        ignore_index=False)
y_train_oversampled = y_train_oversampled.append(
        [y_train_oversampled[y_train==1]]*oversample_multiplier,
        ignore_index=False)

X_train = X_train_oversampled.copy()
y_train = y_train_oversampled.copy()
```

이제 오토인코더를 훈련시켜 봅시다.

```python
model = Sequential()
model.add(Dense(units=40, activation='linear',
                activity_regularizer=regularizers.l1(10e-5),
                input_dim=29, name='hidden_layer'))
model.add(Dropout(0.02))
model.add(Dense(units=29, activation='linear'))

model.compile(optimizer='adam',
              loss='mean_squared_error',
              metrics=['accuracy'])

num_epochs = 5
batch_size = 32

history = model.fit(x=X_train, y=X_train,
                    epochs=num_epochs,
                    batch_size=batch_size,
                    shuffle=True,
                    validation_split=0.20,
                    verbose=1)

predictions = model.predict(X_test, verbose=1)
anomalyScoresAE = anomalyScores(X_test, predictions)
preds, average_precision = plotResults(y_test, anomalyScoresAE, True)
```

[그림 9-2]에서 결과를 확인할 수 있습니다.

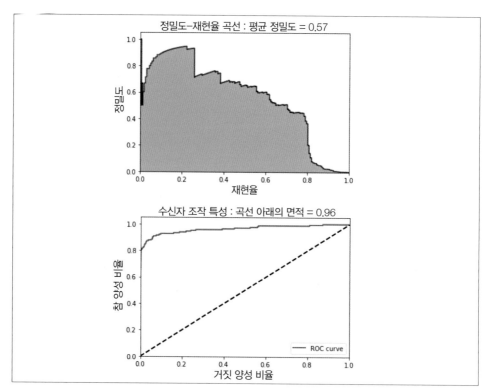

그림 9-2 비지도 학습 모델 결과

정밀도-재현율 곡선에 기초한 테스트셋의 평균 정밀도는 0.57입니다. 사기 거래의 75%를 탐지할 때 정밀도는 단 45%에 불과합니다. 비지도 학습 솔루션의 평균 정밀도는 지도 학습 솔루션의 평균 정밀도와 비슷하지만 75% 재현율에서의 정밀도는 비지도 학습이 45%로 지도 학습보다 더 좋습니다. 그러나 비지도 학습 솔루션 자체의 성능은 여전히 좋지 않습니다.

9.4 준지도 학습 모델

이제 오토인코더(은닉층)가 학습한 표현을 원본 훈련셋과 결합해 그레이디언트 부스팅 알고리즘에 사용하겠습니다. 이는 지도 학습의 장점과 비지도 학습의 장점을 혼합해서 사용하는 준지도 학습 방식입니다.

은닉층을 생성하기 위해 케라스 API에서 Model() 클래스를 호출하고 get_layer 함수를 사용합니다.

```
laye ame = 'hidde ayer'

intermediate_layer_model = Model(inputs=model.input,
                        outputs=model.get_layer(layer_name).output)
intermediate_output_train = intermediate_layer_model.predict(X_train_original)
intermediate_output_test = intermediate_layer_model.predict(X_test_original)
```

이 오토인코더 표현을 데이터 프레임에 저장한 다음 원본 훈련셋과 결합하겠습니다.

```
intermediat utpu rainDF =
    pd.DataFrame(data=intermediate_output_train, index=X_train_original.index)
intermediate_output_testDF =
    pd.DataFrame(data=intermediate_output_test, index=X_test_original.index)

X_train = X_train_original.merge(intermediate_output_trainDF,
                        left_index=True, right_index=True)
X_test = X_test_original.merge(intermediate_output_testDF,
                        left_index=True, right_index=True)
y_train = y_train_original.copy()
```

이제 이 새로운 훈련셋의 69개 피처(원본 데이터셋에 있는 29개 피처 및 오토인코더 표현의 새로 생성된 40개 피처)로 그레이디언트 부스팅 모델을 훈련시킬 겁니다.

```
trainingScores = []
cvScores = []
predictionsBasedOnKFolds = pd.DataFrame(data=[], index=y_train.index,
                                columns=['prediction'])


for train_index, cv_index in k_fold.split(np.zeros(len(X_train)), y_train.ravel()):
    X_train_fold, X_cv_fold = X_train.iloc[train_index,:], X_train.iloc[cv_index,:]
    y_train_fold, y_cv_fold = y_train.iloc[train_index], y_train.iloc[cv_index]

    lgb_train = lgb.Dataset(X_train_fold, y_train_fold)
    lgb_eval = lgb.Dataset(X_cv_fold, y_cv_fold, reference=lgb_train)
    gbm = lgb.train(params_lightGB, lgb_train, num_boost_round=5000,
                valid_sets=lgb_eval, early_stopping_rounds=200)
```

```
        loglossTraining = log_loss(y_train_fold,
                                    gbm.predict(X_train_fold,
                                    num_iteration=gbm.best_iteration))
        trainingScores.append(loglossTraining)

        predictionsBasedOnKFolds.loc[X_cv_fold.index,'prediction'] =
            gbm.predict(X_cv_fold, num_iteration=gbm.best_iteration)
        loglossCV = log_loss(y_cv_fold,
            predictionsBasedOnKFolds.loc[X_cv_fold.index,'prediction'])
        cvScores.append(loglossCV)

        print('Training Log Loss: ', loglossTraining)
        print('CV Log Loss: ', loglossCV)

loglossLightGBMGradientBoosting = log_loss(y_train,
                        predictionsBasedOnKFolds.loc[:,'prediction'])
    print('LightGBM Gradient Boosting Log Loss: ',
                        loglossLightGBMGradientBoostin)
```

[그림 9-3]은 훈련 결과를 보여줍니다.

정밀도-재현율 곡선에 기초한 테스트셋의 평균 정밀도는 0.78입니다. 이는 지도 학습 및 비지도 학습 모델의 결과보다 약간 더 높은 수준입니다.

사기 거래의 75%를 탐지할 때 정밀도는 92%입니다. 이전에 비해 상당히 개선된 결과입니다. 이 정도 수준의 정밀도라면 결제 프로세서는 모델이 잠재적 사기라고 예측한 거래를 부담없이 거부할 수 있습니다. 10명 중 1명 미만만 잘못 예측될 것이며, 사기 거래의 약 75%를 탐지할 수 있습니다.

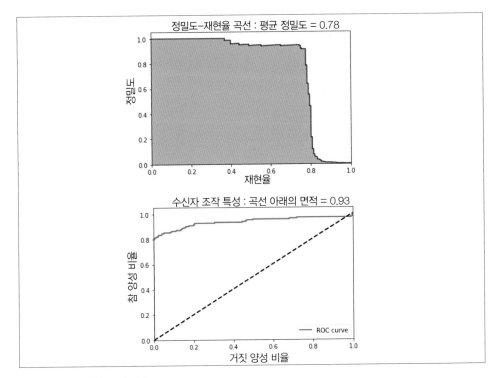

그림 9-3 준지도 학습 모델 결과

9.5 지도 학습과 비지도 학습의 강력함

이 준지도 학습 신용카드 사기 탐지 솔루션에서 지도 학습과 비지도 학습은 모두 중요한 역할을 수행합니다. 이를 확인하는 한 가지 방법은 최종 그레이디언트 부스팅 모델에서 가장 중요하다고 식별한 피처들을 분석하는 겁니다. 바로 직전에 우리가 훈련시킨 모델의 피처 중요도 값을 찾아서 저장해봅시다.

```
featuresImportance = pd.DataFrame(data=list(gbm.featur mportance()),
                        index= rain.columns, columns=['featImportance'])
featuresImportance = featuresImportance/featuresImportance.sum()
featuresImportance.sort_values(by='featImportance',
                        ascending=False, inplace=True)
featuresImportance
```

[표 9-1]은 내림차순으로 정렬된 주요 피처 중 일부를 보여줍니다.

표 9-1 준지도 학습 모델의 피처 중요도

	featImportance
V28	0.047843
Amount	0.037263
21	0.030244
V21	0.029624
V26	0.029469
V12	0.028334
V27	0.028024
6	0.027405
28	0.026941
36	0.024050
5	0.022347

여기에서 볼 수 있듯이 주요 피처 중 일부는 오토인코더에 의해 학습된 은닉층의 피처(이름 앞에 'V'가 없는 피처)이며, 그 외에는 Amount(거래량 피처)와 원본 데이터셋의 주성분(이름 앞에 'V'가 있는 피처)입니다.

9.6 마치며

준지도 학습 모델은 독립형 지도 학습 모델과 독립형 비지도 학습 모델의 성능을 모두 능가합니다.

이 장에서는 준지도 학습으로 가능한 것 중 일부만 다루었지만 이를 계기로 지도 학습과 비지도 학습 간 비교나 최적의 응용 솔루션을 찾기 위해 지도 학습과 비지도 학습을 결합하는 방법에 대한 아이디어를 재구성하는 데 도움이 될 겁니다.

Part **IV**

텐서플로와 케라스를
사용한 심층 비지도 학습

지금까지 우리는 얕은 신경망을 다뤘습니다. 즉, 은닉층이 몇 개만 있는 네트워크입니다. 얕은 신경망은 머신 러닝 시스템을 구축하는 데 확실히 유용합니다. 그러나 지난 10년간 머신러닝 분야에서 가장 강력한 성장을 이룬 분야는 은닉층을 많이 가진 신경망인 심층 신경망(deep neural network)입니다. 이는 딥러닝(deep learning)으로 알려진 머신러닝의 한 분야입니다. 레이블이 존재하는 대용량 데이터셋에서의 딥러닝은 컴퓨터 비전, 객체 인식, 음성 인식, 기계 번역 등 분야에서 상업적인 성공을 거두었습니다.

이 책에서는 레이블이 없는 대용량 데이터셋에서의 딥러닝에 초점을 맞출 겁니다. 일반적으로 심층 비지도 학 습(deep unsupervised learning)이라고 합니다. 이 분야는 여전히 매우 새롭고, 잠재력이 풍부하지만 아직 까지는 지도 학습 응용 분야에 비해 큰 상업적인 성공을 거두지 못했습니다. 이제부터 몇 장에 걸쳐, 심층 비지 도 학습의 가장 간단한 구성 요소부터 시작해 심층 비지도 학습 시스템 구축까지 자세히 살펴보겠습니다.

4부에서 다룰 내용은 상당히 고급 영역에 속합니다. 하지만 심층 비지도 학습 기법 대부분은 이 책의 앞부분에 서 소개한 기본 원리에 기초합니다.

Part IV

텐서플로와 케라스를
사용한 심층 비지도 학습

RBM을 사용한 추천 시스템

이 책의 앞부분에서 레이블이 없는 데이터의 내재된(숨겨진) 구조를 학습하기 위해 비지도 학습을 사용했습니다. 특히, 차원 감소를 통해 고차원 데이터셋을 훨씬 더 작은 저차원 데이터셋으로 줄인 후 이상 탐지 시스템을 구축했습니다. 또한 클러스터링을 수행해, 객체들이 서로 유사하거나 혹은 유사하지 않은지를 기준으로 그룹화했습니다.

이제부터 **생성적 비지도 학습 모델**generative unsupervised model을 살펴보겠습니다. 이 모델은 원본 데이터에서 확률 분포를 학습하고 새로운 데이터를 추론하기 위해 사용합니다. 이후의 장에서는 이 모델을 사용해 원본 데이터와 사실상 구별하기 어려울 정도로 실제처럼 보이는 데이터를 생성할 겁니다.

지금까지는 알고리즘이 데이터를 학습해 관측치를 분류하는 방식인 **판별 모델**discriminative model을 주로 살펴봤습니다. 이러한 판별 모델은 데이터로부터 확률 분포를 학습하지 않습니다. 판별 모델은 2장에서 다룬 로지스틱 회귀, 의사 결정 트리와 같은 지도 학습 모델과 5장에서 다룬 계층적 클러스터링, k-평균 등 클러스터링 기법을 모두 포함합니다.

그럼 이제부터 가장 단순한 생성적 비지도 학습 모델인 **제한된 볼츠만 머신**restricted Boltzmann machine(RBM)부터 살펴보겠습니다.

10.1 볼츠만 머신

볼츠만 머신 Boltzmann machine은 1985년에 제프리 힌튼(당시에는 카네기 멜론 대학의 교수, 지금은 딥러닝 대부 중 한 명이며 토론토 대학의 교수이자 구글의 머신러닝 연구원)과 테리 세즈노스키(당시 존 홉킨스 대학 교수)가 발명했습니다.

제약이 없는 유형의 볼츠만 머신은 입력층과 하나 또는 여러 개의 은닉층이 있는 신경망으로 구성됩니다. 신경망의 뉴런 또는 유닛은 훈련 중에 공급되는 데이터와 볼츠만 머신이 최소화하려는 비용 함수를 기반으로 활성화할지 여부에 확률적 결정을 내립니다. 볼츠만 머신은 이러한 훈련을 통해 데이터에 존재하는 복잡하고 내재된 관계 및 패턴을 모델링하는 데 도움이 되는 데이터 관련 흥미로운 특징을 발견합니다.

그러나 이러한 제약이 없는 볼츠만 머신은 다른 층의 다른 뉴런뿐만 아니라 동일한 층 내 뉴런에도 연결된 뉴런으로 구성된 신경망을 사용합니다. 이렇게 수많은 은닉층과 연결되는 것은 제약이 없는 볼츠만 머신의 훈련을 매우 비효율적으로 만듭니다. 결과적으로 제약이 없는 볼츠만 머신은 1980년대에서 1990년대까지 상업적으로 거의 성공하지 못했습니다.

10.1.1 RBM

2000년대에 제프리 힌튼과 관련 연구원들은 기존의 제약이 없는 볼츠만 머신의 수정된 버전을 사용해 상업적 성공을 거두기 시작했습니다. 이것을 **제한된 볼츠만 머신**(RBM)이라고 합니다. RBM은 입력층(**가시층**visible layer이라고도 함)과 단 하나의 은닉층을 가지고, 다른 층의 뉴런과는 연결되지만 동일한 계층 내 뉴런끼리는 연결되지 않도록 뉴런 간 연결을 제한한 방법입니다. 즉, 가시층 내 뉴런들 간 연결 및 은닉층 내 뉴런들 간 연결이 없습니다[1].

또한, 제프리 힌튼은 간단한 RBM을 서로 겹쳐 쌓아 특정 RBM의 은닉층 출력이 다른 RBM의 입력층에 공급될 수 있다는 것을 증명했습니다. 이러한 종류의 RBM 스태킹을 여러 번 반복하면 원본 데이터의 미묘하게 숨겨진 표현을 점진적으로 학습할 수 있습니다. 이러한 여러 개의 RBM 신경망 역시 하나의 심층, 다층 신경망 모델로 볼 수 있습니다. 이러한 관점에서 딥러닝은 2006년부터 시작됐다고 할 수 있습니다.

---

1 이 클래스의 RBM에 대한 가장 일반적인 훈련 알고리즘은 대조 발산 기반의 그레이디언트 알고리즘으로 알려져 있습니다.

RBM은 데이터의 내재된 구조를 학습하기 위해 **확률적**stochastic 접근 방식을 사용하는 반면, 오토인코더는 **결정적**deterministic 접근 방식을 사용합니다

10.2 추천 시스템

이 장에서는 RBM을 사용해 사용하는 **추천 시스템**recommender system을 구축할 겁니다. 추천 시스템은 현재까지 머신러닝의 성공적인 응용 프로그램 중 하나이며, 영화, 음악, 책, 뉴스, 검색, 쇼핑, 디지털 광고, 온라인 데이트 등에서 사용자의 선호도를 예측하는 데 사용합니다.

추천 시스템에는 **협업 필터링**collaborative filtering 추천 시스템과 **콘텐츠 기반 필터링**content-based filtering 추천 시스템이라는 두 가지 주요 유형이 있습니다.

협업 필터링은 사용자의 과거 행위와 해당 사용자와 유사한 다른 사용자의 행위를 기반으로 추천 시스템을 구축합니다. 또한 사용자가 명확한 관심을 표현한 적이 없더라도 사용자가 관심을 가질 수 있는 아이템을 예측할 수 있습니다. 넷플릭스의 영화 추천이 이 기법을 사용합니다.

콘텐츠 기반 필터링은 아이템의 고유한 속성을 학습해 유사한 속성을 가진 다른 아이템을 추천하는 겁니다. 판도라Pandora[2]의 음악 추천이 콘텐츠 기반 필터링을 사용합니다.

10.2.1 협업 필터링

일반적으로 아이템의 고유한 속성을 학습하는 것은 어려운 작업이기 때문에 콘텐츠 기반 필터링은 널리 사용하지 않습니다(이 정도 수준의 이해는 현재의 인공 기계artificial machine가 달성하기 매우 어렵습니다)[3]. 이보다 사용자 행동 및 선호도 정보를 많이 수집 및 분석하고 이를 기반으로 예측하는 것이 훨씬 쉽습니다. 따라서 협업 필터링을 훨씬 더 널리 사용합니다. 협업 필터링은 이 장에서 중점적으로 다룰 추천 시스템의 한 유형이기도 합니다.

협업 필터링은 아이템 자체에 대한 속성 지식이 필요하지 않습니다. 오히려 협업 필터링은 과

---

2 옮긴이_ 판도라는 뮤직 게놈 프로젝트에 기반한 자동 음악 추천 시스템 및 인터넷 라디오 서비스입니다.

3 옮긴이_ 콘텐츠 기반 필터링은 아이템의 속성을 학습하는 기법입니다. 하지만 이러한 아이템 속성이 정보가 없거나 정보가 있어도 대부분 비정형 데이터로 구성된 경우, 머신러닝 모델이 제대로 학습하기가 어렵습니다.

거에 동의한 사용자가 미래에도 동의할 것이고 사용자 선호도는 시간이 지남에 따라 안정적으로 유지된다고 가정합니다. 사용자가 다른 사용자와 얼마나 유사한지 모델링하는 협업 필터링은 매우 강력한 추천을 만들어낼 수 있습니다. 또한 협업 필터링은 **명시적 데이터**explicit data (즉, 사용자가 제공하는 평점)에 의존할 필요가 없습니다. 오히려 사용자가 특정 아이템을 보거나 클릭하는 시간 및 빈도와 같은 **암시적 데이터**implicit data로 작동할 수 있습니다. 예를 들어, 과거에 넷플릭스는 사용자에게 영화를 평가하도록 요청했습니다. 하지만 이제는 사용자의 암시적 행동을 사용해 사용자가 좋아하는지, 싫어하는지 추론합니다.

그러나 협업 필터링도 어려운 점이 있습니다. 첫째, 좋은 추천을 만들기 위해서는 사용자 데이터가 많이 필요합니다. 둘째, 계산이 매우 복잡합니다. 셋째, 데이터셋이 일반적으로 매우 희소합니다. 사용자는 모든 아이템 중 극히 일부에만 선호도가 있기 때문입니다.

이 장에서는 데이터가 충분히 있다는 가정 하에, 앞에서 언급한 데이터 희소성 및 다양한 문제들을 효율적으로 해결하는 데 사용할 수 있는 기법들을 다룰 예정입니다.

10.2.2 넷플릭스 경진 대회

넷플릭스는 영화 추천 시스템 개선을 위해 2006년부터 3년 동안 경진 대회를 후원했습니다. 넷플릭스는 기존 추천 시스템의 정확도를 10% 이상 향상시킬 수 있는 팀에게 대상으로 100만 달러를 제공했습니다. 또한 1억 개가 넘는 영화 평점 데이터셋을 공개했습니다. 2009년 9월에 벨코의 프래그매틱 카오스 팀BellKor's Pramatic Chaos team이 다양한 알고리즘 접근 방식의 앙상블을 사용해 대상을 받았습니다.

데이터셋이 풍부하고 보상도 충분하며 세간의 이목을 끈 경진 대회는 머신러닝 커뮤니티에 활력을 불어넣었고 추천 시스템 연구에 상당한 진전을 가져왔습니다. 또한, 경진 대회는 지난 몇 년간 업계에 더 나은 추천 시스템을 제공할 길을 열었습니다.

이 장에서는 RBM을 사용해 우리만의 추천 시스템을 구축하기 위해 (넷플릭스 대회에서 사용한 데이터셋과) 유사한 영화 평점 데이터셋을 사용할 겁니다.

10.3 무비렌즈 데이터셋

1억 건의 평점이 담긴 넷플릭스 데이터셋 대신 조금 작은 규모의 영화 평점 데이터셋인 무비렌즈 20M 데이터셋MovieLens 20M Dataset을 사용하겠습니다. 이것은 트윈 시티에 위치한 미네소타 대학의 컴퓨터공학과 연구소인 그룹렌즈GroupLens에서 제공한 데이터셋입니다. 이 데이터는 1995년 1월 9일에서 2015년 3월 31일까지 사용자 138,493명이 영화 27,278편을 대상으로 작성한 평점 정보 20,000,263개입니다. 또한, 이 데이터는 최소 20편을 평가한 사용자 중에서 랜덤으로 추출한 서브셋 데이터입니다.

이 데이터셋은 1억 건의 넷플릭스 평점 데이터셋보다 작업하기가 더 수월합니다. 파일 크기가 100MB를 초과하기 때문에 깃허브에서는 파일에 액세스할 수 없습니다. 무비렌즈 웹 사이트 (https://grouplens.org/datasets/movielens/20m/)에서 직접 파일을 다운로드해야 합니다.

10.3.1 데이터 준비
이전과 마찬가지로 필요한 라이브러리를 로드하겠습니다.

```
'''메인 라이브러리'''
import numpy as np
import pandas as pd
import os, time, re
import pickle, gzip, datetime

'''시각화 관련 라이브러리'''
import matplotlib.pyplot as plt
import seaborn as sns
color = sns.color_palette()
import matplotlib as mpl

%matplotlib inline

'''데이터 준비 및 모델 평가 관련 라이브러리'''
from sklearn import preprocessing as pp
from sklearn.model_selection import train_test_split
from sklearn.model_selection import StratifiedKFold
```

```
from sklearn.metrics import log_loss
from sklearn.metrics import precision_recall_curve, average_precision_score
from sklearn.metrics import roc_curve, auc, roc_auc_score, mean_squared_error

'''알고리즘 관련 라이브러리'''
import lightgbm as lgb

'''텐서플로 및 케라스 관련 라이브러리'''
import tensorflow as tf
import keras
from keras import backend as K
from keras.models import Sequential, Model
from keras.layers import Activation, Dense, Dropout
from keras.layers import BatchNormalization, Input, Lambda
from keras import regularizers
from keras.losses import mse, binary_crossentropy
```

다음으로 평점 데이터셋을 로드하고 적절한 데이터 유형으로 필드를 변환합니다. 이 데이터는 단지 필드 몇 개만 있습니다(사용자 ID, 영화 ID, 사용자가 작성한 영화 평점, 평점을 작성한 시간).

```
# 데이터 로드하기
current_path = os.getcwd()
file = os.path.sep.join(['', 'datasets', 'movielens_data', 'ratings.csv'])
ratingDF = pd.read_csv(current_path + file)

# 적절한 데이터 유형으로 필드 변환하기
ratingDF.userId = ratingDF.userId.astype(str).astype(int)
ratingDF.movieId = ratingDF.movieId.astype(str).astype(int)
ratingDF.rating = ratingDF.rating.astype(str).astype(float)
ratingDF.timestamp = ratingDF.timestamp.apply(lambda x:
            datetime.utcfromtimestamp(x).strftime('%Y-%m-%d %H:%M:%S'))
```

[표 10-1]은 이 데이터의 일부입니다.

표 10-1 무비렌즈 평점 데이터

	userId	movieId	rating	timestamp
0	1	2	3.5	2005-04-02 23:53:47
1	1	29	3.5	2005-04-02 23:31:16
2	1	32	3.5	2005-04-02 23:33:39
3	1	47	3.5	2005-04-02 23:32:07
4	1	50	3.5	2005-04-02 23:29:40
5	1	112	3.5	2004-09-10 03:09:00
6	1	151	4.0	2004-09-10 03:08:54
7	1	223	4.0	2005-04-02 23:46:13
8	1	253	4.0	2005-04-02 23:35:40
9	1	260	4.0	2005-04-02 23:33:46
10	1	293	4.0	2005-04-02 23:31:43
11	1	296	4.0	2005-04-02 23:32:47
12	1	318	4.0	2005-04-02 23:33:18
13	1	337	3.5	2004-09-10 03:08:29

고유한 사용자 수, 고유한 영화 수, 총 평점을 확인하고 사용자가 제공한 평점 개수의 평균을 계산합니다.

```
n_users = ratingDF.userId.unique().shape[0]
n_movies = ratingDF.movieId.unique().shape[0]
n_ratings = len(ratingDF)
avg_ratings_per_user = n_ratings/n_users

print('Number of unique users: ', n_users)
print('Number of unique movies: ', n_movies)
print('Number of total ratings: ', n_ratings)
print('Average number of ratings per user: ', avg_ratings_per_user)
```

결과는 우리가 예상한 대로입니다.

```
Number of unique users: 138493
Number of unique movies: 26744
Number of total ratings: 20000263
Average number of ratings per user: 144.4135299257002
```

이 데이터셋의 복잡성과 크기를 줄이기 위해 가장 높은 평점을 받은 영화 1,000개에 초점을 맞춰보겠습니다. 이렇게 하면 평점 수가 약 2,000만 건에서 약 1,280만 건으로 줄어듭니다.

```
movieIndex = ratingDF.groupby("movieId").count().sort_values(by="rating",
                ascending=False)[0:1000].index
ratingDFX2 = ratingDF[ratingDF.movieId.isin(movieIndex)]
ratingDFX2.count()
```

또한 랜덤으로 1,000명의 사용자 샘플을 가져와서 기존 데이터셋에서 샘플 사용자를 매칭해 필터링합니다. 이렇게 하면 평점 수가 약 1,280만 건에서 90,213건으로 줄어듭니다. 이는 협업 필터링을 구현하기에 충분한 크기입니다.

```
userIndex = ratingDFX2.groupby("userId").count().sort_values(by="rating",
                ascending=False).sample(n=1000, random_state=2018).index
ratingDFX3 = ratingDFX2[ratingDFX2.userId.isin(userIndex)]
ratingDFX3.count()
```

또한, 이렇게 축소된 데이터셋에서 movieID와 userID를 1~1,000의 범위로 다시 인덱싱합니다.

```
movies = ratingDFX3.movieId.unique()
moviesDF = pd.DataFrame(data=movies, columns=['originalMovieId'])
moviesDF['newMovieId'] = moviesDF.index+1

users = ratingDFX3.userId.unique()
usersDF = pd.DataFrame(data=users, columns=['originalUserId'])
usersDF['newUserId'] = usersDF.index+1

ratingDFX3 = ratingDFX3.merge(moviesDF, left_on='movieId', right_on='originalMovieId')
ratingDFX3.drop(labels='originalMovieId', axis=1, inplace=True)

ratingDFX3 = ratingDFX3.merge(usersDF, left_on='userId', right_on='originalUserId')
ratingDFX3.drop(labels='originalUserId', axis=1, inplace=True)
```

축소된 데이터셋에 대한 고유 사용자 수, 고유 영화 수, 총 평점, 사용자당 (제공한) 평균 평점 개수를 계산하겠습니다.

```
n_users = ratingDFX3.userId.unique().shape[0]
n_movies = ratingDFX3.movieId.unique().shape[0]
n_ratings = len(ratingDFX3)
avg_ratings_per_user = n_ratings/n_users

print('Number of unique users: ', n_users)
print('Number of unique movies: ', n_movies)
print('Number of total ratings: ', n_ratings)
print('Average number of ratings per user: ', avg_ratings_per_user)
```

결과는 예상한 대로입니다.

```
Number of unique users: 1000
Number of unique movies: 1000
Number of total ratings: 90213
Average number of ratings per user: 90.213
```

이제 각 홀드아웃셋이 축소된 데이터셋의 5%가 되도록 테스트셋과 검증셋을 생성합니다.

```
X_train, X_test = train_test_split(ratingDFX3,
    test_size=0.10, shuffle=True, random_state=2018)

X_validation, X_test = train_test_split(X_test,
    test_size=0.50, shuffle=True, random_state=2018)
```

훈련, 검증, 테스트셋의 크기는 다음과 같습니다.

```
Size of train set: 81191
Size of validation set: 4511
Size of test set: 4511
```

10.3.2 비용 함수 정의: 평균 제곱 오차

이제 데이터가 준비됐습니다.

먼저, *m* x *n* 행렬을 만들어봅시다. 여기서 *m*은 사용자이고 *n*은 영화입니다. 사용자가 영화의 극히 일부만 평가하기 때문에 이 행렬은 희소하게 채워진 행렬이 될 겁니다. 예를 들어, 사용자 1,000명과 영화 1,000개가 있는 행렬은 훈련셋에서 오직 81,191건의 평점 정보만 가지고 있을 겁니다. 사용자 1,000명이 각각 영화 1,000개를 평가하면, 평점 정보 1,000,000건이 있는 행렬이 되지만, 평균적으로 사용자는 극히 일부 영화만을 평가하므로 훈련셋에는 단지 평점 정보 81,191건만 있습니다. 나머지(행렬값의 거의 92% 정도)는 0값으로 채워집니다.

```python
# 훈련을 위한 평점 행렬 생성하기
ratings_train = np.zeros((n_users, n_movies))
for row in X_train.itertuples():
    ratings_train[row[6]-1, row[5]-1] = row[3]

# 훈련 평점 행렬을 위한 희소성 계산하기
sparsity = float(len(ratings_train.nonzero()[0]))
sparsity /= (ratings_train.shape[0] * ratings_train.shape[1])
sparsity *= 100
print('Sparsity: {:4.2f}%'.format(sparsity))
```

우리는 검증셋과 테스트셋에 유사한 행렬을 생성할 것이며, 물론 더 희소할 겁니다.

```python
# 검증을 위한 평점 행렬 생성하기
ratings_validation = np.zeros((n_users, n_movies))
for row in X_validation.itertuples():
    ratings_validation[row[6]-1, row[5]-1] = row[3]

# 테스트를 위한 평점 행렬 생성하기
ratings_test = np.zeros((n_users, n_movies))
for row in X_test.itertuples():
    ratings_test[row[6]-1, row[5]-1] = row[3]
```

추천 시스템을 구축하기 전에 모델의 적합도를 검증하는 데 사용할 비용 함수를 정의하겠습니다. 이 예제에서는 머신러닝에서 가장 간단한 비용 함수인 **평균 제곱 오차**^{mean squared error}(MSE)를 사용할 겁니다. MSE는 예측값과 실제값 사이의 평균 제곱 오차를 계산합니다. MSE를 계산하려면 [n,1] 크기의 두 벡터가 필요합니다. 여기서 n은 검증셋 4,511건을 예측하는 평점 개수입니다. 한 벡터에는 실제 평점이 있고, 다른 벡터에는 예측 평점이 있습니다.

우선 평점이 있는 희소 행렬을 1차원으로 펼쳐보겠습니다. 이는 실제 평점 벡터가 될 겁니다.

```
actual_validation = ratings_validation[ratings_validation.nonzero()].flatten()
```

10.3.3 기본 모델 성능 실험

우선 기본 모델의 성능을 살펴보겠습니다. 검증셋으로 평균 평점 3.5를 예측한 후 MSE를 계산합니다.

```
pred_validation = np.zeros((len(X_validation),1))
pred_validation[pred_validation==0] = 3.5
pred_validation

mean_squared_error(pred_validation, actual_validation)
```

이렇게 매우 단순한 예측의 MSE는 1.055입니다. 이것이 우리의 기본 모델입니다.

```
Mean squared error using naive prediction: 1.055420084238528
```

사용자의 평균 평점(사용자가 다른 모든 영화에 대해 평가한 평점의 평균값)을 기반으로 영화에 대한 해당 사용자의 평점을 예측해 결과를 개선할 수 있는지 살펴보겠습니다.

```
ratings_validation_prediction = np.zeros((n_users, n_movies))
i = 0
for row in ratings_train:
    ratings_validation_prediction[i][ratings_validation_prediction[i]==0]
        = np.mean(row[row>0])
    i += 1

pred_validation = ratings_validation_prediction
    [ratings_validation.nonzero()].flatten()
user_average = mean_squared_error(pred_validation, actual_validation)
print('Mean squared error using user average:', user_average)
```

MSE가 0.909로 이전보다 조금 개선됐습니다.

```
Mean squared error using user average: 0.9090717929472647
```

이제 영화의 평균 평점(해당 영화에 다른 모든 사용자가 평가한 평점의 평균값)을 기반으로 해당 영화에 대한 사용자의 평점을 예측하겠습니다.

```
ratings_validation_prediction = np.zeros((n_users, n_movies)).T
i = 0
for row in ratings_train.T:
    ratings_validation_prediction[i][ratings_validation_prediction[i]==0]
        = np.mean(row[row>0])
    i += 1

ratings_validation_prediction = ratings_validation_prediction.T
pred_validation = ratings_validation_prediction
    [ratings_validation.nonzero()].flatten()
movie_average = mean_squared_error(pred_validation, actual_validation)
print('Mean squared error using movie average:', movie_average)
```

MSE는 0.914로 사용자의 평균 평점을 사용한 방식과 결과가 유사합니다.

```
Mean squared error using movie average: 0.9136057106858655
```

10.4 행렬 인수분해

제한된 볼츠만 머신을 사용해 추천 시스템을 구축하기 전에 우선, 가장 성공적이고 널리 사용되는 협업 필터링 알고리즘인 **행렬 인수분해**matrix factorization를 사용해 시스템을 구축하겠습니다. 행렬 인수분해는 사용자-아이템 행렬을 두 개의 저차원 행렬의 곱으로 분해합니다. 사용자는 더 낮은 차원의 잠재 공간에 표현되며 아이템도 마찬가지입니다.

사용자-아이템 행렬을 사용자 m명과 아이템 n개가 있는 R이라고 가정합니다. 행렬 인수분해는 두 개의 저차원 행렬인 H와 W를 생성합니다. H는 m 사용자 × k 잠재 요인 행렬이고 W는 k 잠재 요인 × n 아이템 행렬입니다.

평점은 행렬 곱셈에 의해 계산됩니다. $R = H \times W$.

잠재 요인 k의 개수에 따라 모델의 수용량이 결정됩니다. k값이 클수록 모델의 수용량이 커집니다. k값을 높이면 사용자에 대한 평점 예측의 개인화를 향상시킬 수 있지만 k값이 너무 높으면 모델이 데이터를 과대 적합하게 됩니다.

우리에게 익숙한 표현으로 설명하면 다음과 같습니다. 행렬 인수분해는 저차원 공간에서 사용자와 아이템에 대한 표현을 학습하고 새롭게 학습된 표현을 기반으로 예측합니다.

10.4.1 잠재 요인이 1개일 때

잠재 요인이 1개인 가장 단순한 형태의 행렬 인수분해부터 시작하겠습니다. 케라스를 사용해 행렬 인수분해를 수행합니다.

먼저 그래프를 정의해야 합니다. 입력은 사용자 임베딩[4]을 위한 1차원 벡터와 영화 임베딩을 위한 1차원 벡터입니다. 하나의 잠재 공간에 이러한 입력 벡터를 임베딩하고 이를 1차원 배열로 변환합니다. 출력 벡터 **프로덕션**(product)을 생성하기 위해, 영화 벡터와 사용자 벡터의 내적을 구할 겁니다. 또한, mean_squared_error로 정의된 비용 함수를 최소화하기 위해 **Adam 옵티마이저**[Adam optimizer]를 사용합니다.

```
n_latent_factors = 1

user_input = Input(shape=[1], name='user')
user_embedding = Embedding(input_dim=n_users + 1, output_dim=n_latent_factors,
    name='user_embedding')(user_input)
user_vec = Flatten(name='flatten_users')(user_embedding)

movie_input = Input(shape=[1], name='movie')
movie_embedding = Embedding(input_dim=n_movies + 1, output_dim=n_latent_factors,
    name='movie_embedding')(movie_input)
movie_vec = Flatten(name='flatten_movies')(movie_embedding)
product = dot([movie_vec, user_vec], axes=1)
model = Model(inputs=[user_input, movie_input], outputs=product)
model.compile('adam', 'mean_squared_error')
```

---

4 옮긴이_ 임베딩은 수학적 개념으로 고차원 공간의 데이터를 저차원 숫자형 벡터 공간으로 변환한 결과입니다. 여기서는 1차원 사용자 벡터와 1차원 영화 벡터를 잠재요인 벡터 공간으로 변환하는 겁니다. https://en.wikipedia.org/wiki/Word_embedding

훈련 데이터셋에 사용자와 영화 벡터를 공급해 모델을 훈련시켜 봅시다. 훈련 과정에서 각 에폭별 검증셋으로 모델을 평가할 겁니다. MSE는 실제 평점 정보와 비교해 계산합니다.

이제 백 번의 에폭을 훈련시키고 훈련 및 검증 결과의 이력을 저장할 겁니다. 또한, 결과를 그래프로 나타내겠습니다.

```
history = model.fit(x=[X_train.newUserId, X_train.newMovieId],
                    y=X_train.rating, epochs=100,
                    validation_data=([X_validation.newUserId,
                    X_validation.newMovieId], X_validation.rating),
                    verbose=1)

pd.Series(history.history['val_loss'][10:]).plot(logy=False)
plt.xlabel("Epoch")
plt.ylabel("Validation Error")
print('Minimum MSE: ', min(history.history['val_loss']))
```

[그림 10-1]에서 그래프로 결과를 확인할 수 있습니다.

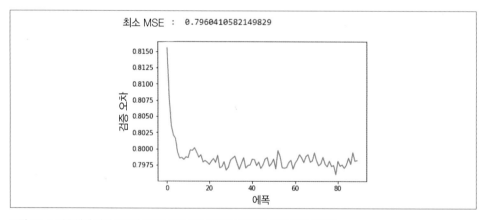

그림 10-1 검증셋에 잠재 요인이 1개인 행렬 인수분해를 적용한 MSE 결과 그래프

잠재 요인이 1개인 행렬 인수분해를 적용한 모델의 최소 MSE는 0.796입니다. 이는 이전의 사용자별 평점 평균 및 영화별 평점 평균 접근법보다 더 나은 결과입니다.

이번에는 잠재 요인(즉, 모델의 수용량)의 개수를 늘려 더 좋은 결과를 낼 수 있는지 살펴보겠습니다.

10.4.2 잠재 요인이 3개일 때

[그림 10-2]는 잠재 요인을 3개 사용한 결과입니다.

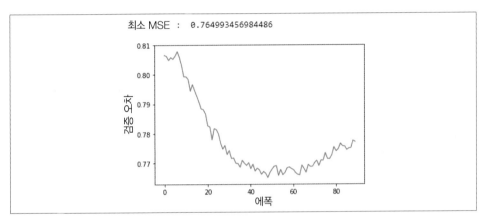

그림 10-2 검증셋에 잠재 요인이 3개인 행렬 인수분해를 적용한 MSE 결과 그래프

최소 MSE는 0.765이며, 이는 잠재 요인을 1개 사용한 결과보다 더 좋습니다.

10.4.3 잠재 요인이 5개일 때

이제 잠재 요인을 5개 사용해 행렬 인수분해 모델을 구축하겠습니다(결과는 그림 10-3 참조).

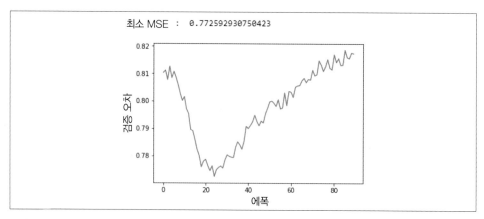

그림 10-3 검증셋에 잠재 요인이 5개인 행렬 인수분해를 적용한 MSE 결과 그래프

최소 MSE가 개선되지 않았으며, 처음 25번째 에폭 이후에 명확한 과대 적합 징후가 보입니다. 검증 오차는 저점 이후 증가하기 시작합니다. 행렬 인수분해 모델에 더 많은 수용량(잠재 요인)을 추가해도 큰 도움이 되지 않습니다.

10.5 RBM을 사용한 협업 필터링

다시 제한된 볼츠만 머신(RBM)으로 돌아가 봅시다. RBM은 입력/가시층과 은닉층 이렇게 두 계층을 가집니다. 각 층의 뉴런은 다른 층의 뉴런과 통신하지만 동일한 층의 뉴런과는 통신하지 않습니다. 즉, 계층 내부의 뉴런들 간 통신이 없습니다. 이것이 바로 RBM의 **제약**restricted (제한)입니다.

RBM의 또 다른 중요한 특징은 계층 간 통신이 한 방향이 아니라 양방향으로 이루어진다는 겁니다. 반면, 오토인코더는 뉴런이 다음 계층과 통신해 정보를 순방향feedforward 방식[5]으로 전달합니다.

RBM을 사용하면 가시층의 뉴런이 은닉층과 통신한 다음 은닉층의 정보를 가시층으로 전달하는 식으로 여러 번 앞뒤로 이동합니다. RBM은 이러한 방식의 통신(가시층과 은닉층 간 앞뒤

---

5 옮긴이_ 이를 순방향 신경망이라고도 합니다. 순방향 신경망에서 정보는 입력 노드로부터 출력 노드 방향으로 한 방향, 전방향으로만 움직이며 숨겨진 노드가 있는 경우 이를 경유합니다. 또한, 네트워크 안에서 순환이나 루프는 존재하지 않습니다.

로 전달)을 통해 은닉층의 출력으로 생성된 재구성이 원본 입력과 유사하도록 생성 모델을 개발합니다.

즉, RBM은 그 영화가, 사용자가 평가한 다른 영화와 얼마나 유사한지, 그 사용자가 해당 영화를 평가한 다른 사용자와 얼마나 유사한지를 기반으로 사용자가 이전에 본 적 없는 영화를 좋아할지 예측하는 데 도움이 되는 생성적 모델을 만들려고 합니다.

가시층에는 X뉴런이 있습니다. 여기서 X는 데이터셋에 있는 영화의 개수입니다. 각 뉴런은 0에서 1로 정규화된 평점 값을 갖습니다. 여기서 0은 사용자가 영화를 본 적이 없음을 의미합니다. 정규화된 평점 값이 1에 가까울수록 사용자는 뉴런으로 표현된 영화를 더 좋아합니다.

가시층의 뉴런은 은닉층의 뉴런과 통신하며, 은닉층의 뉴런은 사용자의 영화 선호도를 특징지을 내재된 잠재 피처를 학습합니다.

RBM을 **대칭 이분**symmetrical bipartite, **양방향 그래프**bidirectional graph라고도 합니다. 각 가시층 노드는 각 은닉층 노드에 연결되기 때문에 대칭이고 두 계층에 노드가 있기 때문에 이분이라고 하며, 통신이 양방향으로 이루어지기 때문에 양방향입니다.

10.5.1 RBM 신경망 아키텍처

영화 추천 시스템 예제는 사용자 m명과 영화 n개가 있는 $m \times n$ 행렬을 이용합니다. RBM을 훈련시키기 위해 영화 평점 n개를 가진 사용자 k명을 신경망으로 전달하고 특정 수의 에폭을 훈련시킵니다.

신경망으로 전달되는 각 입력 x는 모든 n개 영화에 대한 사용자 한 명의 평점 선호도를 나타냅니다. 여기서 n은 이 예제에서 1,000개입니다. 따라서 가시층에는 각 영화마다 하나씩 n개의 노드가 있습니다.

그리고 은닉층의 노드 수를 지정할 수 있습니다. 은닉층의 노드 수는 일반적으로 가시층의 노드 수보다 작습니다. 원본 입력 데이터의 가장 핵심적인 특징을 최대한 효율적으로 학습하기 위해서입니다.

각 입력 $v0$에는 해당 가중치 W가 곱해집니다. 가중치는 가시층에서 은닉층으로의 연결로 학습합니다. 그런 후에 hb라는 편향 벡터를 은닉층에 추가합니다. 이 편향은 적어도 일부 뉴런을 활성화되도록 합니다. 이 식($W{\times}v0{+}hb$)의 결과는 활성화 함수를 통해 전달됩니다.

그후 **깁스 샘플링**^{Gibbs Sampling}으로 알려진 프로세스를 통해 샘플 출력을 생성합니다. 즉, 은닉층의 활성화로 인해 확률적으로 최종 출력이 생성됩니다. 이 정도 무작위성은 더 좋은 성능과 더 견고한 생성적 모델을 구축하는 데 도움이 됩니다.

다음으로 깁스 샘플링 후 생성된 출력($h0$)은 신경망을 통해 반대 방향으로 다시 전달됩니다. 이렇게 오류를 역방향으로 전파하는 것을 **백워드 패스**^{backward pass}라고 합니다. 백워드 패스에서 깁스 샘플링 후 **포워드 패스**^{forward pass}의 활성화 함수가 은닉층으로 공급되고 이전과 동일한 가중치 W를 곱합니다. 그런 다음 vb라는 가시층에 새로운 편향 벡터를 추가합니다.

이 $W{\times}h0{+}vb$는 활성화 함수를 통과한 후 깁스 샘플링을 수행합니다. 이것의 출력 항목은 $v1$이며, $v1$은 가시층에 새로운 입력으로 전달되고, 또 다른 포워드 패스로 신경망을 통과합니다.

RBM은 견고한 생성적 모델을 구축하려고 할 때 최적의 가중치를 학습하기 위해 이와 같은 일련의 포워드 및 백워드 패스를 거칩니다. RBM은 우리가 살펴본 첫 번째 유형의 **생성적 학습**^{generative learning} 모델입니다. 포워드 및 백워드 패스로 가중치를 다시 학습하고 깁스 샘플링을 수행함으로써 RBM은 원본 입력 데이터의 **확률 분포**^{probability distribution}를 학습하려고 합니다. 특히 RBM은 한 확률 분포가 다른 확률 분포와 어떻게 다른지를 측정하는 **쿨백–라이블러 발산**^{Kullback–Leibler divergence}을 최소화합니다(이 경우 RBM은 재구성된 데이터의 확률 분포와 원본 입력 데이터의 확률 분포의 차이를 최소화합니다).

RBM은 신경망의 가중치를 반복적으로 재조정함으로써 원본 데이터에 최대한 근사하기 위해 학습합니다.

RBM은 이렇듯 새롭게 학습한 확률 분포로 새로운 데이터에 대한 예측을 할 수 있습니다. 따라서 우리가 설계한 RBM은 다른 사용자에 대한 사용자의 유사성과 다른 사용자로부터 받은 해당 영화 평점을 기반으로 사용자가 이전에 본 적 없는 영화에 어떤 평점을 줄지 예측할 수 있습니다.

10.5.2 RBM 클래스의 구성 요소 구축하기

먼저, 몇 가지 파라미터를 사용해 클래스를 초기화합니다. 이 파라미터는 RBM의 입력 크기, 출력 크기, 학습률, 훈련을 위한 에폭 횟수, 훈련 과정에 사용할 배치 크기입니다.

또한 가중치 행렬, 은닉층 편향 벡터, 가시층 편향 벡터에 대한 **영 행렬**^{zero matrix}을 생성할 겁니다.

```python
# RBM 클래스 정의하기
class RBM(object):

    def __init__(self, input_size, output_size, learning_rate, epochs, batchsize):
        # 하이퍼파라미터 정의하기
        self._input_size = input_size
        self._output_size = output_size
        self.learning_rate = learning_rate
        self.epochs = epochs
        self.batchsize = batchsize

        # 영 행렬을 사용해 가중치 및 편향 초기화하기
        self.w = np.zeros([input_size, output_size], "float")
        self.hb = np.zeros([output_size], "float")
        self.vb = np.zeros([input_size], "float")
```

다음으로 포워드 패스, 백워드 패스, 각 포워드 및 백워드 패스에서 사용할 샘플링 함수를 정의합니다.

다음은 포워드 패스입니다. 여기서 h는 은닉층이고 v는 가시층입니다.

```python
def prob_h_given_v(self, visible, w, hb):
    return tf.nn.sigmoid(tf.matmul(visible, w) + hb)
```

다음은 백워드 패스입니다.

```python
def prob_v_given_h(self, hidden, w, vb):
    return tf.nn.sigmoid(tf.matmul(hidden, tf.transpose(w)) + vb)
```

다음은 샘플링 함수입니다.

```python
def sample_prob(self, probs):
    return tf.nn.relu(tf.sign(probs - tf.random_uniform(tf.shape(probs))))
```

이제 훈련을 수행할 함수가 필요합니다. 이 예제는 텐서플로를 사용하기 때문에, 먼저 텐서플로 세션에 데이터를 공급할 때 사용할 텐서플로 그래프를 위한 플레이스 홀더를 만들어야 합니다[6].

가중치 행렬, 은닉층 편향 벡터, 가시층 편향 벡터를 위한 플레이스 홀더를 만들 겁니다. 또한, 이 세 값을 0으로 초기화해야 합니다. 그리고 현재 값을 유지하기 위한 셋과 이전 값을 유지하기 위한 셋이 필요합니다.

```python
_w = tf.placeholder("float", [self._input_size, self._output_size])
_hb = tf.placeholder("float", [self._output_size])
_vb = tf.placeholder("float", [self._input_size])

prv_w = np.zeros([self._input_size, self._output_size], "float")
prv_hb = np.zeros([self._output_size], "float")
prv_vb = np.zeros([self._input_size], "float")

cur_w = np.zeros([self._input_size, self._output_size], "float")
cur_hb = np.zeros([self._output_size], "float")
cur_vb = np.zeros([self._input_size], "float")
```

마찬가지로 가시층을 위한 플레이스 홀더가 필요합니다. 은닉층은 가시층과 가중치 행렬, 은닉층 편향 벡터의 행렬 곱에서 파생됩니다.

```python
v0 = tf.placeholder("float", [None, self._input_size])
h0 = self.sample_prob(self.prob_h_given_v(v0, _w, _hb))
```

백워드 패스가 진행되는 동안 은닉층 출력을 가져와서 포워드 패스 중에 사용된 가중치 행렬의 전치와 곱한 다음 가시층 편향 벡터를 추가합니다. 포워드 및 백워드 패스가 진행되는 동안 가

---

6 옮긴이_ 플레이스 홀더는 텐서플로 자료형 중 하나로 연산 노드를 가리키는 텐서이자 그래프를 실행할 때 데이터를 입력할 수 있는 통로입니다.

중치 행렬은 동일합니다. 그런 다음 포워드 패스를 다시 수행합니다.

```
v1 = self.sample_prob(self.prob_v_given_h(h0, _w, _vb))
h1 = self.prob_h_given_v(v1, _w, _hb)
```

가중치 업데이트를 위해 **대조 발산**constrastive divergence (CD)[7]을 수행합니다[8].

또한, 오차를 MSE로 정의합니다.

```
positive_grad = tf.matmul(tf.transpose(v0), h0)
negative_grad = tf.matmul(tf.transpose(v1), h1)

update_w = _w + self.learning_rate *
    (positive_grad - negative_grad) / tf.to_float(tf.shape(v0)[0])
update_vb = _vb + self.learning_rate * tf.reduce_mean(v0 - v1, 0)
update_hb = _hb + self.learning_rate * tf.reduce_mean(h0 - h1, 0)

err = tf.reduce_mean(tf.square(v0 - v1))
```

이제 방금 정의한 변수로 텐서플로 세션을 초기화할 준비가 됐습니다.

sess.run을 호출하면 데이터를 일괄 처리해 훈련을 시작할 수 있습니다. 훈련 중에는 포워드 및 백워드 패스가 이루어지며, RBM은 생성된 데이터가 원본 입력 데이터와 비교되는 방식에 따라 가중치를 업데이트합니다. 각 에폭마다 재구성 오차를 출력할 겁니다.

```
with tf.Session() as sess:
    sess.run(tf.global_variables_initializer())

for epoch in range(self.epochs):
    for start, end in zip(range(0, len(X),
        self.batchsize), range(self.batchsize, len(X), self.batchsize)):
            batch = X[start:end]
            cur_w = sess.run(update_w, feed_dict={v0: batch,
                _w: prv_w, _hb: prv_hb, _vb: prv_vb})
            cur_hb = sess.run(update_hb, feed_dict={v0: batch,
                _w: prv_w, _hb: prv_hb, _vb: prv_vb})
```

---

7 옮긴이_ 대조 발산은 근사해를 구하는 확률적 경사 상승법으로 목적 함수는 발생확률을 나타내고 이를 최대화하는 해를 학습합니다.

8 이 주제에 대한 더 자세한 내용은 「On Contrastive Divergence Learning」 논문을 참조하십시오.
http://www.cs.toronto.edu/~fritz/absps/cdmiguel.pdf

```
                cur_vb = sess.run(update_vb, feed_dict={v0: batch,
                    _w: prv_w, _hb: prv_hb, _vb: prv_vb})
                prv_w = cur_w
                prv_hb = cur_hb
                prv_vb = cur_vb
            error = sess.run(err, feed_dict={v0: X,
                _w: cur_w, _vb: cur_vb, _hb: cur_hb})
            print ('Epoch: %d' % epoch,'reconstruction error: %f' % error)
    self.w = prv_w
    self.hb = prv_hb
    self.vb = prv_vb
```

10.5.3 추천 시스템을 위한 RBM 훈련시키기

RBM을 훈련시키기 위해 ratings_train에서 inputX라는 NumPy 배열을 만들고 이 값을 float32로 변환합니다. 또한, RBM의 입력과 출력의 차원 수를 1,000으로, 학습률은 0.3, 훈련 횟수는 500에폭, 배치 크기는 200으로 설정할 겁니다. 이러한 파라미터는 단지 임시(예비)적인 파라미터 선택일 뿐입니다. 여러분은 실험을 통해 좀 더 최적화된 파라미터를 찾아야 합니다.

```
# 훈련 사이클 시작하기

# inputX를 float32 유형으로 변환하기
inputX = ratings_train
inputX = inputX.astype(np.float32)

# 훈련을 위한 RBM 파라미터 정의하기
rbm=RBM(1000,1000,0.3,500,200)
```

이제 훈련을 시작합니다.

```
rbm.train(inputX)
outputX, reconstructedX, hiddenX = rbm.rbm_output(inputX)
```

[그림 10-4]는 재구성 오차 그래프를 나타냅니다.

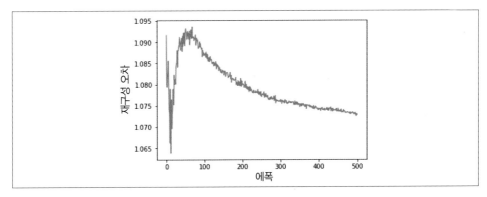

그림 10-4 RBM의 재구성 오차 그래프

일반적으로 오차항은 훈련 시간이 길어질수록 감소합니다.

이제 우리가 개발한 RBM 모델을 사용해 검증셋(훈련셋과 동일한 사용자를 가진)의 사용자 평점을 예측해봅시다.

```
# 검증 데이터셋으로 평점 예측하기
inputValidation = ratings_validation
inputValidation = inputValidation.astype(np.float32)

finalOutput_validation, reconstructedOutput_validation, _ =
    rbm.rbm_output(inputValidation)
```

다음으로 예측값을 배열로 변환하고 실제 검증 평점과 비교해 MSE를 계산하겠습니다.

```
predictionsArray = reconstructedOutput_validation
pred_validation =
    predictionsArray[ratings_validation.nonzero()].flatten()
actual_validation =
    ratings_validation[ratings_validation.nonzero()].flatten()

rbm_prediction = mean_squared_error(pred_validation, actual_validation)
print('Mean squared error using RBM prediction:', rbm_prediction)
```

다음 결과는 검증셋의 MSE를 나타냅니다.

```
Mean squared error using RBM prediction: 9.331135003325205
```

이 결과는 이제 시작일 뿐입니다. 앞으로 더 많은 실험으로 충분히 개선될 수 있습니다.

10.6 마치며

이 장에서 제한된 볼츠만 머신(RBM)을 살펴보고, 영화 평점 추천 시스템을 구축하기 위해 이를 사용했습니다. 이 장에서 만든 RBM 추천 시스템은 사용자의 이전 평점, 가장 유사한 사용자의 평점을 기반으로 영화 평점의 확률 분포를 학습했습니다. 그런 다음 학습된 확률 분포를 사용해 이전에 본 적 없는 새로운 영화의 평점을 예측했습니다.

11장에서는 RBM을 여러 겹으로 층층이 쌓아서 심층 신뢰 신경망(DBN)을 구축하고 더 강력한 비지도 학습 작업을 수행해봅시다.

## CHAPTER 11

DBN을 사용한 피처 추출

10장에서 우리는 제한된 볼츠만 머신(RBM)을 살펴보고 영화 평점 추천 시스템을 구축했습니다. 이 장에서는 RBM을 여러 겹으로 층층이 쌓아서 **심층 신뢰 신경망**deep belief network(DBN)을 구축할 겁니다. DBN은 2006년에 토론토 대학의 제프리 힌튼이 의해 처음 소개했습니다.

RBM에는 가시층과 은닉층이라는 두 계층만 있습니다. 즉, RBM은 얕은 신경망입니다. DBN은 RBM 여러 개로 구성되며, RBM 은닉층 한 개는 다음 RBM의 가시층 역할을 합니다. 이렇게 많은 계층을 포함하기 때문에 DBN은 깊은(심층) 신경망입니다. 이 책에서는 처음 소개하는 깊은 비지도 신경망입니다.

RBM처럼 얕은 비지도 신경망은 이미지, 사운드, 텍스트와 같은 복잡한 데이터의 특징을 추출할 수 없지만 DBN은 할 수 있습니다. 지난 10년간 다른 딥러닝 방법론이 DBN의 성능을 뛰어넘긴 했지만 DBN은 이미지, 비디오 캡처, 사운드, 텍스트를 인식하고 군집화하는 데 사용돼 왔습니다.

11.1 심층 신뢰 신경망 자세히 살펴보기

RBM과 마찬가지로 DBN은 입력의 내재적 구조를 학습하고 확률적으로 재구성할 수 있습니다. 즉, DBN은 생성적 모델입니다. RBM과 마찬가지로 DBN은 각 계층 내 유닛끼리는 연결되지 않으며, 오직 계층 간 연결만 허용합니다.

DBN에서는 입력층과 함께 첫 번째 RBM을 구성하는 첫 번째 은닉층부터 시작해 한 번에 하나의 계층이 훈련됩니다. 이 첫 번째 RBM이 훈련되면 첫 번째 RBM의 은닉층이 다음 RBM의 가시층 역할을 하며 DBN의 두 번째 은닉층을 훈련하는 데 사용합니다.

DBN의 모든 계층이 훈련될 때까지 이 프로세스는 계속됩니다. DBN의 첫 번째 계층과 최종 계층을 제외하고 DBN의 각 계층은 RBM의 은닉층과 가시층 역할을 합니다.

DBN은 계층적 표현이며 모든 신경망과 마찬가지로 표현 학습의 한 유형입니다. DBN은 레이블을 사용하지 않습니다. 대신 DBN은 입력 데이터의 내재적 구조를 한 번에 한 계층씩 학습합니다.

DBN의 마지막 몇 개 계층을 **파인튜닝**(미세 조정)하는 데 레이블이 사용될 수는 있지만 초기 비지도 학습이 완료된 후에만 사용할 수 있습니다. 예를 들어 DBN을 분류기로 사용하려면 먼저 비지도 학습을 수행한 다음(**사전 훈련**pre-training 프로세스), 레이블을 사용해 DBN을 파인튜닝합니다(파인튜닝 프로세스).

11.2 MNIST 이미지 분류하기

DBN을 사용해 이미지 분류기를 구축할 수 있습니다. MNIST 데이터셋으로 다시 한번 돌아가봅시다.

먼저 필요한 라이브러리를 로드하겠습니다.

```
'''메인 라이브러리'''
import numpy as np
import pandas as pd
import os, time, re
import pickle, gzip, datetime

'''시각화 관련 라이브러리'''
import matplotlib.pyplot as plt
import seaborn as sns
color = sns.color_palette()
import matplotlib as mpl
```

```
%matplotlib inline

'''데이터 준비 및 모델 평가 라이브러리'''
from sklearn import preprocessing as pp
from sklearn.model_selection import train_test_split
from sklearn.model_selection import StratifiedKFold
from sklearn.metrics import log_loss, accuracy_score
from sklearn.metrics import precision_recall_curve, average_precision_score
from sklearn.metrics import roc_curve, auc, roc_auc_score, mean_squared_error

'''알고리즘 관련 라이브러리'''
import lightgbm as lgb

'''텐서플로 및 케라스 관련 라이브러리'''
import tensorflow as tf
import keras
from keras import backend as K
from keras.models import Sequential, Model
from keras.layers import Activation, Dense, Dropout
from keras.layers import BatchNormalization, Input, Lambda
from keras.layers import Embedding, Flatten, dot
from keras import regularizers
from keras.losses import mse, binary_crossentropy
```

그런 다음 데이터를 로드하고 팬더스 데이터 프레임으로 저장합니다. 또한 원-핫 벡터로 레이블을 인코딩합니다. 이 과정은 3장에서 MNIST 데이터셋을 처음 소개할 때 수행한 것과 모두 유사합니다.

```
# 데이터 로드하기
current_path = os.getcwd()
file = os.path.sep.join(['', 'datasets', 'mnist_data', 'mnist.pkl.gz'])
f = gzip.open(current_path+file, 'rb')
train_set, validation_set, test_set = pickle.load(f, encoding='latin1')
f.close()

X_train, y_train = train_set[0], train_set[1]
X_validation, y_validation = validation_set[0], validation_set[1]
X_test, y_test = test_set[0], test_set[1]

# 데이터셋으로부터 팬더스 데이터 프레임 생성하기
train_index = range(0, len(X_train))
```

```
validation_index = range(len(X_train), len(X_train)+len(X_validation))
test_index = range(len(X_train)+len(X_validation),
                   len(X_train)+len(X_validation)+len(X_test))

X_train = pd.DataFrame(data=X_train, index=train_index)
y_train = pd.Series(data=y_train, index=train_index)

X_validation = pd.DataFrame(data=X_validation, index=validation_index)
y_validation = pd.Series(data=y_validation, index=validation_index)

X_test = pd.DataFrame(data=X_test, index=test_index)
y_test = pd.Series(data=y_test, index=test_index)

def view_digit(X, y, example):
    label = y.loc[example]
    image = X.loc[example,:].values.reshape([28,28])
    plt.title('Example: %d Label: %d' % (example, label))
    plt.imshow(image, cmap=plt.get_cmap('gray'))
    plt.show()

def one_hot(series):
    label_binarizer = pp.LabelBinarizer()
    label_binarizer.fit(range(max(series)+1))
    return label_binarizer.transform(series)

# 레이블을 원-핫 벡터로 생성하기
y_train_oneHot = one_hot(y_train)
y_validation_oneHot = one_hot(y_validation)
y_test_oneHot = one_hot(y_test)
```

11.3 RBM

다음으로 RBM 클래스를 정의해 여러 RBM(DBN의 구성 요소)을 연속적으로 빠르게 훈련시킬 수 있습니다.

RBM에는 입력층(가시층이라고도 함)과 단일 은닉층이 있으며 뉴런이 다른 계층의 뉴런에 연결되지만 동일한 계층 내 뉴런끼리는 연결되지 않도록 뉴런 간 연결이 제한됩니다. 또한 계층

간 통신은 오토인코더와 같은 한 방향 또는 피드 포워드 방식뿐만 아니라 양방향으로도 이루어집니다.

RBM에서 가시층의 뉴런은 은닉층과 통신하고 은닉층은 RBM이 학습한 확률 모델로부터 데이터를 생성합니다. 이렇게 생성한 정보를 은닉층이 다시 가시층으로 전달합니다. 가시층은 은닉층에서 생성한 데이터를 가져와 샘플링하고 원본 데이터와 비교합니다. 생성한 데이터 샘플과 원본 데이터 간 재구성 오차를 기반으로 은닉층으로 새로운 정보를 보내는 프로세스를 다시 반복합니다.

RBM은 이렇게 양방향으로 통신함으로써 은닉층의 출력에서 생성되는 재구성이 원본 입력과 유사하도록 생성적 모델을 개발합니다.

11.3.1 RBM 클래스의 구성 요소 구축하기

10장에서 한 것처럼, RBM 클래스의 다양한 구성 요소를 살펴봅니다.

먼저, 몇 가지 파라미터로 클래스를 초기화합니다. 이들은 RBM의 입력 크기, 출력 크기, 학습 속도, 훈련을 위한 에폭 횟수, 훈련 과정에 사용할 배치 크기입니다. 또한 가중치 행렬, 은닉층 편향 벡터, 가시층 편향 벡터에 대한 영 행렬을 생성합니다.

```python
# RBM 클래스 정의하기
class RBM(object):

def __init__(self, input_size, output_size, learning_rate, epochs, batchsize):
    # 하이퍼파라미터 정의하기
    self._input_size = input_size
    self._output_size = output_size
    self.learning_rate = learning_rate
    self.epochs = epochs
    self.batchsize = batchsize

    # 영 행렬을 사용해 편향 및 가중치 초기화하기
    self.w = np.zeros([input_size, output_size], "float")
    self.hb = np.zeros([output_size], "float")
    self.vb = np.zeros([input_size], "float")
```

다음으로 포워드 패스, 백워드 패스, 각 포워드 및 백워드 패스에서 사용할 샘플링 함수를 정의합니다.

다음은 포워드 패스입니다. 여기서 h는 은닉층이고 v는 가시층입니다.

```python
def prob_h_given_v(self, visible, w, hb):
    return tf.nn.sigmoid(tf.matmul(visible, w) + hb)
```

다음은 백워드 패스입니다.

```python
def prob_v_given_h(self, hidden, w, vb):
    return tf.nn.sigmoid(tf.matmul(hidden, tf.transpose(w)) + vb)
```

다음은 샘플링 함수입니다.

```python
def sample_prob(self, probs):
    return tf.nn.relu(tf.sign(probs - tf.random_uniform(tf.shape(probs))))
```

이제 훈련을 수행할 함수가 필요합니다. 이 예제는 텐서플로를 사용하기 때문에, 먼저 텐서플로 세션에 데이터를 공급할 때 사용할 텐서플로 그래프를 위한 플레이스 홀더를 만들어야 합니다.

가중치 행렬, 은닉층 편향 벡터, 가시층 편향 벡터를 위한 플레이스 홀더를 만들 겁니다. 또한, 이 세 값을 0으로 초기화해야 합니다. 그리고 현재 값을 유지하기 위한 셋과 이전 값을 유지하기 위한 셋이 필요합니다.

```python
_w = tf.placeholder("float", [self._input_size, self._output_size])
_hb = tf.placeholder("float", [self._output_size])
_vb = tf.placeholder("float", [self._input_size])

prv_w = np.zeros([self._input_size, self._output_size], "float")
prv_hb = np.zeros([self._output_size], "float")
prv_vb = np.zeros([self._input_size], "float")

cur_w = np.zeros([self._input_size, self._output_size], "float")
cur_hb = np.zeros([self._output_size], "float")
cur_vb = np.zeros([self._input_size], "float")
```

마찬가지로 가시층을 위한 플레이스 홀더가 필요합니다. 은닉층은 가시층의 행렬 곱셈, 가중치 행렬, 은닉층 편향 벡터를 추가한 행렬로부터 파생됩니다.

```
v0 = tf.placeholder("float", [None, self._input_size])
h0 = self.sample_prob(self.prob_h_given_v(v0, _w, _hb))
```

백워드 패스가 진행되는 동안 우리는 은닉층 출력을 가져와서 포워드 패스에서 사용된 가중치 행렬의 전치와 곱한 다음 가시층 편향 벡터를 추가합니다. 포워드 및 백워드 패스가 진행되는 동안 가중치 행렬은 동일합니다.

그런 다음 포워드 패스를 다시 수행합니다.

```
v1 = self.sample_prob(self.prob_v_given_h(h0, _w, _vb))
h1 = self.prob_h_given_v(v1, _w, _hb)
```

가중치를 업데이트하기 위해 10장에서 소개한 대조 발산을 수행합니다. 또한 오차를 MSE로 정의합니다.

```
positive_grad = tf.matmul(tf.transpose(v0), h0)
negative_grad = tf.matmul(tf.transpose(v1), h1)

update_w = _w + self.learning_rate *
    (positive_grad - negative_grad) / tf.to_float(tf.shape(v0)[0])
update_vb = _vb + self.learning_rate * tf.reduce_mean(v0 - v1, 0)
update_hb = _hb + self.learning_rate * tf.reduce_mean(h0 - h1, 0)

err = tf.reduce_mean(tf.square(v0 - v1))
```

이제 방금 정의한 변수로 텐서플로 세션을 초기화할 준비가 됐습니다.

sess.run을 호출하면 데이터를 일괄 처리해 훈련을 시작할 수 있습니다. 훈련 중에는 포워드 및 백워드 패스가 이루어지며, RBM은 생성한 데이터가 원본 입력 데이터와 비교되는 방식에 따라 가중치를 업데이트합니다. 각 에폭마다 재구성 오차를 출력할 겁니다.

```
with tf.Session() as sess:
    sess.run(tf.global_variables_initializer())
```

```
    for epoch in range(self.epochs):
        for start, end in zip(range(0, len(X), self.batchsize),
                range(self.batchsize, len(X), self.batchsize)):
            batch = X[start:end]
            cur_w = sess.run(update_w,
                feed_dict={v0: batch, _w: prv_w,
                            _hb: prv_hb, _vb: prv_vb})
            cur_hb = sess.run(update_hb,
                feed_dict={v0: batch, _w: prv_w,
                            _hb: prv_hb, _vb: prv_vb})
            cur_vb = sess.run(update_vb,
                feed_dict={v0: batch, _w: prv_w,
                            _hb: prv_hb, _vb: prv_vb})
            prv_w = cur_w
            prv_hb = cur_hb
            prv_vb = cur_vb
        error = sess.run(err, feed_dict={v0: X, _w: cur_w,
                                        _vb: cur_vb, _hb: cur_hb})
        print ('Epoch: %d' % epoch,'reconstruction error: %f' % error)
    self.w = prv_w
    self.hb = prv_hb
    self.vb = prv_vb
```

11.3.2 RBM 모델을 사용해 이미지 생성하기

RBM이 학습한 생성적 모델에서 새로운 이미지를 생성하는 함수를 정의하겠습니다.

```
def rbm_output(self, X):
    input_X = tf.constant(X)
    _w = tf.constant(self.w)
    _hb = tf.constant(self.hb)
    _vb = tf.constant(self.vb)
    out = tf.nn.sigmoid(tf.matmul(input_X, _w) + _hb)
    hiddenGen = self.sample_prob(self.prob_h_given_v(input_X, _w, _hb))
    visibleGen = self.sample_prob(self.prob_v_given_h(hiddenGen, _w, _vb))
    with tf.Session() as sess:
        sess.run(tf.global_variables_initializer())
        return sess.run(out), sess.run(visibleGen), sess.run(hiddenGen)
```

이미지 원본 행렬 X를 함수에 공급합니다. 이미지 원본 행렬, 가중치 행렬, 은닉층 편향 벡터, 가시층 편향 벡터에 대한 텐서플로 플레이스 홀더를 생성합니다. 그런 다음 입력 행렬을 사용해 포워드 패스(out)의 출력, 은닉층의 샘플(hiddenGen) 및 모델에서 생성한, 재구성된 이미지 샘플(visibleGen)을 생성합니다.

11.3.3 은닉층 피처 추출기 정의하기

마지막으로 은닉층의 피처 추출기를 보여주는 함수를 정의하겠습니다.

```python
def show_features(self, shape, suptitle, count=-1):
    maxw = np.amax(self.w.T)
    minw = np.amin(self.w.T)
    count = self._output_size if count == -1 or count > \
            self._output_size else count
    ncols = count if count < 14 else 14
    nrows = count//ncols
    nrows = nrows if nrows > 2 else 3
    fig = plt.figure(figsize=(ncols, nrows), dpi=100)
    grid = Grid(fig, rect=111, nrows_ncols=(nrows, ncols), axes_pad=0.01)

    for i, ax in enumerate(grid):
        x = self.w.T[i] if i<self._input_size else np.zeros(shape)
        x = (x.reshape(1, -1) - minw)/maxw
        ax.imshow(x.reshape(*shape), cmap=mpl.cm.Greys)
        ax.set_axis_off()

    fig.text(0.5,1, suptitle, fontsize=20, horizontalalignment='center')
    fig.tight_layout()
    plt.show()
    return
```

뒤에서 MNIST 데이터셋에 이 함수와 다른 함수들을 사용할 겁니다

11.4 DBN을 위한 세 RBM 훈련

이제 MNIST 데이터셋을 사용해 RBM 3개를 한 번에 하나씩 훈련합니다. 이렇게 하면 하나의 RBM 은닉층이 다음 RBM 가시층으로 사용됩니다. 이 세 RBM은 이미지 분류를 수행하기 위해 구축하는 DBN을 구성하게 됩니다.

먼저 훈련 데이터를 가지고 넘파이 배열로 저장합니다. 다음으로 훈련을 마친 RBM을 보관하기 위한 목록인 rbm_list를 만들 겁니다. 그런 다음 입력 크기, 출력 크기, 학습률, 훈련할 에폭 수, 훈련용 배치 크기 등 세 RBM에 대한 하이퍼파라미터를 정의합니다.

이 모든 것은 앞서 정의한 RBM 클래스를 사용해 구축할 수 있습니다.

우리가 사용할 세 RBM은 다음과 같습니다. 첫 번째 RBM은 원본 784차원 입력을 가져와서 700차원 행렬을 출력합니다. 다음 RBM은 첫 번째 RBM의 700차원 행렬 출력을 사용해 600차원 행렬을 출력합니다. 마지막으로 훈련하는 RBM은 600차원 행렬을 가져와 500차원 행렬을 출력합니다.

학습률 1.0을 사용해 세 RBM을 모두 훈련하고, 각각 에폭은 100, 배치 크기는 200을 사용합니다.

```python
# InputX를 훈련 데이터셋(x_train)으로 설정하기
inputX = np.array(X_train)
inputX = inputX.astype(np.float32)

# 훈련을 마친 RBM을 보관하기 위한 목록 생성하기
rbm_list = []

# 훈련에 사용할 RBM 파라미터 정의하기
rbm_list.append(RBM(784,700,1.0,100,200))
rbm_list.append(RBM(700,600,1.0,100,200))
rbm_list.append(RBM(600,500,1.0,100,200))
```

이제 RBM을 훈련시킬 겁니다. 우선, outputList를 사용해 RBM 보유 목록에 훈련된 RBM을 저장합니다.

앞서 정의한 rbm_output 함수를 사용해 출력 행렬(즉, 은닉층)을 생성한 후 다음 RBM의 입력/가시층으로 사용할 수 있습니다.

```
outputList = []
error_list = []
# RBM 보관 목록 내 각각의 RBM에 적용하기
for i in range(0, len(rbm_list)):
    print('RBM', i+1)
    # 새로운 RBM 훈련시키기
    rbm = rbm_list[i]
    err = rbm.train(inputX)
    error_list.append(err)
    # 출력층 반환하기
    outputX, reconstructedX, hiddenX = rbm.rbm_output(inputX)
    outputList.append(outputX)
    inputX = hidden
```

각 RBM의 오차는 훈련하는 시간이 길어질수록 감소합니다(그림 11-1~3 참조). RBM 오차는 주어진 RBM의 재구성된 데이터가 RBM의 가시층으로 공급되는 데이터와 얼마나 유사한지를 반영합니다.

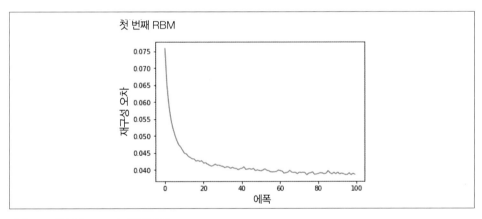

그림 11-1 첫 번째 RBM의 재구성 오차

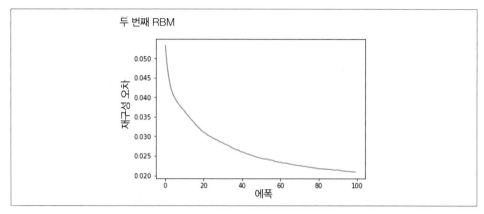

그림 11-2 두 번째 RBM의 재구성 오차

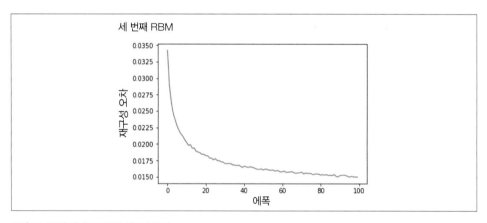

그림 11-3 세 번째 RBM의 재구성 오차

11.4.1 피처 추출기 확인하기

이제 앞서 정의한 rbm.show_features 함수를 사용해 각 RBM에서 학습한 피처를 살펴보겠습니다.

```
rbm_shapes = [(28,28),(35,20),(30,20)]
for i in range(0, len(rbm_list)):
    rbm = rbm_list[i]
    print(rbm.show_features(rbm_shapes[i],
```

```
    "RBM learned features from MNIST", 56))
```

[그림 11-4]는 각 RBM이 학습한 피처를 나타냅니다.

보다시피, 각 RBM은 MNIST 데이터셋으로부터 점점 더 추상적인 피처들을 학습합니다. 첫 번째 RBM의 피처들은 모호하게 비슷한 숫자이며 두 번째와 세 번째 RBM의 피처들은 점점 섬세한 차이가 나고 식별할 수 없습니다. 이것은 피처 추출기가 이미지 데이터에서 어떻게 작동하는지 알 수 있는 매우 전형적인 예입니다. 신경망 계층이 더 깊어질수록 원본 이미지로부터 점점 더 추상적인 성분을 인식합니다.

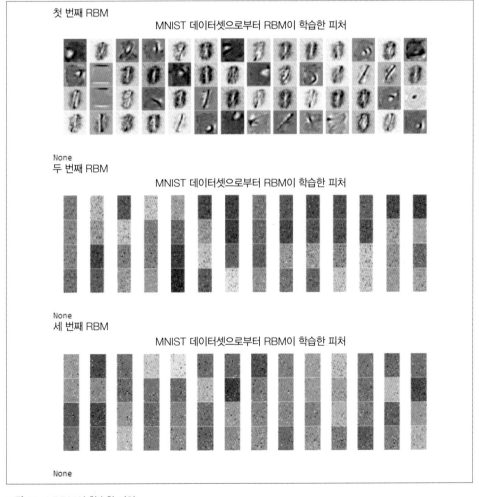

그림 11-4 RBM이 학습한 피처

11.4.2 생성한 이미지 보기

전체 DBN을 구축하기 전에 방금 훈련시킨 RBM 중 하나에서 생성한 이미지의 일부를 살펴보 겠습니다.

쉽게 작업하기 위해, 원본 MNIST 훈련 행렬을 우리가 훈련시킨 첫 번째 RBM에 공급합니다. 이 RBM은 포워드 패스 및 백워드 패스를 수행한 다음 우리가 필요한 생성 이미지를 만듭니다. MNIST 데이터셋의 처음 10개 이미지를 새롭게 생성한 이미지와 비교하겠습니다.

```python
inputX = np.array(X_train)
rbmOne = rbm_list[0]

print('RBM 1')
outputX_rbmOne, reconstructedX_rbmOne, hiddenX_rbmOne = \
    rbmOne.rbm_output(inputX)
reconstructedX_rbmOne = pd.DataFrame(data=reconstructedX_rbmOne,
    index=X_train.index)
for j in range(0,10):
    example = j
    view_digit(reconstructedX, y_train, example)
    view_digit(X_train, y_train, example)
```

[그림 11-5]는 RBM에서 생성한 첫 번째 이미지를 첫 번째 원본 이미지와 비교해 보여줍니다. 보다시피 생성한 이미지는 원본 이미지와 유사합니다. 둘 다 숫자 5를 나타냅니다.

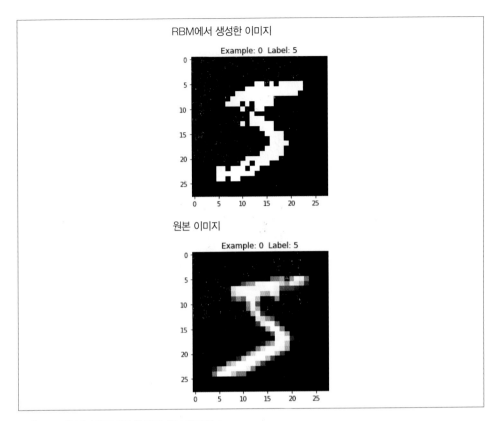

그림 11-5 첫 번째 RBM의 첫 번째 생성 이미지

RBM에서 생성한 이미지를 원본 이미지와 비교하기 위해서 몇 가지 이미지를 더 살펴보겠습니다(그림 11-6~9). 이 숫자는 각각 0, 4, 1, 9이며, 생성한 이미지는 원본 이미지와 상당히 유사합니다.

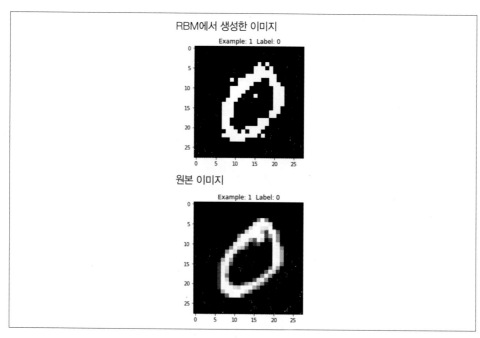

그림 11-6 첫 번째 RBM의 두 번째 생성 이미지

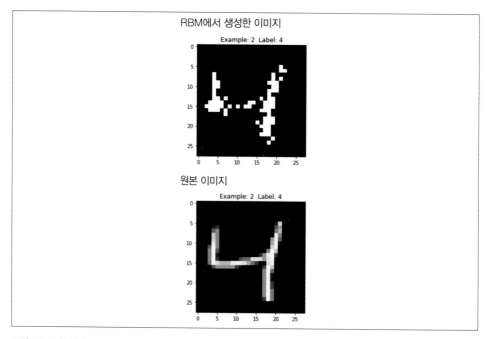

그림 11-7 첫 번째 RBM의 세 번째 생성 이미지

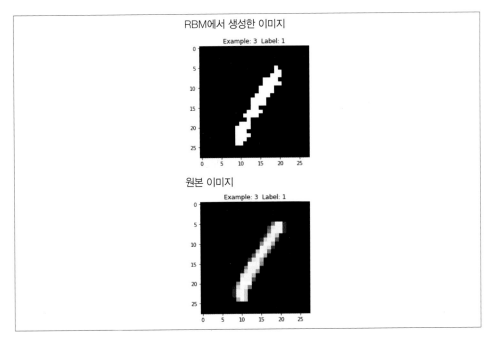

그림 11-8 첫 번째 RBM의 네 번째 생성 이미지

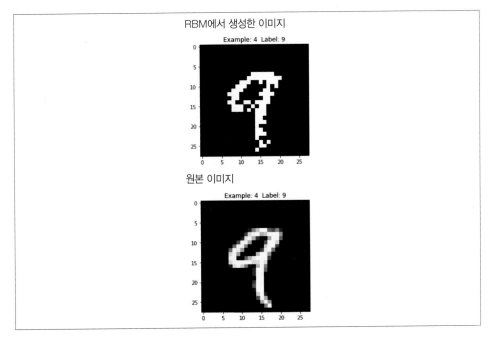

그림 11-9 첫 번째 RBM의 다섯 번째 생성 이미지

11.5 전체 DBN

이제 DBN 클래스를 정의하겠습니다. 방금 훈련한 세 RBM을 가져오고 전체 DBN 기반 생성적 모델을 개선하기 위해 포워드 및 백워드 패스를 수행하는 네 번째 RBM을 추가하겠습니다.

먼저 클래스의 하이퍼파라미터를 정의하겠습니다. 여기에는 원본 입력 크기, 방금 훈련한 세 번째 RBM의 입력 크기, DBN에서 얻고자 하는 최종 출력 크기, 학습률, 훈련하고자 하는 에폭 횟수, 훈련에 사용할 배치 크기, 방금 훈련한 RBM 3개가 포함됩니다. 이전과 마찬가지로 가중치, 은닉층 편향, 가시층 편향에 대해 영 행렬을 생성해야 합니다.

```python
class DBN(object):
    def __init__(self, original_input_size, input_size, output_size,
                 learning_rate, epochs, batchsize, rbmOne, rbmTwo, rbmThree):
        # 하이퍼파라미터 정의
        self._original_input_size = original_input_size
        self._input_size = input_size
        self._output_size = output_size
        self.learning_rate = learning_rate
        self.epochs = epochs
        self.batchsize = batchsize
        self.rbmOne = rbmOne
        self.rbmTwo = rbmTwo
        self.rbmThree = rbmThree

        self.w = np.zeros([input_size, output_size], "float")
        self.hb = np.zeros([output_size], "float")
        self.vb = np.zeros([input_size], "float")
```

이전과 마찬가지로, 포워드 패스, 백워드 패스를 수행하는 함수와 포워드 및 백워드 패스 각각에서 샘플을 추출하는 샘플링 함수를 정의합니다.

```python
def prob_h_given_v(self, visible, w, hb):
    return tf.nn.sigmoid(tf.matmul(visible, w) + hb)

def prob_v_given_h(self, hidden, w, vb):
    return tf.nn.sigmoid(tf.matmul(hidden, tf.transpose(w)) + vb)

def sample_prob(self, probs):
    return tf.nn.relu(tf.sign(probs - tf.random_uniform(tf.shape(probs))))
```

훈련을 위해서는 가중치, 은닉층 편향, 가시층 편향에 대한 플레이스 홀더가 필요합니다. 또한 이전 가중치와 현재 가중치, 은닉층 편향와 가시층 편향에 대한 행렬이 필요합니다.

```python
def train(self, X):
    _w = tf.placeholder("float", [self._input_size, self._output_size])
    _hb = tf.placeholder("float", [self._output_size])
    _vb = tf.placeholder("float", [self._input_size])

    prv_w = np.zeros([self._input_size, self._output_size], "float")
    prv_hb = np.zeros([self._output_size], "float")
    prv_vb = np.zeros([self._input_size], "float")

    cur_w = np.zeros([self._input_size, self._output_size], "float")
    cur_hb = np.zeros([self._output_size], "float")
    cur_vb = np.zeros([self._input_size], "float")
```

가시층에 대한 플레이스 홀더를 설정합니다.

다음으로 초기 입력(가시층)을 가져와 앞서 훈련한 세 RBM을 통과시킵니다. 그러면 출력이 **포워드**forward되고, 우리는 이것을 이 DBN 클래스의 일부인 네 번째 RBM에 전달합니다.

```python
v0 = tf.placeholder("float", [None, self._original_input_size])
forwardOne = tf.nn.relu(tf.sign(tf.nn.sigmoid(tf.matmul(v0,
                self.rbmOne.w) + self.rbmOne.hb) - tf.random_uniform(
                tf.shape(tf.nn.sigmoid(tf.matmul(v0, self.rbmOne.w) +
                self.rbmOne.hb)))))
forwardTwo = tf.nn.relu(tf.sign(tf.nn.sigmoid(tf.matmul(forwardOne,
                self.rbmTwo.w) + self.rbmTwo.hb) - tf.random_uniform(
                tf.shape(tf.nn.sigmoid(tf.matmul(forwardOne,
                self.rbmTwo.w) + self.rbmTwo.hb)))))
forward = tf.nn.relu(tf.sign(tf.nn.sigmoid(tf.matmul(forwardTwo,
                self.rbmThree.w) + self.rbmThree.hb) -
                tf.random_uniform(tf.shape(tf.nn.sigmoid(tf.matmul(
                forwardTwo, self.rbmThree.w) + self.rbmThree.hb)))))
h0 = self.sample_prob(self.prob_h_given_v(forward, _w, _hb))
v1 = self.sample_prob(self.prob_v_given_h(h0, _w, _vb))
h1 = self.prob_h_given_v(v1, _w, _hb)
```

이전과 마찬가지로 대조 발산을 정의합니다.

```
positive_grad = tf.matmul(tf.transpose(forward), h0)
negative_grad = tf.matmul(tf.transpose(v1), h1)

update_w = _w + self.learning_rate * (positive_grad - negative_grad) /
                tf.to_float(tf.shape(forward)[0])
update_vb = _vb + self.learning_rate * tf.reduce_mean(forward - v1, 0)
update_hb = _hb + self.learning_rate * tf.reduce_mean(h0 - h1, 0)
```

일단 앞서 훈련시킨 세 RBM과 가장 마지막 네 번째 RBM이 포함된 DBN으로 전체 포워드 패스를 생성하면 네 번째 RBM의 은닉층 출력을 전체 DBN으로 다시 보내야 합니다.

이를 위해서는 네 번째 RBM을 통과하는 백워드 패스와 먼저 구축한 세 RBM을 통과하는 백워드 패스가 필요합니다. 이전과 마찬가지로 MSE를 사용할 겁니다. 백워드 패스를 생성하는 방법은 다음과 같습니다.

```
backwardOne = tf.nn.relu(tf.sign(tf.nn.sigmoid(tf.matmul(v1,
                    self.rbmThree.w.T) + self.rbmThree.vb) -
                    tf.random_uniform(tf.shape(tf.nn.sigmoid(
                    tf.matmul(v1, self.rbmThree.w.T) +
                    self.rbmThree.vb)))))
backwardTwo = tf.nn.relu(tf.sign(tf.nn.sigmoid(tf.matmul(backwardOne,
                    self.rbmTwo.w.T) + self.rbmTwo.vb) -
                    tf.random_uniform(tf.shape(tf.nn.sigmoid(
                    tf.matmul(backwardOne, self.rbmTwo.w.T) +
                    self.rbmTwo.vb)))))
backward = tf.nn.relu(tf.sign(tf.nn.sigmoid(tf.matmul(backwardTwo,
                    self.rbmOne.w.T) + self.rbmOne.vb) -
                    tf.random_uniform(tf.shape(tf.nn.sigmoid(
                    tf.matmul(backwardTwo, self.rbmOne.w.T) +
                    self.rbmOne.vb)))))

err = tf.reduce_mean(tf.square(v0 - backward))
```

다음은 DBN 클래스를 훈련시키는 부분입니다. 이전에 수행한 RBM과 매우 유사합니다.

```
with tf.Session() as sess:
    sess.run(tf.global_variables_initializer())
```

```
for epoch in range(self.epochs):
    for start, end in zip(range(0, len(X), self.batchsize),
            range(self.batchsize, len(X), self.batchsize)):
        batch = X[start:end]
        cur_w = sess.run(update_w, feed_dict={v0: batch, _w:
                        prv_w, _hb: prv_hb, _vb: prv_vb})
        cur_hb = sess.run(update_hb, feed_dict={v0: batch, _w:
                        prv_w, _hb: prv_hb, _vb: prv_vb})
        cur_vb = sess.run(update_vb, feed_dict={v0: batch, _w:
                        prv_w, _hb: prv_hb, _vb: prv_vb})
        prv_w = cur_w
        prv_hb = cur_hb
        prv_vb = cur_vb
    error = sess.run(err, feed_dict={v0: X, _w: cur_w, _vb:
                        cur_vb, _hb: cur_hb})
    print ('Epoch: %d' % epoch,'reconstruction error: %f' % error)
self.w = prv_w
self.hb = prv_hb
self.vb = prv_vb
```

이제, DBN에서 생성한 이미지를 생산하고 피처를 보여주는 함수를 정의해봅시다. 이들은 이전 RBM 버전과 유사하지만 RBM 1개가 아니라 DBN 클래스의 RBM 4개 모두를 통해 데이터를 전송합니다.

```
def dbn_output(self, X):
    input_X = tf.constant(X)
    forwardOne = tf.nn.sigmoid(tf.matmul(input_X, self.rbmOne.w) + self.rbmOne.hb)
    forwardTwo = tf.nn.sigmoid(tf.matmul(forwardOne, self.rbmTwo.w) +
                        self.rbmTwo.hb)
    forward = tf.nn.sigmoid(tf.matmul(forwardTwo, self.rbmThree.w) +
                        self.rbmThree.hb)

    _w = tf.constant(self.w)
    _hb = tf.constant(self.hb)
    _vb = tf.constant(self.vb)

    out = tf.nn.sigmoid(tf.matmul(forward, _w) + _hb)
    hiddenGen = self.sample_prob(self.prob_h_given_v(forward, _w, _hb))
    visibleGen = self.sample_prob(self.prob_v_given_h(hiddenGen, _w, _vb))
    backwardTwo = tf.nn.sigmoid(tf.matmul(visibleGen, self.rbmThree.w.T) +
                        self.rbmThree.vb)
```

```
        backwardOne = tf.nn.sigmoid(tf.matmul(backwardTwo, self.rbmTwo.w.T) +
                              self.rbmTwo.vb)
        backward = tf.nn.sigmoid(tf.matmul(backwardOne, self.rbmOne.w.T) +
                              self.rbmOne.vb)

        with tf.Session() as sess:
            sess.run(tf.global_variables_initializer())
            return sess.run(out), sess.run(backward)

    def show_features(self, shape, suptitle, count=-1):
        maxw = np.amax(self.w.T)
        minw = np.amin(self.w.T)
        count = self._output_size if count == -1 or count >
                self._output_size else count
        ncols = count if count < 14 else 14
        nrows = count//ncols
        nrows = nrows if nrows > 2 else 3
        fig = plt.figure(figsize=(ncols, nrows), dpi=100)
        grid = Grid(fig, rect=111, nrows_ncols=(nrows, ncols), axes_pad=0.01)

        for i, ax in enumerate(grid):
            x = self.w.T[i] if i<self._input_size else np.zeros(shape)
            x = (x.reshape(1, -1) - minw)/maxw
            ax.imshow(x.reshape(*shape), cmap=mpl.cm.Greys)
            ax.set_axis_off()

        fig.text(0.5,1, suptitle, fontsize=20, horizontalalignment='center')
        fig.tight_layout()
        plt.show()
        return
```

11.5.1 DBN 훈련 방법

우리가 훈련시킨 세 RBM 각각에는 이미 자체 가중치 행렬, 은닉층 편향 벡터, 가시층 편향
벡터가 있습니다. DBN의 일부로 네 번째 RBM을 훈련시키는 동안 처음 세 RBM의 가중치
행렬, 은닉층 편향 벡터, 가시층 편향 벡터를 조정하지 않을 겁니다. 오히려 처음 세 RBM을
DBN의 고정된 구성 요소로 사용할 겁니다. 이 세 RBM은 포워드 및 백워드 패스 수행을 위해
호출할 겁니다(그리고 이 세 RBM이 생성하는 데이터의 샘플을 사용합니다).

DBN에서 네 번째 RBM을 훈련시키는 동안 우리는 이 네 번째 RBM의 가중치와 편향만 조정할 겁니다. 즉, DBN의 네 번째 RBM은 주어진 처음 세 RBM의 출력을 가져와서 생성한 이미지와 원본 이미지 사이의 재구성 오차를 최소화하는 생성적 모델을 학습하기 위해 포워드 및 백워드 패스를 수행합니다.

DBN을 훈련시키는 또 다른 방법은 DBN이 전체 네트워크를 통해 포워드 및 백워드 패스를 수행할 때 네 RBM 모두에 가중치를 학습하고 조정할 수 있게 하는 겁니다. 그러나 DBN 훈련은 계산 비용이 매우 높습니다(아마도 오늘날 컴퓨터에서는 그렇지 않겠지만 DBN이 처음 소개된 2006년 기준에 따르면 확실히 그렇습니다).

즉, 사전 훈련을 더 섬세하게 수행하려는 경우 네트워크를 통해 포워드 및 백워드 패스의 배치를 수행할 때 개별 RBM의 가중치를 한 번에 하나씩 조정할 수 있습니다. 이 책에서는 이에 대해 구체적으로 살펴보지 않지만 시간을 두고 실험해볼 것을 권장합니다.

11.5.2 DBN 훈련

이제 본격적으로 DBN을 훈련시켜 보겠습니다. 원본 이미지의 차원 수는 784, 세 번째 RBM 출력의 차원 수는 500, 우리가 원하는 DBN의 차원 수는 500으로 설정합니다. 그 외 학습률은 1.0, 에폭은 50, 배치 크기는 200을 사용합니다. 마지막으로 훈련된 처음 세 RBM을 DBN의 일부로 호출합니다.

```
# DBN 클래스 인스턴스화하기
dbn = DBN(784, 500, 500, 1.0, 50, 200, rbm_list[0], rbm_list[1], rbm_list[2])
```

이제 훈련을 시작해봅시다.

```
inputX = np.array(X_train)
error_list = []
error_list = dbn.train(inputX)
```

[그림 11-10]은 훈련 과정에서 발생한 DBN의 재구성 오차를 나타냅니다.

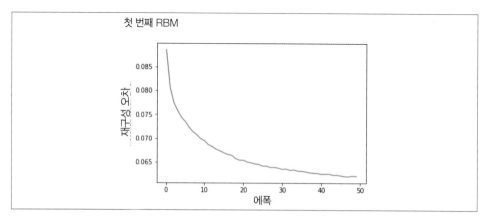

그림 11-10 DBM의 재구성 오차

[그림 11-11]은 네 번째 RBM의 은닉층인 DBN의 마지막 계층에서 학습된 피처를 보여줍니다. 재구성 오차와 학습된 피처들은 이전에 분석한 개별 RBM의 결과와 유사하게 보입니다.

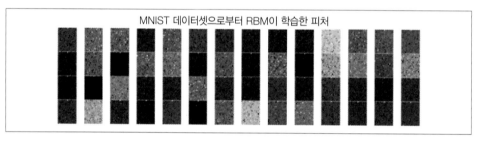

그림 11-11 DBM의 4번째 RBM이 학습한 피처

11.6 비지도 학습이 지도 학습을 개선하는 방법

지금까지 우리가 수행한 모든 작업(RBM 및 DBN 훈련 과정)은 비지도학습입니다. 이미지에 레이블을 전혀 사용하지 않았습니다. 대신 훈련셋 50,000개에서 제공된 원본 MNIST 이미지에서 관련 잠재 피처를 학습해 생성적 모델을 구축했습니다. 이러한 생성적 모델은 원본 이미지와 상당히 유사한 이미지를 생성합니다(재구성 오차를 최소화함).

이러한 생성적 모델이 어떤 상황에서 유용하게 사용될 수 있는지 잠시 한 걸음 뒤로 물러나서 생각해보겠습니다.

현실 세계에서 데이터는 대부분 레이블이 없다는 것을 상기하십시오. 따라서 지도 학습만큼 강력하고 효과적이며, 레이블이 없는 모든 데이터를 이해하는 데 도움이 되는 비지도 학습이 필요합니다. 지도 학습만으로는 충분하지 않습니다.

비지도 학습의 유용성을 입증하기 위해, 훈련셋에 레이블이 있는 MNIST 이미지 50,000개 대신, 레이블이 있는 MNIST 이미지가 단지 5,000개뿐이라고 가정해보겠습니다. 5,000개 레이블이 있는 이미지만 사용한 지도 학습 기반 이미지 분류기는 50,000개 레이블이 있는 이미지를 사용한 이미지 분류기만큼 효과적이지 않을 겁니다. 레이블 데이터가 많을수록 머신러닝 솔루션의 성능이 좋아집니다.

이러한 상황에서 비지도 학습이 어떻게 도움이 될까요? 한 가지 방법은 레이블이 있는 원본 데이터셋을 보완하는 데 도움이 되는 새로운 레이블이 지정된 샘플 데이터를 생성하는 겁니다. 그러면 레이블이 훨씬 더 많이 지정된 데이터셋에서 지도 학습을 사용할 수 있으므로 전체적인 솔루션 성능이 개선됩니다.

11.6.1 개선된 이미지 분류기 구축을 위한 이미지 생성

비지도 학습이 제공할 수 있는 이러한 이점을 시뮬레이션하기 위해 MNIST 훈련 데이터셋을 5,000개 레이블이 있는 데이터셋으로 축소해보겠습니다. 우리는 inputXReduced라는 데이터 프레임에 처음 5,000개 이미지를 저장할 겁니다.

그런 다음, 우리가 방금 DBN으로 구축한 생성적 모델을 이 5,000개 레이블이 있는 이미지에 적용해 새로운 이미지를 생성합니다. 그리고 이러한 작업을 20번 이상 반복해서 수행할 겁니다. 즉, 새로운 이미지 5,000개를 20번 생성해 100,000개의 큰 데이터셋을 생성합니다. 이 데이터셋에는 모두 레이블이 지정돼 있습니다. 기술적으로 재구성된 이미지를 직접 저장하지 않고 최종 은닉층의 출력을 저장하지만 재구성된 이미지 역시 저장할 예정이므로 곧바로 평가를 진행할 수 있습니다.

우리는 이 100,000개의 출력을 generatedImages라는 넘파이 배열에 저장할 겁니다.

```
# 이미지 생성 및 저장하기
inputXReduced = X_train.loc[:4999]
for i in range(0,20):
    print("Run ", i)
    finalOutput_DBN, reconstructedOutput_DBN = dbn.dbn_output(inputXReduced)
    if i==0:
        generatedImages = finalOutput_DBN
    else:
        generatedImages = np.append(generatedImages, finalOutput_DBN, axis=0)
```

훈련 레이블인 y_train에서 처음 5,000개 레이블을 20번 반복해 labels라는 레이블 배열을 생
성합니다.

```
# 생성한 이미지에 레이블 벡터 생성하기
for i in range(0,20):
    if i==0:
        labels = y_train.loc[:4999]
    else:
        labels = np.append(labels, y_train.loc[:4999])
```

마지막으로 우리는 검증셋에서 출력을 생성하고, 곧 구축할 이미지 분류기를 평가해야 합니다.

```
# 검증 데이터셋에 모델 적용해 이미지 생성하기
inputValidation = np.array(X_validation)
finalOutput_DBN_validation, reconstructedOutput_DBN_validation =
    dbn.dbn_output(inputValidation)
```

방금 생성한 데이터를 사용하기 전에 재구성된 이미지 몇 가지를 살펴보겠습니다.

```
# 재구성된 이미지 보기
for i in range(0,10):
    example = i
    reconstructedX = pd.DataFrame(data=reconstructedOutput_DBN,
                                  index=X_train[0:5000].index)
    view_digit(reconstructedX, y_train, example)
    view_digit(X_train, y_train, example)
```

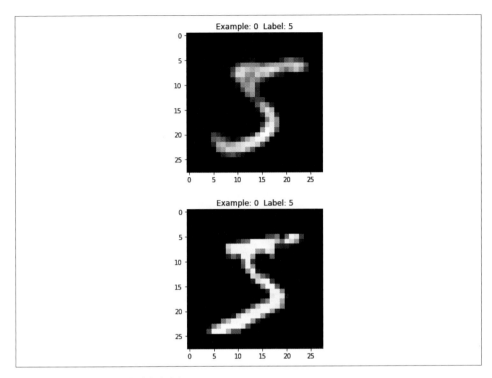

그림 11-12 DBN의 첫 번째 생성 이미지

[그림 11-12]에서 볼 수 있듯이, 생성한 이미지는 원본 이미지와 매우 유사합니다. 둘 다 숫자 5를 나타냅니다. 앞서 살펴본 RBM에서 생성한 이미지와 달리 픽셀화된 비트를 포함해 원본 MNIST 이미지와 좀 더 유사합니다.

DBN에서 생성한 이미지를 원본 MNIST 이미지와 비교하기 위해 이와 같은 몇 가지 이미지를 더 살펴보겠습니다(그림 11-13~16).

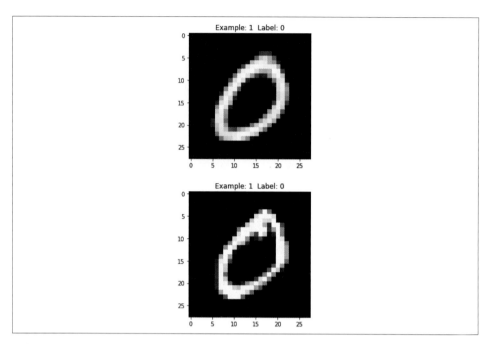

그림 11-13 DBN의 두 번째 생성 이미지

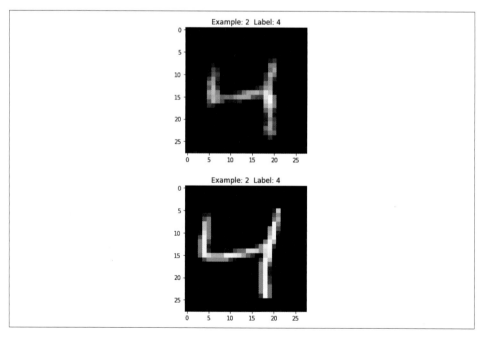

그림 11-14 DBN의 세 번째 생성 이미지

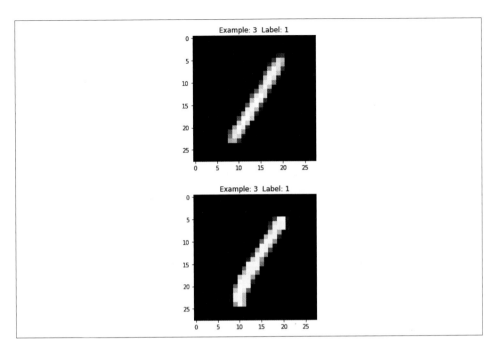

그림 11-15 DBN의 네 번째 생성 이미지

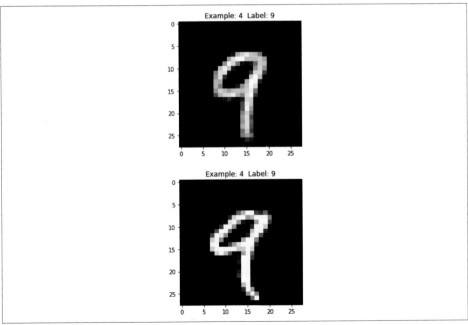

그림 11-16 DBN의 다섯 번째 생성 이미지

또한 DBN 모델(RBM 모델뿐만 아니라)이 생성되므로 이미지는 확률적 프로세스를 사용해 생산된다는 점에 유의하십시오. 즉, 결정적 프로세스를 사용하지 않으므로 하나의 샘플 이미지는 DBN이 실행될 때마다 다릅니다.

이를 시뮬레이션하기 위해 첫 번째 MNIST 이미지를 가져와서 DBN을 사용해 새로운 이미지를 생성하고 이를 10회 이상 반복합니다.

```
# 첫 번째 이미지로 새로운 이미지 10번 생성하기
inputXReduced = X_train.loc[:0]
for i in range(0,10):
    example = 0
    print("Run ", i)
    finalOutput_DBN_fives, reconstructedOutput_DBN_fives = \
        dbn.dbn_output(inputXReduced)
    reconstructedX_fives = pd.DataFrame(data=reconstructedOutput_DBN_fives,
                                        index=[0])
    print("Generated")
    view_digit(reconstructedX_fives, y_train.loc[:0], example)
```

[그림 11-17]에서 [그림 11-21]까지 볼 수 있듯이, 생성한 모든 이미지는 숫자 5를 나타냅니다. 모두 동일한 원본 MNIST 이미지를 사용해 생성됐더라도 이미지마다 다르게 보입니다.

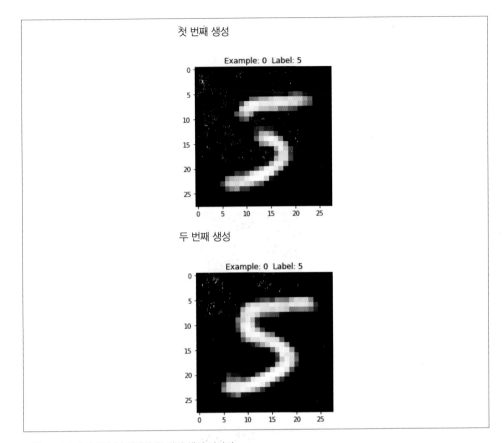

그림 11-17 숫자 5의 첫 번째와 두 번째 생성 이미지

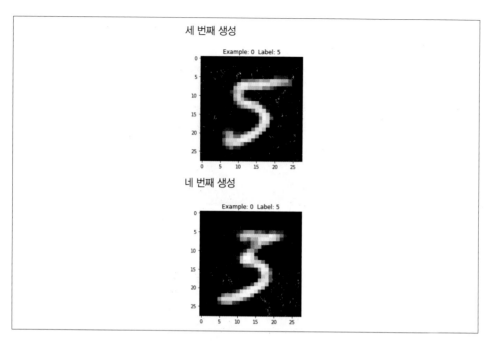

그림 11-18 숫자 5의 세 번째와 네 번째 생성 이미지

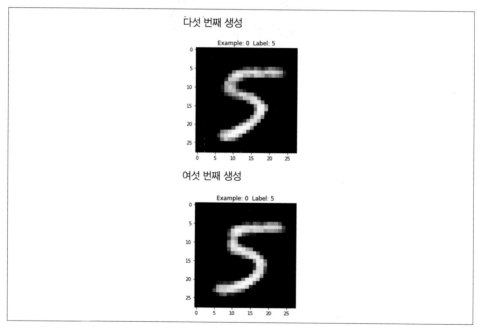

그림 11-19 숫자 5의 다섯 번째와 여섯 번째 생성 이미지

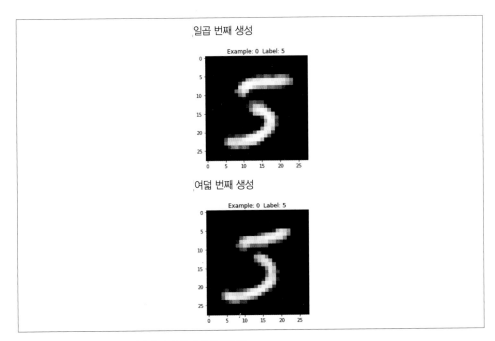

그림 11-20 숫자 5의 일곱 번째와 여덟 번째 생성 이미지

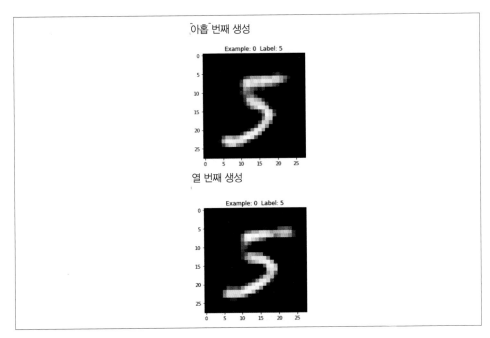

그림 11-21 숫자 5의 아홉 번째와 열 번째 생성 이미지

11.7 LightGBM을 사용한 이미지 분류기

이제 2장에서 소개한 지도 학습 알고리즘인 그레이디언트 부스트 알고리즘(LightGBM)을 사용해 이미지 분류기를 생성하겠습니다.

11.7.1 지도 학습

첫 번째 이미지 분류기는 레이블이 있는 처음 5,000개 MNIST 이미지에만 의존합니다. 이것은 레이블이 있는 원본 50,000개 MNIST 훈련셋에서 축소된 셋입니다(레이블 데이터가 비교적 부족한 현실 세계의 문제를 시뮬레이션하기 위해 이렇게 설계했습니다).

2장에서 그레이디언트 부스팅과 LightGBM 알고리즘을 상세히 다루었기 때문에 여기서는 별도로 설명하지 않겠습니다. 이제 알고리즘의 파라미터를 설정하겠습니다.

```
predictionColumns = ['0','1','2','3','4','5','6','7','8','9']

params_lightGB = {
    'task': 'train',
    'application':'binary',
    'num_class':10,
    'boosting': 'gbdt',
    'objective': 'multiclass',
    'metric': 'multi_logloss',
    'metric_freq':50,
    'is_training_metric':False,
    'max_depth':4,
    'num_leaves': 31,
    'learning_rate': 0.1,
    'feature_fraction': 1.0,
    'bagging_fraction': 1.0,
    'bagging_freq': 0,
    'bagging_seed': 2018,
    'verbose': 0,
    'num_threads':16
}
```

다음으로 레이블이 5,000개 있는 MNIST 훈련셋(축소된 셋)으로 모델을 훈련시키고, 레이블이 10,000개 있는 MNIST 검증셋으로 검증할 겁니다.

```
trainingScore = []
validationScore = []
predictionsLightGBM = pd.DataFrame(data=[],
                        index=y_validation.index,
                        columns=predictionColumns)

lgb_train = lgb.Dataset(X_train.loc[:4999], y_train.loc[:4999])
lgb_eval = lgb.Dataset(X_validation, y_validation, reference=lgb_train)
gbm = lgb.train(params_lightGB, lgb_train, num_boost_round=2000,
                valid_sets=lgb_eval, early_stopping_rounds=200)

loglossTraining = log_loss(y_train.loc[:4999],
    gbm.predict(X_train.loc[:4999], num_iteration=gbm.best_iteration))
trainingScore.append(loglossTraining)

predictionsLightGBM.loc[X_validation.index, predictionColumns] =
    gbm.predict(X_validation, num_iteration=gbm.best_iteration)
loglossValidation = log_loss(y_validation,
    predictionsLightGBM.loc[X_validation.index, predictionColumns])
validationScore.append(loglossValidation)

print('Training Log Loss: ', loglossTraining)
print('Validation Log Loss: ', loglossValidation)

loglossLightGBM = log_loss(y_validation, predictionsLightGBM)
print('LightGBM Gradient Boosting Log Loss: ', loglossLightGBM)
```

다음은 이 지도 학습 전용 솔루션의 훈련 및 검증 데이터셋의 로그 손실을 보여줍니다.

```
Training Log Loss: 0.0018646953029132292
Validation Log Loss: 0.19124276982588717
```

다음은 이 지도 학습 전용 이미지 분류 솔루션의 전체 정확도를 보여줍니다.

```
predictionsLightGBM_firm = np.argmax(np.array(predictionsLightGBM), axis=1)
accuracyValidation_lightGBM = accuracy_score(np.array(y_validation),
                                    predictionsLightGBM_firm)
print("Supervised-Only Accuracy: ", accuracyValidation_lightGBM)

Supervised-Only Accuracy: 0.9439
```

11.7.2 비지도 학습과 지도 학습 솔루션

이제 레이블이 5,000개 있는 MNIST 이미지를 훈련시키는 대신, DBN에서 생성한 이미지 100,000개를 훈련시켜 보겠습니다.

```
# DBN으로 이미지 데이터 프레임을 생성해 LightGBM에서 사용하기
generatedImagesDF = pd.DataFrame(data=generatedImages, index=range(0,100000))
labelsDF = pd.DataFrame(data=labels, index=range(0,100000))

X_train_lgb = pd.DataFrame(data=generatedImagesDF,
                           index=generatedImagesDF.index)
X_validation_lgb = pd.DataFrame(data=finalOutput_DBN_validation,
                                index=X_validation.index)

# LightGBM 훈련시키기
trainingScore = []
validationScore = []
predictionsDBN = pd.DataFrame(data=[], index=y_validation.index,
                              columns=predictionColumns)

lgb_train = lgb.Dataset(X_train_lgb, labels)
lgb_eval = lgb.Dataset(X_validation_lgb, y_validation, reference=lgb_train)
gbm = lgb.train(params_lightGB, lgb_train, num_boost_round=2000,
                valid_sets=lgb_eval, early_stopping_rounds=200)
loglossTraining = log_loss(labelsDF, gbm.predict(X_train_lgb,
                           num_iteration=gbm.best_iteration))
trainingScore.append(loglossTraining)

predictionsDBN.loc[X_validation.index, predictionColumns] = \
    gbm.predict(X_validation_lgb, num_iteration=gbm.best_iteration)
loglossValidation = log_loss(y_validation,
    predictionsDBN.loc[X_validation.index, predictionColumns])
validationScore.append(loglossValidation)

print('Training Log Loss: ', loglossTraining)
print('Validation Log Loss: ', loglossValidation)

loglossDBN = log_loss(y_validation, predictionsDBN)
print('LightGBM Gradient Boosting Log Loss: ', loglossDBN)
```

다음 결과는 비지도 학습 이미지 분류 솔루션의 로그 손실을 보여줍니다

```
Training Log Loss: 0.004145635328203315
Validation Log Loss: 0.16377638170016542
```

다음 결과는 비지도 학습 이미지 분류 솔루션의 전체 정확도를 보여줍니다.

```
DBN-Based Solution Accuracy: 0.9525
```

보다시피, 전체 정확도를 거의 1% 포인트 정도 개선했습니다. 이는 상당한 성과로 볼 수 있습니다.

11.8 마치며

10장에서는 제한된 볼츠만 머신(RBM)이라는 첫 번째 생성적 모델을 살펴봤습니다. 이 장에서는 층층이 쌓인 여러 RBM으로 구성된 심층 신뢰 신경망(DBN) '진보된 생성적 모델'을 도입해 솔루션을 구축했습니다.

또한, 이 장에서는 DBN이 순수하게 비지도 학습 방식으로 어떻게 작동하는지 보여줬습니다. DBN은 데이터의 내재된 구조를 학습하고, 학습한 것을 사용해 새로운 합성 데이터를 생성합니다. 새로운 합성 데이터와 원본 데이터를 비교하는 방법에 따라 DBN은 합성 데이터가 원본 데이터와 점점 유사해지도록 생성 능력을 크게 향상시킵니다. 또한, 이 장의 뒷부분에서는 DBN에서 생성한 합성 데이터가 기존의 레이블 데이터셋을 보완할 수 있는 방법을 보여줬으며, 전체 훈련셋의 크기를 늘려 지도 학습 모델의 성능을 개선했습니다.

비지도 학습 DBN과 지도 학습 그레이디언트 부스팅을 사용해 개발한 준지도 학습 솔루션은 MNIST 이미지 분류 문제에서 순수 지도 학습 솔루션보다 성능이 더 우수했습니다.

12장에서는 비지도 학습(생성 모델링)의 최신 기술 중 하나인 생성적 적대 신경망(GAN)을 소개하겠습니다.

## CHAPTER 12

GAN

우리는 이미 두 생성적 모델(RBM, DBN)을 살펴봤습니다. 이 장에서는 비지도 학습 및 생성적 모델링의 가장 유망하고 최신 분야인 **생성적 적대 신경망**(GAN)을 살펴보겠습니다.

12.1 GAN의 개념

GAN은 2014년 몬트리올 대학에서 이안 굿펠로와 그의 동료 연구원들이 처음 소개했습니다. GAN에는 두 개의 신경망이 있습니다. **생성자**generator로 알려진 하나의 신경망은 입력 받은 실제 데이터의 샘플을 사용해 생성한 모델을 기반으로 데이터를 생성합니다. **감별자**discriminator로 알려진 또 다른 신경망은 생성자가 생성한 데이터와 실제 분포의 데이터(실제 데이터)를 판별합니다.

간단한 비유로, 생성자는 위조 지폐범이고 감별자는 위조를 식별하려는 경찰입니다. 두 신경망은 제로섬 게임에 갇혀 있습니다. 생성자는 합성 데이터가 실제 분포에서 비롯된 것으로 생각하도록 감별자를 속이려 하고, 감별자는 합성 데이터를 가짜로 판별하려 합니다.

GAN은 레이블이 없는 경우에도 생성자가 실제 분포의 내재된 구조를 학습할 수 있으므로 비지도 학습 알고리즘에 속합니다. 생성자는 훈련된 데이터 양보다 훨씬 적은 수의 매개변수를 사용해 데이터의 내재된 구조를 학습합니다(이는 이전 장에서 여러 번 살펴본 비지도 학습의 핵심 개념입니다). 이 제약 조건으로, 생성자는 실제 데이터 분포의 가장 핵심적인 특징을 효율적으로 추출해야 합니다. 이는 딥러닝에서의 표현 학습과 유사합니다. 생성자의 신경망에 있는 각 은닉층은 데이터의 내재된 표현을 추출합니다(출발은 매우 단순하게 시작합니다). 그리고 후행 계층은 더 단순한 선행 계층 위에 구축함으로써 더 복잡한 표현을 추출합니다.

생성자는 이 모든 계층을 함께 사용해 데이터의 내재된 구조를 학습하고 실제 데이터와 거의 동일한 합성 데이터를 생성하려고 시도합니다. 생성자가 실제 데이터의 핵심을 성공적으로 추출했다면 합성 데이터는 실제 데이터처럼 보일 겁니다.

12.1.1 GAN의 강력함

11장에서는 지도 학습 모델의 성능을 향상시키기 위해 비지도 학습 모델(예: DBN)에서 생성한 합성 데이터를 사용하는 기능을 살펴봤습니다. RBM과 마찬가지로 GAN은 합성 데이터를 생성하는 데 매우 뛰어납니다.

기존 훈련 데이터를 보완하기 위해 새로운 훈련 데이터를 많이 생성하는 것이 목표인 경우(예를 들어 이미지 인식 작업의 정확도를 개선하기 위해), 생성자를 사용해 많은 합성 데이터를 생성하고 새로운 합성 데이터를 원본 훈련 데이터에 추가할 수 있습니다. 따라서 훨씬 더 큰 데이터셋에서 지도 학습 머신러닝 모델을 실행할 수 있습니다.

또한 GAN은 이상 탐지에서 탁월한 성능을 발휘할 수 있습니다. 예를 들어 사기, 해킹 또는 기타 의심스러운 행동을 탐지하는 등 비정상 행위를 식별하는 것이 목표인 경우, 감별자를 사용해 실제 데이터에서 각 인스턴스에 점수를 부여할 수 있습니다. 감별자가 '합성 데이터 같음'으로 평가한 인스턴스는 가장 비정상인 인스턴스이며 불법적인 행위가 나타날 가능성이 가장 높습니다.

12.2 DCGAN

이 장에서는 이전 장에서 사용한 MNIST 데이터셋으로 돌아가서 기존 모델이 아닌, GAN 버전의 모델을 적용해 기존 MNIST 데이터셋을 보완하기 위한 합성 데이터를 생성합니다. 그런 다음 지도 학습 모델을 적용해 이미지 분류를 수행합니다. 이러한 방법은 또 다른 버전의 준지도 학습입니다.

이제부터 우리가 사용할 GAN 버전의 알고리즘을 **딥 컨볼루션 생성적 적대 신경망**deep convolutional generative adversarial network(DCGAN)이라고 부릅니다. 2015년 말, 알렉 래드포드, 루크 메츠, 서미스 친탈라가 처음 소개했습니다[1].

DCGAN은 컴퓨터 비전 및 이미지 분류를 위한 지도 학습 시스템에서 일반적으로 사용되고 큰 성공을 거두기도 한 **컨볼루션 신경망**convolution neural network(CNN)의 비지도 학습 형태입니다. GAN을 살펴보기 전에 먼저 컨볼루션 신경망이 지도 학습 시스템에서 이미지 분류에 어떻게 사용되는지 살펴보겠습니다.

12.3 CNN

숫자형 데이터와 텍스트 데이터에 비해 이미지와 비디오 데이터를 다루는 데 드는 계산 비용은 더욱 많습니다. 예를 들어, 4K 울트라 HD 이미지의 크기는 총 $4,096 \times 2,160 \times 3 (26,542,080)$입니다. 이 해상도의 이미지에 대한 신경망을 직접 훈련하려면 수천만 개 뉴런이 필요하며 훈련 시간이 매우 길어질 겁니다.

그러나 원본 이미지에 직접 신경망을 구축하는 대신 이미지의 특정한 속성을 활용할 수 있습니다. 예를 들면, 픽셀은 가까이 있는 다른 픽셀과는 관련이 있지만 보통 멀리 떨어진 다른 픽셀

---

1 DCGAN을 더 자세히 알고 싶으면 다음 공식 문서를 참조하십시오. https://arxiv.org/abs/1511.06434

과는 관련이 없다는 속성이 있습니다.

컨볼루션convolution (컨볼루션 신경망에서 파생된 이름)은 픽셀 간 관계를 잃지 않으면서 이미지의 크기를 줄이기 위해 이미지를 필터링하는 과정입니다[2].

원본 이미지에 **커널 크기**kernel size를 사용해 특정 크기의 여러 필터[3]를 적용하고 **스트라이드**stride[4]로 이러한 필터들을 작은 간격으로 이동시켜 새로 축소된 픽셀 출력을 유도합니다. 컨볼루션 후에는, 축소된 픽셀 출력의 최대 픽셀 값을 하나의 작은 영역으로 가져와서 표현의 크기를 더욱 줄입니다. 이를 **최대 풀링**max pooling[5]이라고 합니다.

이미지의 복잡성을 줄이기 위해 컨볼루션 및 최대 풀링을 여러 번 수행합니다. 그런 다음 이미지를 1차원 데이터로 펼치고 일반적인 완전 연결 계층을 사용해 이미지 분류를 수행합니다.

이제 컨볼루션 신경망을 구축하고 이를 사용해 MNIST 데이터셋에 대한 이미지 분류를 수행하겠습니다. 먼저 필요한 라이브러리를 로드합니다.

```
'''메인 라이브러리'''
import numpy as np
import pandas as pd
import os, time, re
import pickle, gzip, datetime


'''시각화 관련 라이브러리'''
import matplotlib.pyplot as plt
import seaborn as sns
color = sns.color_palette()
import matplotlib as mpl
from mpl_toolkits.axes_grid1 import Grid

%matplotlib inline
'''데이터 준비 및 모델 평가 관련 라이브러리'''
from sklearn import preprocessing as pp
```

---

2 컨볼루션 계층을 자세히 살펴보려면 「An Introduction to Different Types of Convolutions in Deep Learning」을 참조하십시오. https://towardsdatascience.com/types-of-convolutions-in-deep-learning-717013397f4d

3 옮긴이_ 보통 CNN에서 필터(filter)와 커널(kernel)은 같은 의미로 쓰입니다.

4 옮긴이_ 스트라이드는 입력 데이터셋에 필터를 적용할 때 이동할 간격을 조절하는 것으로, 필터가 이동할 간격을 말합니다.

5 옮긴이_ 일반적으로 풀링(pooling)은 2차원 데이터의 세로, 가로 방향의 공간을 줄이는 연산입니다. 종류로는 최대 풀링(Max Pooling), 평균 풀링(Average Pooling) 등이 있습니다. 최대 풀링은 대상 영역에서 최댓값을 취하는 연산이고, 평균 풀링은 대상 영역의 평균을 계산하는 연산입니다. 보통 이미지 인식 분야에서는 최대 풀링을 주로 사용합니다. https://en.wikipedia.org/wiki/Convolutional_neural_network#Pooling_layer

```python
from sklearn.model_selection import train_test_split
from sklearn.model_selection import StratifiedKFold
from sklearn.metrics import log_loss, accuracy_score
from sklearn.metrics import precision_recall_curve, average_precision_score
from sklearn.metrics import roc_curve, auc, roc_auc_score, mean_squared_error

'''알고리즘 관련 라이브러리'''
import lightgbm as lgb

'''텐서플로 및 케라스 관련 라이브러리'''
import tensorflow as tf
import keras
from keras import backend as K
from keras.models import Sequential, Model
from keras.layers import Activation, Dense, Dropout, Flatten, Conv2D, MaxPool2D
from keras.layers import LeakyReLU, Reshape, UpSampling2D, Conv2DTranspose
from keras.layers import BatchNormalization, Input, Lambda
from keras.layers import Embedding, Flatten, dot
from keras import regularizers
from keras.losses import mse, binary_crossentropy
from IPython.display import SVG
from keras.utils.vis_utils import model_to_dot
from keras.optimizers import Adam, RMSprop
from tensorflow.examples.tutorials.mnist import input_data
```

다음으로 MNIST 데이터셋을 로드하고 4D텐서에 이미지 데이터를 저장합니다(케라스는 이 형식의 이미지 데이터를 필요로 합니다). 또한 케라스의 to_categorical 함수를 사용해 레이블에서 원-핫 벡터를 생성합니다.

나중에 다시 사용하기 위해 데이터를 팬더스 데이터 프레임으로 저장합니다. 그리고 3장에서 이미지를 보기 위해 사용한 view_digit 함수를 다시 사용합니다.

```python
# 데이터 로드하기
current_path = os.getcwd()
file = os.path.sep.join(['', 'datasets', 'mnist_data', 'mnist.pkl.gz'])
f = gzip.open(current_path+file, 'rb')
train_set, validation_set, test_set = pickle.load(f, encoding='latin1')
f.close()
X_train, y_train = train_set[0], train_set[1]
X_validation, y_validation = validation_set[0], validation_set[1]
```

```
X_test, y_test = test_set[0], test_set[1]

X_train_keras = X_train.reshape(50000,28,28,1)
X_validation_keras = X_validation.reshape(10000,28,28,1)
X_test_keras = X_test.reshape(10000,28,28,1)

y_train_keras = to_categorical(y_train)
y_validation_keras = to_categorical(y_validation)
y_test_keras = to_categorical(y_test)

# 데이터셋으로부터 팬더스 데이터 프레임 생성하기
train_index = range(0, len(X_train))
validation_index = range(len(X_train), len(X_train)+len(X_validation))
test_index = range(len(X_train)+len(X_validation), len(X_train)+
                   len(X_validation)+len(X_test))

X_train = pd.DataFrame(data=X_train, index=train_index)
y_train = pd.Series(data=y_train, index=train_index)

X_validation = pd.DataFrame(data=X_validation, index=validation_index)
y_validation = pd.Series(data=y_validation, index=validation_index)

X_test = pd.DataFrame(data=X_test, index=test_index)
y_test = pd.Series(data=y_test, index=test_index)

def view_digit(X, y, example):
    label = y.loc[example]
    image = X.loc[example,:].values.reshape([28,28])
    plt.title('Example: %d    Label: %d' % (example, label))
    plt.imshow(image, cmap=plt.get_cmap('gray'))
    plt.show()
```

이제 컨볼루션 신경망(CNN)을 구축해봅시다.

모델을 생성하기 위해 케라스에서 Sequential()을 호출합니다. 그런 다음 두 개의 컨볼루션 계층을 추가합니다. 이 컨볼루션 계층은 각각 커널 크기가 5x5인 32개 필터, 기본값이 1인 스트라이드, ReLU 활성화 함수로 구성합니다. 그런 다음 2x2의 풀링 창 및 스트라이드 1로 최대 풀링을 수행합니다. 우리는 또한 드롭아웃을 수행할 겁니다. 전에 살펴본 것처럼 드롭아웃은 신경망의 과대 적합을 줄이기 위한 정규화의 한 형태입니다. 드롭아웃은 25%로 설정해 입력 유닛의 25%를 삭제합니다.

다음 단계에서는 커널 크기가 3x3인 64개 필터를 사용해 두 컨볼루션 계층을 다시 추가합니다. 그런 다음 2x2의 풀링 창과 스트라이드 2로 최대 풀링을 수행합니다. 그리고 드롭아웃 비율이 25%인 드롭아웃 계층을 사용합니다.

마지막으로 이미지를 1차원으로 펼치고, 256개 은닉 유닛이 있는 일반 신경망을 추가하고 드롭아웃 비율을 50%로 드롭아웃을 수행하고 softmax 함수를 사용해 10가지 클래스 분류를 수행합니다.

```
model = Sequential()

model.add(Conv2D(filters = 32, kernel_size = (5,5), padding = 'Same',
                 activation ='relu', input_shape = (28,28,1)))
model.add(Conv2D(filters = 32, kernel_size = (5,5), padding = 'Same',
                 activation ='relu'))
model.add(MaxPooling2D(pool_size=(2,2)))
model.add(Dropout(0.25))

model.add(Conv2D(filters = 64, kernel_size = (3,3), padding = 'Same',
                 activation ='relu'))
model.add(Conv2D(filters = 64, kernel_size = (3,3), padding = 'Same',
                 activation ='relu'))
model.add(MaxPooling2D(pool_size=(2,2), strides=(2,2)))
model.add(Dropout(0.25))

model.add(Flatten())
model.add(Dense(256, activation = "relu"))
model.add(Dropout(0.5))
model.add(Dense(10, activation = "softmax"))
```

CNN 훈련은 Adam 옵티마이저를 사용하고 교차 엔트로피를 최소화할 겁니다. 또한 이미지 분류 정확도를 평가 지표로 저장합니다.

이제 100번의 에폭으로 모델을 훈련시키고 검증셋에서 결과를 평가하겠습니다.

```
# CNN 훈련시키기
model.compile(optimizer='adam',
              loss='categorical_crossentropy',
              metrics=['accuracy'])
model.fit(X_train_keras, y_train_keras,
```

```
                validation_data=(X_validation_keras, y_validation_keras),
                epochs=100)
```

[그림 12-1]은 100번의 반복 훈련별 정확도를 보여줍니다.

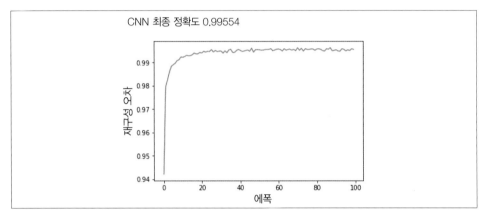

그림 12-1 CNN 결과

보다시피, 방금 훈련한 CNN의 최종 정확도는 99.55%이며, 지금까지 이 책에서 훈련한 어떤
MNIST 이미지 분류 솔루션보다 우수합니다.

12.4 DCGAN으로 돌아가기

이제 다시 DCGAN으로 돌아가겠습니다. 이번에는 원본 MNIST 이미지와 매우 유사한 합성
MNIST 이미지를 생성하는 생성적 모델을 만들 겁니다.

거의 실제에 가까운 합성 이미지를 생성하려면 원본 MNIST 이미지에서 새 이미지를 생성하는
생성자와 해당 이미지가 원본 이미지와 믿을 수 없을 정도로 유사한지 여부를 판단하는 감별자
를 훈련시켜야 합니다(기본적으로는 엉터리 테스트를 수행함).

이에 접근할 수 있는 또 다른 방법이 있습니다. 원본 MNIST 데이터셋은 원본 데이터 분포를
나타냅니다. 생성자는 이 원본 데이터 분포를 통해 학습하고 훈련한 것을 기반으로 새로운 이

미지를 생성하며, 감별자는 새로 생성된 이미지가 원본 이미지와 사실상 구분할 수 없는지 여부를 판별하려고 합니다.

생성자의 경우 앞서 언급한 ICLR 2016 컨퍼런스에서 발표된 래드포트, 메츠, 친탈라의 논문에 제시된 아키텍처를 사용할 겁니다(그림 12-2).

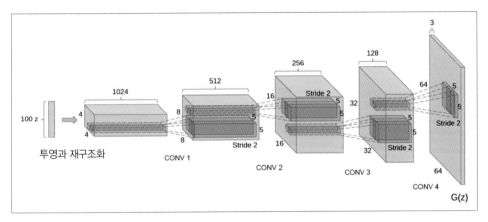

그림 12-2 DCGAN의 생성자

생성자는 위 그림에서 z로 표시된 100x1 크기의 노이즈 벡터인 초기 **노이즈 벡터**noise vector를 1024x4x4 텐서로 투영하고 재구조화합니다. 이러한 **투영**project과 **재구조화**reshape는 컨볼루션의 반대 개념으로, **전치 컨볼루션**transposed convolution(또는 경우에 따라 **디컨볼루션**deconvolution)으로 알려져 있습니다. 전치 컨볼루션에서는 컨볼루션 프로세스와 반대로 축소된 텐서를 더 큰 텐서로 매핑합니다[6].

초기 전치 컨볼루션 후, 생성자는 4개의 추가 디컨볼루션 계층을 적용해 최종 64x64x3 텐서에 매핑합니다. 이 과정은 다음과 같습니다.

$100 \times 1 \rightarrow 1024 \times 4 \times 4 \rightarrow 512 \times 8 \times 8 \rightarrow 256 \times 16 \times 16 \rightarrow 128 \times 32 \times 32 \rightarrow 64 \times 64 \times 3$

MNIST 데이터셋에서 DCGAN을 설계할 때 유사한(그러나 정확하지는 않은) 아키텍처를 적용합니다.

---

6 컨볼루션 계층을 더 자세히 살펴보려면 이 장의 앞부분에서 언급한 「An Introduction to Different Types of Convolutions in Deep Learning」을 참조하십시오. https://towardsdatascience.com/types-of-convolutions-in-deep-learning-717013397f4d

12.4.1 DCGAN의 생성자

우리가 설계한 DCGAN은 로웰 아티엔자의 코드를 활용하고 그 위에 구축할 겁니다[7]. 먼저 생성자, 감별자, 판별 모델, 적대 모델을 구축하는 데 사용할 DCGAN이라는 클래스[8]를 만들겠습니다.

우선 생성자부터 만들어보겠습니다. 드롭아웃 비율(기본값 0.3), 텐서 깊이(기본값 256), 다른 차원(기본값 7x7)을 포함해 생성자에 대한 여러 파라미터를 설정합니다. 또한 모멘텀 기본값이 0.8인 배치 정규화를 사용할 겁니다. 초기 입력 차원은 100이며, 최종 출력 차원은 28x28x1입니다.

드롭아웃과 배치 정규화는 우리가 설계한 신경망의 과대 적합을 피하는 데 도움이 되는 정규화입니다.

생성자를 구축하기 위해, 케라스에서 Sequential() 함수를 호출합니다. 그런 다음 Dense() 함수를 호출해 밀도가 높은 완전 연결 신경망 계층을 추가합니다. 입력 차원은 100이고 출력 차원은 7x7x256입니다. 또한, 배치 정규화를 수행하고, ReLU 활성화 함수를 사용하고, 드롭아웃을 수행합니다.

```
def generator(self, depth=256, dim=7, dropout=0.3, momentum=0.8,
              window=5, input_dim=100, output_depth=1):
    if self.G:
        return self.G
    self.G = Sequential()
    self.G.add(Dense(dim*dim*depth, input_dim=input_dim))
    self.G.add(BatchNormalization(momentum=momentum))
    self.G.add(Activation('relu'))
    self.G.add(Reshape((dim, dim, depth)))
    self.G.add(Dropout(dropout))
```

다음으로 우리는 **업 샘플링**upsampling과 전치 컨볼루션을 3번 수행할 겁니다. 매번 다른 차원을 늘리면서 출력 공간의 깊이를 256에서 128까지 64에서 32로 반으로 줄입니다. 그리고 5x5의 컨볼루션 창과 스트라이드 기본값 1을 유지합니다. 각 전치 컨볼루션에서는 배치 정규화를 수

---

7 원본 코드를 보려면 로웰 아티엔자의 GitHub를 방문하십시오. https://github.com/roatienza/Deep-Learning-Experiments/blob/master/Experiments/Tensorflow/GAN/dcgan_mnist.py

8 옮긴이_ 여기서 말하는 클래스는 Python 프로그래밍에서 특정 객체를 생성하기 위해 변수와 메소드를 정의하는 일종의 틀입니다.

행하고 ReLU 활성화 함수를 사용할 겁니다.

맵 크기는 다음과 같습니다.

100 → 7 x 7 x 256 → 14 x 14 x 128 → 28 x 28 x 64 → 28 x 28 x 32 → 28 x 28 x 1

```python
self.G.add(UpSampling2D())
self.G.add(Conv2DTranspose(int(depth/2), window, padding='same'))
self.G.add(BatchNormalization(momentum=momentum))
self.G.add(Activation('relu'))

self.G.add(UpSampling2D())
self.G.add(Conv2DTranspose(int(depth/4), window, padding='same'))
self.G.add(BatchNormalization(momentum=momentum))
self.G.add(Activation('relu'))

self.G.add(Conv2DTranspose(int(depth/8), window, padding='same'))
self.G.add(BatchNormalization(momentum=momentum))
self.G.add(Activation('relu'))
```

마침내 생성자는 원본 MNIST 이미지와 동일한 크기를 갖는 28x28 이미지를 출력합니다.

```python
self.G.add(Conv2DTranspose(output_depth, window, padding='same'))
self.G.add(Activation('sigmoid'))
self.G.summary()
return self.G
```

12.4.2 DCGAN의 감별자

감별자의 경우, 드롭아웃 비율은 기본값 0.3, 깊이는 64, LeakyReLU 함수의 알파 값은 0.3으로 설정합니다[9].

먼저, 28x28x1 이미지를 로드하고 64채널, 5x5의 필터, 스트라이드 2를 사용해 컨볼루션을 수행합니다. 활성화 함수는 LeakyReLU를 사용하고, 드롭아웃을 수행할 겁니다. 이 프로세스를 3번 더 계속해 매번 출력 공간의 깊이를 2배로 늘리고 다른 차원을 줄입니다. 우리는 각 컨

---

9 LeakyReLU(https://keras.io/layers/advanced-activations/)는 일반 ReLU와 유사한 고급 활성화 함수이지만 유닛이 활성화되지 않은 경우 작은 그레이디언트를 허용합니다. 머신러닝 이미지 문제에서 선호되는 활성화 함수입니다.

볼루션에서 LeakyReLU 활성화 함수 및 드롭아웃을 사용할 겁니다.

마지막으로, 이미지를 1차원 데이터로 펼치고 확률을 출력하는 시그모이드 함수를 사용할 겁니다. 이 확률은 입력 이미지가 가짜인지 판별하는 감별자의 신뢰도를 나타냅니다(0.0은 가짜, 1.0은 실제).

맵 크기는 다음과 같습니다.

28 x 28 x 1 → 14 x 14 x 64 → 7 x 7 x 128 → 4 x 4 x 256 → 4 x 4 x 512 → 1

```python
def discriminator(self, depth=64, dropout=0.3, alpha=0.3):
    if self.D:
        return self.D
    self.D = Sequential()
    input_shape = (self.img_rows, self.img_cols, self.channel)
    self.D.add(Conv2D(depth*1, 5, strides=2, input_shape=input_shape, padding='same'))
    self.D.add(LeakyReLU(alpha=alpha))
    self.D.add(Dropout(dropout))

    self.D.add(Conv2D(depth*2, 5, strides=2, padding='same'))
    self.D.add(LeakyReLU(alpha=alpha))
    self.D.add(Dropout(dropout))

    self.D.add(Conv2D(depth*4, 5, strides=2, padding='same'))
    self.D.add(LeakyReLU(alpha=alpha))
    self.D.add(Dropout(dropout))

    self.D.add(Conv2D(depth*8, 5, strides=1, padding='same'))
    self.D.add(LeakyReLU(alpha=alpha))
    self.D.add(Dropout(dropout))
    self.D.add(Flatten())
    self.D.add(Dense(1))
    self.D.add(Activation('sigmoid'))
    self.D.summary()
    return self.D
```

12.4.3 감별자와 적대 모델

다음으로, 감별자 모델(가짜를 탐지하는 경찰)과 적대 모델(경찰로부터 학습한 위조 지폐범)을 정의합시다. 적대 모델과 감별자 모델 모두에 RMSProp 옵티마이저[10]를 사용할 겁니다. 그리고 손실 함수는 이진 교차—엔트로피로 정의하고 평가 지표로 정확도를 사용할 겁니다.

적대 모델의 경우, 우리가 이전에 정의한 생성자 및 감별자 신경망을 사용합니다. 감별자 모델은 일반 감별자 신경망을 사용합니다.

```python
def discriminator_model(self):
    if self.DM:
        return self.DM
    optimizer = RMSprop(lr=0.0002, decay=6e-8)
    self.DM = Sequential()
    self.DM.add(self.discriminator())
    self.DM.compile(loss='binary_crossentropy',
                    optimizer=optimizer, metrics=['accuracy'])
    return self.DM

def adversarial_model(self):
    if self.AM:
        return self.AM
    optimizer = RMSprop(lr=0.0001, decay=3e-8)
    self.AM = Sequential()
    self.AM.add(self.generator())
    self.AM.add(self.discriminator())
    self.AM.compile(loss='binary_crossentropy',
    optimizer=optimizer, metrics=['accuracy'])
    return self.AM
```

---

10 옮긴이_ RMSProp 옵티마이저는 딥러닝의 대가 제프리 힌튼이 제안한 방법으로서, Adagrad 옵티마이저의 단점을 해결하기 위한 방법입니다. Adagrad 옵티마이저에서는 그레이디언트를 단순 누적하는 반면, RMSProp 옵티마이저는 지수 가중 이동 평균(Exponentially weighted moving average)을 사용해 최신 기울기가 더 많이 반영되도록 설계됐습니다.

12.4.4 MNIST 데이터셋에 DCGAN 적용하기

이제 MNIST 데이터셋에 DCGAN을 정의하겠습니다. 먼저 28x28x1의 MNIST 이미지에 대한 MNIST_DCGAN 클래스를 초기화하고 이전에 정의한 생성자, 감별자 모델, 및 적대 모델을 사용합니다.

```python
class MNIST_DCGAN(object):
    def __init__(self, x_train):
        self.img_rows = 28
        self.img_cols = 28
        self.channel = 1

        self.x_train = x_train

        self.DCGAN = DCGAN()

        self.discriminator = self.DCGAN.discriminator_model()
        self.adversarial = self.DCGAN.adversarial_model()
        self.generator = self.DCGAN.generator()
```

train 함수는 기본값 2,000 에폭으로 훈련하고 배치 크기는 256을 사용합니다. 이 함수는 우리가 방금 정의한 DCGAN 아키텍처에 이미지를 공급합니다. 생성자는 이미지를 생성하고 감별자는 이미지를 실제 또는 가짜로 판별합니다. 이 적대 모델에서 생성자와 감별자의 경쟁을 통해 합성 이미지는 원본 MNIST 이미지와 점점 더 유사해집니다.

```python
def train(self, train_steps=2000, batch_size=256, save_interval=0):
    noise_input = None
    if save_interval>0:
        noise_input = np.random.uniform(-1.0, 1.0, size=[16, 100])
    for i in range(train_steps):
        images_train = self.x_train[np.random.randint(0,
            self.x_train.shape[0], size=batch_size), :, :, :]
        noise = np.random.uniform(-1.0, 1.0, size=[batch_size, 100])
        images_fake = self.generator.predict(noise)
        x = np.concatenate((images_train, images_fake))
        y = np.ones([2*batch_size, 1]) y[batch_size:, :] = 0

        d_loss = self.discriminator.train_on_batch(x, y)
```

```
        y = np.ones([batch_size, 1])
        noise = np.random.uniform(-1.0, 1.0, size=[batch_size, 100])
        a_loss = self.adversarial.train_on_batch(noise, y)
        log_mesg = "%d: [D loss: %f, acc: %f]" % (i, d_loss[0], d_loss[1])
        log_mesg = "%s [A loss: %f, acc: %f]" % (log_mesg, a_loss[0], a_loss[1])

        print(log_mesg)
        if save_interval>0:
            if (i+1)%save_interval==0:
                self.plot_images(save2file=True,
                    samples=noise_input.shape[0],
                    noise=noise_input, step=(i+1))
```

이 DCGAN 모델에서 생성된 이미지를 그리는 함수를 정의하겠습니다.

```
def plot_images(self, save2file=False, fake=True, samples=16, noise=None, step=0):
    filename = 'mnist.png'
    if fake:
        if noise is None:
            noise = np.random.uniform(-1.0, 1.0, size=[samples, 100])
        else:
            filename = "mnist_%d.png" % step
        images = self.generator.predict(noise)
    else:
        i = np.random.randint(0, self.x_train.shape[0], samples)
        images = self.x_train[i, :, :, :]

    plt.figure(figsize=(10,10))
    for i in range(images.shape[0]):
        plt.subplot(4, 4, i+1)
        image = images[i, :, :, :]
        image = np.reshape(image, [self.img_rows, self.img_cols])
        plt.imshow(image, cmap='gray')
        plt.axis('off')
    plt.tight_layout()
    if save2file:
        plt.savefig(filename)
        plt.close('all')
    else:
        plt.show()
```

12.5 MNIST DCGAN 실행

이제 MNIST_DCGAN 클래스를 정의했으니, 이것을 호출해서 훈련 프로세스를 시작하겠습니다. 훈련 조건은 10,000 에폭, 256 배치 크기입니다.

```
# MNIST_DCGAN 초기화 및 훈련시키기
mnist_dcgan = MNIST_DCGAN(X_train_keras)
timer = ElapsedTimer()
mnist_dcgan.train(train_steps=10000, batch_size=256, save_interval=500)
```

다음 결과는 감별자 모델과 적대 모델의 손실 및 정확도를 보여줍니다.

```
 0:    [D loss: 0.692640, acc: 0.527344] [A loss: 1.297974, acc: 0.000000]
 1:    [D loss: 0.651119, acc: 0.500000] [A loss: 0.920461, acc: 0.000000]
 2:    [D loss: 0.735192, acc: 0.500000] [A loss: 1.289153, acc: 0.000000]
 3:    [D loss: 0.556142, acc: 0.947266] [A loss: 1.218020, acc: 0.000000]
 4:    [D loss: 0.492492, acc: 0.994141] [A loss: 1.306247, acc: 0.000000]
 5:    [D loss: 0.491894, acc: 0.916016] [A loss: 1.722399, acc: 0.000000]
 6:    [D loss: 0.607124, acc: 0.527344] [A loss: 1.698651, acc: 0.000000]
 7:    [D loss: 0.578594, acc: 0.921875] [A loss: 1.042844, acc: 0.000000]
 8:    [D loss: 0.509973, acc: 0.587891] [A loss: 1.957741, acc: 0.000000]
 9:    [D loss: 0.538314, acc: 0.896484] [A loss: 1.133667, acc: 0.000000]
10:    [D loss: 0.510218, acc: 0.572266] [A loss: 1.855000, acc: 0.000000]
11:    [D loss: 0.501239, acc: 0.923828] [A loss: 1.098140, acc: 0.000000]
12:    [D loss: 0.509211, acc: 0.519531] [A loss: 1.911793, acc: 0.000000]
13:    [D loss: 0.482305, acc: 0.923828] [A loss: 1.187290, acc: 0.000000]
14:    [D loss: 0.395886, acc: 0.900391] [A loss: 1.465053, acc: 0.000000]
15:    [D loss: 0.346876, acc: 0.992188] [A loss: 1.443823, acc: 0.000000]
```

감별자의 초기 정확도는 매우 크게 변동하지만 0.50 이상으로 상당히 높습니다. 즉, 감별자는 처음에는 생성자로부터 부실하게 만들어진 위조를 잡는 데 아주 좋습니다. 그런 다음 생성자가 위조를 더 잘 만들게 됨에 따라 감별자는 어려움을 겪습니다. 정확도는 0.50에 가깝게 떨어집니다.

```
9985: [D loss: 0.696480, acc: 0.521484] [A loss: 0.955954, acc: 0.125000]
9986: [D loss: 0.716583, acc: 0.472656] [A loss: 0.761385, acc: 0.363281]
9987: [D loss: 0.710941, acc: 0.533203] [A loss: 0.981265, acc: 0.074219]
9988: [D loss: 0.703731, acc: 0.515625] [A loss: 0.679451, acc: 0.558594]
```

```
9989: [D loss: 0.722460, acc: 0.492188] [A loss: 0.899768, acc: 0.125000]
9990: [D loss: 0.691914, acc: 0.539062] [A loss: 0.726867, acc: 0.464844]
9991: [D loss: 0.716197, acc: 0.500000] [A loss: 0.932500, acc: 0.144531]
9992: [D loss: 0.689704, acc: 0.548828] [A loss: 0.734389, acc: 0.414062]
9993: [D loss: 0.714405, acc: 0.517578] [A loss: 0.850408, acc: 0.218750]
9994: [D loss: 0.690414, acc: 0.550781] [A loss: 0.766320, acc: 0.355469]
9995: [D loss: 0.709792, acc: 0.511719] [A loss: 0.960070, acc: 0.105469]
9996: [D loss: 0.695851, acc: 0.500000] [A loss: 0.774395, acc: 0.324219]
9997: [D loss: 0.712254, acc: 0.521484] [A loss: 0.853828, acc: 0.183594]
9998: [D loss: 0.702689, acc: 0.529297] [A loss: 0.802785, acc: 0.308594]
9999: [D loss: 0.698032, acc: 0.517578] [A loss: 0.810278, acc: 0.304688]
```

12.5.1 합성 이미지 생성

MNIST DCGAN의 훈련이 완료됐습니다. 이제 합성 이미지 샘플을 생성하는 데 사용할 수 있습니다(그림 12-3).

그림 12-3 MNIST DCGAN에서 생성한 합성 이미지

실제 MNIST 데이터셋과 완전히 구별할 수 없는 것은 아니지만, 이 합성 이미지는 실제 숫자와 매우 유사합니다. 훈련 시간이 늘어날수록 MNIST DCGAN은 실제 MNIST 데이터셋과 더 유사한 합성 이미지를 생성할 수 있어야 하며, 실제 데이터셋의 크기를 보완하는 데 사용할 수 있어야 합니다.

우리가 만든 솔루션도 성능이 꽤 좋은 편이지만, 그 외에도 MNIST DCGAN의 성능을 향상시킬 수 있는 다양한 방법이 있습니다. 논문 「Improved Techniques for Training GANs」와 함께 제공되는 코드(https://github.com/openai/improved-gan)에서 GAN의 성능을 향상시키기 위해 더욱 진보된 방법을 살펴볼 수 있습니다.

12.6 마치며

이 장에서 우리는 이미지와 컴퓨터 비전 데이터셋에서 잘 작동하는 GAN의 전문화된 유형인 DCGAN을 살펴봤습니다.

GAN은 제로섬 게임에 갇힌 두 신경망이 있는 생성적 모델입니다. 그중 하나는 생성자(위조지폐범)로, 실제 데이터로부터 합성 데이터를 생성하고 또 다른 신경망은 감별자(경찰)로 위조된 진짜인지 가짜인지를 판별합니다[11]. 생성자가 감별자로부터 학습하는 이 제로섬 게임은 실제와 매우 유사한 합성 데이터를 생성하고, 일반적으로 시간이 지남에 따라(즉, 더 많은 에폭을 훈련할 때) 성능이 더 좋아지는 전체 생성 모델을 만들어냅니다.

GAN은 이안 굿펠로 등이 2014년에 처음 소개한 비교적 새로운 기법입니다[12]. 현재까지는 GAN을 주로 이상 탐지나 합성 데이터 생성 등에 사용하지만 가까운 미래에는 더 많은 응용 프로그램에서 사용할 수 있을 겁니다(아직까지 머신러닝 커뮤니티에서는 GAN이 할 수 있는 것 중 극히 일부만을 다루고 있습니다).

여러분이 향후에 응용 머신러닝 시스템에서 GAN을 사용하기로 결정한다면 다양한 실험을 시

---

11 자세한 내용은 OpenAI 블로그의 생성 모델 게시물을 확인하십시오. https://openai.com/blog/generative-models/
12 더 자세히 알아보고 싶으면 다음 논문을 살펴보십시오. https://arxiv.org/abs/1406.2661

도해야 할 겁니다[13].

13장에서 시계열 데이터와 함께 사용하는 비지도 학습의 한 형태인 시계열 클러스터링을 살펴보면서 이 부분을 마무리하겠습니다.

---

13 다음의 게시물에서 GAN을 개선(https://github.com/soumith/ganhacks)하고 성능을 향상(https://medium.com/@utk.is.here/keep-calm-and-train-a-gan-pitfalls-and-tips-on-training-generative-adversarial-networks-edd529764aa9)시키는 몇 가지 팁과 방법을 확인하십시오.

## CHAPTER 13

시계열 클러스터링

지금까지 이 책에서는 주로 단일 시점의 엔티티[1]에 대한 관측치인 **횡단면 데이터**cross-sectional data 를 다뤘습니다. 이전 장에서 사용한 이틀 동안 발생한 거래가 포함된 신용카드 데이터셋과 숫 자 이미지가 포함된 MNIST 데이터셋이 횡단면 데이터에 해당합니다. 우리는 지금까지 이러한 횡단면 데이터를 사용해 데이터의 내재적 구조를 학습하고, 레이블을 사용하지 않고 유사한 거 래 및 이미지를 함께 그룹화하는 비지도 학습을 적용했습니다.

비지도 학습은 서로 다른 시간 간격으로 발생하는 단일 엔티티에 대한 관측치인 **시계열 데이터** time series data (종단면 데이터)를 사용할 때도 매우 유용합니다. 우리는 이제 특정 시간의 순간뿐 아니라 시계열 데이터의 내재적 구조를 학습할 수 있는 솔루션을 개발해야 합니다. 이러한 솔 루션을 개발하면 유사한 시계열 패턴을 식별하고 그룹화할 수 있습니다.

이는 금융, 의학, 로봇 공학, 천문학, 생물학, 기상학 등 분야에 매우 큰 영향을 미칩니다. 이 분 야의 전문가는 주로 과거 사건과 얼마나 유사한지에 따라 현재 사건을 분류하기 위해 많은 시 간을 투자해 데이터를 분석하기 때문입니다. 유사한 과거 이벤트와 함께 현재 이벤트를 그룹화 함으로써, 올바른 행동 지침을 더 자신 있게 결정할 수 있습니다.

이 장에서는 패턴의 유사성을 기반으로 시계열 데이터를 클러스터링합니다. 시계열 데이터 클 러스터링은 순수한 비지도 접근 방식이며, 다른 모든 비지도 학습 실험과 마찬가지로 결과를

---

1 옮긴이_ 전산학에서 엔티티는 정보 세계에서 의미 있는 하나의 정보 단위입니다. 사물의 본질적인 성질을 속성이라고 하며, 관련 있는 속 성들이 모여서 의미 있는 하나의 정보 단위를 이룬 것을 엔티티라고 합니다. 여기서 말하는 엔티티는 이전 예제에서 특정 시점에 발생한 거래를 말합니다.

검증하기 위해 레이블 데이터가 필요하지만 훈련 과정에서는 레이블 데이터가 필요하지 않습니다.

> **NOTE_** 횡단면 데이터와 시계열 데이터가 결합된 세 번째 데이터 종류가 있습니다. 이것을 패널(panel) 또는 종단 데이터(longitudinal data)라고 합니다.

13.1 심전도 데이터

시계열 클러스터링 문제에 더 실제적으로 접근하기 위해 구체적인 현실 문제를 소개하겠습니다. 당신이 의료 분야에서 일하고 있고 심전도(EKG/ECG) 수치를 분석한다고 상상해보십시오. 심전도 측정 기기는 피부 위에 놓인 전극을 사용해 일정 기간 동안 심장의 전기적 활동을 기록합니다. ECG^Electrocardiogram는 약 10초 동안 활동을 측정하고 기록된 지표로, 심장의 문제를 감지하는 데 도움이 됩니다.

대부분 ECG 수치는 정상 심장 박동 활동을 기록하지만, 심장 마비와 같은 부작용이 발생하기 전에 의료 전문가가 선제적으로 대응하기 위해 비정상 수치를 식별해야 합니다. ECG는 성쇠기가 있는 선 그래프를 생성하므로 판독값을 정상 또는 비정상으로 분류하는 작업은 간단한 패턴 인식 작업이며 머신러닝 학습에 적합합니다.

실제 ECG 수치는 다소 명확하게 나타나지 않아서 이미지를 다양한 버킷으로 분류하기가 어렵고 오류가 발생하기 쉽습니다.

예를 들어, 웨이브의 **진폭**^amplitude 변화(중심선에서 정점 또는 바닥까지의 높이), **주기**^period(한 정점에서 다음 정점까지의 거리), **위상 이동**^phase shift(**수평 이동**) 및 **수직 이동**^vertical shift 변화는 모든 머신 기반 분류 시스템의 도전 과제입니다.

13.2 시계열 클러스터링 접근 방법

시계열 클러스터링에 대한 어떤 접근 방법이든 이러한 유형의 왜곡을 처리해야 합니다. 기억하겠지만 클러스터링은 공간에서 데이터 포인트가 다른 데이터 포인트에 얼마나 가까운지 판단하기 위해 거리 척도에 의존했고, 이를 통해 유사한 데이터들이 서로 구별되면서 동질한 군집으로 함께 그룹화될 수 있습니다.

시계열 데이터 클러스터링도 이와 유사하게 작동하지만 진폭, 주기, 위상 이동, 수직 이동의 사소한 차이에 관계없이 유사한 시계열 데이터가 그룹화되도록 이동 및 스케일링에 불변[2]하는 거리 척도가 필요합니다.

13.2.1 k-Shape

이 기준을 충족하는 시계열 클러스터링에 대한 최첨단 접근 방법은 k-shape이며, 이는 2015년에 존 파파리아조스와 루이스 그라바노가 ACM SIGMOD에서 처음 소개한 겁니다[3].

k-shape는 스케일링 및 이동에 불변하는 거리 척도를 사용해 시계열 시퀀스를 비교하면서 형상을 유지합니다. 특히, k-shape는 표준화된 버전의 교차 상관관계를 사용해 군집 중심을 계산한 다음, 모든 반복에서 이런 군집에 시계열 할당을 업데이트합니다.

k-shape는 스케일링 및 이동에 불변하는 것 외에도 도메인에 독립적이며, 확장 가능하고 최소한의 파라미터 튜닝을 요구합니다. 또한, k-shape의 반복적인 개선 절차는 시퀀스 수에 따라 선형적으로 확장됩니다. 이러한 특성 덕분에 현재 사용 가능한 가장 강력한 시계열 클러스터링 알고리즘이 됐습니다.

이 시점에서 k-shape는 k-평균과 유사하게 작동한다는 것을 분명히 해야 합니다. 두 알고리즘은 각 데이터와 가장 가까운 그룹의 중심 사이 거리를 기반으로 그룹에 데이터를 할당하는 반복적인 접근 방법을 사용합니다. 중요한 차이점은 k-shape가 거리를 계산하는 방법에 있습니다(k-shape는 교차 상관에 의존하는 형상 기반 거리를 사용합니다).

----

2 옮긴이_ 스케일링 및 이동의 변화에 불변하는 유사성 척도를 더 알고 싶으면 다음을 참조하십시오.
　https://patents.google.com/patent/KR101649766B1/ko
3 이 논문은 여기에 공개돼 있습니다. http://www.cs.columbia.edu/~jopa/kshape.html

13.3 ECGFiveDays 데이터셋에서 k-Shape을 사용한 시계열 클러스터링

k-shape를 사용해 시계열 클러스터링 모델을 구축해봅시다.

이 장에서는 UCR 시계열 컬렉션 데이터를 사용합니다. 파일 크기가 100MB를 초과하기 때문에 깃허브에서는 액세스할 수 없습니다. UCR 시계열 웹 사이트에서 파일을 다운로드해야 합니다(https://www.cs.ucr.edu/~eamonn/time_series_data/).

이 데이터는 (시계열)클래스-레이블이 지정된 시계열 데이터셋으로 공개된 가장 큰 컬렉션으로 총 85개 데이터셋으로 구성됐습니다. 다양한 도메인에서 가져온 데이터셋이므로 솔루션이 다양한 도메인에서 얼마나 잘 작동하는지 테스트할 수 있습니다. 또한, 각 시계열은 하니의 클래스에만 속하므로 시계열 클러스터링의 결과를 검증하기 위한 레이블도 포함합니다.

13.3.1 데이터 준비

우선 필요한 라이브러리를 로드하겠습니다.

```
'''메인 라이브러리'''
import numpy as np
import pandas as pd
import os, time, re
import pickle, gzip, datetime
from os import listdir, walk
from os.path import isfile, join

'''시각화 관련 라이브러리'''
import matplotlib.pyplot as plt
import seaborn as sns
color = sns.color_palette()
import matplotlib as mpl
from mpl_toolkits.axes_grid1 import Grid

%matplotlib inline

'''데이터 준비 및 모델 평가 관련 라이브러리'''
from sklearn import preprocessing as pp
from sklearn.model_selection import train_test_split
```

```python
from sklearn.model_selection import StratifiedKFold
from sklearn.metrics import log_loss, accuracy_score
from sklearn.metrics import precision_recall_curve, average_precision_score
from sklearn.metrics import roc_curve, auc, roc_auc_score, mean_squared_error
from keras.utils import to_categorical
from sklearn.metrics import adjusted_rand_score
import random

'''알고리즘 관련 라이브러리'''
from kshape.core import kshape, zscore
import tslearn
from tslearn.utils import to_time_series_dataset
from tslearn.clustering import KShape, TimeSeriesScalerMeanVariance
from tslearn.clustering import TimeSeriesKMeans
import hdbscan

'''텐서플로 및 케라스 관련 라이브러리'''
import tensorflow as tf
import keras
from keras import backend as K
from keras.models import Sequential, Model
from keras.layers import Activation, Dense, Dropout, Flatten, Conv2D, MaxPool2D
from keras.layers import LeakyReLU, Reshape, UpSampling2D, Conv2DTranspose
from keras.layers import BatchNormalization, Input, Lambda
from keras.layers import Embedding, Flatten, dot
from keras import regularizers
from keras.losses import mse, binary_crossentropy
from IPython.display import SVG
from keras.utils.vis_utils import model_to_dot
from keras.optimizers import Adam, RMSprop
from tensorflow.examples.tutorials.mnist import input_data
```

우리는 tslearn 패키지를 사용해 파이썬 기반 k-shape 알고리즘에 접근할 겁니다. tslearn 은 사이킷런과 비슷한 프레임 워크를 가지지만 시계열 데이터를 작업하는 데 적합한 패키지입니다.

다음은 UCR 시계열 아카이브에서 다운로드한 ECGFiveDays 데이터셋에서 훈련 및 테스트 데이터를 로드할 겁니다. 이 행렬의 첫 번째 컬럼에는 클래스 레이블이 있고 나머지 열은 시계열 데이터의 값입니다. 이 데이터를 X_train, y_train, X_test, y_test로 저장합니다.

```
# 데이터 로드하기
current_path = os.getcwd()
file = os.path.sep.join(['', 'datasets', 'ucr_time_series_data', ''])
data_train = np.loadtxt(current_path+file+
                        "ECGFiveDays/ECGFiveDays_TRAIN", delimiter=",")
X_train = to_time_series_dataset(data_train[:, 1:])
y_train = data_train[:, 0].astype(np.int)
data_test = np.loadtxt(current_path+file+
                       "ECGFiveDays/ECGFiveDays_TEST", delimiter=",")
X_test = to_time_series_dataset(data_test[:, 1:])
y_test = data_test[:, 0].astype(np.int)
```

다음 코드는 시계열 수, 고유한 클래스 수, 각 시계열의 길이를 보여줍니다.

```
# 기본 요약 통계
print("Number of time series:", len(data_train))
print("Number of unique classes:", len(np.unique(data_train[:,0])))
print("Time series length:", len(data_train[0,1:]))

Number of time series: 23
Number of unique classes: 2
Time series length: 136
```

데이터 요약 결과를 보면, 시계열 23개와 클래스 2개가 있고, 각 시계열의 길이는 136입니다. [그림 13-1]은 각 클래스의 일부 샘플을 보여줍니다(이제 우리는 ECG 수치가 어떻게 보이는지 알 수 있습니다).

```
# 클래스 1.0 샘플
for i in range(0,10):
    if data_train[i,0]==1.0:
        print("Plot ", i, " Class ", data_train[i,0])
        plt.plot(data_train[i])
        plt.show()
```

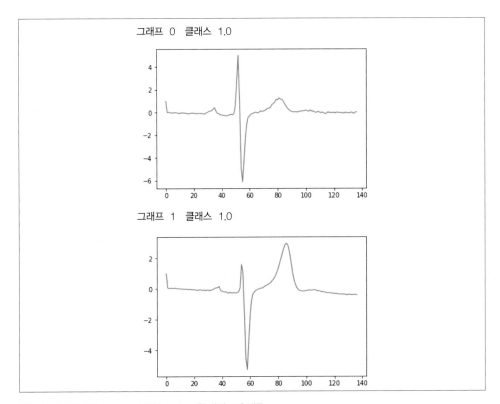

그림 13-1 ECGFiveDays 클래스 1.0 - 첫 번째 2개 샘플

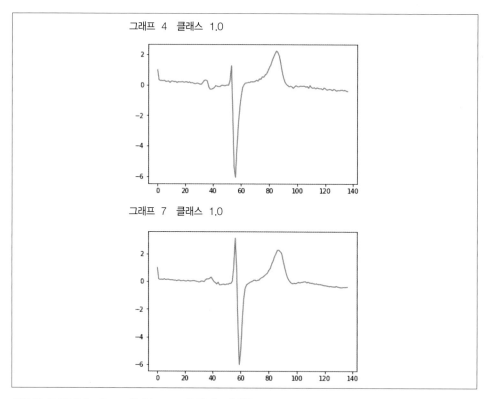

그림 13-2 ECGFiveDays 클래스 1.0 – 두 번째 2개 샘플

다음은 클래스 2.0의 결과를 시각화하는 코드입니다.

```python
# 클래스 2.0 샘플

for i in range(0,10):
    if data_train[i,0]==2.0:
        print("Plot ", i, " Class ", data_train[i,0])
        plt.plot(data_train[i])
        plt.show()
```

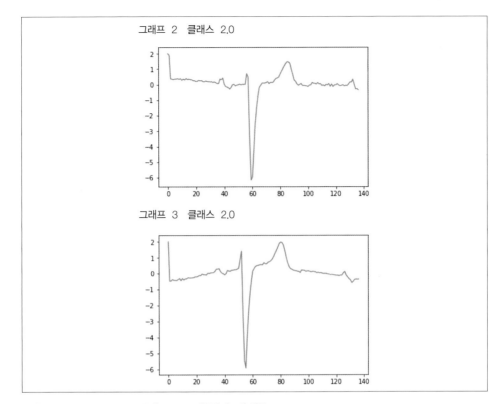

그림 13-3 ECGFiveDays 클래스 2.0 – 첫 번째 2개 샘플

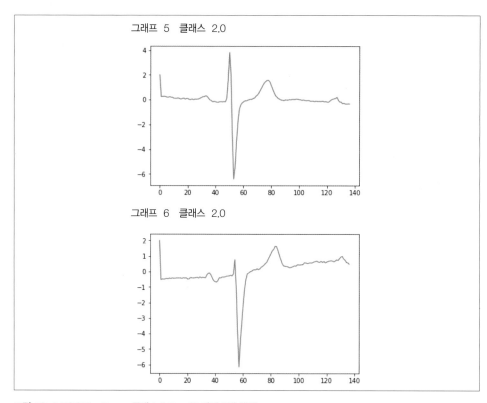

그림 13-4 ECGFiveDays 클래스 2.0 – 두 번째 2개 샘플

우리처럼 숙련되지 않은 사람들이 볼 때, 클래스 1.0과 클래스 2.0의 샘플은 거의 비슷하게 보입니다. 이 데이터에 대한 도메인 전문가의 추가 설명에 따르면, 그래프는 왜곡과 함께 노이즈가 있으며 분류를 어렵게 만드는 진폭, 주기, 위상 이동, 수직 이동 등이 서로 차이가 있습니다.

이제 k-shape 알고리즘을 적용할 데이터를 준비합니다. 우리는 평균이 0이고 표준 편차가 1이 되도록 데이터를 표준화할 겁니다.

```
# 데이터 준비 - 스케일링하기
X_train = TimeSeriesScalerMeanVariance(mu=0., std=1.).fit_transform(X_train)
X_test = TimeSeriesScalerMeanVariance(mu=0., std=1.).fit_transform(X_test)
```

13.3.2 훈련 및 평가

다음으로 k-shape 알고리즘을 호출하고 군집 수를 2로, 최대 반복 횟수를 100으로, 훈련 라운드 수를 100으로 설정합니다[4].

```
# k-Shape 훈련시키기
ks = KShape(n_clusters=2, max_iter=100, n_init=100, verbose=0)
ks.fit(X_train)
```

시계열 클러스터링의 성능을 측정하기 위해 **수정된 Rand 지수**adjusted rand index를 사용할 겁니다. 이는 우연히 그룹화된 성분에 대한 조정된 두 데이터 군집 간 유사성 척도입니다. 이는 정확도 척도와 관련이 있습니다[5].

직관적으로 Rand 지수는 예측 군집과 실제 군집 사이의 군집 할당에서 일치하는 개수를 측정합니다. 모델의 수정된 Rand 지수 값이 0.0에 가까운 경우 순전히 무작위로 군집을 할당한 겁니다. 반대로, 모델의 수정된 Rand 지수 값이 1.0에 가까운 경우 예측 군집과 실제 군집이 정확하게 일치한 겁니다.

여기에서는 사이킷런에서 구현된 수정된 Rand 지수인 adjusted_rand_score를 사용할 겁니다.

클러스터링 예측을 생성한 후 수정된 Rand 지수를 계산하겠습니다.

```
# 예측값 생성하고 수정된 Rand 지수 계산하기
preds = ks.predict(X_train)
ars = adjusted_rand_score(data_train[:,0], preds)
print("Adjusted Rand Index:", ars)
```

이 실행을 통해 출력한 수정된 Rand 지수는 0.668입니다. 물론 방금 실행한 훈련과 예측을 여러 번 수행하면 수정된 Rand 지수 값이 약간 달라지지만 항상 0.0 이상으로 잘 유지됩니다.

```
Adjusted Rand Index: 0.668041237113402
```

----

4 하이퍼파라미터에 대한 자세한 내용은 공식 k-shape 문서를 참조하십시오. https://tslearn.readthedocs.io/en/latest/gen_modules/clustering/tslearn.clustering.KShape.html#tslearn.clustering.KShape
5 Rand 지수에 대한 자세한 내용은 Wikipedia를 참조하십시오. https://en.wikipedia.org/wiki/Rand_index

이번에는 테스트셋을 기반으로 예측한 후 수정된 Rand 지수를 계산하겠습니다.

```
# 테스트셋으로 예측값을 생성하고 수정된 Rand 지수 계산하기
preds_test = ks.predict(X_test)
ars = adjusted_rand_score(data_test[:,0], preds_test)
print("Adjusted Rand Index on Test Set:", ars)
```

테스트셋에서는 수정된 Rand 지수가 상당히 낮습니다(겨우 0을 조금 넘습니다). 이 경우 군집 예측은 거의 우연에 의한 분류가 됩니다. 즉, 시계열은 거의 성공하지 못한 유사성을 기반으로 그룹화됐습니다.

```
Adjusted Rand Index on Test Set: 0.0006332050676187496
```

만약 k-shape 기반 시계열 클러스터링 모델을 훈련시키기 위해 훨씬 더 큰 훈련셋을 사용했다면 테스트셋에서 더 나은 성능을 기대할 겁니다.

13.4 ECG5000 데이터셋에서 k-Shape을 사용한 시계열 클러스터링

훈련셋에 관측치 23개, 테스트셋에 관측치 861개만 있는 ECGFiveDays 데이터셋 대신 훨씬 더 큰 ECG 수치 데이터셋을 사용해봅시다. ECG5000 데이터셋(UCR 시계열 아카이브에서도 사용 가능)에는 훈련 및 테스트셋에 ECG수치(즉, 시계열)가 총 5,000개 있습니다.

13.4.1 데이터 준비

데이터셋을 로드하고 훈련 및 테스트셋으로 분할합니다. 수치 데이터 5,000개에서 80%는 사용자 정의 훈련셋으로, 나머지 20%는 사용자 정의 테스트셋으로 분할합니다. 이제 더 큰 훈련셋으로, 훈련셋과 가장 중요한 테스트셋 모두에서 성능이 훨씬 더 우수한 시계열 클러스터링 모델을 개발할 수 있습니다.

```
# 데이터 로드하기
current_path = os.getcwd()
file = os.path.sep.join(['', 'datasets', 'ucr_time_series_data', ''])
data_train = np.loadtxt(current_path+file+
                        "ECG5000/ECG5000_TRAIN",
                        delimiter=",")

data_test = np.loadtxt(current_path+file+
                       "ECG5000/ECG5000_TEST",
                       delimiter=",")

data_joined = np.concatenate((data_train, data_test), axis=0)
data_train, data_test = train_test_split(data_joined,
                                    test_size=0.20, random_state=2019)

X_train = to_time_series_dataset(data_train[:, 1:])
y_train = data_train[:, 0].astype(np.int)
X_test = to_time_series_dataset(data_test[:, 1:])
y_test = data_test[:, 0].astype(np.int)
```

이제 이 데이터셋을 살펴보겠습니다.

```
# 요약 통계
print("Number of time series:", len(data_train))
print("Number of unique classes:", len(np.unique(data_train[:,0])))
print("Time series length:", len(data_train[0,1:]))
```

다음 결과는 기본 요약 통계를 보여줍니다. 훈련셋에는 수치가 4,000개 있으며 클래스 5개로 그룹화됐고 각 시계열의 길이는 140입니다.

```
Number of time series: 4000
Number of unique classes: 5
Time series length: 140
```

또한 각 클래스에 속하는 수치 값의 개수를 살펴보겠습니다.

```
# 클래스별 건수 계산하기
print("Number of time series in class 1.0:",
      len(data_train[data_train[:,0]==1.0]))
```

```
print("Number of time series in class 2.0:",
        len(data_train[data_train[:,0]==2.0]))
print("Number of time series in class 3.0:",
        len(data_train[data_train[:,0]==3.0]))
print("Number of time series in class 4.0:",
        len(data_train[data_train[:,0]==4.0]))
print("Number of time series in class 5.0:",
        len(data_train[data_train[:,0]==5.0]))
```

클래스별 건수는 [그림 13-5]에 나와 있습니다. 대부분 수치 값은 클래스 1에 속하고 클래스 2
가 그 뒤를 따릅니다. 클래스 3, 4, 5에 속하는 수치 값은 상당히 적습니다. 또한, 각 클래스별
평균 시계열 수치 값을 살펴보면 다양한 클래스가 어떻게 보이는지 더 잘 이해할 수 있습니다.

```
# 클래스별 건수 나타내기
for j in np.unique(data_train[:,0]):
    dataPlot = data_train[data_train[:,0]==j]
    cnt = len(dataPlot)
    dataPlot = dataPlot[:,1:].mean(axis=0)
    print(" Class ", j, " Count ", cnt)
    plt.plot(dataPlot)
    plt.show()
```

클래스 1(그림 13-5)의 분포는 날카로운 저점에 이어 날카로운 정점 및 안정화가 뒤따르는
모양입니다. 이는 가장 일반적인 유형의 분포입니다.

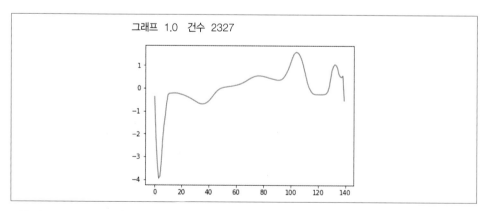

그림 13-5 ECG5000 클래스 1.0

클래스 2(그림 13-6)는 날카로운 저점에 이어 회복되다가 더 뚜렷하게 낮은 저점과 이후 부분적인 회복이 뒤따르는 모양입니다. 이는 두 번째로 일반적인 유형의 분포입니다.

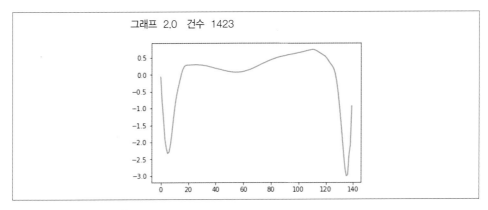

그림 13-6 ECG5000 클래스 2.0

클래스 3(그림 13-7)은 날카로운 저점에 이어 회복되다가 더 뚜렷하고 낮은 저점과 이후 회복이 없는 분포입니다. 데이터셋에는 이러한 샘플이 몇 가지 더 있습니다.

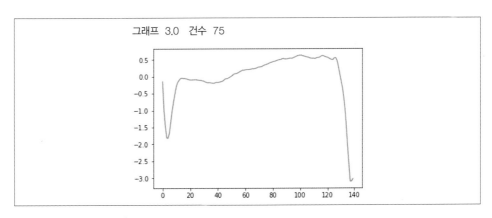

그림 13-7 ECG5000 클래스 3.0

클래스 4(그림 13-8)는 날카로운 저점에 이어 회복되다가 얕은 저점과 안정화가 이어지는 분포입니다. 데이터셋에는 이러한 샘플이 몇 가지 더 있습니다.

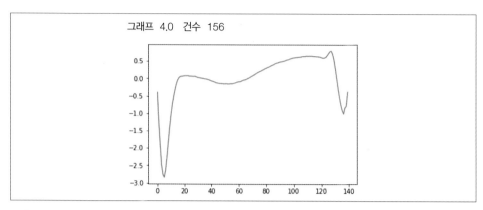

그림 13-8 ECG5000 클래스4.0

클래스 5(그림 13-9)는 날카로운 저점이 있고, 고르지 않은 회복, 정점, 그리고 얕은 저점 이후 불안정한 감소가 뒤 따릅니다. 데이터셋에 이러한 샘플은 거의 없습니다.

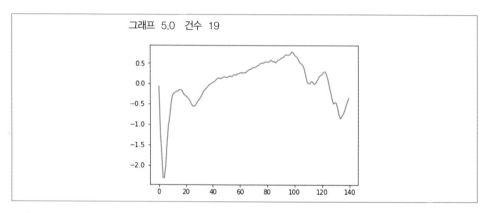

그림 13-9 ECG5000 클래스5.0

13.4.2 훈련 및 평가

이전과 마찬가지로 데이터를 평균이 0이고 표준 편차가 1이 되도록 표준화하겠습니다. 그런 다음 k-shape 알고리즘을 적합합니다. 클러스터 수는 5로 설정하고 다른 모든 것은 동일하게 유지합니다.

```
# 데이터 준비 - 스케일링하기
X_train = TimeSeriesScalerMeanVariance(mu=0., std=1.).fit_transform(X_train)
X_test = TimeSeriesScalerMeanVariance(mu=0., std=1.).fit_transform(X_test)

# k-Shape 훈련시키기
ks = KShape(n_clusters=5, max_iter=100, n_init=10, verbose=1, random_state=2019)
ks.fit(X_train)
```

훈련셋에서 이 모델의 결과를 평가하겠습니다.

```
# 훈련셋으로 예측값을 생성하고 수정된 Rand 지수 계산하기
preds = ks.predict(X_train)
ars = adjusted_rand_score(data_train[:,0], preds)
print("Adjusted Rand Index on Training Set:", ars)
```

다음 결과는 훈련셋의 수정된 Rand 지수를 보여줍니다. 수정된 Rand 지수는 0.750으로 상당히 강력합니다.

```
Adjusted Rand Index on Training Set: 0.7499312374127193
```

이제 테스트셋에서 결과를 평가하겠습니다.

```
# 테스트셋으로 예측값을 생성하고 수정된 Rand 지수 계산하기
preds_test = ks.predict(X_test)
ars = adjusted_rand_score(data_test[:,0], preds_test)
print("Adjusted Rand Index on Test Set:", ars)
```

테스트셋의 수정된 Rand 지수도 0.717로 많이 높습니다. 훈련셋을 4,000개 시계열(23개에서 시작)로 늘리면 훨씬 뛰어난 성능의 시계열 군집 모델을 생성할 수 있습니다.

```
Adjusted Rand Index on Test Set: 0.7172302400677499
```

예측된 군집이 얼마나 동질한지 더 살펴보겠습니다. 예측된 각 군집에 대해 실제 레이블의 분포를 평가합니다. 군집이 잘 정의돼 동질하다면, 각 군집의 수치 값은 대부분 동일한 실제 레이블을 가져야 합니다.

```
# 군집 적합도 검정하기
preds_test = preds_test.reshape(1000,1)
preds_test = np.hstack((preds_test, data_test[:,0].reshape(1000,1)))
preds_test = pd.DataFrame(data=preds_test)
preds_test = preds_test.rename(columns={0: 'prediction', 1: 'actual'})

counter = 0
for i in np.sort(preds_test.prediction.unique()):
    print("Predicted Cluster ", i)
    print(preds_test.actual[preds_test.prediction==i].value_counts())
    print()
    cnt = preds_test.actual[preds_test.prediction==i]
                    .value_counts().iloc[1:].sum()
    counter = counter + cnt
print("Count of Non-Primary Points: ", counter)
```

다음 결과는 클러스터의 동질성을 나타냅니다.

```
ECG 5000 k-shape predicted cluster analysis

Predicted Cluster 0.0
    2.0   29
    4.0   2
    1.0   2
    3.0   2
    5.0   1
    Name: actual, dtype: int64

Predicted Cluster 1.0
    2.0   270
    4.0   14
    3.0   8
    1.0   2
    5.0   1
    Name: actual, dtype: int64

Predicted Cluster 2.0
    1.0   553
    4.0   16
    2.0   9
    3.0   7
    Name: actual, dtype: int64
```

```
Predicted Cluster 3.0
    2.0   35
    1.0   5
    4.0   5
    5.0   3
    3.0   3
    Name: actual, dtype: int64

Predicted Cluster 4.0
    1.0   30
    4.0   1
    3.0   1
    2.0   1
    Name: actual, dtype: int64

Count of Non-Primary Points: 83
```

예측된 각 클러스터 내의 수치 값의 대부분은 하나의 실제 레이블 클래스에 속합니다. 이는 k-shape에 의해 파생된 군집이 얼마나 잘 정의됐고 동질적인지 말해줍니다.

13.5 ECG5000 데이터셋에서 k-평균을 사용한 시계열 클러스터링

완성도를 높이기 위해 k-평균의 결과와 k-shape의 결과를 비교해보겠습니다. tslearn 라이브러리를 사용해 훈련을 수행하고 이전과 같이 수정된 Rand 지수를 사용해 평가합니다.

군집 수는 5로, 단일 실행의 최대 반복 횟수는 100으로, 독립 실행 수는 100으로, 척도 거리는 **유클리드**Euclid로, 마지막으로 랜덤 상태는 2019로 설정합니다.

```
# 시계열 k-평균 훈련시키기
km = TimeSeriesKMeans(n_clusters=5, max_iter=100, n_init=100,
                      metric="euclidean", verbose=1, random_state=2019)
km.fit(X_train)

# 훈련셋으로 예측하고 수정된 Rand 지수로 평가하기
preds = km.predict(X_train)
ars = adjusted_rand_score(data_train[:,0], preds)
```

```
print("Adjusted Rand Index on Training Set:", ars)

# 테스트셋으로 예측하고 수정된 Rand 지수로 평가하기
preds_test = km.predict(X_test)
ars = adjusted_rand_score(data_test[:,0], preds_test)
print("Adjusted Rand Index on Test Set:", ars)
```

TimeSeriesKMean 알고리즘은 유클리드 거리 척도를 사용해 k-shape보다 훨씬 빠르게 실행됩니다. 그러나 결과는 좋지 않습니다.

훈련셋의 수정된 Rand 지수는 0.506입니다.

```
Adjusted Rand Index of Time Series k-Means on Training Set: 0.5063464656715959
```

테스트셋의 수정된 Rand 지수는 0.486입니다.

```
Adjusted Rand Index of Time Series k-Means on Test Set: 0.4864981997585834
```

13.6 ECG5000 데이터셋에서 HDBSCAN을 사용한 시계열 클러스터링

마지막으로 우리가 5장에서 살펴본 HDBSCAN을 적용하고 성능을 평가해봅시다.

기본값의 파라미터를 사용해 HDBSCAN을 실행하고 수정된 Rand 지수를 사용해 성능을 평가합니다.

```
# 훈련셋으로 모델 훈련 및 평가하기
min_cluster_size = 5
min_samples = None
alpha = 1.0
cluster_selection_method = 'eom'
prediction_data = True

hdb = hdbscan.HDBSCAN(min_cluster_size=min_cluster_size,
```

```
                    min_samples=min_samples, alpha=alpha,
                    cluster_selection_method=cluster_selection_method,
                    prediction_data=prediction_data)

preds = hdb.fit_predict(X_train.reshape(4000,140))
ars = adjusted_rand_score(data_train[:,0], preds)
print("Adjusted Rand Index on Training Set:", ars)
```

훈련셋의 수정된 Rand 지수는 0.769로 인상적입니다.

```
Adjusted Rand Index on Training Set using HDBSCAN: 0.7689563655060421
```

이제 테스트셋을 평가하겠습니다.

```
# 테스트셋으로 예측 및 평가하기
preds_test = hdbscan.prediction.approximate_predict(
                hdb, X_test.reshape(1000,140))
ars = adjusted_rand_score(data_test[:,0], preds_test[0])
print("Adjusted Rand Index on Test Set:", ars)
```

테스트셋의 수정된 Rand 지수는 0.720으로 역시 인상적입니다.

```
Adjusted Rand Index on Test Set using HDBSCAN: 0.7200816245545564
```

13.7 시계열 클러스터링 알고리즘 비교

HDBSCAN과 k-shape는 ECG5000 데이터셋에서 비슷하게 좋은 성능을 보여줬으나 k-평균은 성능이 좋지 않았습니다. 그러나 하나의 시계열 데이터셋에서 이런 세 클러스터링 알고리즘의 성능을 평가한 것으로 확실한 결론을 도출할 수는 없습니다.

이제 이 세 클러스터링 알고리즘을 비교하기 위해 더 큰 실험을 실행하겠습니다.

먼저 UCR 시계열 분류 폴더에 있는 모든 디렉터리와 파일을 로드해 실험하는 동안 반복해서 사용할 수 있게 합니다. 이 폴더에는 총 85개 데이터셋이 있습니다.

```
# 데이터 로드하기
current_path = os.getcwd()
file = os.path.sep.join(['', 'datasets', 'ucr_time_series_data', ''])

mypath = current_path + file
d = []
f = []
for (dirpath, dirnames, filenames) in walk(mypath):
    for i in dirnames:
        newpath = mypath+"\\"+i+"\\"
        onlyfiles = [f for f in listdir(newpath) if isfile(join(newpath, f))]
        f.extend(onlyfiles)
    d.extend(dirnames)
    break
```

다음으로 세 클러스터링 알고리즘 각각에 코드를 재활용하고 전체 실험을 실행하기 위해 방금 준비한 데이터셋 목록을 사용하겠습니다. 또한, 훈련 및 테스트셋에서의 수정된 Rand 지수를 데이터셋별로 저장하고 각 클러스터링 알고리즘이 85개 데이터셋에 대한 전체 실험을 완료하는 데 걸리는 시간을 측정합니다.

13.7.1 k-Shape 사용한 전체 수행

첫 번째 실험에서는 k-shape을 사용합니다.

```
# k-Shape 실험
kShapeDF = pd.DataFrame(data=[], index=[v for v in d],
                        columns=["Train ARS","Test ARS"])

# k-Shape 모델 훈련 및 평가하기
class ElapsedTimer(object):
    def __init__(self):
        self.start_time = time.time()
    def elapsed(self,sec):
        if sec < 60:
            return str(sec) + " sec"
        elif sec < (60 * 60):
            return str(sec / 60) + " min"
        else:
```

```
            return str(sec / (60 * 60)) + " hr"
    def elapsed_time(self):
        print("Elapsed: %s " % self.elapsed(time.time() - self.start_time))
        return (time.time() - self.start_time)

timer = ElapsedTimer()
cnt = 0
for i in d:
    cnt += 1
    print("Dataset ", cnt)
    newpath = mypath+"\\"+i+"\\"
    onlyfiles = [f for f in listdir(newpath) if isfile(join(newpath, f))]
    j = onlyfiles[0]
    k = onlyfiles[1]
    data_train = np.loadtxt(newpath+j, delimiter=",")
    data_test = np.loadtxt(newpath+k, delimiter=",")

    data_joined = np.concatenate((data_train, data_test), axis=0)
    data_train, data_test = train_test_split(data_joined,
                                    test_size=0.20, random_state=2019)

    X_train = to_time_series_dataset(data_train[:, 1:])
    y_train = data_train[:, 0].astype(np.int)
    X_test = to_time_series_dataset(data_test[:, 1:])
    y_test = data_test[:, 0].astype(np.int)

    X_train = TimeSeriesScalerMeanVariance(mu=0., std=1.)
                            .fit_transform(X_train)
    X_test = TimeSeriesScalerMeanVariance(mu=0., std=1.)
                            .fit_transform(X_test)
    classes = len(np.unique(data_train[:,0]))
    ks = KShape(n_clusters=classes, max_iter=10, n_init=3, verbose=0)
    ks.fit(X_train)

    print(i)
    preds = ks.predict(X_train)
    ars = adjusted_rand_score(data_train[:,0], preds)
    print("Adjusted Rand Index on Training Set:", ars)
    kShapeDF.loc[i,"Train ARS"] = ars

    preds_test = ks.predict(X_test)
    ars = adjusted_rand_score(data_test[:,0], preds_test)
    print("Adjusted Rand Index on Test Set:", ars)
```

```
    kShapeDF.loc[i,"Test ARS"] = ars

kShapeTime = timer.elapsed_time()
```

k-shape 알고리즘은 실행을 완료하는 데 약 한 시간이 걸립니다. 여기에서는 수정된 Rand 지수를 저장했으며 이를 사용해 k-shape, k-평균, HBDSCAN을 비교할 겁니다.

> **NOTE_** k-shape 측정 시간은 실험에서 설정한 하이퍼파라미터와 실험이 실행되는 머신의 로컬 하드웨어 사양을 기반으로 측정됐습니다. 다양한 하이퍼파라미터와 하드웨어 사양으로 실험 시간이 저마다 크게 달라 질 수 있습니다.

13.7.2 k-평균을 사용한 전체 수행

다음은 k-평균을 수행합니다.

```
# k-평균 실험 - 전체 실행
# 데이터 프레임 생성하기
kMeansDF = pd.DataFrame(data=[], index=[v for v in d],
                        columns=["Train ARS","Test ARS"])

# k-평균으로 모델 훈련 및 평가하기
timer = ElapsedTimer()
cnt = 0
for i in d:
    cnt += 1
    print("Dataset ", cnt)
    newpath = mypath+"\\"+i+"\\"
    onlyfiles = [f for f in listdir(newpath) if isfile(join(newpath, f))]
    j = onlyfiles[0]
    k = onlyfiles[1]
    data_train = np.loadtxt(newpath+j, delimiter=",")
    data_test = np.loadtxt(newpath+k, delimiter=",")

    data_joined = np.concatenate((data_train, data_test), axis=0)
    data_train, data_test = train_test_split(data_joined,
                                    test_size=0.20, random_state=2019)
    X_train = to_time_series_dataset(data_train[:, 1:])
```

```
        y_train = data_train[:, 0].astype(np.int)
        X_test = to_time_series_dataset(data_test[:, 1:])
        y_test = data_test[:, 0].astype(np.int)


        X_train = TimeSeriesScalerMeanVariance(mu=0., std=1.).fit_transform(X_train)
        X_test = TimeSeriesScalerMeanVariance(mu=0., std=1.).fit_transform(X_test)


        classes = len(np.unique(data_train[:,0]))
        km = TimeSeriesKMeans(n_clusters=5, max_iter=10, n_init=10,
                              metric="euclidean", verbose=0, random_state=2019)
        km.fit(X_train)

        print(i)
        preds = km.predict(X_train)
        ars = adjusted_rand_score(data_train[:,0], preds)
        print("Adjusted Rand Index on Training Set:", ars)
        kMeansDF.loc[i,"Train ARS"] = ars

        preds_test = km.predict(X_test)
        ars = adjusted_rand_score(data_test[:,0], preds_test)
        print("Adjusted Rand Index on Test Set:", ars)
        kMeansDF.loc[i,"Test ARS"] = ars

    kMeansTime = timer.elapsed_time()
```

k-평균은 85개의 모든 데이터셋에 대해 전체 실험을 실행하는 데 5분이 채 안 걸립니다.

13.7.3 HDBSCAN을 사용한 전체 수행

마지막으로 HBDSCAN을 수행합니다.

```
# HDBSCAN 실험- 전체 실행
# 데이터 프레임 생성하기
hdbscanDF = pd.DataFrame(data=[], index=[v for v in d],
                         columns=["Train ARS","Test ARS"])

# HDBSCAN으로 모델 훈련 및 평가하기
timer = ElapsedTimer()
cnt = 0
for i in d:
```

```
cnt += 1
print("Dataset ", cnt)
newpath = mypath+"\\"+i+"\\"
onlyfiles = [f for f in listdir(newpath) if isfile(join(newpath, f))]
j = onlyfiles[0]
k = onlyfiles[1]
data_train = np.loadtxt(newpath+j, delimiter=",")
data_test = np.loadtxt(newpath+k, delimiter=",")
data_joined = np.concatenate((data_train, data_test), axis=0)
data_train, data_test = train_test_split(data_joined,
                                    test_size=0.20, random_state=2019)

X_train = data_train[:, 1:]
y_train = data_train[:, 0].astype(np.int)
X_test = data_test[:, 1:]
y_test = data_test[:, 0].astype(np.int)

X_train = TimeSeriesScalerMeanVariance(mu=0., std=1.).fit_transform(X_train)
X_test = TimeSeriesScalerMeanVariance(mu=0., std=1.).fit_transform(X_test)

classes = len(np.unique(data_train[:,0]))
min_cluster_size = 5
min_samples = None
alpha = 1.0
cluster_selection_method = 'eom'
prediction_data = True

hdb = hdbscan.HDBSCAN(min_cluster_size=min_cluster_size,
                    min_samples=min_samples, alpha=alpha,
                    cluster_selection_method=cluster_selection_method,
                    prediction_data=prediction_data)

print(i)
preds = hdb.fit_predict(X_train.reshape(X_train.shape[0], X_train.shape[1]))
ars = adjusted_rand_score(data_train[:,0], preds)
print("Adjusted Rand Index on Training Set:", ars)
hdbscanDF.loc[i,"Train ARS"] = ars

preds_test = hdbscan.prediction.approximate_predict(hdb,
                        X_test.reshape(X_test.shape[0], X_test.shape[1]))
ars = adjusted_rand_score(data_test[:,0], preds_test[0])
print("Adjusted Rand Index on Test Set:", ars)
hdbscanDF.loc[i,"Test ARS"] = ars
```

```
hdbscanTime = timer.elapsed_time()
```

HBDSCAN은 85개의 모든 데이터셋에서 실험을 실행하는 데 10분 미만이 소요됩니다.

13.7.4 모든 시계열 클러스터링 접근 방법 비교

이제 세 클러스터링 알고리즘을 모두 비교해볼 수 있습니다. 한 가지 방법으로는 각 클러스터링 알고리즘에 대해 각각 훈련 및 테스트셋에서 평균 수정된 Rand 지수를 계산하는 겁니다.

다음은 각 알고리즘의 평가 점수입니다.

```
k-Shape Results

Train ARS      0.165139
Test ARS       0.151103

k-Means Results

Train ARS      0.184789
Test ARS       0.178960

HDBSCAN Results
Train ARS      0.178754
Test ARS       0.158238
```

결과는 k-평균이 Rand 지수가 가장 높고, k-shape과 HDBSCAN이 그 뒤를 이었습니다.

이 결과를 검증(완벽한 검증보다는 부분적인 검증)하기 위해 각 알고리즘이 85개의 모든 데이터셋에서 1위, 2위, 3위를 차지한 횟수를 계산하겠습니다.

```
# 세 알고리즘별 상위 순위를 차지한 횟수 계산하기
timeSeriesClusteringDF = pd.DataFrame(data=[], index=kShapeDF.index,
                         columns=["kShapeTest",
                                  "kMeansTest",
                                  "hdbscanTest"])
timeSeriesClusteringDF.kShapeTest = kShapeDF["Test ARS"]
timeSeriesClusteringDF.kMeansTest = kMeansDF["Test ARS"]
timeSeriesClusteringDF.hdbscanTest = hdbscanDF["Test ARS"]
```

```
tscResults = timeSeriesClusteringDF.copy()

for i in range(0, len(tscResults)):
    maxValue = tscResults.iloc[i].max()
    tscResults.iloc[i][tscResults.iloc[i]==maxValue]=1
    minValue = tscResults .iloc[i].min()
    tscResults.iloc[i][tscResults.iloc[i]==minValue]=-1
    medianValue = tscResults.iloc[i].median()
    tscResults.iloc[i][tscResults.iloc[i]==medianValue]=0

# 결과 보기
tscResultsDF = pd.DataFrame(data=np.zeros((3,3)),
                index=["firstPlace","secondPlace","thirdPlace"],
                columns=["kShape", "kMeans","hdbscan"])
tscResultsDF.loc["firstPlace",:] = tscResults[tscResults==1].count().values
tscResultsDF.loc["secondPlace",:] = tscResults[tscResults==0].count().values
tscResultsDF.loc["thirdPlace",:] = tscResults[tscResults==-1].count().values
tscResultsDF
```

k-shape가 1위를 가장 많이 했고, 그다음은 HDBSCAN입니다. k-평균은 2위를 많이 했으며, 데이터셋 대부분에서 최고도 아니고 최악도 아니었습니다(표 13-1).

표 13-1 비교 요약(데이터셋 수)

	kShape	kMeans	hbdscan
firstPlace	31.0	24.0	29.0
secondPlace	19.0	41.0	26.0
thirdPlace	35.0	20.0	30.0

이 비교에 근거해, 하나의 알고리즘이 보편적으로 다른 모든 알고리즘보다 우수하다는 결론을 내리기는 어렵습니다. k-shape가 1위를 많이 했지만 다른 두 알고리즘보다 상당히 느립니다. k-평균과 HDBSCAN 모두 꽤 많은 데이터셋에서 1위를 차지했습니다.

13.8 마치며

이 책에서는 처음으로 시계열 데이터를 살펴보고, 레이블 없이 다른 데이터와의 유사성을 기반으로 시계열 패턴을 그룹화하는 비지도 학습의 힘을 증명했습니다. 이를 위해 세 클러스터링 알고리즘(k-shape, k-평균, HDBSCAN)으로 다양한 실험을 수행했습니다. 그 결과, k-shape가 가장 뛰어난 알고리즘으로 여겨지지만 다른 두 알고리즘도 역시 잘 수행됩니다.

가장 중요한 것은 85개 시계열 데이터셋의 결과가 실험의 중요성을 강조한다는 겁니다. 머신러닝 대부분과 마찬가지로 단일 알고리즘은 다른 모든 알고리즘보다 우수하다고 할 수 없습니다. 당면한 문제에 가장 적합한 접근 방법을 확인하기 위해서 끊임없이 지식과 실험의 폭을 확장해야 합니다. 훌륭한 데이터 과학자는 언제 무엇을 적용해야 하는지 압니다.

이 책에서 학습한 여러 비지도 학습 방법으로, 앞으로 직면하는 문제를 더 잘 해결할 수 있기를 바랍니다.

## CHAPTER 14

결론

인공지능은 20년 전 인터넷이 등장한 이래로 첨단 기술 세계에서는 볼 수 없는 **하이프 사이클** hype cycle의 정점에 있습니다[1]. 그러나 이것이 하이프 사이클이 신뢰성이 없다는 것을 의미하지는 않습니다.

과거 수십 년간 인공지능 및 머신러닝 작업은 성공적인 상업 응용 프로그램이 거의 없었기에 대부분 이론적으로나 학문적으로 이루어졌지만, 지난 10년간 구글, 페이스북, 아마존, 마이크로소프트, 애플과 같은 회사의 주도하에 훨씬 더 많이 적용되고 산업 중심적인 분야로 탈바꿈했습니다.

원대한 과제(예: 강한 인공지능 또는 범용 인공지능)보다는 좁게 정의된 과제(예: 약한 인공지능 혹은 좁은 인공지능)를 위한 머신러닝 응용 프로그램을 개발하는 데 중점을 두면서, 이 분야는 7~10년 정도의 짧은 기간 동안 좋은 결과를 얻고자 하는 투자자에게 훨씬 더 매력적인 분야가 됐습니다. 투자자의 관심과 자본이 증가하면서 이 분야는 더욱 성공적으로 성장했으며, 이로 인해 좁은 인공지능으로 나아가면서 동시에, 강한 인공지능을 위한 기반을 마련할 수 있게 됐습니다.

물론 자본만이 유일한 촉매제는 아닙니다. 빅 데이터, 컴퓨터 하드웨어의 발전(특히, Nvidia가 주도하는 심층 신경망 훈련을 위한 GPU의 발전), 알고리즘 연구와 개발의 획기적인 발전

1　PitchBook (https://pitchbook.com/news/articles/2017-year-in-review-the-top-vc-rounds-investors-in-ai)에 따르면 벤처 캐피탈 투자자는 2017년 AI 및 머신러닝 회사에 108억 달러 이상을 투자했습니다. 이는 2010년 5억 달러에서 지속적으로 증가했으며, 2016년에 투자된 57억 달러의 거의 2배 가까운 수치입니다.

역시 최근의 AI 성공에 동등하게 기여했습니다.

모든 하이프 사이클과 마찬가지로 현재 사이클에 대해서도 언젠가 관심이 식을 수 있지만, 지금까지 이 분야의 발전은 과학계의 많은 사람들을 놀라게 했고 점점 더 대중의 상상력을 사로잡았습니다.

14.1 지도 학습

지금까지 지도 학습은 머신러닝 분야의 상업적 성공의 대부분을 전담했습니다. 이러한 성공 사례는 데이터 유형별로 구분할 수 있습니다.

- 이미지 영역에서는 광학 문자 인식, 이미지 분류, 얼굴 인식이 있습니다. 예를 들어, 페이스북은 기존 사진의 데이터베이스를 활용해 이전에 레이블이 지정된 얼굴과 얼마나 비슷한지에 따라 새 사진의 얼굴에 자동으로 태그합니다.
- 영상 영역에서는 현재 미국 전역의 도로에서 이미 운행 중인 자율 주행 자동차가 있습니다. 구글, 테슬라, 우버와 같은 주요 업체들은 자율주행 자동차에 매우 많이 투자하고 있습니다.
- 음성 영역에서는 시리, 알렉사, 구글 어시스턴트, 코타나와 같은 인공지능 비서 서비스가 제공하는 음성 인식 기능이 있습니다.
- 텍스트 영역에서는 이메일 스팸 필터링과 같은 전형적인 사례뿐만 아니라 기계 번역(예: 구글 번역), 감성 분석, 구문 분석, 개체 인식, 언어 감지, 질의응답도 있습니다. 이러한 성공에 힘입어, 지난 몇 년 동안 챗봇이 확산되는 것을 봤습니다.

지도 학습은 시계열 예측도 잘 수행합니다. 금융, 의료, 광고 기술 분야 등에서 수많은 관련 응용 프로그램을 사용하고 있습니다. 물론 지도 학습 응용 프로그램이 실행될 때 오직 하나의 데이터 유형만 사용하도록 제한되지 않습니다. 예를 들어, 영상 캡션 시스템은 이미지 인식 기능과 자연어 프로세싱 기능을 결합해 영상에 머신러닝을 적용하고 텍스트 캡션을 생성합니다.

14.2 비지도 학습

비지도 학습은 아직까지 지도 학습만큼 많은 성공을 거두지는 못했지만 그 잠재력은 엄청납니다. 현실 세계 데이터 대부분은 레이블이 없습니다. 지도 학습이 이미 해결한 과제보다 더 큰 규모의 과제에 머신러닝을 적용하기 위해서는 레이블이 있는 데이터와 레이블이 없는 데이터를 모두 사용해야 합니다.

비지도 학습은 레이블이 없는 데이터의 내재된 구조를 학습해 숨겨진 패턴을 찾는 데 매우 유용합니다. 숨겨진 패턴이 발견되면 이 패턴을 유사한 패턴들과 함께 그룹화할 수 있습니다.

일단 패턴이 이런 식으로 그룹화되면 담당자는 그룹당 몇 가지 패턴을 샘플링하고 의미 있는 레이블을 제공할 수 있습니다. 그룹이 잘 정의된 경우(즉, 같은 그룹의 구성원들은 동질하고 다른 그룹의 구성원과는 뚜렷하게 다른 경우), 담당자의 수작업으로 제공하는 몇 가지 레이블을 그룹의 다른(아직 레이블이 없는) 구성원에게 적용할 수 있습니다. 이 프로세스를 통해 이전에 레이블이 없던 데이터에 매우 빠르고 효율적으로 레이블을 지정할 수 있습니다.

즉, 비지도 학습은 지도 학습 방법의 성공적인 적용을 가능하게 합니다. 비지도 학습과 지도 학습 사이의 시너지(준지도 학습이라고도 함)는 성공적인 머신러닝 응용 프로그램의 미래를 이끌 겁니다.

14.2.1 사이킷런

이제는 이러한 비지도 학습 주제들이 매우 친숙할 겁니다. 그러나 복습하는 의미에서 지금까지 다룬 모든 내용을 간단히 살펴보겠습니다.

3장에서 우리는 차원 감소 알고리즘을 사용해 데이터의 내재된 구조를 학습하고 가장 핵심적인 피처만 유지하며, 더 낮은 차원 공간에 피처를 매핑함으로써 데이터의 차원을 줄이는 방법을 알아봤습니다.

일단 데이터가 더 낮은 차원 공간에 매핑 되면 데이터의 숨겨진 패턴을 쉽게 발견할 수 있습니다. 4장에서 신용카드 비정상 거래와 정상 거래를 분류하는 이상 탐지 시스템을 구축해 이를 확인했습니다.

이러한 낮은 차원 공간에서는 유사한 데이터 포인트들을 그룹화하는 것은 좀 더 쉽습니다. 5장에서 이러한 클러스터링도 살펴봤습니다. 클러스터링의 대표적인 응용 사례는 그룹 세분화이며, 서로 얼마나 유사한지, 얼마나 다른지를 기준으로 대상을 구분합니다. 6장에서 대출 신청서를 제출하는 대출자에 이것을 적용했습니다. 3장부터 6장까지, 이 책의 사이킷런을 활용한 비지도 학습 부문을 마무리했습니다.

13장에서는 처음으로 시계열 데이터로 클러스터링을 확장하고 다양한 시계열 클러스터링 방법들을 살펴봤습니다. 여러 실험을 수행했으며 모든 데이터셋을 위한 가장 적합한 한 가지 방법은 없기 때문에 다양한 머신러닝 방법을 사용하는 것이 얼마나 중요한지 강조했습니다.

14.2.2 텐서플로와 케라스

7장부터 12장까지는 텐서플로와 케라스를 사용해 비지도 학습을 살펴봤습니다.

가장 먼저 신경망과 표현 학습의 개념을 소개했습니다. 7장에서는 원본 데이터에서 새롭고 더욱 함축된 표현을 학습하기 위해 오토인코더를 사용했습니다. 이것은 비지도 학습이 통찰력을 얻기 위해 데이터의 내재된 구조를 학습하는 또 다른 방법입니다.

8장에서는 사기 탐지 솔루션을 구축하기 위해 신용카드 거래 데이터셋에 오토인코더를 적용했습니다. 9장에서는 매우 중요한 주제인 비지도 학습 접근 방식 및 지도 학습 접근 방식의 결합을 통해 8장에서 구축한 독립형 비지도 학습 기반 신용카드 사기 탐지 솔루션을 개선해 비지도 학습 모델과 지도 학습 모델 간 잠재적인 시너지 효과를 강조했습니다.

10장에서는 제한된 볼츠만 머신(RBM)을 시작으로, 처음으로 생성적 모델을 소개했으며 이를 활용해 영화 추천 시스템을 구축했습니다. 이는 넷플릭스와 아마존 사용자가 이미 경험한 추천 시스템의 기본 버전입니다.

11장에서는 얕은 신경망에서 심층 신경망으로 넘어가, 여러 RBM을 함께 쌓아서 더 고도화된 생성적 모델을 만들었습니다. 우리는 이른바 심층 신뢰 신경망(DBN)을 통해 기존의 MNIST 데이터셋을 보강하고 더 나은 이미지 분류 시스템을 구축하기 위해 숫자 합성 이미지를 생성했습니다. 우리는 여기서 다시 한번, 지도 학습 솔루션의 성능을 개선하기 위해 비지도 학습을 사용하는 방법에 대한 잠재력을 확인했습니다.

12장에서는 다른 유형의 생성적 모델을 살펴봤습니다. 최근 가장 인기 있는 모델인 생성적 적대 신경망(GAN)입니다. 이것을 사용해 MNIST 이미지 데이터셋과 유사한 숫자 합성 이미지를 더 많이 생성했습니다.

14.3 강화 학습

이 책에서는 강화 학습을 자세히 다루지 않았습니다. 강화 학습은 특히 보드 게임이나 비디오 게임과 같은 분야에서 최근 성공을 거둔 후에 점점 더 관심을 많이 받고 있는 분야입니다.

특히 구글 딥마인드는 몇 년 전 바둑 소프트웨어인 알파고^AlphaGo를 전 세계에 소개했으며, 2016년 3월, 당시 세계 챔피언 바둑 선수인 이세돌을 상대로 거둔 알파고의 역사적인 승리를 이룹니다. 이것은 기존에 인공지능이 달성하는 데 10년은 더 걸릴 것으로 예상한 업적으로, 인공지능 분야에서 얼마나 많은 진전이 있었는지 전 세계에 보여줬습니다.

최근에 구글 딥마인드는 알파고 소프트웨어의 더 좋은 버전을 개발하기 위해 비지도 학습과 강화 학습을 혼합했습니다. 알파고 제로^AlphaGo Zero라고 불리는 이 소프트웨어는 인간의 경기 데이터를 전혀 사용하지 않습니다.

다양한 머신러닝 분야 간 결합으로 인한 이러한 성공은 이 책의 주요 주제를 뒷받침합니다. 차세대 머신러닝의 성공은 레이블이 있는 데이터셋에 크게 의존하는 기존 머신러닝 솔루션을 개선하기 위해 레이블이 없는 데이터로 작업할 수 있는 방법을 찾는 데 달려 있습니다.

14.4 오늘날 가장 유망한 비지도 학습 분야

이제 비지도 학습의 현재 및 앞으로 가능한 미래에 대해 설명하는 것으로 이 책을 마무리할 겁니다. 비지도 학습의 현재에 대해서는 오늘날 산업에서 사용되고 있는 몇 가지 성공적인 비지도 학습 응용 프로그램을 소개하면서 설명하겠습니다.

가장 활발히 사용되는 응용 프로그램으로는 이상 탐지, 차원 감소, 클러스터링, 레이블이 없는 데이터셋의 효율적인 레이블링, 데이터 보강 등이 있습니다.

지도 학습이 사용되는 일부 분야에서는 과거 패턴의 레이블이 미래의 관심 패턴을 포착하는 데 한계가 존재합니다. 반면, 비지도 학습은 특히 미래 패턴이 과거 패턴과 매우 다를 때 새롭게 나타나는 패턴을 식별하는 데 탁월합니다. 예를 들어, 이상 탐지는 신용카드, 직불카드, 유선, 온라인, 보험 등 모든 유형의 사기를 식별하고, 자금 세탁, 테러 자금 조달, 인신 매매와 관련된 의심스러운 거래를 신고하는 데도 사용합니다.

이상 탐지는 사이버 공격을 식별하고 막기 위해 사이버 보안 솔루션에도 사용합니다. 기존의 규칙 기반 시스템은 새로운 유형의 사이버 공격을 잡는 데 어려움을 겪고 있기 때문에 비지도 학습은 이 분야의 필수 요소가 되고 있습니다. 또한 이상 탐지는 데이터 품질 문제를 포착하는 데 탁월합니다. 이상 탐지를 통해 데이터 분석가는 잘못 수집된 데이터를 훨씬 더 효율적으로 찾아내고 해결할 수 있습니다.

비지도 학습은 머신러닝의 주요 과제 중 하나인 차원의 저주를 해결하는 데도 도움이 됩니다. 데이터 과학자들은 일반적으로 데이터 분석 및 머신러닝 모델 구축에 사용할 서브셋(원본 데이터셋에서 모델 구축에 사용할 피처들만 선택해 구성한 하위 데이터셋)을 선택해야 합니다. 전체 피처 집합이 너무 커서 연산이 어렵기 때문입니다. 비지도 학습을 사용하면 데이터 과학자들은 모델 구축하는 동안 연산 문제에 직면할 걱정없이 원본 피처셋을 그대로 사용할 수 있을 뿐 아니라 추가적인 피처 엔지니어링을 통해 원본 피처셋의 부족한 점을 보완할 수 있습니다.

원본 피처와 엔지니어링 피처셋이 함께 준비되면 데이터 과학자들은 분석 및 모델 구축을 위해 차원 감소를 적용해 중복 피처를 제거하고 가장 핵심적이고 상관관계가 없는 피처를 유지합니다. 이러한 유형의 데이터 압축은 지도 학습 머신러닝 시스템(특히 영상 및 이미지)의 전처리 단계에서도 유용합니다.

비지도 학습은 데이터 과학자와 비즈니스 담당자에게 어떤 고객이 가장 흔하지 않은 방식으로 (대부분 고객과 매우 다른 방식으로) 행동하는지와 같은 질문에 대답하는 데 도움이 됩니다. 유사한 포인트들을 클러스터링하며 얻게 된 통찰력은 분석가가 그룹 세분화를 수행할 수 있도록 도움을 줍니다. 서로 다른 그룹이 식별되면 담당자는 특정 그룹이 다른 그룹과 특별하거나 뚜렷하게 다른 것이 무엇인지 살펴볼 수 있습니다. 이런 연습에서 얻은 통찰력은 현재 일어나고 있는 일에 대한 깊은 비즈니스 이해를 얻고 기업 전략을 개선하기 위해 적용할 수 있습니다.

클러스터링을 사용하면 레이블이 없는 데이터에 훨씬 효율적으로 레이블을 지정할 수 있습니다. 유사한 데이터는 함께 그룹화되기 때문에 사람은 군집당 몇 개의 포인트들만 레이블을 붙이면 됩니다. 이렇게 각 군집 내 일부 포인트들에 레이블이 지정되면 아직 레이블이 지정되지 않은 다른 포인트들은 레이블이 지정된 포인트로부터 레이블을 채택할 수 있습니다.

마지막으로 생성적 모델은 기존 데이터셋을 보완하기 위해 합성 데이터를 생성할 수 있습니다. 우리는 MNIST 데이터셋에 대한 작업으로 이를 입증했습니다. 이미지 및 텍스트와 같은 다양한 데이터 유형의 새로운 합성 데이터를 대규모로 생성하는 기능은 매우 강력하며, 이제 막 본격적으로 연구하기 시작한 분야입니다.

14.5 비지도 학습의 미래

인공지능은 아직 초기 단계입니다. 물론 지금까지 주요한 성공이 있었지만 다수의 인공지능 산업은 과대 광고와 막연한 기대로 부풀려졌습니다. 그만큼 앞으로 성장 잠재력이 많다는 의미이기도 합니다.

지금까지 인공지능 분야의 성공은 대부분 지도 학습에 의해 좁게 정의된 과제에서 이루어졌습니다. 최근 들어 인공지능이 성숙해지면서 기존의 좁은 인공지능 과제(이미지 분류, 기계 번역, 음성 인식, 질의응답 봇 등)에서 더 원대하고 범용적인 인공지능(인간 언어의 의미를 이해하고 인간이 원하는 방식으로 자연스럽게 대화할 수 있는 챗봇이나 주변 환경을 인지하고 동작하는 데 레이블 데이터에 크게 의존하지 않는 로봇, 초인적인 운전 능력의 자율주행차, 인간 수준의 추론과 창의성을 발휘하는 인공지능)으로 옮겨가기를 희망합니다.

많은 업계 전문가들이 강력한 인공지능을 구현하기 위한 핵심 기술로 비지도 학습을 꼽습니다. 그렇지 않으면 인공지능은 '레이블 데이터를 얼마나 많이 보유하고 있는가'라는 한계에 갇히게 됩니다.

인간이 태어날 때부터 탁월한 점은 많은 예시를 요구하지 않고도 과제를 수행하는 법을 배우는 능력입니다. 예를 들어, 유아는 몇 가지 예제만으로도 고양이와 개를 구별할 수 있습니다. 하지만 오늘날 인공지능은 이보다 훨씬 더 많은 예제/레이블이 필요합니다. 이상적으로, 인공지능은 가능한 한 적은 레이블을 사용(아마도 한 개 또는 전혀 사용하지 않고)해 서로 다른 클래스(예: 고양이 대 강아지)의 이미지를 분리하는 것을 학습할 수 있습니다. 이러한 유형의 **원 샷**one shot 또는 **제로 샷**zero shot 학습[2]을 수행하려면 비지도 학습 영역에서 더 많이 발전해야 합니다.

---

2 옮긴이_ 대부분 머신러닝 기반 객체 분류 알고리즘은 큰 데이터셋(수백 또는 수천 개 샘플/이미지)의 학습이 필요한 반면, 원 샷 학습은 하나 또는 몇 개의 샘플/이미지에서 객체 범주에 대한 정보를 분류하도록 학습하는 것이 목표입니다. 제로 샷 학습은 전이 학습에서 발전된 머신러닝의 한 종류입니다. 특정 문제를 학습한 경험이 없어도 이미 저장된 데이터 변형 및 특징을 분석합니다. 훈련 데이터가 거의 또는 전혀 없어도 유용한 패턴 인식할 수 있게 하는 것이 목표입니다. https://en.wikipedia.org/wiki/One-shot_learning
https://en.wikipedia.org/wiki/Zero-shot_learning

또한 오늘날 대부분 AI는 창의적이지 않습니다. 단지 사전에 훈련한 레이블을 기반으로 패턴 인식을 최적화한 겁니다. 직관적이고 창의적인 인공지능을 구축하려면 인간이 이전에 발견하지 못한 패턴을 찾을 수 있도록 레이블이 없는 많은 데이터를 이해할 수 있는 인공지능을 구축해야 합니다.

다행히도 인공지능이 점점 더 강한 인공지능 유형으로 발전하고 있다는 좋은 징후들이 있습니다.

구글 딥 마인드의 알파고 소프트웨어가 그 예입니다. 인간 프로 바둑 선수를 이긴 알파고의 첫 번째 버전(2015년 10월)은 인간이 한 과거 바둑 게임 데이터와 강화 학습과 같은 머신러닝 방법에 의존했습니다(사전에 놓을 수 있는 곳을 많이 보고 어떻게 두는 것이 가장 승리할 확률을 높일 수 있는시 판단할 수 있는 능력을 포함합니다).

이 버전의 알파고가 2016년 3월, 이세돌을 상대로 승리한 것은 매우 인상적이었습니다. 그러나 최신 버전의 알파고는 더욱 주목할 만합니다.

기존의 알파고는 데이터와 인간의 전문 지식에 의존했습니다. 그러나 최신 버전 알파고인 알파고 제로는 처음부터 순수하게 자기 스스로 대국을 통해 바둑에서 승리하는 방법을 학습했습니다[3]. 즉, 알파고 제로는 인간의 지식에 의존하지 않고 이전 버전의 알파고를 100대 0으로 승리하는 초인적인 성과를 달성했습니다[4].

바둑 지식이 없이 시작한 알파고 제로는 며칠 만에 인간이 수천 년간 쌓아온 바둑 지식을 축적했습니다. 여기서 더 나아가서 이제는 인간 수준의 능력 범위를 넘어 더욱 발전했습니다. 알파고 제로는 새로운 지식을 발견하고 색다른 승리 전략을 개발했습니다.

다시 말해, 알파고가 창의력을 발휘했다는 말입니다.

인공지능이 사전 지식이 거의 없거나 전혀 없이(즉, 레이블 데이터가 거의 없거나 전혀 없이) 학습할 수 있는 능력을 통해 계속 발전한다면 지금까지 인간의 유일한 영역이던 창의성, 추론, 복잡한 의사 결정을 할 수 있는 인공지능을 개발할 수 있을 겁니다[5].

....

3 알파고 제로를 더 자세히 알아보려면 「AlphaGo Zero: Learning from Scratch」를 참고하십시오.
4 이를 더 자세히 알아보려면 Nature 논문 「Mastering the Game of Go Without Human Knowledge」를 참조하십시오.
5 옮긴이_ OpenAI는 언어를 이해하기 위해 비지도 학습을 적용하는 데 주목할 만한 성공을 거두었으며, 이는 강력한 AI를 위한 필수 구성 요소입니다.

14.6 마치며

이 책에서는 매우 기본적인 비지도 학습 이론과 그 잠재력을 살펴봤지만, 앞으로 더 많은 연구를 통해 비지도 학습이 무엇을 할 수 있고 머신러닝 시스템에 어떻게 적용될 수 있는지 더 잘 이해하기를 바랍니다.

최소한, 비지도 학습을 사용해 숨겨진 패턴을 발견하거나 더 깊은 비즈니스 통찰력을 얻고 이상 탐지를 하고 유사성을 기반으로 그룹을 클러스터링하고 자동 피처 추출을 수행하고 레이블이 없는 데이터셋에서 합성 데이터셋을 생성하기 위해서는 비지도 학습을 개념적으로 잘 이해하며 비지도 학습을 사용한 실전 경험이 있어야 합니다.

AI의 미래는 희망으로 가득 차 있습니다. 우리 함께 이 미래를 만들어 갑시다.

INDEX

INDEX

INDEX

INDEX